资治通鉴

为政智慧

李传印 编著

人民出版社

目　录

第一篇

司马光和《资治通鉴》

《资治通鉴》历来被称为"帝王教科书",为官从政者案头宝典,其中的原委将在这里娓娓道来。司马光是一个什么样的人呢?历来都说他保守,反对变法。但谁都知道司马光清正廉明,在中国古代浑浊的官场上卓然特立,这里,选择几个特写镜头,让你了解司马光的为官、做人,了解他的才情和一个性情中人的人格魅力。

一、"独乐园"里著《资治通鉴》

——《资治通鉴》写作的时代背景

洛阳自古帝王都。北宋时期的洛阳称为"西京"(北宋都城在开封,称汴京)。如果时光能够倒流一千多年,在历史的时空隧道里,坐落在北宋洛阳城东北一处简朴幽雅的庭院就会浮现在人们的眼前。这是一座独门小院,简朴又不失清雅,幽静而不乏生机,通幽曲径,香花鸟语,修竹荫荫,听不见尘世喧嚣,有一种置身红尘外的清静。这座小院就是北宋名臣、《资治通鉴》主编司马光在洛阳的家,也是他读书、著书的地方——"独乐园"。

"独乐园",不仅因为有个道骨仙风的院名和清雅宁静的环境而令人神往,而且由于司马光和他的助手们在这座园子里,历时 15 年,呕心沥血,编写完成了历史名著《资治通鉴》，让人们追忆不已。

读者一定会问，司马光为什么不在都城汴京撰修《资治通鉴》，却要跑到洛阳这个看来颇有些寒碜的"独乐园"里来著书立说呢？事情还得从北宋中期王安石变法及由此引起的一系列政治斗争说起。

（一）山雨欲来风满楼

公元 960 年，宋太祖赵匡胤发动陈桥兵变，黄袍加身，建立北宋王朝。赵匡胤以其大智大慧，杯酒释兵权，巧妙地解除了那些骄横跋扈的武将们手中的兵权，结束了自安史之乱以来几百年政治混乱、兵连祸结的动荡局面。同时，赵匡胤刚柔并济，分割相权，推行保甲制度，天下重新归于统一，朝廷对地方的统治如臂之使指那样灵活自如。然而历史车轮碾过 80 余年的风霜雨雪，宋初一些强化专制主义中央集权的政策和措施，没有及时因革损益，它们的消极面也逐渐表现出来。到宋仁宗统治时期，北宋王朝已是山雨欲来风满楼了。朝廷内外，官多民少，十羊九牧，行政机构叠床架屋，宛若龙钟老人，运转不灵。手中握有权力的官僚和财力雄厚的地主竞相兼并土地，形成"势官富姓，占田无限"的局面，财富不断向少数人集中。土地集中和兼并，就意味着农民倾家荡产，流离失所，阶级矛盾日渐尖锐，农民起义一年多如一年，一伙强于一伙。北方的辽，西边的西夏也虎视眈眈，屡屡兴兵，息兵多年的宋辽、宋夏边境又失去往日的宁静，烽烟再起。北宋朝廷入不敷出，财政日见窘迫。"冗官""冗兵"和"冗费"三冗，消耗着皇皇大宋的元气。大宋皇朝日渐陷于积贫积弱的危局之中。

"居庙堂之高，则忧其民；处江湖之远，则忧其君"，这是范仲淹《岳阳楼记》里的名言。面对时局，一些志士仁人，一些忧国忧民的官僚士大夫，看到北宋王朝已不能再继续这样统治下去了，必须采取措施，改弦易辙，革除弊政，才能挽救宋王朝这座大厦于将倾之中。宝元二年（1039 年），宋祁上书宋仁宗，主张裁减官员，节省经费。长期担任宰相的吕夷简则指责这些不满统治现状的官员是"朋党"，对他们加以排斥和打击。在这些心忧天下，对时局不满，并要求改革弊政的官员中，核心人物是范仲淹。

（二）范仲淹掀起改革的"盖头"

范仲淹（989—1052年），字希文，苏州吴县（今苏州市）人，世称范文正公。范仲淹幼年丧父，家境贫寒，但他刻苦读书，留下了"或夜昏怠，辄以水沃面；食不给，啖粥而读"的苦读故事。宋真宗大中祥符八年（1015年），范仲淹进士及第，开始了宦游生涯。他在任地方官吏时，很注意兴修水利，兴办学校，关心时政得失，获得了"清正"的名声。宋仁宗天圣六年（1028年），范仲淹上书言朝廷得失，民间利病，为宰相王曾、晏殊等人

范仲淹像

所赏识，推荐入朝。景祐二年（1035年）权知开封府（相当于开封市市长）。当时朝野内外舆论这样歌颂范仲淹："朝廷无忧有范君，京师无事有希文"。景祐三年，范仲淹上《百官图》，讽刺宰相吕夷简任用亲信。又上书讥评时弊，希望宋仁宗不要一味信任吕夷简。为此，范仲淹被吕夷简指责为离间君臣、引用朋党，被罢去权知开封府事。从此朋党问题成了宋朝统治集团斗争的一个重要内容。在范仲淹因直言获罪而遭受排挤时，挺身而出对他表示支持的，有余靖、尹洙、欧阳修、蔡襄等一批位居馆阁清要职事并以文学知名的人士。余靖上疏为范仲淹申辩，尹洙则上疏表示他以能与范仲淹结为"朋党"为荣，蔡襄作"四贤一不肖"诗赞誉范仲淹、余靖、欧阳修和尹洙，讽刺不能为范仲淹申辩的谏官（负责监察官员违法行为的官吏，相当于今天的纪检监察官员）高若讷。虽然支持范仲淹的人都被罢官，但斗争却没有因此而停止，不断有人上疏要求复用范仲淹，反对用"朋党"的罪名堵塞言路。欧阳修还作了著名的《朋党论》呈献给宋仁宗，指出朋党之说自古有之，君

子、小人都各有朋党。凡小人朋党得势，就会以朋党为名排斥君子朋党，国必乱亡，要求宋仁宗以历史上的兴衰治乱之迹为鉴，"退小人之伪朋，用君子之真朋"。这些所谓"真朋"与"伪朋"的对立，实质是当时要求革新朝政的革新势力同守旧顽固势力之间的斗争。

庆历三年（1043 年）初，北宋在对西夏战争惨败后，农民起义在全国风起云涌，而宰相吕夷简对此束手无策。宋仁宗在改革呼声的推动下"遂欲更天下弊事"，在这年三月罢去吕夷简的宰相兼枢密使职事（宋代枢密院主要管军事，首脑是枢密使），任命欧阳修、余靖、蔡襄等人为谏官，七月，任命范仲淹为参知政事（相当于副宰相）与宰相章得象同时执政，任命富弼、韩琦等为枢密副使。这一班朝臣中，声望卓著的朝野名士居多，士大夫交口称赞，以为治国安邦方面可以有所作为了。宋仁宗在召对（宋朝皇帝召见有关官员讨论国家大事）大臣时，对范仲淹、富弼等人特别礼遇，并曾多次催促他们尽快拿出一个促使天下太平的改革方案来。在日益高涨的改革声浪中，范仲淹、富弼等人综合多年来的改革意见，并加以补充完善，于庆历三年九月将《答手诏条陈十事》的一揽子改革方案呈送给宋仁宗。这个改革方案所提出的十件大事是："明黜陟""抑侥倖""精贡举""择官长""均公田""厚农桑""修武备""减徭役""覃恩信""重命令"。范仲淹认为，当时改革的中心问题是整顿吏治，裁汰朝野内外官吏中老朽、病患、贪污、无能之人。宋仁宗采纳了这些意见，连续颁布几道诏令，规定：

（1）改革文官三年一次循资升迁的磨勘法，注重以每个人实际的功、善、才、行四个标准提拔官员，淘汰老病愚昧等不称职者和在职犯罪者。（2）严格恩荫制。限制中、上级官员的任子特权（这是一项官吏的特权。根据官位高低，每个官员可以有若干个子女或亲属直接入官），防止权贵的子弟亲属垄断官位。（3）改革贡举制。命令州县建立学校，士子必须在学校学习一定时间方许应举。改变专以诗赋、墨义取士的旧制，着重考试策论和考察操行，考察官员的理论水平和实际工作能力。（4）慎重选择地方长官。由中书、枢密院慎选各路、州的长官。由各路、州长官慎重选择各县的长官。

（5）改进职田法。重新规定官员按等级给以一定数量的职田，作为薪俸的补充，职田不足的官员从政府控制的官田中调配补充，以"责其廉节"，防止贪赃枉法。（6）"减轻徭役"。将西京河南府（今河南洛阳东）的五县废为镇，又将王屋县（今河南济源西）并入河南府，精简乡村行政机构以减少费用支出。但范仲淹、富弼提出的"厚农桑""修武备"等建议则并未真正实施。

范仲淹提出的各项改革主张陆续颁行全国，号称"庆历新政"。庆历新政的推行，虽然主要是为了巩固北宋王朝的统治，但对官僚机构的整顿，难免触犯那些在腐败的官僚制度中获得利益的势官权贵，一些庸碌无能的官员确实被罢职裁撤。庆历三年（1043 年）十月，北宋从整顿吏治出发，由中书省与枢密院共同廷议了几天，选拔各路的转运使。范仲淹在对转运使提名时，翻阅名册，凡庸碌无才的就一笔勾去。富弼对他说："范六丈公（指范仲淹）则是一笔，焉知一家哭。"范仲淹针锋相对地说："一家哭，怎比得一路哭呢？"坚决罢免了那些不称职的官员。正因为如此，主持"新政"的范仲淹等人遭到各种无端的诽谤，攻击范仲淹、富弼是"朋党"的论调更是甚嚣尘上。

"朋党"是宋朝统治者极为敏感的一个问题。为维护皇帝的专制统治，宋初以来设立了许多防微杜渐的政策，其中之一就是严禁臣僚们结成朋党，他们以唐代牛李党争为鉴，明令禁止科举考试中考官与考生之间结成座主与门生的关系。

范仲淹与吕夷简的矛盾发生后，宋仁宗于宝元元年（1038 年）诏诫百官，禁止结党，对范仲淹早就存有戒心，只是由于国内外局势险恶，不得不起用范仲淹，并委以改革重任。当朝廷上下、宫廷内外反对改革的叫嚣声音连成一片之际，宋仁宗那迫切更革弊事的决心很快就消失了。特别是当最敏感的朋党问题响彻朝廷，欧阳修的《朋党论》、范仲淹的奏言又直言不讳地承认君子也有朋党之时，宋仁宗对范仲淹和富弼便不再信任，罢去了范仲淹参知政事的职务，让他出任陕西、河东宣抚使。庆历五年（1045 年）初，范仲淹、富弼又以更张纲纪，纷扰国经等罪名被贬黜。朝中支持新政的官员也都被贬官到地方任职，已经颁行的磨勘（考绩）、荫子等新法也被宣布作废，庆历新政推行仅仅一年左右就如昙花一现地夭折了。

庆历新政失败了，但社会矛盾并未缓和，财政危机更加严重，在这种情况下，士大夫要求改革的呼声此起彼伏，一场更大规模、更为深刻的改革运动已在酝酿之中。

（三）王安石主政变法

宋仁宗做了40年皇帝，虽然也用起过像范仲淹、包拯等这样一些正直的大臣，但是并没有从根本上解决日益突出社会问题，国家越来越衰弱。宋仁宗没有儿子，死后由一个皇族子弟做他的继承人，这就是宋英宗。英宗即位4年，就因病去世了。年方20岁的太子赵顼即位，这就是历史上有名的宋神宗。

宋神宗是个有血气、有雄心、有远虑的青年。在他登上皇位之前，已有了励精图治的声名。他在宫廷里建造了一批库房，每个库房都以一个字为库房的名称，把这些库房名字连贯起来，是一首四言诗：

> 五季失图，猃狁孔炽。艺祖造邦，思有惩艾。
> 爰设内府，基以募士。曾孙保之，敢忘厥志。

这首诗译成白话文，意思就是：五代十国时期由于统治者缺乏计谋，以致蛮夷戎狄猖獗。有创造天才的祖先创立朝代，企图挽回这种颓局，所以开设内殿中的府库，作为募兵筹饷的基础。我们这些做子孙的要继承祖业，岂敢忘记太祖赵匡胤的遗志？

要改革，要布新，谈何容易！因为改革就是政治利益和经济利益的重新分配，必然要涉及一部分既得利益者的利益，从而遭遇种种阻力。宋神宗要改革，但他周围的人，都是仁宗时期的老臣，就是像富弼这样支持过新政的人，也变得暮气沉沉了。宋神宗想，要改革现状，一定得找个得力的助手。

宋神宗即位前，身边有个官员叫韩维，常常在神宗面前谈出自己一些很好的政治见解，神宗也经常称赞他。韩维却很坦诚，他对赵顼说："这些意见不是我自己想的，都是我的朋友王安石说的。"宋神宗虽然没见过王安石，但是对王安石已经有了一个好印象。现在他想找助手，自然想到了王安石，于是就下了一道谕旨，把正在江宁做官的王安石调到京城。

王安石，抚州临川（今江西抚州）人，是宋朝著名的文学家（他的散文写得很好，是"唐宋八大家"之一）和政治家。他年轻时候，文章就写得十分出色，得到欧阳修的赞赏，20 岁中进士后，做了几任地方官。多年的地方官经历，不仅使王安石深刻地认识到宋朝社会普遍的贫困化，而且也认识到社会贫困化的根源在于农民不断失去土地。因此，王安石认为宋朝统治所面临的主要危机是"顾内则不能无以社稷为忧，外则不能无惧于夷狄，天下之财力日以困穷"。嘉祐三年（1058 年），王安石写了一篇长达万言的《上仁宗皇帝言事书》。这封历史上有名的"万言书"，较系统分析了宋朝内忧外患交织，财政日益困穷，社会风俗日益败坏的形势，提出了变更天下弊法及培养大批适应变法革新需要的人才的迫切性，要求宋仁宗以汉、唐两代王朝的覆亡为前车之鉴，果断实行变法。他还提出了因天下之力以生天下之财、取天下之财以供天下之费的理财思想。这封"万言书"受到了一般官僚士大夫的称赞，却没有得到最高统治集团的回应。因为宋仁宗刚刚废除范仲淹的新政，一听到要改革就头疼，把王安石的奏章搁在一边。王安石知道朝廷没有改革的决心，就趁母亲去世的时机，辞官回家，过起韬光养晦的生活。

治平四年（1067 年）正月，宋神宗赵顼即位。神宗立志革新，他向元老重臣富弼等人征询富国强兵和制胜辽与西夏之策。但是富弼等人一再规劝神宗，在 20 年内不要提及用兵二字。这与宋神宗图富图强的志向明显不契合，从此，宋神宗不再倚重这班元老重臣。熙宁元年（1068 年）四月，宋神宗召"负天下大名三十余年"的王安石入京，要倚重他来变法立制，富国强兵，改变积贫积弱的现状。当时王安石已成为众望所归的人物，士大夫们大都以为只要王安石登台执政，太平可立致，生民咸被其泽。王安石接到宋神宗召见的诏令，又听说神宗正在物色变法人才，就高高兴兴应召赴京了。

王安石一到京城，宋神宗就请他单独进宫谈话。神宗一见面就问他说："你认为要治理国家，该从哪儿着手？"

王安石从容不迫地回答说："先从改革旧的法度，建立新的法制开始。"宋神宗要他回去写个详细的改革意见。王安石回家以后，把他的改革思路写成一份意见书，呈送给宋神宗。宋神宗认为王安石提出的意见都合他的心意，更加信任王安石了。1069年，宋神宗把王安石提升为副宰相。那时候，朝廷里名义上的四名宰相，病的病了，老的老了，有的虽然不病不老，但是一听见改革二字就叫苦连天。王安石知道，跟这批人一起办不了大事，经过宋神宗批准，便任用了一批年轻的官员，并且设立了一个专门制定新法的机构，把变法的大权抓了过来。这样，他就放开手脚进行改革了。为了推动变法，熙宁二年（1069年）二月，王安石建立一个指导变法的新机构——制置三司条例司（后来条例司废止，变法事宜由户部司农寺主持），并与吕惠卿、曾布（都是王安石的学生）等人一道草拟新法，各路设提举常平官，督促州县推行新法。就这样，在中国历史上影响深远的王安石变法，大张旗鼓地开展起来了。从熙宁二年到熙宁九年（1076年）的8年内，围绕富国强兵这一目标，陆续实行了均输、青苗、农田水利、募役、市易、免行、方田均税、将兵、保甲、保马等新法，由宋神宗和王安石主持的变法改革大张旗鼓地推行起来。

（四）"拗相公"与"司马牛"

过去曾有一部戏，戏名叫《拗相公》。"拗相公"是王安石的外号。冯梦龙《警世通言》第四卷《"拗相公"饮恨半山堂》里有这样一段描述：

> （王）安石既为首相，与神宗天子相知，言听计从，立志弄出一套新法来。哪几件新法？农田法、水利法、青苗法、均输法、保甲法、免役法、市易法、保马法、方田法、免行法。专听一个小人，姓吕名惠

卿，及伊子王雱，朝夕商议，斥逐忠良，拒绝直谏。民间怨声载道，天
变迭兴。荆公自以为是，复倡为三不足之说："天变不足畏，人言不足
恤，祖宗之法不足守。"因他性子执拗，主意一定，佛菩萨也劝他不转，
人皆呼为"拗相公"。文彦博、韩琦许多名臣，先夸奖说好的，到此也
自悔失言。一个个上表争论，不听，辞官而去。自此持新法益坚。祖制
纷更，万民失业。

冯梦龙的短篇小说《"拗相公"饮恨半山堂》虽然是小说家之言，有贬
损王安石之意，但也把王安石的个性勾勒得很形象、生动。王安石有个"拗
相公"的诨名，而司马光也有苏轼送给他的雅号："司马牛"。据史书记载，
司马光与苏轼的私交非常好，可是两人的政见不尽相同，双方经常因为王安
石变法的事情发生激烈的辩论。有一天，苏轼跟司马光讨论政事，意见不
合。回到家里，脱帽解带之时，苏东坡这才生气发作，连声高喊："司马牛！
司马牛！"司马牛本来是孔子的弟子，复姓司马，名耕，一名犁，字子牛。
苏轼一语双关，用古代名人司马牛，讽刺司马光有些牛的固执性格。王安石
和司马光两个个性鲜明的人在政见上如果不合，必然导致尖锐对立。

有一次，宋神宗把王安石找去，问他说："外面人都在议论，说我们不
敬畏、不惧怕天意，不顾及人们的议论和批评，不遵守祖宗的法度和规矩，
你看怎么办？"

王安石坦然回答说："天变不足畏，人言不足恤，祖宗之法不足守。"意
思是说，陛下认真处理政事，这就可以说是替天行道，可以防止天变了；陛
下征询臣下的意见，这就是照顾到社会舆论了；再说，人们的话也是有错误
的，并不是句句都对，只要我们做的合乎道理，又何必怕人议论；至于祖宗
的老规矩，本来就不是固定不变的，是可以变更的。

王安石坚持不怕天，不怕人言，不怕祖宗法度"三不怕"，其他许多大
臣可不是这样认为的。司马光就主张"三不变"，他说"天不变，道亦不变，
祖宗之法不可变"。一个是"三不怕"，一个是"三不变"，王安石与司马光

在是否进行变法的问题上已经是冰炭不相容了。

变法对巩固宋王朝的统治，增加国家收入，都起了积极的作用。但是，也触犯或损害了许多既得利益者的利益，遭到许多朝臣和权贵的反对。围绕是否要变法、如何变法的问题，在北宋朝廷上引起了一场规模很大的政治斗争。斗争的一方是人称"拗相公"的王安石为首的变法派，另一方是以"司马牛"——司马光为代表的反对变法派。

王安石这位"拗相公"在变法的问题上不容人们有任何反对意见，不管是朋友方面，还是政敌方面，不管是正确的批评还是有意的反对。他能言善道，能说动皇帝相信他的强国之策，富国之梦，决心要把他的计划进行到底。这就是说他要压制一般的反对意见，尤其是谏官的话，而谏官的职责本来就是批评朝廷的政策和行动，是社会舆论与朝廷之间的桥梁。中国历史发展表明，凡是好政府必然广开言路，而坏政府则堵塞言路。按理来说，王安石厉行变法改革，应该多听不同意见，允许人们对变法提出批评和异议。但是，在变法的态度这个问题上，朝野官员分成了主张变法和反对变法两个阵营，朝野百官本来是讨论变法，在实际上却演变为朋党之争。为了便于参考，有学者把对变法态度和政见不同的双方之阵容列举如下：

主张变法的人	反对变法的人
宋神宗（雄心万丈，想变法图强的皇帝）	司马光（反对派之首，大史学家）
王安石（人称"拗相公"）	韩琦（元老重臣）
曾布（王安石的学生，活跃的政客）	富弼（老臣）
吕惠卿（王安石的学生）	吕诲（第一个发动攻击变法的人）
李定（母丧不奔，后弹劾苏东坡）	曾公亮（感情和意志都很脆弱的人物）
邓绍（骑墙派，先后追随王安石和吕惠卿）	赵护
舒亶（与邓绍一同弹劾苏东坡）	文彦博（老好人）
王雱（王安石之子）	张方平
谢景温（王安石姻亲）	范镇（元老重臣，苏轼家族叔伯辈好友）
蔡卞（王安石女婿）	苏东坡
章惇（变法的中坚人物）	苏辙（东坡之弟）

续表

主张变法的人	反对变法的人
吕嘉问（王安石手下的贸易霸主）	欧阳修
	孙觉（高俊飘逸，易怒，东坡密友）
	李察（矮壮，东坡密友）
	刘恕（性格火暴，东坡至交）
	吕公著（美髯，曾与王安石为友）
	韩维（出自世家，曾为王安石好友）
	王安礼（王安石弟弟）
	刘挚（独立批评者，后与东坡为敌）
	郑侠（任宫廷门吏，王安石因他而败）

　　显然这是一个不平衡的阵容，如果结合历史史实看这张表，我们会发现变法反对派阵营中许多人如富弼等曾经都是变法改革的积极倡导者和推动者，后来逐渐站到王安石的对立面。宋神宗为推动变法，宠用王安石，所有对新政持异议者皆遭撤职，罢官议罪。但最后神宗又不得不罢黜王安石、吕惠卿等人，他的强国梦就在一片争吵中破灭了。

　　宋神宗在位的时候，司马光担任翰林学士。司马光和王安石本来是要好的朋友，后来王安石主张改革，司马光思想保守，两个人就谈不到一块儿去了。

　　王安石做了宰相以后，提出的一件件改革措施，司马光没有一件不反对的。有一次，司马光向宋神宗提出要求取消青苗法，同时，以老朋友的资格，写了一封信，说变法是"侵官、生事、征事、拒谏"，致使"天下怨谤"，责备王安石侵犯其他官员的职权，惹是生非，搜刮财富，还拒不接受别人的意见。王安石写了一封回信，对司马光的四条责难针锋相对地作了反驳。信里说：我受皇上的命令，改革法制，怎能说我侵犯别人职权；为国家办事，怎能说我惹是生非；为天下理财，怎能说是搜刮财富；驳斥错误的言论，怎能说拒绝意见。王安石是位居"唐宋八大家"之列的文学家，他的回信笔锋犀利,对司马光进行了不留情面的批驳。而宋神宗显然站在王安石一边。司马光觉得在朝廷中无法待下去,请求出京外放。熙宁三年(1070年),司马光出知永兴军,第二年到洛阳,任两京留守御史台。

司马光出京时以书局自随,宋神宗还把自己的两千多卷藏书送给司马光,让他脱离云谲波诡的政治旋涡,找个地方好好读书、著书。从此,司马光到了洛阳,一住就是15年,远离政治喧嚣,专心治史,终于完成了长达294卷的史学巨著《资治通鉴》。

(五)"独乐园"里著《资治通鉴》

仇英《独乐园图》

司马光到洛阳后,在洛阳买地修筑了一所用于居住、读书的"独乐园",幽雅简朴,他倒是非常满意。可是当皇上的使臣来时,却为这低矮的瓦房和简陋的陈设而暗自好笑。他们不能相信,名扬天下的"司马相公",竟会这样寒碜!

司马光徜徉在独乐园里,暂时逃离了喧闹的政治旋涡,对政治一言不发。在洛阳,一些因反对王安石变法而被排挤出朝的大臣文彦博、富弼等人等13人仿用白居易九老会故事,搞了个"洛阳耆英会"。司马光到洛阳后,加入了耆英会行列,与他们置酒赋诗相乐。元丰五年(1082年),司马光又受敕提举西京嵩山崇福宫，这更是一个坐享俸禄、全无所掌的闲官。自1071 年司马光来到洛阳后，以书局自随，潜心著述，《资治通鉴》就是在这样清静的环境里，历时 15 年写成的。

司马光从小勤奋好学，博通经史，出仕后也一直坚持读书，尤其留心研讨历代史书。他在馆阁校书以及任天章阁待制兼侍讲官时，看到书房里堆满了史书，几间屋子都放不下，一个人穷毕生之精力也是看不过来的，于是便逐渐产生了编写一本既系统，又简明扼要的通史，使人读了之后能了解几千年历史的兴衰变化和政治得失。他的想法得到了他的好友，历史学家刘恕的赞同和支持。在宋仁宗嘉祐年间（1056—1063 年），司马光便在公事之余开始了《通志》的编写工作。宋英宗治平三年（1066 年），司马光将他写好的《通志》进献给英宗皇帝。《通志》共 8 卷，记述了从周烈王二十三年（前403 年）到秦二世三年（前 207 年）共 195 年的历史，主要写秦、楚、齐、燕、韩、赵、魏七国的盛衰兴亡，供皇帝参考。英宗看后，非常满意，改名为《历代君臣事迹》，要他继续写下去，并下诏设置书局，供奉费用，增补人员，专事编写工作。司马光深受感动，很快便在右掖门处的秘阁内设立了书局，组建了一个精干的编写班子，其主要成员有：范祖禹、刘攽、刘恕等，这些人都是当时一流的史学家。根据个人对历史不同阶段的独特研究，他们分段负责撰写：司马光负责先秦部分；刘攽负责两汉部分；刘恕负责魏晋南北朝隋部分；范祖禹负责唐五代部分。司马光统一体例，删繁去重，修改润色，形成定稿。

英宗病逝后，宋神宗即位，他开经筵，在迩英阁读《通志》。宋神宗认为《通志》比其他的史书更便于阅读，也易于借鉴，就召见司马光，大加赞赏，并赐名《资治通鉴》，说它"鉴于往事，有资于治道"，还要亲自为《资治通鉴》作序。宋神宗这些鼓励和支持，更加促进了司马光对于《资治通鉴》的编修工作的信心和决心，到神宗元丰七年（1084 年），《资治通鉴》最后脱稿修成，前后共历时 19 年。

《资治通鉴》是中国历史上第一部编年体通史，记述了从周烈王二十三年（前 403 年）到五代后周显德六年（959 年）共 1362 年的丰富的历史事实。全书共计 294 卷，另附目录 30 卷，《考异》30 卷。这部书取材甚广，网罗极富，除依据正史外，还采用了野史杂志 320 余种，而且对史料的取舍极其严格，考辨异同，尽力求真，所以《资治通鉴》中记述的内容比较翔实可信，为历代史学家推崇。《资治通鉴》文字以荀悦的《汉纪》为宗，力求简明扼要，文笔生动流畅，朴质精练，富有文学意味，不仅可以作为历史著作阅读，有些篇章也可当作文学作品欣赏。

司马光在编修《资治通鉴》的 19 年中，付出了巨大的劳动，特别是在洛阳的 15 年里，几乎付出了他全部的精力和心血。他在《进资治通鉴表》中说："臣今筋骨癯瘁，目视昏近，齿牙无几，神识衰耗，目前所谓旋踵而忘。臣之精力，尽于此书。"司马光为编书，常常废寝忘食，有时家里实在等不上他回来吃饭，便将饭送至书局，还要几次催他才吃。他每天修改的稿子有一丈多长，而且上边没有一个潦草的字。他的房子低矮窄小，夏天闷热难耐，洒下的汗珠把书稿都浸湿了。后来，他干脆请匠人在书房里挖了一个大深坑，砌上砖，修成一间"地下室"，他就坐在这个冬暖夏凉的坑里埋头编书。司马光对史料考核极其认真，追根寻源，反复推敲，不断修改。《资治通鉴》编成后，洛阳存放的未用残稿就堆满了两间屋子，可见他为这本书付出了多么艰辛的劳动！

二、清如水、直如矢的司马光

——司马光其人

司马光反对变法，但他是中国历史不多见的好官，好就好在他清、正、廉、明。司马光刻板，固执、倔强，但一首《西江月》也透露出他内心里春的气息和隐藏得很深的风景。

司马光墓前，涑水清流，绿树成行。历史纷争和毁誉成败都化作缕缕青

山西省夏县司马温公祠

烟，陪伴着这位长眠的历史学家已经一千多年了。

凡是到过山西夏县的人，都会去离县城并不远的水头乡看一看，看看司马光这位历史学家的长眠之地。今天的司马光墓地，经过整治修葺，已建成了一个占地近 3 万平方米的陵园。整个陵园由茔地、碑楼、碑亭、余庆禅寺等几个主要部分构成。司马光的茔地居右，禅院列左，最前方是一座高大的牌楼，内有司马温国公神道碑一通，碑身厚硕高大，碑额是由宋哲宗亲笔题写的"忠靖粹德"四个大字；碑文是宋代文学家苏轼（东坡）所书，介绍了司马光一生的主要事迹和成就。

肃立在司马光墓前，览古追怀，不由思绪翩翩。岁月的清风，把人们的思绪拽回到公元 1086 年 10 月 11 日这个值得纪念的日子。

这天，太阳早早地落下西山，只把一缕残阳铺在黄河的水面上，有诗云："一道残阳铺水中，半江瑟瑟半江红"，写的就是这种景象。10 月，已是深秋，刮过树梢的风，好像已有些萧瑟。北宋杰出的史学家、政治家司马光在这如血残阳和萧瑟秋风中，走完了他的人生之路。司马光走了，他的名字却留在青史之间。日升月落，岁月流淌，把司马光尘封在历史的烟尘里，但他呕心沥血撰修的历史名著《资治通鉴》，却似淅沥春雨，随风潜入夜，润物细无声，融进了中华民族的血液里，影响着中华民族生生不息的历史发展进程。

司马光是杰出的政治家、史学家，千百年来，介绍和研究司马光代不乏人，鸿篇巨制也不绝于世。这里，没有必要对司马光做一全面评介，主要选取几个特写镜头，从几个侧面折射司马光的人格特征和他人格的无穷魅力。

（一）剥桃、砸缸和警枕

司马光，字君实，宋代陕州夏县（今山西夏县）涑水乡人，故人称"涑水先生"。司马光尝自称"齐物子"和"迂叟"。宋真宗天禧三年（1019 年）十月十八日，司马光诞生在光州光山县（今河南光山）县令司马池官舍内。司马光远祖"皆以气节闻于乡里"，其父司马池曾任职中央，出守地方，以"清廉仁厚闻于天下，号称一时名臣"。家庭教育是人生的起点，近朱者赤，近墨者黑，司马光从小就生长在这样一个良好的家庭环境中，这对他后来的为官、为人，不能说没有深刻影响。

杰斐逊说过：诚实是智慧之书的第一章。

司马光的一生，诚诚实实做人，清清廉廉做官，勤勤恳恳读书、著书。还是在司马光 6 岁的时候，有一天他得到一些核桃，自然喜不自胜。但核桃外壳很坚硬，婢女把核桃用开水一烫，再用小刀一刮，坚硬的外壳就去掉了，然后把核桃仁交给了司马光。小司马光吃着核桃仁，乐不可支。其兄见状，惊问这层坚硬的外壳是如何剥去的，显然小小的司马光自己是去不了这层坚硬外壳的。司马光随口回答说："吾自去"。一语未了，屋里即传来大声训斥："小子安得谩语"。意思是司马光你怎么能撒谎呢？

原来，这一切都被办公归来、坐在书房里准备读书的父亲看在眼里。司马池走过来，一边抚摩着司马光的头，一边慈祥地看着司马光，谆谆教诲道："诚，为人之本也，人当取信于人。"司马光满脸绯红，低头垂首，羞愧难当。这件事，看来很小，其实很大，一个人诚实的品格就是在这些不起眼的小事中慢慢培养起来的。司马池的言传身教，对幼小的司马光影响很大。

史书上称赞说，司马光才 7 岁"已颇知世事如成人"。

　　司马光聪明颖悟，活泼机灵，今人所见的《小儿击瓮图》即描写了这样一个故事：司马光小时与群儿戏于庭，一儿登上水瓮（大水缸），不小心跌入水瓮中，其他孩子惊逃四散，唯有小司马光急中生智，以石击瓮，瓮破水迸，小儿得救。

司马光砸缸

　　司马光砸缸，这是我们从小就都知道的故事，也是当今小学语文教科书中的一课。千百年来，人们一直对司马光砸缸救同伴的故事津津乐道，无不称赞小小司马光表现出来的非凡智慧。司马光砸缸的行为固足称道，但更宝贵的还在于他"颠倒"的思维方式。因为，无论大人或小孩，一般遇到如何从水缸里救人这样的事，都是从"如何使人离开水"这个方向想，都会理所当然地认为，从水里救人，自然要设法使人离开水。司马光当时肯定也这样想过，但他所处的具体情况让他很快地意识到，这样的想法已经行不通了。这群个头矮小的小孩子们，无论如何不可能把落水的伙伴从又高又深的大水缸中拉出来，旁边又没有成年人来帮助。怎么办？司马光瞬息间掉转了思考的方向，想到了"如何使水离开人"。"人离开水"与"水离开人"，殊途同归，效果一样。当司马光头脑中有了"设法让水离开人"这样的与正常思维方向相颠倒的思维方向以后，想到用石头砸水缸的具体做法也就不难了。这好比今天天然动物园的创意。普通动物园为了游客的安全，都把猛兽关在铁笼子里，让游客隔着铁栏参观，但是这样人们就无法看到野兽在自然条件下生活的情况。怎样才能做到既保证游客的安全，又能让他们看到动物生活的自然状态呢？有些动物园的设计者提出了新颖构想，那就是把动物从铁笼子里释放到自然环境中去，而把游人关到活动的房子——密封的汽车（或空中的吊车）里游览，使参观者和被参观者的处境来一个对换。这种运用颠倒思维方法的天然动物园出现后，给游客以置身于自然的新鲜感受，从而受到普遍的欢迎。颠倒思维方法是一种重要的创新思维方法，有着广泛的适用范围和显著的创新作用。特别是如果你思考的是比较复杂的创新性问题，按正常的思路又使你的思考陷入了困境，这时不妨运用把思维方向颠倒过来想一想，也许会使你茅塞顿开、豁然开朗，最终取得某种意想不到的收获。

中国古代勤学苦读的故事很多，如头悬梁、锥刺股，如凿壁偷光，如获画学书，等等，说的都是一些有为少年发奋读书，长大后经邦济世的动人故事。司马光出身于书香门第，自幼即受到严格的教育，而且他自己勤奋好学。在学校，听先生讲论《春秋左氏传》，虽未能完全理解书中奥义哲理，每次放学回家，即能对家人复述文章大意。司马光常常"手不释卷，至不知饥渴寒暑"，真正达到了废寝忘食的境地。司马光曾以一根圆木做了一个枕头，名曰"警枕"，每读书困乏，乃以此枕而睡，枕滚即醒，又继续读书写作。就这样，司马光勤学不倦，持之以恒，"于学无所不通"，成为我国历史上著名的政治家、史学家、文学家。苏轼称其"文词醇深，有西汉风"。宋仁宗宝元元年（1038 年）三月，司马光金榜题名，中进士甲科，被授以奉礼郎，从此，司马光步入仕途。

（二）"司马牛"

苏东坡生前从不轻易给人写墓志铭，即便是地位很高的皇亲国戚、宰相一类的人相求，也不答应。翻一翻苏轼的文集，他平生只给 5 个人写过墓志铭，这就是：富弼、司马光、赵抃、范镇、张方平。司马光的墓志铭就是苏轼书写的。但苏轼与司马光的政见并不一致，二人经常在朝堂上吵得面红耳赤，回到家里，苏东坡怒气未消，咬牙切齿地痛骂司马光为"司马牛"。"司马牛"虽然是骂人的气话，但也很形象地表明了司马光的性格和为人。

司马光一生，基本上在中央任职，很少出守地方。在朝廷，司马光抨击奸恶，刚正不阿，举荐忠贤，正直之声，斐然朝野。

皇祐元年（1049 年），庞籍为枢密副使，力荐司马光试馆阁校勘，同知太常礼院。皇祐三年（1051 年）又迁殿中丞，除史馆检讨，修日历，改集贤校理，曾以论夏竦谥号而获得不虚美、不隐恶的美名。嘉祐三年（1058年），司马光又改祠部员外郎，直秘阁，判吏部南曹（由朝官充任，掌考核选人）。不久，迁开封府推官。开封，为北宋京都之地，势官大姓，豪强奸猾，错杂其间，司马光不徇私，不任情，抑恶扬善，一府晏然。

不久，司马光又迁起居舍人，同知谏院。当时，宋廷内外"将相大臣典州者，多以贵倨自恃，胥吏骄横而逐御史中丞，辇官悖慢而退宰相，卫士凶逆而狱不穷治"，一时朝纲颠倒，贤人君子雄才不展，奸邪佞妄恣行其志。针对这些弊政，司马光以其谏官之职，对此揭露无遗，并极力主张严整吏治。

嘉祐八年（1063 年），宋仁宗崩，英宗即位。因宋英宋体弱多病，由慈圣光献太后垂帘听政。司马光针对当时吏治腐败、小人奸佞趋进的局面，上疏力主重用忠臣贤士，剔除奸恶。他认为王曾清纯廉洁，张知白刚正无私，鲁宗道质直如竹，薛奎敢言直谏，这些社稷之臣应当重用。而马季良、罗崇勋之流唯善阿谀奉迎，不学无术，卑鄙无耻，久在朝廷，罪恶昭彰，宜重加惩治。司马光在朝，不畏权势，弹劾奸佞，褒崇贤良，使乱臣贼子稍知畏惧，清廉正直之士可以奋施其志。

英宗疾愈，太后归政。但太后恃其权势，以其私情己意，悦己者悉加迁官进职。大奸恶任守忠亦在此次升迁之列。司马光坚决反对，上疏论奏任守忠："金帛珍玩，溢于私家，第宅产业，甲于京师"，对人民极刻剥之能事，而且善于见风使舵，首鼠两端，无恶不作，实乃"国之大贼，人之巨蠹"，司马光力谏斩之于都市，以谢天下。结果，任守忠被贬为节度副使，蕲州（治今湖北蕲春县蕲州镇西北）安置，"天下快之"。

终英宗一朝，司马光"皆尽言无所隐讳"，颇得正直之声。治平四年（1067 年），英宗崩，宋神宗即位。司马光应欧阳修之荐，以"德性淳正，学术通明"，被宋神宗擢为翰林学士。宋神宗熙宁、元丰年间，王安石主持了轰轰烈烈的变法。青苗、免役、市易、保甲诸法，次第施行全国。在北宋中期危机四伏情况之下，司马光同王安石等忧国忧民之士一样，亦在极力寻求救国富民之术，匡扶北宋王朝这将倾之大厦，拯人民于水火之中。早在庆历新政期间，司马光曾提出改徭前役为募役，认为"凡农民租税之外，宜无所预。徭前当募人为之，以优重相补"。司马光提出的募役法实际上是后来王安石变法免役法的基础。但是，司马光老成持重，处事谨慎小心。认为王安石急于事功，推行的新法严重脱离实际，因而坚决反对。尤其在新法施行中，因吏缘为奸，偏离正轨，失其惠国利民之本意，反而逆收"刻剥贫民，疲扰农民"之效。"名为爱民，其实害民"，主张立即停止施行。司马光因与王安石政见歧异，于熙宁三年（1070 年）以端明殿学士出知永兴军。熙宁四年（1071 年）四月，又出判西京留守御史台。从此一出，居洛阳 15 年，完成了光辉巨著《资治通鉴》。

元丰八年（1085 年）宋神宗崩，哲宗即帝位，太皇太后垂帘听政，起用司马光。司马光针对当时"士大夫多以言为讳，闾阎愁苦于下而上不知，明主忧勤于上而下无所诉"的情况，主张开言路。一些别有用心的人背着司马光阴设六条戒律以阻言者。太府少卿宋彭年、水部员外郎王谔以应诏言事，各被罚铜 30 斤。这一切，司马光知悉后，立即上疏哲宗，"设六事，此非求谏，乃拒谏也，人臣唯不言，言则入六事矣"，无情揭露了那些歪曲、篡改诏旨的阴谋，六条戒律也不得不取消。

在封建社会，土地兼并剧烈，陂塘湖泊，多为豪强所侵占，导致旱涝灾害频仍。一旦发生饥荒，司马光立即请派公正官吏前往灾区多方赈济，以使饥民"安其生，乐其业，自生至死，莫有了散之心"。有一年，许州（治今河南许昌）罹灾，饥殍遍野。司马光得报后，立即奏请皇帝发钱粮赈饥，并亲自草拟赈灾文书，令各州县立即开仓放粮。凡悉力政事、赈灾有功者，议旌赏；贪污舞弊、玩忽职守致有饿死者，严惩不贷。司马光并派专人赴灾区视察灾情，并监督救灾措施的实施。受赈灾民，纷纷携筐背袋，拖儿带女，前往官府受济，民情欢悦，人不流移，并积极开展生产自救。

当北宋人民鬻妻卖子、无以为生的时候，统治者却在花天酒地，挥霍无度，视人民血汗如粪土。皇帝每颁赐臣下，"动以万数"，而"左右侍御之人，宗戚贵臣之家，第宅园囿，服食器用，往往穷天下之珍怪，极一时之鲜明，唯意所欲，无复分限，以豪华相尚，以俭相訾，厌常而好新，月异而岁殊……"司马光对这种行为十分憎恨，认为"府库之财，皆民之膏血"，极力主张节用，以舒民力。坚持"救灾节用宜自贵近始"，禁止一切过分的俸给赐予，真正做到"不禄无功，不食无用"。一次，司马光发现文思院制作奇巧无用之物，华丽无比，耗费无算。司马光气愤至极，立即上疏奏陈，自今以后，"文思院、后苑所做奇巧之物，不急而无用者，皆得停止。内自妃嫔，外及宗戚，下至苦庶之家，敢以奢丽之物相矜相高，贡献遗路以求悦媚者，亦明治其罪，而焚其物于四达通衢"之地。当然，在封建社会，统治者荒淫腐朽是其不治之症，但司马光爱民节用，反对奢侈之风，对当时腐朽的统治者无疑是个很大的冲击。

司马光在朝，忠直敢言，击奸崇贤，颇得清正之声。而且尚能体察人民疾苦。这一切，赢得了人民的爱戴，"天下以为真宰相，田夫野老，皆号为司马相公，妇人孺子亦知其为君实也"。

宋太祖赵匡胤曾于杯酒之间劝谕功臣宿旧"多择便好田宅市之，为子孙立永久万世之业；多置歌儿舞女，厚自嬉乐，以终天年"。于是，奢侈享乐之风成为宋代的社会痼疾，即使面对金兵的威胁，偏安东南的南宋也还是"山外青山楼外楼，西湖歌舞几时休。暖风熏得游人醉，直把杭州作汴州"。但司马光的俭朴，不仅与这种时风格格不入，甚至显得有些"吝啬"。

（三）典地葬妻

翻开中国成语词典，其中有一个词目叫"典地葬妻"，这个千古传颂的故事说的是司马光的妻子去世了，但清贫的司马光居然无以为葬，只好把仅有的三顷薄田典当出去，置棺理丧。人们常说：三年清知府，十万雪花银。《红楼梦》中的贾府更是白玉为堂金作马。司马光任官近 40 年，而且官高位显，最后居然连葬妻的钱都没有。

司马光的确是一个清廉的官。因撰修《资治通鉴》，司马光耗费了 19 年心血，已齿落发白，自感来日无多，便给子孙预留下丧事不可奢华的遗嘱。1086 年 10 月 11 日，官至宰相的司马光在中风的病痛折磨中去世，享年 68 岁。司马光死后，他的子孙便按其生前遗嘱，殓入早已备好的薄棺，遗体以一旧布被覆盖着，随葬的只是一篇专门颂扬节俭的文章《布衾铭》。前来吊唁的大臣看到司马光家中除了满屋书籍外，家徒四壁，床上铺的也就是一张旧竹席，不禁慨叹不已。朝廷随即送来 2000 两丧葬银，其子谨遵父遗命全部退回。

司马光官高势显，本来可以累积万贯家财，富甲天下，但他为何还终身这么困穷？原来司马光正直无私，两袖清风，除俸禄外，不谋取外财。还经常用俸禄周济他人。庞籍死后，遗下孤儿寡母，无以为生，司马光将其迎家归养，奉之如父母兄

司马光

弟。司马光十分憎恨贪污受贿之事，皇帝的赏赐他亦认为是非分之物，不当受。嘉祐八年（1063 年）三月，宋仁宗诏赐臣下百余万，金银珠宝，丝绸绢帛，光彩夺目。见银眼开的庸俗之辈，乐不可支，但司马光丝不为所动。先是上疏"国家近来多事之秋，民穷国困，中外窘迫"，力辞不受；当推却不成时，乃以其所得珠宝充为谏院公使钱（办公经费），而金银则周济一些穷困的亲戚朋友。

司马光个人生活也十分俭朴。年老体弱时，其好友刘贤良拟用 50 万钱买一女婢供其使唤，司马光当即复书谢绝，说："吾几十年来，食不敢常有肉，衣不敢有纯帛，多穿麻葛粗布，何敢以五十万市一婢乎？"

司马光居洛阳，潜心著述。一个大雪纷飞、北风呼啸的三九寒天，一位东京来客慕名前往拜见司马光，因室内无炭火，客人冻得瑟瑟发抖，司马光很抱歉，只好吩咐熬碗栗子姜汤给客人去寒。随后，此人又拜谒范镇，范镇不仅有炭火烘烤，而且摆酒上菜，与客人频频举杯，消寒去冷。归来后，客人十分感慨。

洛阳为北宋西京，王公大族，错居其中，深门大院、亭台楼阁，随处可见。王宜徽洛中宅甲天下；王拱辰营第洛阳甚侈，中堂起屋三层，最上者曰朝元阁，气势恢宏，飞檐斗兽，华丽无比。而司马光在市之西北数十里处一陋巷中，所居仅能避风雨的芭檐草舍。三九寒天，北风呼啸，茅檐多为之卷去，室内冷气袭人；盛夏，又酷热难熬。司马光无奈，只好在室中穿地丈余，砌成一地室居住写作。以致西京人广传一谚："王家钻天，司马入地"。

司马光在朝中因与王安石政见不合被挤出京城，避居洛阳，经常与一些文人学士、骚人墨客、耆老世旧相聚，优游畅叙，清谈朝政。然每次聚会，都以俭朴为原则，规定：果实毋得过三品，肴馔毋得过五品，并名之曰"真率会"。文潞公（文彦博）以太尉守洛，亦俗附名其间，司马光以其显贵奢华不纳。一日，司马光等"真率会"又在一起畅饮，抨击朝政，指陈得失。文潞公探知，乃盛治一酒筵造访。司马光当即以"汝污此会为俗矣"拒之，文潞公羞愧难当。

　　司马光不仅自己戒奢以俭，以清俭自守，而且时时教育子孙应节俭朴素。在司马光的一生中，流传着许多动人的故事。他在《答刘蒙书》中说自己"视地而后敢行，顿足而后敢立"。为了完成《资治通鉴》这部历史巨著，他不但找来范祖禹、刘恕、刘攽当助手，还要自己的儿子司马康参加这项工作。当他看到儿子读书用指甲抓书页时，非常生气，便认真地传授了他爱护书籍的经验和方法：读书前，先要把书桌擦干净，垫上桌布；读书时，要坐得端端正正；翻书页时，要先用右手拇指的侧面把书页的边缘托起，再用食指轻轻盖住以揭开一页。他教诫儿子说：做生意的人要多积蓄一些本钱，读书人就应该好好爱护书籍。为了实现著书立说以为治国鉴戒的理想，他15年始终不懈，经常抱病工作。他的亲朋好友劝他"宜少节烦劳"，他回答说："先王曰，死生命也。"这种置生死于不顾的工作、生活作风，使同僚们深受启迪。

　　在生活方面，司马光节俭纯朴，"平生衣取蔽寒，食取充腹"，但却"不敢服垢弊以矫俗于名"。他常常教育儿子说，食丰而生奢，阔盛而生侈。为了使子女们认识崇尚俭朴的重要，他以家书的体裁写了一篇论俭约的文章。在文章中他强烈反对生活奢靡，极力提倡节俭朴实。在文中，司马光明确指出：其一，不满于奢靡陋习。他说，古人以俭约为美德，今人以俭约而遭讥笑，实在是要不得的。他又说，近几年来，风俗颓弊，讲排场，摆阔气，当差的走卒穿的衣服和士人差不多，下地的农夫也脚上穿着丝鞋。为了酬宾会友"常数月营聚"，大操大办。他非常痛恶这种糜烂陋习，为此，他慨叹道："居位者虽不能禁，忍助之乎！"其二，提倡节俭美德。司马光赞扬了宋真宗、仁宗时李伉、鲁宗道和张文节等官员的俭约作风，并为儿子援引张文节的话说："由俭入奢易，由奢入俭难"，告诫儿子这句至理名言是"大贤之深谋远虑，岂庸人所及哉"。接着，他又援引春秋时鲁国大夫御孙说的话："俭，德之共也；侈，恶之大也。"接着，司马光对道德和俭约的关系作了辩证而详尽的解释。他说："言有德者皆由俭来也。夫俭则寡欲。君子寡欲则不役于物，可以直道而行；小人寡欲则能谨身节用，远罪丰家。"反之，

"侈则多欲。君子多欲则贪慕富贵，枉道速祸；小人多欲则多求妄用，败家丧身。"其三，教子力戒奢侈以齐家。司马光为了教育儿子警惕奢侈的祸害，常常详细列举史事以为鉴戒。他曾对儿子说过：西晋时何曾"日食万钱，子孙以骄溢倾家"。石崇"以奢侈夸人，卒以此死东市"。近世寇准生活豪侈冠于一时，"子孙习其家风，今多穷困"。

司马光还不断告诫孩子说：读书要认真，工作要踏实，生活要俭朴，表面上看来皆不是经国大事，然而，实质上是兴家繁国之基业。正是这些道德品质，才能修身、齐家，乃至治国、平天下。司马光关于"由俭入奢易，由奢入俭难"的警句，已成为世人传诵的名言。在他的教育下，儿子司马康从小就懂得俭朴的重要性，并以俭朴自律。他历任校书郎、著作郎兼任侍讲，也以博古通今、为人廉洁和生活俭朴而饮誉于后世。

"俭朴"是中华民族的优良传统，它的主要功绩在于积有限之资财，以兴家业。故此，我国历史上众多有识之士在生活上都十分注意自身的俭朴，也十分重视对后代的"俭朴"教育。司马光这种身教言传之精神，成为后人正身教子的楷模。

（三）卖马与举人

"诚"是司马光立身处世的准则，他与朋友融洽相处，"以直道相与，以忠告相益，其诚心始终如一"。时人称赞他"人品清如水，直如矢"。

司马光在洛阳，一次令仆人卖其所乘之马，但告诫仆人：在售马时，应告诉买者"此马夏月有肺病"，不得欺隐买者。司马光以其清正廉洁、亮节高风，赢得了崇高威望。哲宗即位以后，司马光自洛阳回到京师，"都人叠足聚观，致马不能行。有登楼骑屋者，瓦为之碎，树枝之折"。人们以一睹司马光尊颜为幸。

司马光对奸邪击之唯恐不力，而对贤才志士荐之又恐抉之不尽。当时，司马光在谏院，苏辙应试答制度，其言切直，多中时弊。考官胡宿对苏辙这样新进勇锐之人，诚惶诚恐，将黜之。而司马光不以为然，认为苏辙有爱国忧民之心，实乃一难得贤才，不宜黜，乃悉力谏争，终因宰相从中阻梗，苏辙虽未被黜落，但置之末等。司马光一生慧眼独识，力于荐才，一些清正廉洁之士得以入于枢府，为国效力。据史书记载，司马光将其一生所荐之人集为一册，后人一一加以考论，"失之者十不一二"。

司马光"其人严而正"，为人亦诚实温和，谨慎谦虚，豁达大度。一次，幕客不慎触翻烛台，烛油沾污了司马光的官袍。幕客原以为司马光要大发雷霆，但出乎意料的是司马光一动不动，亦不问，好像没事一般。幕客既恐且惊，呆然良久。

司马光"欲以身殉社稷，躬亲庶政，不舍昼夜"，为国为民呕心沥血，日夜操劳，致使其身体状况愈来愈坏。人们见其日渐瘦弱，乃举诸葛亮食少而事繁致疾诫之，司马光十分感谢。元祐元年（1086年）初，司马光已卧床不起了，自知已不久于人世，乃手书一纸付吕公著，说："吾以身付医，以家事付愚子，唯国事未有所托，今以属公。"司马光重病垂危时，还是那么念念不忘国家天下之事。九月，司马光病情迅速恶化，不久即与世长辞，归葬其老家陕州夏县。从此，这位一代廉士，便静静地长眠在涑水乡一块高大的"忠清粹德"墓碑之后。

司马光当宰相后日理万机，案头文书堆积如山，其中有不少是旧友来函。这些人在给司马光的信中，多半是回忆旧情，欲勾起司马光的怀旧情结，然后就是叙述个人目前处境如何不好，大有怀才不遇的感叹，继而或暗示，或者恬不知耻地表示希望得到司马光的提携。司马光对这些来信并不是每函必复，对其中啼饥号寒者有时也给以恰当的接济；对有意进取功名者复函表示鼓励；对厚颜讨官要爵者则置之不理。

司马光也并非全然不念旧情，公余，他也有时忆起故旧，对旧友中那些德行好、有才气的，他是忘不掉的。

有一天，史馆的刘器之来拜望司马光，谈完公事后，司马光问刘器之道：

"器之，你可曾知道，你是怎样进入史馆的？"

"知道知道！若不是君实（司马光字君实）兄推荐，器之将依旧是布衣寒士……"

不等刘器之说完感恩之类的话，司马光又问他道：

"那你可知我为何要推荐你呢？"

"知道知道！这完全是君实兄有念旧之情……"

"哈哈！这点你就说错了！我的故友旧交倒确实不少，如果仅因念旧而荐人，那朝廷里不到处都会有我的旧友？"

刘器之听后一时茫然，他静待司马光说下去。

司马光果然接着说道：

"在我赋闲居家时，你经常去我那里。我们在一起谈文论史，各抒己见，有时还争得面红耳赤。回想起那段生活，还真有些意思。我当时心境不好，你常常宽慰我，鼓励我。我那时无权无势，能有你这样的朋友，真是幸事！后来我做了官，如今已是宰相，那些过去的泛泛之交，甚至仅见过一面、对答过几句话的人，都纷纷给我来信，借叙旧为名，行要官之实。可只有你是从不给我来信的人！你并不因为我居高位而生依附之心，你对我一无所求，依旧读书做学问！对失意人不踩，对得意人不捧，这就是你与其他人的最不同处。我就是冲这一点竭力向朝廷推荐你的……"

刘器之听罢，起身对司马光深深一揖："君实兄知我，我由此更知君实兄！"

（五）不观灯、不纳妾与《西江月》

历代史评家在推崇《资治通鉴》之余，对司马光个人的道德操守也给予了极高的评价，认为他是人臣楷模。更有人引用《左传》中"太上有立德，其次有立功，其次有立言，虽久不废，此之谓之为不朽"的名句来赞誉他，认为司马光为人有德，为国有功，为后世有文章流传，所以能流芳百世。但有趣的是，人们在肯定司马光品德高尚的同时，却无一例外地对他性格古怪、不苟言笑的工作作风颇有微词，很多文章都把他描述为规行矩步的道学先生。

元宵观灯是中国由来已久的民俗。这一年的元宵节到了，汴京城张灯结彩，好不热闹。司马光的妻子要求司马光陪她出去赏灯，本意是想和他一起重温旧日时光，可是，司马光一点儿也不开窍，一脸严肃地说："家里也点了灯，为何非要出去看灯？"司马光的妻子说："外面有灯也有人。"司马光一听，更是冒火了，说："要到外面看人，难道我是鬼不成？"又继续埋头做他的学问去了。

不去观灯也罢了，司马光也拒绝夫人给他纳的小妾。司马光年轻时曾官居通判，而妻子未能生育儿子。太守夫人赠送他一妾，司马光不理不睬。妻子以为是自己在跟前的缘故。司马光的妻子告诉那个女子，等她自己离家之后，梳妆打扮，夜间到老爷书房去。这一天，司马光又在书房里读书，突然看见一个经过精心梳妆打扮的年轻女子出现在他书房中，不禁大惊失色，呵斥说："夫人不在，你胆敢来此？速速离去！"

司马光似乎就是这样一个不解风情的倔老头，给人以古板的印象。司马光虽然文才盖世，但在百芳争艳的宋代词坛上，却少了他一席之地。与他同时代的文坛领袖，如欧阳修、王安石、苏轼等人，均是填词的高手，唯有司马光，在这方面名声不著。以辑录最全的《全宋词》为例，司马光的词作只有区区三首。诗言志，歌咏言，司马光留下来的词作这么少，从表面看，他确确实实是个古板的冬烘先生。

北宋时期，朝廷待大臣极厚。赵匡胤当了皇帝后，采用"杯酒释兵权"的办法解除了权臣的兵权，具体来说就是赐给功臣良田美宅让其安心养老，不问政事。这种办法比起前朝的刘邦、后代的朱元璋那种"兔死狗烹"的做法要人道得多。太祖之后的北宋皇帝延续了这一传统，大臣们俸禄优厚，福利待遇极高。做官的家里多蓄养"家妓"，官府也蓄养着"营妓"，很多流传后世的词令就是在偎红倚翠时写就的。当时程朱理学尚未成为社会主流，这种逢场作戏并不被视为有违"圣教"。

司马光固然有其刻板的一面，但在生活中，他也有幽默风趣的时候。比如他与苏轼"茶墨结缘"的故事，就被传为千古美谈。甚至有时候他也涉足风月场所，并留下了非常著名词作《西江月》：

> 宝髻松松挽就，
>
> 铅华淡淡妆成。
>
> 红烟翠雾罩轻盈，
>
> 飞絮游丝无定。
>
> 相见争如不见，
>
> 有情还似无情。
>
> 笙歌散后酒微醒，
>
> 深院月明人静。

宝髻：指女子的发髻。铅华：化妆搽脸的粉。青烟翠雾：青翠色的如烟般的云雾。飞絮：柳絮。游丝：指飞扬在空中的蜘蛛或其他虫类所吐之丝。争如：怎如。

如词评家们所论，这首词抒写了对所爱的切望之情。词的上片写佳人妆饰之美，以词丽胜；下片写作者的眷念之情，以意曲工。全词轻倩婉丽，笔墨精妙。

人们在感情生活中时常会有偶遇的情形，这首词就是司马光叙写的一次偶遇。他在一次宴会上看到一位舞姬，并为她的美姿所打动。词中先从发髻、铅粉略加点染，就描画出了一个淡雅绝俗的形象，又从体态、舞姿的描写上，补写出她不仅容貌脱俗，而且能歌善舞。面对这样一位色艺双绝的佳人，司马光一见倾心，不禁为相思而苦恼起来。"相见"两句，是俚语亦是情语，表现出作者对佳人的相思之切和情感之真。当笙歌散后，作者微醉初醒，独自面对月斜人静的深院，回想这次偶遇，感想又是如何呢？词到此戛然而止，留给人无穷的寻味。这可算是这位名臣大家的真情流露吧，至少让后人看到了他十分人性化的一面。

（六）欲说还休

与童年救人时开创新思维相反，司马光成年后为官却一向强调"守常"。他临终前为相，仅数月便把文坛老友、政坛对手王安石实行的新政全部废除，这同当初王安石的变法一样也引起天下骚然。司马光死后 8 年，哲宗皇帝便将他打成"奸党"，追夺官誉谥号并砸了刻有御书的墓碑。又过了 30 余年，金兵南下摧枯拉朽般轻易攻下汴京，宋朝两个皇帝成了俘虏。北宋元气是为王安石变法所伤，还是被司马光复旧所坏，几百年间史家争论不休。不过司马光在学术上成就斐然，在政治上却肯定是个悲剧式人物。

三、为官从政者的案头书——《资治通鉴》

——《资治通鉴》简介

"书籍是人类进步的阶梯"，先哲时彦对书籍诸如此类的赞颂之语几乎不绝于耳。读罢《资治通鉴》，掩卷长思，脑海里不由得想起纳素夫的一句名言："书籍如同光芒四射的烛光，把人生之路照得耀眼通明；来者从光亮中认识了人生的意义，去者似蜡烛燃尽，照亮了别人。"

《资治通鉴》是编年体通史，也是一部值得特别珍视的古典历史名著，千百年来，它被誉为帝王宝典，为官从政者案头必备的教科书，也是人们学习历史知识的门径。

（一）《资治通鉴》是一部什么样的历史典籍

《资治通鉴》是一部用编年体写成的史书。中国古代史学家具有一种很强的忧患意识，这种忧患意识表现为他们对人类社会前途和命运的深刻关切，这也是他们致力于历史撰述的思想基础。中国古代史学家代不乏人，所撰史学著作用"汗牛充栋""浩如烟海"这两个词来形容也不过分。仅清朝乾隆时期编修的《四库全书》史部类就收录有清代乾隆以前的历史著作565部，共21952卷，这还仅仅是所有史学著作中的一部分。因为清修《四库全书》时，有些书只著录书名，不抄录全书，有些书被圈入禁毁之列。我们知道，今天人们所读之书都

《资治通鉴》书影

是一章一节地写，叫章节体，用这种章节体写作，在我国是在20世纪初期才出现的，相对于我国悠久的历史来说，这是很晚很晚的事了。在此之前，那么多的史学著作，要么是用编年体写的，要么是用纪传体写的，有些还是综合编年体和纪传体体二者优点的纪事本末体来编著的。当然也还有用其他一些体裁来写的，如典制体、传纪体、文征体等，不过，它们不占主流。

　　这里，首先要说明的是什么是编年体。编年体是史书写作的一种重要体裁，即写作方法。它是按年、月、日的顺序记载历史的编纂形式。用古人的话说就是以事系日，以日系月，以月系年。记载历史时首先写明某年，年下写月，月下写日，日期之下记述史事，类似当今时代人们编的大事记、日历。用这种体例记述历史事实，最大的好处就是历史事件发生的时间很清楚，时间顺序很明确，不会出现时间的混乱和模糊的情况。编年体的这种好处就是人们所说的"记远近，别异同"，即区分史实的先后顺序和彼此的异同。

　　用编年体编史书，以时间为中心，按年月记事，易于反映历史发展的总的进程。它还有一个好处就是能突出历史著作的政治意义。因为中国古代历史发展有一个"怪圈"，每个朝代走过的都是一条建立——发展——兴盛——衰落——灭亡的相似之路，朝代替变很频繁。这种朝代更替，既有前

后相承，也有对峙并立。那么，用谁的年号纪年，就有一个以谁为正，承认谁，否定谁，承认谁在历史发展序列中是合法的、谁是非法的等问题。编年体因为是以年、月、日来记事，所以这种体裁就很能反映这种潜在的政治观点。

我国用编年体写史书，最早开始于春秋战国时期成书的《春秋》《左传》。东汉荀悦用编年体写《汉纪》以后，魏晋南北朝隋唐时期编年体历史著作有了很大发展。据《新唐书·艺文志》著录，编年类史书共有 41 家，48 部，947 卷。实际数字，当不止于此。这些书大多早已亡佚，而且一般也都是记一个时期或一个王朝的史事，其中以今存的《汉纪》和东晋袁宏所撰《后汉纪》最为知名。隋唐以后，用编年体写的史书，就更多了，成为与纪传体并驾齐驱的史书体裁。

当然，用编年体写史书，也是世界其他国家史学家写历史的一种常用方法。在古希腊，被称为"历史学之父"的希罗多德于公元前 430 年写成的《历史》（又名《希波战争史》）记述希腊和波斯的战争，用的就是编年记事法。公元前 411 年修昔底德写的《伯罗奔尼撒战争史》也是严格按照时间的顺序记述历史的。

中国和世界史学发展表明，按年、月、日记事，是人类最早用以编写历史的方法，只不过中国史学家用编年体写历史走在世界的最前列。

《资治通鉴》是一部贯通古今的通史。写历史，是专写一个朝代还是贯通古今呢？这在历史编纂上就存在一个断代为史和贯通古今的问题，表现在史书形式上就是断代史与通史的区别。如《史记》就是从传说中的黄帝写起，一直写到西汉武帝时候，通古今之变，这是通史。而《汉书》就只记述西汉一代的历史，包举一代，这就是断代史。《资治通鉴》是从周烈王二十三年（前 403 年）写起，一直写到后周世宗显德六年（959 年）止，记述了周、秦、汉、魏晋南北朝、隋、唐、五代，共 1362 年的历史。这里有一个问题就是，司马光既然是写通史，他为什么不从传说中的黄帝，甚至更早的时间写起，而把《资治通鉴》的上限定在周烈王二十三年呢？按司马光自己的说法是因为他认为周烈王二十三年以前的历史已有孔子的《春秋》做了记述。《春秋》一直被列为五经之一，在中国古代"经"的地位最高，人们有一种看法就是经不可改，经不能续，只能对经进行注解，只有这样才能体现对经的尊崇。所以司马光把《资治通鉴》的上限定于周烈王二十三年。另外，这一年韩、赵、魏成为三个独立的诸侯国，从此开始了七国并争、干戈扰攘的战国时代，公元前 403 年也具有重要的历史界标意义。

另外，《资治通鉴》为什么只写到五代后周的灭亡，而不写到宋朝呢？这一点，司马光没有说明。但我们知道人们经常挂在嘴边的两句话："钉在历史耻辱柱上"，"名垂青史"。这两句话说的是史学家对历史人物的叙述和评价意义之大，人们常说"一字之褒，荣于华衮；贬在片言，诛深斧钺"，说的就是写历史时，历史记述和评论的重要。而且对死人的名誉和评价往往关系到活着的人的利益。写当代史，无疑会涉及许许多多当时人的利益，很容易犯忌讳，所以，写当代史要冒很大的政治风险和社会风险。当然也有对当代人物和事件还不能完全盖棺论定的原因。司马光把《资治通鉴》只写到公元 959 年，实际上是对现实的一种回避。

（二）《资治通鉴》写了些什么

总体来说，《资治通鉴》规模宏大，内容丰富、翔实、可信，结构严整，文采生动，是与《史记》交相辉映的一部历史名著，司马迁、司马光也被联称为"两司马"。

首先说说《资治通鉴》的规模。《资治通鉴》是一部编年通史，全书共294 卷，300 余万字。加上《资治通鉴考异》（主要是对《资治通鉴》的一些史实的考订和说明）、《资治通鉴目录》各 30 卷，共计 354 卷。

《资治通鉴》记载了上起周威烈王二十三年（前 403 年）三家分晋，下迄五代最后一个王朝后周的灭亡，即后周世宗显德六年（959 年），共 1326年的历史发展，贯通古今，一气呵成。

《资治通鉴》资料翔实、丰富、精当。据《四库全书总目》统计，《资治通鉴》引书达 322 种。取材除《史记》《汉书》《后汉书》这些正史外，还有野史、文集、墓志、别传、奏议、地理、小说、诸子，等等。《资治通鉴》对于唐和五代史事，甄采书籍最多，史传文集之外，还有实录、谱牒、家传、行状、小说等各种史料。书中叙事，往往一事用数种材料写成。凡遇到年月、事迹有歧异处，均加考订，并注明斟酌取舍的原因，以为《考异》。《通鉴》具有相当高的史料价值，尤以《隋纪》《唐纪》《五代纪》史料价值最高。四库馆臣盛称《资治通鉴》"网罗宏富，体大思精，为前古之所未有"，这种评价是不为过的。

《资治通鉴》按时间先后叙次史事，往往用追叙和总结的手法，说明史事的前因后果，容易使人得到系统而明晰的历史印象。总体来说，《资治通鉴》是以记述政治、军事的史实为主，借以展示历代君臣、兴衰成败、安危治乱之迹，作为历史的借鉴。但书中在主要叙述历代社会上层人物活动的同时，也叙述了各族普通人民的生活和斗争。《资治通鉴》对经济方面虽然也有所记载，但并不详备，思想文化教育方面的内容则很少谈及。

《通鉴》除叙述历史事实外，还选录了前人的历史评论 97 篇，又以"臣光曰"的形式，自己撰写了历史评论 118 篇，比较集中地表明了司马光对政治、对历史的看法。

司马光从"资治"出发，以探求历史上"治乱之迹"为宗旨，"专取关国家盛衰，系民生休戚，善可为法，恶可为戒者"的历史事实入史，所以，《资治通鉴》的内容主要是政治通史，书中尤其重视为君之道，用大量篇幅记载中国历史上著名的文景之治、贞观之治等贤明政治，详细描述乱国之君丧权辱国、涂炭生灵的经过，其历史评论也都是在论述"国之治乱，尽在人君"的观点。司马光把历史上的君主，根据他们的才能分为创业、守成、陵夷、中兴、乱亡五类。创业之君，如汉高祖、汉光武、隋文帝、唐太宗等。守成之君，如汉文帝和汉景帝。中兴之君，如汉宣帝。至于"习于宴安，乐于怠惰，人之忠邪，混而不分，事之得失，置而不察，苟取目前之佚，不思永远之患"，使"祖考之业"日趋颓下的陵夷之君（《历年图序》），像西汉的元帝、成帝，东汉的桓帝、灵帝，都属于这一类。在司马光看来，最坏的是那些乱亡之君，他们"心不入德义，性不受法则，舍道以趋恶，弃礼以纵欲，谗谄者用，正直者诛，荒淫无厌，刑杀无度，神怒不顾，民怨不知"，像陈后主、隋炀帝等就是最典型的例证。对于乱亡之君，《资治通鉴》都作了一定程度的揭露和谴责，以为后世君主的鉴戒。

关于知人善任的问题，司马光在第138卷齐武帝永明十一年中写道："人君之于其国，譬犹一身，视远如视迩，在境如在庭，举贤才以任百官，修政事以利百姓，则封域之内无不能其所矣！"这里司马光实际上是在告诫君主：贤人和国家的关系，如同躯体的各个部分，看远处犹如看近处，在边疆犹如在朝廷，只有推荐有德有才的贤能之士充任各种官职，修明政治，为百姓谋求福利，那么自己的疆界内的百姓才能各得其所，社会变得稳定有序。

关于军事问题，是司马光格外关注的一项内容，司马光不仅生动地描述了重大战役的经过，而且还论述战争的因果和兵法。明清之际的大学者顾炎武曾评论道："《资治通鉴》承左氏（指左丘明的《左传》）而作，其中所载兵法甚详，凡一国之臣，盗贼之佐，苟有一策，亦具录之……"在《资治通鉴》第70卷魏文帝黄初六年中，作者借鉴蜀国的参军马谡向诸葛亮的谏言，说明了用兵之道："夫用兵者，攻心为上，攻城为下，心战为上，兵战为下，愿公服其心而已！"强调了"不战而屈人之兵"才是三军统帅所追求的目标。

对于军事的记载，《通鉴》也很突出，对战争的描述也很生动。凡是重大的战役，对战争的起因，战局的分析，战事的过程及其影响，都有详细记载。如赤壁之战、淝水之战等，都是杰出的例证。

关于经济问题，《资治通鉴》也注意记载。因田赋和赋税是封建经济的首要问题，所以司马光详述历代有关田制、赋税的内容，以大量篇幅记载商鞅变法、唐朝的租庸调制和两税法等重大经济事件，并随时借历史事实来论证现实问题。在《资治通鉴》第15卷汉文帝十三年中，作者写道："农，天下之本，务莫大焉。"司马光是在强调：在我国这样的社会，必须重视农业的发展，否则必定引起社会秩序的混乱。

文化方面，《通鉴》也有记载，就学术思想来说，上自先秦的儒、法、名、阴阳、纵横五家的代表人物和学术主张，下及汉初的黄老思想，汉武帝的独尊儒术，以及魏晋玄学的盛行都有记载。对于佛教、道教的起源、发展，以及儒、佛、道之间的斗争叙述得颇为充分。对西汉以来经学的发展，典籍的校理，石经的刻立，九经的雕印及流传，都有较系统的陈述。对著名的文人学士及其作品也有记载。史学方面，从班固的《汉书》到沈约的《宋书》以及唐代的修史制度，均有记述。科技方面，记载最多的是历代的历法。其他如天文学、地理学、土木建筑（如秦代的长城、隋唐的长安城和洛阳城）、水利工程（隋代的大运河）等，《资治通鉴》也有一定的反映。

《通鉴》还有历史评论。一类是属于司马光自己写的，每篇以"臣光曰"开头；还有一类是选录前人的评论，开头都写明作者名氏。当然，司马光所选录的前人史论，都是符合自己的观点的，大部分用于表述他的政治思想。

（三）司马光为何要写《资治通鉴》

宋神宗元丰七年（1084年），《资治通鉴》终于撰写完成。这年12月，虽然已是寒冬腊月，司马光请人把《资治通鉴》书稿用锦缎装裱成10个精美的匣子，用车马载着，他和刘攽、范祖禹等人亲自护送，从西京洛阳出发，日夜兼程，送往东京汴梁（今河南省开封市），向宋神宗进献。为此，神宗加封司马光为资政殿学士。《资治通鉴》的撰修，前后历时19年，这可是近7000个日日夜夜啊！据说司马光及其助手们为编《资治通鉴》而收录、摘引的资料和底稿，堆满了两大间房子。负责撰写魏晋南北朝部分的刘恕，由于积劳成疾，还未看到书稿杀青付梓，就带着他的遗憾辞世。负责撰写两汉部分的刘攽，这时已经62岁了。分工撰写隋唐五代部分的范祖禹，这时虽年仅43岁，也显得未老先衰了。司马光此时65岁，由于操劳过度，双鬓霜白，牙齿脱落，用他的话说："我的全部精力，都消耗在这部书上了。"司马光因编纂《资治通鉴》，严重损害了身体健康，此书刊刻问世时，司马光已逝世多时了。

司马光在世时，关于宋代以前的历史著作已经很多了，后来被定为正史的就有《史记》《汉书》《后汉书》《三国志》《晋书》《宋书》《南齐书》《梁书》《陈书》《魏书》《周书》《北齐书》《南史》《北史》《旧唐书》《旧五代史》等等。历史记载不仅延绵不断，而且十分详细。

那么，司马光为何要耗费如此之大的精力和心血来编写一部《资治通鉴》呢？

司马光在《资治通鉴》撰写完成上奏朝廷时，有一封奏表，即人们所称的《进〈资治通鉴〉表》。这封奏表里，司马光把他写《资治通鉴》的目的和经过说得清楚明白。司马光说：

　　臣光言：先奉敕编集《历代君臣事迹》，又奉圣旨赐名《资治通鉴》，今已了毕者。伏念臣性识愚鲁，学术荒疏，凡百事为，皆出于人下，独于前史，粗尝尽心，自幼至老，嗜之不厌。每患迁（司马迁）、固（班固）以来，文字繁多，自布衣之士（指老百姓）读之不遍，况于人主（指封建皇帝）日有万机，何暇周览。臣常不自揆，欲删削冗长，举撮机要，专取关国家盛衰，系生民休戚，善可为法，恶可为戒者，为编年一书，使先后有伦，精粗不杂。

　　私家力薄，无由可成（这是司马光的谦虚之词），伏遇英宗皇帝，资睿智之性，敷文明之治，思历览古事，用恢张大猷。爰诏下臣俾之编集。臣夙昔所愿，一朝获伸，踊跃奉承，惟惧不称，先帝仍命自选辟官属，于崇文院置局，许借龙图天章阁、三馆、秘阁书籍，赐以御府笔墨缯帛及御前钱以供果饵。以内臣为承受眷遇之荣，近臣莫及。不幸书未进御，先帝违弃群臣（指宋英宗去世）。陛下绍膺大统，钦承先志，宠以冠序，赐之嘉名。每开经筵，常令进读。……

　　伏望陛下宽其妄作之诛，察其愿忠之意，以清闲之宴，时赐省览。鉴前世之兴衰，考当今之得失。嘉善矜恶，取是舍非，足以懋稽古之盛德，跻无前之至治。俾四海群生，咸蒙其福，则臣虽委骨九泉，志愿永毕矣。

简而言之，《资治通鉴》这部书是出于皇帝资治佐政的需要，写给皇帝阅读的，意在让皇帝从前朝的治乱兴亡事迹中，获得统治国家的经验教训。从司马光来说，也是受命而作。

当然，为皇帝提供资治佐政的教材是司马光撰修《资治通鉴》的主要动机。同时，司马光也有向青年学子提供一部学习中国历史的简明读本的考虑。早在司马光着手撰修《资治通鉴》之前，曾于宋仁宗皇祐四年（1052 年）对刘恕说：《春秋》（孔子写的史书）之后，到今（指北宋）已经 1000 多年过去了。从《史记》到《五代史》（《五代史》是正史之一，分《新五代史》和《旧五代史》两种），共 1500 多卷，卷帙浩大，一般学生虽穷毕生之力，也读不完，使他们产生了厌烦的情绪。长此下去，那些篇幅宏大的史书就没有人读了。因此，我想从周烈王二十三年韩、赵、魏三家分晋（公元前 403 年）写起，一直写到五代，要使用左丘明写《左传》的编年体、要仿照荀悦写《汉纪》那样简明的语言，网罗众说，成一家之言。司马光的这席话，说明他撰修《资治通鉴》的最初动机是为了社会的需要。只是后来，由于皇帝的命令，编纂《资治通鉴》的目的才变为以御用为主，以为青年学子提供简明历史读本为辅。

（四）《资治通鉴》是如何编修的

司马光首先组建了一个精干的写作班子，使《资治通鉴》顺利完成有了可靠保障。

一部 294 卷的《资治通鉴》，洋洋 300 余万字，是一项规模很宏大的文化工程，显然仅靠司马光一人之力是难以完成的。北宋朝廷赋予了司马光自己选择天下英才组成写作班子权力，所以司马光精心挑选了几个得力助手，他们是刘恕、刘攽、范祖禹和司马光的儿子司马康，组成了一个五人的编写班子。这五个人都是志同道合，对历史具有专门研究的史家。从年龄上看，自司马光以下，一个比一个小，形成一个精干的学术梯队。他们在司马光的统一领导和组织下，分工合作，为了一个共同的目标，凝聚在一起。

刘恕，字道原，北宋筠州高安（今属江西）人。18岁中进士，位居第一，名震京师。刘恕博闻强记，尤精史学，对历代治乱兴衰，人物品评、天文地理、氏族世系，皆能口谈手画，为一时史学高才。刘恕专门负责魏晋南北朝时期史料长编之外，还参与全书体例的商讨，实际上是司马光的副手。在《资治通鉴》协修诸人中，刘恕"功力最多"。遗憾的是，元丰元年（1078年），年仅47岁的刘恕英年早逝，这时距《资治通鉴》最后成书还有七年。

刘攽，字贡父，临江新喻（今江西新余）人，博学能文，中进士后，做了20多年的地方官，后入京城国子监（相当于今天的国立大学）担任直讲，以经术教授学生。他对汉代历史研究相当深。原来司马光是调赵锡君参加《资治通鉴》撰修，因赵锡君因丧父奔丧，就用刘攽代他担任这个职务，专门负责两汉部分史料的长编工作。

范祖禹，字梦得，又字淳甫，成都华阳（今四川成都）人。少孤，育于叔祖范镇。范镇曾参加欧阳修主持的《新唐书》撰修工作，历时17年，对唐史很有研究。司马光和范镇是好友，彼此过从甚密，因而认识范祖禹。司马光认为范祖禹智识明敏，好学能文。熙宁三年（1070年），司马光调范祖禹入书局，同修《资治通鉴》，专职唐史。范祖禹入书局的时间虽然较晚，但他工作的时间却最长，直到《通鉴》成书，在书局达15年之久，负责全局事务。范祖禹是编修班子中年龄最小的，也是在书局时间最长、贡献最大的一名助手。

司马康是司马光的儿子，他专门负责检阅文字，在书局十几年，也是司马光最得力和助手之一。

编写《资治通鉴》最重要的就是确定史书的体例和编修流程。唐朝有个史学家刘知几说史书的体例对于编修史书来说相当于法律对于国家那样重要。如果体例不能确定，那么就无法组织材料，无法判断是非。司马光编

《资治通鉴》首先就确定了一套严密的编撰程序。

第一步，拟定丛目。按照时间顺序，列出历史事件的标题，据标题排列有关史料。拟定丛目，就是编制全书的总纲，包括标举事目和附注资料两项工作。标举事目就是从应该写入《资治通鉴》的历史事件中挑选典型事例标明题目，使之形成细纲或纲目。列纲目，必须以广泛阅读史料为基础，否则就无法选择典型事例，标出题目。附注就是按标题确定的范围扩大收集资料，然后分别将新资料附注在各标题之下，即按时间排比资料。关于收集资料，司马光要求所有资料必须打散原书所在位置，一律按事目确定的范围编排资料。凡是移动资料的位置，都要注明出处，不论是实录资料还是史传、文集、小说中的资料均照此处理。史料无法确定日期者，附于月下，无法确定月者，附于年下，称是岁。无年者，附于同类史实之首尾。无事可附者，大致判断时间早晚，附于某年之下。关于附注的写法，司马光也有具体要求。附注不能照抄原文，应摘录要点，并注明每一条材料所出自的篇卷。附注资料，务必详尽，做到"过多不害"。

第二步是做长编。由分修者对丛目的史料进行整理考订后，撰写出初稿。当时称"草"或"草卷"。长编的编纂原则是"宁失于繁，毋失于略"。繁是为了收集详备的资料，防止遗漏，便于对不同来源的资料进行比较，以便有充分选择的余地，也有助于对史实真伪进行辨析。对于修长编的工作程序和内容，司马光也有具体详细的规定。首先要检阅全部资料，凡事目下所记的历史资料，一一检出阅读，这样通读资料，可以进一步熟悉、类集、排比，以便综合处理同时期、同性质的资料，按既定的体系和自己的目的编辑长编。其次是选择、鉴别史料。司马光认为，实录和正史不可轻信，杂史、小说未必无凭，关键在于"高鉴择之"，即鉴别选择。这种把可靠性、真实性作为选材标准的做法是完全正确的态度。能够鉴别出实录和正史中的错误，能从杂史、小说中选择出有价值的材料，这既需要求实精神，又需要明察高鉴的辨别能力和渊博的历史知识。再次是铨次资料。铨次是对史料进行选择编排的一种方法。司马光把资料分为三类，并对每一类资料提出处理方法。一类是事同文异的资料，对这类资料，要选择记事完整、文字清楚的做正文。一类是彼此互有详略的资料，要取长补短，互相补充，自己编排文字来加以修正。一类是事迹、年月都互不相符，对不上号的，要选取证据充分、情理近于事实的入正文，其余注入其下，以表明取此舍彼的原因。

司马光还指出，铨次资料必须明确资料取舍范围。他在给范祖禹的信中说：诗赋止为文章，诏诰（皇帝发布的命令、文告）只记官吏任免，妖异（鬼神怪异）只限于讲怪诞，诙谐只图取笑，遇有这类资料，直删不妨。但诗赋有所讥讽，诏诰有所诫谕，妖异有所儆戒，诙谐有所补益，则可全部保留。司马光这一规定，不仅明确了取舍范围，而且为一部分资料鉴定了价值，扩大了史料范围。

第三步，统一书法。写历史时，所谓书法，就是纪年、记人、记事的格式和方法。中国古代史籍往往用年号纪年，这给编年体史书编写带来了许多困难。如汉武帝在位 54 年，用过 11 个年号。武则天在位 21 年，用了 17 个年号，还有一年内竟三易年号的情况。为了整齐年号，避免一年两号歧出。司马光确定，凡一年中有两个以上年号者，一律用后一个年号。如公元 701 年有大足、长安两个年号，就只记长安，大足则略去。此外关于记人、记事，司马光在对传统编年体继承的基础上，加以创造性发挥、改造。特别值得注意的是，司马光规定，长编的正文一律用大字书写，其余未采用的材料，一律用小字注于正文之下，以示有别。

第四步，由司马光依据长编，考其异同，删其繁冗，修改熔铸润色，写成定稿。定稿是在三大助手的丛目、长编基础上进行的，工作十分繁杂、艰苦，而又必须非常仔细，司马光为此几乎是孜孜不倦、呕心沥血地工作着。三名助手的全部初稿由他一人总其成。工作量之大是可以想见的。如唐史长编，初稿达六七百卷，删定完成至少要花费 4 年时间。这样司马光就必须严格按既定日程日删一卷，因事耽误，事后追补，否则，定稿工作就会旷日持久，完成无期。司马光删削工作大体分两步进行，首先是粗删，其次是精心润色。

司马光在《进〈资治通鉴〉表》中总结这一工作时说：臣精细地研究、考察了全部史料，进行了反复思考，从始至终地修订全书，白天时间不够，夜里继续干。翻遍旧史，旁采小说，书稿堆积充栋，浩如烟海。

同时，司马光还编出《通鉴举要历》《通鉴节文》《通鉴目录》等简本，以供一般人选择阅读。又编成《通鉴考异》，收录对《资治通鉴》所用史料的考证、鉴别。

（五）《资治通鉴》的文采

书，是写给人们阅读的。不同人写的书，人们读起来的感觉大不一样。

历史是过去的现实，它只存在于书卷里上，留在人们的记忆里，它模糊、杂乱，如何才能让历史鲜活起来，靠的是史家手中的一支笔。

《资治通鉴》在中国古代以文采见长的史书中又是属于上乘的著作。所以，有些人认为，《资治通鉴》不仅是历史书，还可以当作文章读。特别需要提到的是，清代曾国藩在姚鼐所编《古文辞类纂》的基础上，稍更其类，增删篇目，纂成《经史百家杂钞》一书。这是清末民初影响颇大的一部古文读本。《经史百家杂钞》在叙记类主要选录《左传》《资治通鉴》两书。该书共选录《资治通鉴》11篇，它们是：赤壁之战、曹爽之难、诸葛恪之难、谢玄淝水破秦之战、刘裕伐南燕之役、韦睿救钟离之役、高欢沙苑之战、宇文泰伐北邙之战、韦孝宽之守玉壁、李晟移军东渭桥之事、裴度李愬平蔡之役等。这些篇章，大多是记战争，写若干重大的历史场面，也涉及不少历史人物。这些篇章，文字表述确实精彩。记人，如亲见其人；写事，如身临其境；勾勒场面，如读历史画卷，都能给人一种史学上的审美感受。

梁启超说《资治通鉴》的文采时，用了"飞动"这个词。他说：如果历史事件很是惊心动魄，但写得呆板，人们是不愿意看的；即使强打精神，逼着性子看，也让人有些昏昏欲睡。而历史事件不是那么吸引人，但如果写得好，字字都活跃于纸上，人们就乐意读，读到伤心处，就想放声大哭，或咽咽而泣；读到高兴处，或开怀大笑，畅快淋漓，或窃窃私笑，妙趣横生。

清朝有一个巡抚，既是一个大官僚，也是一个大学者，叫毕沅。他十分敬慕司马光。司马光的《资治通鉴》只写到五代。毕沅尽其毕生精力，呕心沥血，接着《资治通鉴》往下写，一直写到清朝。毕沅的续作，人们称之为《续资治通鉴》。同样是用编年体写的历史，司马光的《资治通鉴》让人百读不厌，而毕沅的《续资治通鉴》，让人不想再读第二次。

（六）《资治通鉴》的价值

《资治通鉴》具有很高的价值，我们不管用怎样优美的语言来评价，都是不过分的。

首先，说说《资治通鉴》的学术价值。

《资治通鉴》创立了编年体通史的规模，对编年体史书有重要发展。《资治通鉴》内容的宏富，从战国到五代的历史兴衰变化、王朝的生生息息、治国安邦的智慧，都蕴含于一书之中。《资治通鉴》是中国古代不可多得的文学佳品，文采的出众，可与"史家之绝唱，无韵之离骚"的《史记》并称"史学双璧"。

时下，媒体的历史戏说很是时髦和盛行。这种历史"戏说"，虽然娱人心情，悦人感官，但并不能把它作为真历史来看待，因为它只不过是些历史的影子。《资治通鉴》可就不同了，它是一部严肃的历史著作。司马光及其助手，遍阅旧史，旁采小说，简牍盈积，浩如烟海，参考极其广泛而细致，既穷竭所有，又校计毫厘。南宋时有个史学家高似孙，写了一本书叫《史略》，其中说《资治通鉴》引书 226 种，清朝人统计则说《资治通鉴》引书则达 322 种，其中许多书早已不存，赖《资治通鉴》征引得以保存若干佚文。《四库全书总目》称赞《资治通鉴》"网罗宏富，体大思精，为前古之所未有"。明末清初大思想家顾炎武更是一语中的，他说《资治通鉴》是"后世不可无之书"。

《资治通鉴》博大精深，一直被学人奉为史学圭臬，随着对《资治通鉴》的研究、续编、注解、仿作、考订、评论，在学术界形成了一门专门学问

"通鉴学"。"通鉴学"肇始于司马光及其助手们，兴盛于宋元明清时期，经久不衰，成为中国古代后期史学领域中的显学之一。

《资治通鉴》的辅助读物。司马光编有《资治通鉴考异》《资治通鉴目录》《资治通鉴举要历》80卷，《通鉴节要》60卷，《历年图》7卷，其曾孙司马伋编有《通鉴释例》1卷。

《通鉴举要历》和《通鉴节要》是《资治通鉴》的简要读本，现已亡佚。司马光认为《资治通鉴》卷帙还是太浩大，读者难以领会，而《资治通鉴目录》又太简略，难尽原委，因此，需要缩编介于二者之间的简明读本。《通鉴举要历》是《资治通鉴》的一种缩写本，《通鉴节要》是司马光抄纂《资治通鉴》的要点而成的节本。《历年图》又名《累代历年》，记事上起周威烈王二十三年（前403年），迄后周显德六年（959年），每年略举大事，历代皆有评论，又举国家治乱兴衰之迹，按其大略，绘为五图，该书现收入司马光另撰的《稽古录》中。《通鉴释例》，收录了《资治通鉴》的凡例，司马光与刘恕往来书帖、书简等，其用意在于揭示原书编写宗旨和方法。

《资治通鉴》的续作。《资治通鉴》只写到后周显德六年（959年），没有写宋朝当代史。所以司马光打算取实录、正史，旁采异闻，作《资治通鉴外纪》，以辑录宋事。这个愿望没有实现。今存《涑水纪闻》16卷，就是为编《外纪》所做的准备工作。所记皆杂录宋代旧事，多涉及宋朝国家大政，起宋太祖，终宋神宗，每条都注明材料提供者，故名纪闻。

刘恕撰有《通鉴外纪》10卷，记周烈王以前的历史，上起伏羲，下与《资治通鉴》起年相衔接。其中《包牺（即伏羲氏）以来纪》1卷、《夏商纪》1卷、《周纪》8卷。刘恕认为《资治通鉴》作为一部通史，只从公元前403年写起，是有严重缺陷的，他深以此为憾事。于是刘恕打算以《国语》为底本，编撰《通鉴前纪》，记载周烈王以前史事，再撰《通鉴后纪》，记北宋当代史事，以续《资治通鉴》。但是刘恕因患瘫痪在床，只好口授小儿羲仲，由其执笔继续撰写完成《通鉴前纪》，但《通鉴后纪》却无完成的希望，遂改《前纪》为《外纪》。

南宋以后，《资治通鉴》的续作者蜂起。李焘撰长达1063卷的《续资治通鉴长编》，专记北宋历史。李心传撰《建炎以来系年要录》，记南宋初年史事。明清时期，续作《资治通鉴》达到高峰，主要者有明代薛应旂撰《宋元资治通鉴》，王宗沐亦撰一部《宋元资治通鉴》，清人徐乾学《资治通鉴后编》，其中以清乾隆进士、曾官至湖广总督的毕沅的《续资治通鉴》为最佳。

《资治通鉴》的注释。自《资治通鉴》成书以后，注解之作就开始出现。到南宋时，《资治通鉴》已有三家释文。它们是司马康的《通鉴释文》、史炤的《通鉴释文》、费氏《通鉴音释》（费氏音释由于附在正文之下，所以一直传留到今天）。在所有《资治通鉴》注释中，元朝胡三省的注最为重要。《资治通鉴》300余万字，而胡三省的注也近300万字。凡是《资治通鉴》看不懂的地方，借助胡注就可以扫清障碍。胡三省注《资治通鉴》，首先注释文字的音、义；其次注释典章制度，尤其是对后人难懂的官名注释很详细；其三，对人物不仅注某人是某之父，在《资治通鉴》里哪一卷有记载，而且还对人物进行评论；其四，对地名注释也十分详细；其五，胡三省还考证史实记载的真伪。司马光及其助手撰《资治通鉴》时，虽然十分严谨，但出现错误也在所难免。胡三省在注释时，对史实处处留心，凡有疑惑之处，必然详加考证、辨析。

总而言之，胡三省的《资治通鉴音注》是阅读《资治通鉴》的必备参考书，它可以帮助读者解决各种疑难问题。

抗日战争时期，陈垣先生把国破家亡的伤痛凝聚于历史的研究中，作《通鉴胡注表微》，这既是陈垣先生的泣血著述，也是对《资治通鉴》研究的独到心得。

《资治通鉴》的改编。对《资治通鉴》的改编，有两种主要类型：一种是不变更体裁，只在原书基础上删节、缩写。如《通鉴举要历》、南宋陆唐老的《陆状元通鉴》、清朝皇帝敕编的《御批通鉴辑览》等等就是这种改编之作；另一种《资治通鉴》改编之作是变更体裁，采用《资治通鉴》的史料，使用新的体裁、体例编撰成一种新的史书。这种体例的变更主要有纪事本末体和纲目体两种。纪事本末体开创之作是南宋袁枢的《资治通鉴纪事本末》，纲目体代表是南宋朱熹的《资治通鉴纲目》。这两种书问世之后，又对史学发展起到推波助澜的作用，一个续作《资治通鉴纪事本末》和《资治通鉴纲目》的潮流相继兴起。

《资治通鉴》博采古籍，详辨史实，叙事简练，文笔生动，是中国重要的历史文献。该书标志着我国封建时代的历史编撰学达到了一个新阶段，为以后的编年史树立了范例。南宋李焘的《续资治通鉴长编》，清朝毕沅的《续资治通鉴》，都是按照《资治通鉴》的体裁和风格编著的。由于在政治史料的安排上，《资治通鉴》是以年系人，即把历史大事都记在帝王在位的年月中，逐年逐月地记下去，自然容易看出治乱兴亡的过程。既有这样的阅读之便，历代帝王将相，也就非常重视这部"治国教科书"的作用。自这部辉煌巨著问世以后，已经印行了 77 个版次，足见其影响之巨。即使在今天，它除了为我们研究五代以前的封建政治史提供系统的史料外，也让我们在历史的兴衰变化中得到不少有益的启迪。

（七）政治家与《资治通鉴》

《资治通鉴》的价值还在于它蕴含着丰富的治国安邦经验和政治智慧。司马光有一个基本看法，就是他认为写历史，就要叙述国家的治乱兴衰、百姓的祸福，能使读者从中自择善恶得失，吸取经验和教训。如《资治通鉴》写曹操，司马光没有简单责骂曹操是"乱世奸雄"，而是看到汉末大乱，百姓遭受了深重的战乱灾难。汉献帝建安之初，天下大乱，汉王室手中没有一寸土地，控制不了一个百姓，这个时候没有杰出人物是挽救不了这个混乱局面的。曹操乘机兴起，举贤用能，训练士卒，抓住战机，运用灵活的战略战术，战胜群雄，化乱为治。在司马光看来，曹操的功劳不在管仲之下。

《资治通鉴》在治国安邦问题上还为封建帝王提出了一套办法。国家治理得好与坏，关键在于用人是否得当。只有任人唯贤，不分亲疏、新故，敏锐识别贤德君子与不肖小人，才能真正选拔出德才兼备的人。司马光还用魏晋南北朝时期门阀当权，选拔人才看门第高低的历史事实，批评这些典型的误国弊政。

《资治通鉴》不管是对贤才君子的称赞，还是对昏暴之君、贪官污吏的鞭挞，都是在为帝王提供前车之鉴，为统治者敲响警钟，以为长治久安之计。

宋末元初为《资治通鉴》作注的胡三省对《资治通鉴》的评价很有代表性。他说："为人君而不知《通鉴》，则欲治而不知自治之源，恶乱而不知防乱之术；为人臣而不知《通鉴》，则上无以事君，下无以治民；为人子而不知《通鉴》，则谋身必先辱先（祖宗），做事不足以垂后。"

我国有"半部《论语》治天下，两册史书安民生"的说法。《论语》是春秋时期孔子和他的学生们讨论各种问题的言论集，也是的儒家的基本经典。而两册史书，一是《史记》，二是《资治通鉴》。宋英宗曾评价《史记》和《资治通鉴》"尽古今之统，博而得其要，简而周于事，是为典籍之总会，册牍（指书籍，因为古代的书写在竹简上，故书籍又称为册牍）之渊林"。从这个意义上讲，《史记》和《资治通鉴》是其他史书所不能比的。这两部书的作者司马迁和司马光，也被联称为"两司马"。"两司马"的《史记》和《资治通鉴》，不仅仅是两部史书，更重要的在于他们的思路，他们对历史的记述给历代统治者增益了许多治国安邦的智慧。近代大学者梁启超说过："《资治通鉴》是绝好的皇帝教科书。"诚哉斯言！

唐初有个有名的直言敢谏的大臣魏征，与唐太宗每天都讨论治国安邦之策。魏征在论事说理时，不怕触怒龙颜，常使得唐太宗下不了台。但宽宏大量的唐太宗在魏征去世的时候，伤心不已，哭泣着说："以铜（古代一般都是铜镜）为镜，可以正衣冠；以古（指历史）为镜，可以知兴替；以人为镜，可以明得失。"魏征的去世，使他失去了一面镜子。历史也是一面镜子，它可以鉴盛观衰，彰明善恶，辨别是非。"殷鉴不远，在夏后之世""前事不忘，后事之师""欲知大道，必先为史"等等不同的说法，讲的都是同一个道理，这就是历史对现实的鉴戒作用。

宋神宗给司马光主持编写的通史定名为《资治通鉴》，"资治"意味着供统治者所用，"通鉴"则是借鉴之意。按近代人更简明的评价，《资治通鉴》是一部标准的帝王教科书。当然，历史对现实政治的鉴戒作用是多方面的，历史上兴衰成败，成功的经验和失败的教训，都是政治家治国安邦的宝贵财富。

宋神宗赐写书名。中国古代史书，从撰修者的身份来说，有官修和私修两类。《资治通鉴》比较特殊，可以说是半私半官性质。从某种意义上说，《资治通鉴》是私修，因为编纂的宗旨、体例由主编司马光负责，没有官府监督，助手、馆舍均可自选，不似在国家的史馆那样备受限制。但是，说《资治通鉴》是官修也不是没有道理，因为它是奉诏撰修，并得到皇帝支持。撰修过程中，编纂组允许阅读二阁（即龙图阁、天章阁，都是庋藏皇帝著作的地方，也收藏其他大量图书）、三馆（即史馆、昭文馆、集贤院，均设于崇文院内，藏储秘籍图书达三万余卷）、秘阁（也是宋代藏书处）图籍，撰修人员享受官府俸禄，由官府提供笔墨、稿纸。

《资治通鉴》的书名是宋神宗赐的。顾名思义，《资治通鉴》就是供政治家安邦治国平天下借鉴的书。司马光看到历代史籍浩繁，统治者日理万机，难以尽览；学者虽然皓首穷经，也难周悉。于是他立志要对浩如烟海的史籍，删繁撮要，撰一部简而易读的编年史。宋英宗治平三年（1066 年），司马光撰写一部未完稿的史书，名为《通志》，起自战国，终于秦二世，共8 卷，上表进呈于朝廷。这部 8 卷的《通志》，虽还是一部书稿，而且只是开了个头，却引起宋英宗赵曙的重视。宋英宗下诏置书局于崇文院内，命司马光挑选人才，继续编纂，而且改名为《历代君臣事迹》。司马光每编写完一代，就把书稿进呈朝廷。宋神宗赵顼即位后，由于北宋正面临前所未有的统治危机，他要了解历代的得失成败，身为侍讲的司马光便将《历代君臣事迹》读给神宗听，宋神宗觉得这本书"鉴于往事，有资于治道"，亦即能以历代兴衰为镜子，有助于治理国家，宋神宗把这部通史定名改为《资治通鉴》，并且还作了一篇序。这篇序文是：

朕惟君子多识前言往行以畜其德，故能刚健笃实，辉光日新。《书》亦曰："王，人求多闻，时惟建事"。《诗》《书》《春秋》，皆所以明乎得失之迹，存王道之正，垂鉴戒于后世者也。汉司马迁绅石室金匮之书，据左氏《国语》，推《世本》《战国策》《楚国春秋》，采经撼传，网罗天下放失旧闻，考之行事，驰骋上下数千载间，首记轩辕，至于麟止，作为纪、表、世家、书传。后之述者，不能易此体也。惟其是非不谬于圣人，褒贬出于当时，则良史之才矣。若稽古英考，留神载籍，万机之下，未尝废卷。尝命龙图阁直学士司马光论次历代君臣事迹，俾就秘阁缮阅，给吏史、笔札，起周烈王，迄于五代。光之志，以为周积衰，王室微，礼乐征伐自诸侯出。平王东迁，齐、楚、秦、晋始大；桓文更霸，犹托尊王为辞以服天下。威烈王自陪臣命韩、赵、魏为诸侯，周虽未灭，王制尽矣。此亦古人述作，造端立意之所繇也。其所载明君良臣，切摩治道，议论之精语，德刑之善制，天人相互之际，休咎庶证之原，威福盛衰之本，规模利害之效，良将之方略，循吏之条教，断之以邪正，要之于治忽，辞令渊厚之体，箴谏深切之义，良谓备焉。凡十六代，勒成二百九十六卷，列于户牖之间，而尽古今之统，博而得其要，简而周于事，是亦典刑之总会，册牍之渊林矣。荀卿有言：欲观圣人之迹，则于其粲然者矣，后王是也。若夫汉之文宣，唐之太宗，孔子所谓吾无间焉者。自馀治世盛王，有惨怛之爱，有忠利之教，或知人善任，恭俭勤畏，亦各得圣贤之一体。孟轲所谓吾于《武成》，取二三策而已。至于荒坠颠危，可见前车之失，乱贼奸宄，厥有履霜之渐。《诗》云：商鉴不远，在夏后之世，故赐其书名曰《资治通鉴》，以著朕之志焉耳。

宋神宗把这篇序文作好后，于当年十月初九日，第一次在迩英殿进读时当面赐给司马光，命他候书成后写入。

《资治通鉴》撰成以后，宋哲宗于元祐元年（1086 年）十月下诏将书稿送往杭州镂版，7 年后，刊刻成书。自此以后，《资治通鉴》成为帝王臣子、士子学人必读之书。《资治通鉴》成书 900 余年来，始终为世人赞扬推崇，与司马迁的《史记》并为华夏文化遗产之双璧，蜚声扬名海内外。该书共刊刻 70 余版，实为我国历代各类史书刊刻出版所罕见，足见其影响之深远。

张居正给明神宗讲《资治通鉴》。在图书馆里，我们很容易翻检到一本书，书名叫《通鉴直解》，作者是明代中期的内阁首辅张居正（相当于宰相，因为明太祖朱元璋废除了丞相制度，明代只有内阁首辅而无丞相之名）。这是一本说明、讲解《资治通鉴》，运用历史知识指导现实运动的著作，也是张居正给明神宗讲解《资治通鉴》的讲稿。

1572 年（穆宗隆庆六年），张居正受遗诏辅佐明神宗，出任内阁首辅，同时又负责神宗的经筵日讲。张居正十分重视年幼皇帝的文化知识学习，而又特别着重于陶冶德性和对历史经验教训的系统汲取。他坚定地认为，即使天潢帝胄，亦必应学而知之，学而通之，必须通过后天培养训练，才可能无愧于皇裔，有望成为朝野的表率。对于年幼皇帝以及未登皇位的皇太子，因身关国家社稷安危，更要倍加注重。

按照明朝的体制，幼年皇帝的学习形式，有"开日讲"和"御经筵"两种。所谓"开日讲"，就是由指定的讲官（当时称侍读、侍讲）等官员和大学士每三日轮流讲课一次。所谓"御经筵"，也就是更具规模更隆重的读书、讲书活动，一般来说，内阁大学士、六部尚书、勋臣等均应参加，由国子监祭酒和翰林院左右春坊学士等重要学者主讲，幼年皇帝通过这种形式的学习，得以掌握基本文化知识，特别是有关于治道君德的学问。

张居正亲自拟定了开日讲的日程、课程、仪注以及与处理朝政相结合等方面的详细安排。其中课程方面，要求每逢开日讲之日，早课听讲《大学》和《尚书》，午课听讲《资治通鉴纲要》，着重了解和理解前代兴亡史实和经验教训，目的是"以史为鉴戒"；在早课和午课讲读之后，张居正和其他大学士还要答疑解惑。

隆庆六年十二月，张居正进呈给明神宗一本《历代帝鉴图说》，这是关于历代帝王可资鉴戒的 118 个历史故事，图文并茂，形象生动。当神宗看到这本书时，忙叫人把书揭开，张居正从旁边指点讲解。《历代帝鉴图说》可以说是日讲《资治通鉴》的辅助参考书。1573 年（万历元年），所规定的各门功课讲读完毕，张居正将讲稿反复校阅，对于意思还不明确的，就进一步加以解释，编成《通鉴直解》28 卷。这本给明神宗讲《资治通鉴》的讲稿，历代评价非常高。明代钟惺说这本讲稿"大抵于明良可法，暗奸可戒，兵刑政治，兴亡夷夏，忠孝节义，事理人物"这些精微古奥的道理，都用浅近平常的语言阐述出来了。

张居正通过开日讲的方式，把《资治通鉴》中所蕴含的历史经验和治国安邦的智慧灌输给明神宗。张居正一边给明神宗讲《资治通鉴》，一边联系现实，运用历史知识，对现实政治上的重大问题，作出正确抉择。在一定意义上说，后来张居正所主持的改革，实际上就是对《资治通鉴》中所蕴含的历史经验的运用。

康熙帝读《资治通鉴》。康熙帝在位 61 年，一生文治武功盖世，开创了康乾盛世。康熙帝十分喜好我国的传统文化，认真学习和总结满族、汉族和其他各族修身、齐家及治国的历史经验。康熙帝从治理天下的需要出发，尤其重视经学和史学。

康熙帝对历史与现实、史学与社会的关系有着非常独到而深刻的认识，具有将历史智慧运用于现实运动的自觉性。史学服务于现实，史学经世，这是中国古代史学的优良传统，是史家史学意识与经世责任意识作用的结果。而运用历史智慧为现实行动提供方向和治国经验，又是一个政治家，尤其是一个杰出政治家必备的政治素质之一。康熙在位 50 年，经筵日讲，从不辍停。听政之余，勤览书籍，从中寻求治国的经验教训。讲官张英曾为康熙孜孜求学的精神所感动，由衷地说："前代帝王读书、经筵日讲间时（间时，即不定时）举行，仅成故事。皇上圣学勤敏，极意精研，经筵日讲既已寒暑无间；深宫之中，手不释卷，诵读讨论，每天至夜分，求之史书，诚所罕睹。臣得侍左右，曷胜忻幸。"在康熙帝的经筵日讲中，对《通鉴》的研读是其重要内容之一。康熙帝很重视实学，他要求经筵讲官在教学内容上以帝王之道及其治世大法和修身养性的儒家经典为主，讲官进讲时，"对称颂之处不得过为滥词，但取切要有裨实学。"康熙帝看到"《尚书》记载帝统道法，关切治理"，"思帝王之政要，必本经史"，明确表示"朕惟以《春秋》，帝王治世之大法者，史外传心之要典也"。同时，他极力倡导各级官吏学习和研究历史，要求官员"无论文武，皆须读书，探讨古今得失，加以研究"。要求各级官吏通过学习历史，丰富治国经验，这是康熙帝治史施政的一个很重要的特色。

历史虽然已经过去，但其中蕴含着丰富的人类智慧。如王夫之说："所以贵乎史者，述往以为来者师也。"史学活动可以发掘、认识这些智慧。但学习、研究历史要立足于现实，服务于现实，切实做到经世致用。康熙帝对明朝灭亡经验教训的总结，就是为了从中获得治国经验，并恰当地运用于他的政治统治中。

康熙帝身为帝王，毕竟与普通书生不同，他更重视历代帝王的治国安邦经验，因此，除"四书"（指《论语》《大学》《中庸》《孟子》四部儒家经典）外，主动提议将《资治通鉴》与之参讲。当康熙帝听过讲官摘要讲述朱熹所辑录的《资治通鉴纲目》以后，兴趣更浓，于是从康熙二十四年（1685年）三月起，将《资治通鉴》《资治通鉴纲目》《纲目大全》三书详细通读，边读边用朱笔加以点定，不但把其中的错误悉加改正，即使缺失者亦加以增补。到第二年底，三部书全部精读了一遍，随手批注达107则，这107则批注由翰林院编修励杜纳奏请，经礼部、翰林院议定，决定交起居注馆记注，以便将来增入史书。大约在康熙二十六年（1687年）底康熙帝决定在内廷设立翻译局，把朱熹的《资治通鉴纲目》译成满文，让满族王公都能学习、阅读。因为康熙帝对《资治通鉴》有这些学习和研究心得，所以，他对满文《资治通鉴纲目》亲自校阅、注疏翻译文稿。康熙三十年（1691年）三月，康熙帝亲自为《资治通鉴纲目》满文译本撰写序文。康熙帝这样写道："朕躬亲裁定，为之疏（注疏）解（解释），务期晓畅无遗，归之于至当而后止。立有课程，自元旦以至岁除，未尝有一日之间（停歇），即巡幸所至，亦必以卷帙（指《资治通鉴纲目》一书）自随。迄今三年有余，全集告竣，将锓梓颁行（指刊刻印刷）。"在康熙帝的提倡下，（康熙四十六年）1717 年，诸大臣又编辑而成《御批通鉴纲目》59 卷，《通鉴纲目前编》18 卷，《通鉴纲目续编》27 卷。其中有不得要领之处，康熙帝又亲自详加改定。

康熙帝从《资治通鉴》中得到了许多历史知识，增益了许多治国安邦的智慧，他慨叹说："凡明体达用之资，莫切于经史。朕每披览载籍，非徒寻章摘句，采取枝叶而已。正以探索源流，考镜得失，期于措诸行事，有裨实用，其为治道之助，良非小补也。"康熙帝的文治武功与他善于从历史中总结治国安邦的经验教训不能说没有关系。

曾国藩倡导读《资治通鉴》。曾国藩（1811—1872 年）是中国历史上有影响的人物之一，他从湖南双峰一个偏僻的小山村以一介书生入京赴考，中进士留京师后 10 年 7 迁，连升 10 级，37 岁任礼部侍郎，官至二品。因母丧返乡，恰逢太平天国巨澜横扫湖湘大地，他因势在家乡拉起了一支特别的民团——湘军，历尽艰辛为清王朝平定了天下，被封为一等勇毅侯，成为清代以文人而封武侯的第一人，后历任两江总督、直隶总督，官居一品，死后谥"文正"。曾国藩所处的时代，是清王朝由乾嘉盛世转而为没落、衰败，内忧外患接踵而来的动荡年代，由于曾国藩等人的力挽狂澜，一度出现"同治中兴"的局面，曾国藩正是这一过渡时期的中心人物，在政治、军事、文化、经济等各个方面有着令人瞩目的影响。

曾国藩也是一个大学问家，他对《资治通鉴》也十分推崇，有一次，一个名叫罗忠祐的青年一向敬佩曾国藩的学问，向曾国藩请教：

"曾大人，晚生年幼，虽极愿读书，但不知生在今世，以读哪种书为急务。"

曾国藩想了想，说："先哲经世之书，莫

曾国藩像

善于司马文正公《资治通鉴》。其论古皆折衷至当，开拓心胸，如因三家分晋而论名分，因曹魏移祚而论风俗，因蜀汉而论正闰，因樊、英而论名实，皆能穷物之理，执圣之权。又好叙兵事所以得失之由，脉络分明。又好详名公巨卿所以兴家败家之故，使士大夫怵然知戒。实六经以外不刊之典。足下若能熟读此书，而参稽三通（指《通典》《通志》和《文献通》三部典制体史书），两衍义诸书，将来出来任事，自有所持循而不失坠。"

罗忠祐很受启发，说："大人这一番教导，使晚生从迷津中走了出来。晚生今后就遵照大人的教诲，好好研习《资治通鉴》。"

中国历代贤臣能吏提出过难以数计的官箴。这是在儒家"修身为本"的政治思想熏陶下自励励人的格言。曾国藩自拟的修身箴言、联语也有不少，最基本的是以勤廉自勉。他在一封信中写道："仆与阁下及诸君子相处十余年，谆谆以勤廉二字相劝。仆虽衰老，亦尚守此二字兢兢不懈。"曾国藩是实现了他的格言，他的为官为人，一直都被视为立德、立功、立言三不朽的典范。曾国藩把《资治通鉴》作为青年学子的首读书目，足见他对这部书的重视。

毛泽东马背上读《资治通鉴》。众所周知，毛泽东喜欢读书，尤其是读史书。除二十四史外，《资治通鉴》几乎相伴一代伟人毛泽东一生。他喜欢这部史学名著几乎到了有些痴迷的程度。毛泽东去世后，人们从他故居存书中发现，他对《资治通鉴》的反复阅读圈点竟达17遍之多，直至某些章节的书页变得残破不堪。毛泽东不仅自己读《资治通鉴》，而且经常要求身

《毛泽东阅点〈资治通鉴〉》书影

边的工作人员也要读，同时屡次向各级领导大力推荐这部史学名著。

据人民网《读书频道》登载的夏新佑的文章说，毛泽东非常喜欢《资治通鉴》这部历史著作，1954年冬，他曾对历史学家吴晗说："《资治通鉴》这部书写得好，尽管立场观点是封建统治阶级的，但叙事有法，历代兴衰治乱本末皆具，我们可以批判地读这部书，借以熟悉历史事件，从中吸取经验教训。"据毛泽东的护士孟锦云回忆，毛泽东的床头总是放着一部《资治通鉴》，这是一部被他翻烂了的书，有不少页都已脱线，用透明胶粘着，这部书上不知留下了他多少次阅读的痕迹。1975年的一天，毛泽东还与孟锦云谈《资治通鉴》，他指着桌上的《资治通鉴》问："孟夫子，你知道我这部书读了多少遍了？"不等孟锦云回答，他又接着说："一十七遍，每读一遍都受益匪浅。一部难得的好书噢。恐怕现在是最后一遍了，不是不想读，而是没有那个时间啰。"孟锦云说自己对历史书提不起兴趣，读不进去，毛泽东并不责怪她，并说："中国古代的历史，学问大得很呐。有人觉得中国古代的历史全是糟粕，不值得一看。还有一种人，觉得中国历史上的东西全是精华，包医百病，我看这两种人都有片面性。我的观点是既有精华，又有糟粕，既要继承，又要批判分析。"

正是因为毛泽东从读《资治通鉴》中获益匪浅，所以，他对司马光和《资治通鉴》都很赞赏，他说："司马光可说是有毅力、有决心噢，他在四十八岁到六十多岁的黄金时代完成了这项大工程。"

毛泽东评论此书说："《资治通鉴》这部书写得好，尽管立场观点是封建统治阶级的，但叙事有法，历代兴衰治乱本末毕具。我们可以批判地读这本书，借以熟悉历史事件，从中吸取经验教训。"从毛泽东对《资治通鉴》的评论来看，他是借读史来吸取历史经验，并非为读史而读史。在长期的革命实践中，毛泽东是最善于总结历史经验并作为现实行动鉴戒的，这是大家熟知的，也是毛泽东最令人钦佩的伟大之处。

长征途中，毛泽东常常骑在一匹高大的白马上，边行军，边读书。一次，他在行军中阅读《资治通鉴·赤壁之战》，竟被东吴抗曹、以少胜多的战例迷住了，连到达宿营地也不知道。那匹白马停下来不走了，他仍骑在马背上津津有味地读着，警卫员也并没有打扰他。待他把赤壁之战读完，抬起头来，才问身边的警卫员"为什么停下来？"

"报告主席，已经到宿营地了。"警卫员答道。

"到多久了？"

"大约有半点多钟吧。"警卫员掏出怀表看道。

"呵——我一点也不知道！"

一部厚厚的《资治通鉴》，就是这样吸引着长征途中的毛泽东。

《资治通鉴》一书是司马光以史学干预政治的文化尝试，也是他文化意识的重要载体。全书围绕国家兴衰、民生休戚这个主题，在善可为法、恶可为戒的视角下，为统治阶级和政治家展现了千姿百态的政治模式，提供了各种各样政治行为的可能性，扩展了他们对历史重大事件本质的理解力。在宋代以后的中国传统政治文化中，《资治通鉴》发挥了巨大的史鉴功用，成为帝王学和政治家的重要参考书。

（八）《资治通鉴》的主要思想

任何思想深刻的人都不会站在现实之外。司马光面对北宋积贫积弱、内忧外困的危局，在波涛汹涌的变法浪潮中，感时伤事，缅古观今，希望从历史中寻找到可供北宋统治者鉴戒的经验和教训，安邦济世。

所以，司马光十九年如一日，将一生的心血凝聚在《资治通鉴》里，以至齿落发白。换言之，《资治通鉴》也集中地表现了司马光对历史、对现实、对社会、对人生的种种观点和看法。这些观点和看法，对于今天来说，既是一种启迪，也是治国安邦所需要的宝贵历史智慧。

《资治通鉴》的思想博大而精深，非一朝一夕所能领悟透彻，非一书一文所能阐发清楚。这里，主要就《资治通鉴》里所蕴含的治国安邦的思想和智慧做些粗浅的说明。

"读史使人明智"。明君的仁政，良臣的品格，贤者的节操，忠义者的做人标准，智者的智慧，决胜千里的远见卓识和明辨是非的能力，都可以在《资治通鉴》中找到蓝本。

孟子说："生于忧患，死于安乐"。孟子说的虽然是做人的道理，这何尝又不是历史的兴衰变化、政治风云的变幻所证明了的不易之理呢！

宋代苏洵在《史论》一文中说："史何为而作乎？其有忧也。"史书的作者，虽然所忧的内容不会完全相同，所忧的深刻程度也会有所差别，但因忧作史却是共同的。史学家的忧患意识，既是一种史学传统，也是历史撰述代不乏人、名篇巨制不断面世的内在原因。总体说来，史家的这种忧患意识，主要表现为对于朝代、国家的兴亡盛衰的关注，以及对于社会治乱、民生国计的关注。史学家总是善于运用他们独特的智慧，通过自己的史学作品来阐述理想，为国分忧、为国献策的。

司马光穷竭毕生精力撰写《资治通鉴》，他的目的很明确，就是要写有关国家盛衰，生民休戚，写出善可为法、恶可为戒的历史。也就是说，探求历史治乱迹、辨明政治兴衰变化之故，是《资治通鉴》的基本指导思想。《资治通鉴》以其极为丰富的历史事实证明：政治统治的存在、巩固和发展，离不开对于历史经验教训的总结。一部《资治通鉴》虽然只有300余万字，但它包含了丰富的历史事实，以及周、秦、汉、魏、晋、宋、齐、梁、陈、隋、唐、后梁、后唐、后晋、后汉、后周共十六代的漫长历史发展过程，而其中涉及的王朝兴衰得失则更多。它提供的历史经验和教训，是以往任何一部史书都不能与之相比的。

帝王之道。司马光写《资治通鉴》的目的在于供君主借鉴，使君主懂得知人、立政之要。所以《资治通鉴》在治国问题上向帝王提出了一套办法，即帝王之道。这些林林总总的办法，概括起来就是四个字："君明臣贤"。

司马光把历代君主分为五类，一是创业之君，二是守成之主，三是陵夷昏君，四是中兴明主，五是乱亡国君。这五类，实际上是根据历代君主的才性和作为而区分的五个等级。

创业之君，智勇冠于一时，创立基业，一统天下。

守成之主，才能中等但能做到自我修养，自尊自律，故还能兢兢业业遵守祖宗法度，弊则补之，倾则扶之，虽然没有盛世辉煌，但天下也不闻叹息悲歌。

陵夷昏君，才能只及中等，但不能修身养性，沉迷于宴乐，荒怠于女色，人之忠邪，混而不分，事之得失，置而不察，贪安于眼前而无长久之思虑，胡作非为，使祖宗创下的基业，如丘陵之势，倾颓而下，使王朝显出衰败之象。

中兴之主，才能过人，而且能自奋图强，能勤身克己，尊贤求道，见善则从，有过则改，亲君子，远小人，力挽危局。

乱亡国君，才能低下，又不能修身，心不入德义，性不受法则，舍正道而趋邪恶，弃礼义而纵奢欲。朝廷内外，谗谄者进用，正直者被诛杀，荒淫无厌，刑法无度，天怒人怨，最后丧家亡国是必然的。

君主的才能对于治国国安邦固然重要，但修养和自律也是不可忽视的。司马光认为国家兴衰主要取决于君和臣的道德修养。在主张君主应当加强道德修养的基础上，司光提出了人君三德：仁、明、武。仁是根本，明是实现仁的方法，武就是果断，也是实现仁的外在条件。《资治通鉴》中的"臣光曰"（即司马光对历史的评论），反复强调君主应该讲求仁义，克己于礼，慎于抉择，善始慎终。只有这样，才能做一个仁明的君主，国家才能长治久安。

君主要仁、明、武，如何才能致天下大治呢？司马光认为致治之道有三：一是任官，二是信赏，三是必罚。具体来说，治理国家，必须任官以才，立政以礼，怀民以仁，交邻（外交）以信。只有这样，才能官得其人，政得其节，百姓怀其德，四邻亲其义，国家才能安如磐石。

关于善于用人，司马光认为国家治理得好与坏，关键在用人是否得当。主张必须坚持用人唯贤、不分亲疏、新故，必须正确识别贤与不肖，选拔德才兼备的人。他还指出，魏晋以来，选官之法是先门第后贤才，这是失政误国的弊政。因此，"为治之要，莫先于用人"。而对人才的使用又必须坚持信赏和惩罚并举的原则，有功必赏，有罪必罚。如果赏罚不明，则勤惰无分，国家各项政务也就无法治理，势必造成"上下劳扰而天下大乱"的局面；若能做到执法公正、无所阿私，则"法治不烦而天下大治"。

关于教化为先，司马光认为刑罚和监狱固然是维护社会秩序的重要手段，但它只能约束人的身体，约束不了人的思想。记得中世纪意大利科学家布鲁诺被教会烧死在罗马鲜花广场之前说过一句话：铁窗和高墙能锁住我的身体，但却无法不让我的思想自由飞翔。治理国家，民情风教是非常重要的。用司马光的话说就是："教化，国家之急务也，而俗吏慢（轻慢）之；风俗，天下之大事也，而庸君忽之。惟明智君子深识长虑，然后知其为益之大而收功之远也。"作为统治者，应该认识到施行教化、正厉风俗，这是关系到治国安民的大事。但是，要施行教化，正厉风俗，只有"教立于上"，才能"俗成于下"。意思是说，老百姓是看着统治者的，统治者只有修身养性，清正廉明，为社会做出表率，才能真正引导社会风气。反言之，社会风气不正，种种腐败风气滋生和蔓延，都是统治者没有立教于上所致。只有统治者自己做好了，身正了，做社会模范，才能通过思想教育，改变社会风气，老百姓就不会有犯上作乱的事了。

虽然治国要以教化为先，但法制也是不可少的。司马光看到了法是"天下公器"的性质和特征。法的本身是天下之公器，但这个公器如何操持，由谁来操持，结果是大不一样的。司马光说：善持法者亲疏如一，无所不行，则人莫敢有所恃而犯之。操持法制，最根本的就是秉公执法，有功则赏，有罪必诛，无所阿私容情，只有这样，法制既不必繁密，而天下又可大治。司马光还看到，法应当具有一定的稳定性，不可朝令夕改，不可变故乱常，要维持法制的相对稳定性和严肃性。

德治天下。司马光认为君主的"心"（德性）是国家的治乱兴衰的根源。用他自己的话说就是"治乱安危存亡之本源，皆在于人君之心"。司马光的基本政治倾向是以德治天下。

司马光认为："心"既然是国家治乱安危存亡的本源，那么要使天下大治，必须首先"正心"。如何才能"正心"呢？司马光认为"正心"即明礼，礼治是统治万民的基本手段。在这种思想指导下，维护礼制和名分成为《资治通鉴》的最高原则。礼制和名分固然是儒家的传统思想，是维护封建等级制度和社会秩序的精神支柱。但是，在一定的社会条件下，与一定的社会发展阶段相适应的礼制和名分也是社会秩序的代名词。如果礼违道丧，名实相分，那么人心大乱、社会大乱、道德沦丧的局面必然出现。

《资治通鉴》维护礼制和名分，不仅有其时代合理性，而且司马光还赋予了它新的意义，即以礼制和名分作为观察社会治乱兴衰的镜子，帮助人们认识封建社会的善与恶、是与非。

《资治通鉴》记事首先从赵、魏、韩三家分晋开始，其造端立意是深刻的。司马光开篇作了长达一千多字的议论，开宗明义地指出了三家的大夫瓜分晋室以及周天子封他们为侯是违反礼制、名分，破坏纲纪的行为，他说，天子的职责是维护礼制，没有比这更重要的事情了。礼的最要害部分是划清君、臣的界限，这就是"分"。划分界限最要紧的是确定各个社会等级的名义，天子之下有公、侯、卿、大夫。司马光认为，维护礼制、名分，关键在于天子是否能遵守有关秩序。如三家分晋，从周天子来说是"自坏"其礼，从诸侯来说，是破坏了"名分"，僭越了既定的社会等级。这里我们且不去评论三家分晋的历史意义，但就司马光抓住天子是维护礼制的关键这一点来说，反映了他的求实精神和严肃的治史态度。礼制、名分是贯穿全书的总纲领，在他看来，能否维护礼制、名分是衡量明君、昏君、暴君的主要标准，事关社会的治与乱、国家的兴与亡。这样，《资治通鉴》就摒弃了正史中种种君权神授的说教，确定了兴衰成败在人事的历史观。

司马光对东汉灵帝倾注了较多笔墨。《资治通鉴》对汉灵帝有这样一段记述：是岁，帝作列肆（做买卖的店铺）于后宫，使诸女来贩卖，更相盗窃争斗；帝着商贾服，从之饮宴为乐，又于西园弄狗，着进贤冠（当时官吏的帽子），带绶（结扎于腰的丝带）。又驾四驴，帝躬自操辔，驱驰周旋；京师转相仿效，驴价遂与马齐。帝好为私蓄，收天下之珍货，每郡国贡献，先输中署（先送到宫廷内库），名为"异行费"。中常侍上疏规谏，"书奏，不省。"这段关于汉灵帝的记述，表面看来是写汉灵帝是如何荒淫腐朽，实质上是在批评汉灵帝不"正心"，既没有履行作为一国之君的职责，也违背了作为国君应有的名分。

对于汉武帝、唐太宗这样有雄才大略的杰出皇帝，司马光做到善恶必书、功过分明。在评论汉武帝时说："孝武穷奢极欲，繁刑重敛，内侈宫室，外事四夷，信惑神怪，巡游无度，使百姓疲敝，起为盗贼。此其所以有亡秦之失而免亡秦之祸乎？"这里对汉武帝的评价是比较客观和恰当的。又如对唐太宗李世民，《通鉴》没有抄袭正史中的溢美隐恶之词，而是在经过对史实考证之后，较准确地记载了历史事实，以恢复历史本来面目。对玄武门事变的记载，便是客观地反映出唐高祖、太子建成、次子李世民之间的权力之争与明争暗斗。司马光在"臣光曰"的评论中又特别指出："使高祖有文王之明，隐太子有泰伯之贤，太宗有子臧之节，同乱何自而生矣！"这里，他没有按新、旧《唐书》中的调子评判是非，把这次事变看作是李氏集团内部的权力之争。他们父子、兄弟之间各有各的责任。司马光通过较为客观地对历史上帝王的善恶进行揭示和评说，指明皇帝必须首先约束自己的言行，治国"如临深渊，如履薄冰"，须谨慎小心。评论帝王功过，也在于能起到"穷探治乱之迹，上助圣明之鉴"的作用。司马光这样写历史、评历史，归根结底还在于维护皇权和封建秩序。封建时代也存在两种写史态度，一是为维护当权者尊严，而有意溢美隐恶，以自欺欺人；另一种是据事直书，不虚美，不隐恶，以便引为借鉴，求得长治久安。司马光的态度属于后者，这种态度在客观上是有一定积极意义的，它可以为我们提供、再现历史的真实面貌（相对而言）。有人称《通鉴》是比较可信的政治史，原因也在于此。

无为而治。老子说过：治大国若烹小鲜。意思是治理国家，就像烤小鱼，要任其自然，不要随意翻动，即使翻动，也要轻轻的，柔柔的，慢慢的。

司马光在政治上是反对王安石变法的反对党领袖。他为了说明治理国家必须因循守旧，便极力寻找历史根据，企图使皇帝认识历代变法是行不通的、是误国误民的。他竭尽心血编纂的历史名著《资治通鉴》，亦不可避免地受这种思想影响。司马光有一个基本观点就是他认为自古至今只是历代治乱和世运兴衰的循环反复。司马光说："治乱之道，古今一贯；治乱之道，古今同体。"司马光总体倾向是向后看，向往和追求的是先王之道。如他在写汉代的无为而治、论及萧规曹随时说：曹参一尊萧何成法，无所变更，汉业以成；而汉武帝用张汤之言，变更汉高祖之法，盗贼半天下；汉元帝变宣帝之政，而汉运始衰。他由此得出"祖宗之法不可变"的结论。他就是这样尽量收集历史上这类事例，用来作为反对王安石变法的根据。这一点，显然司马光是把自己的思想强加在古人头上，有让历史为我所用的实用主义嫌疑，可以说司马光的理智被感情代替了。他的错误至少有两点，一是错误地解释了汉代历史盛衰的原因，二是片面地看待历史的经验。我们可以说，汉初与民休息的政策，促进了农业生产的恢复和发展，然而，随着专制主义政治、地主经济的发展，汉初与民休息的政策不可能持久执行下去，代之而起的必然是繁重赋税、徭役的困扰，地主土地兼并的恶性膨胀，以致人民陷入水深火热的深渊，汉王朝由盛而衰的趋势，成了不可抗拒的规律，根本不是政治上的变革所能造成的。另外，司马光把祖宗确定的治国方法看作是永远不可变更的，这在历史上也找不到先例。司马光坚持的"祖宗之法不可变"显然是政治上的偏见。这也是《资治通鉴》之所以存在严重缺陷的原因。

知人与用人。在自然观方面，司马光是一个朴素唯物主义者，这突出表现在他反对天命论，反对佛、道和迷信鬼神，而始终注意人事方面。他用大量事实，说明国家兴衰不在天命，而在人事；也说明了"释老之教，无益治世，而聚匿游惰，耗蠹良民"的道理。《资治通鉴》很少言及天道，虽然偶尔说"天"，落脚点还在于人。《资治通鉴》慎书怪异，凡妖异止于荒诞，一律删而不取，只有说妖异但有所儆戒的，才择而存之。

由于司马光的注意点在于人，考察探求的是人对于治乱兴衰的作用，所以，他对人物评价上有一套自己的标准。

　　关于人性，历代争议不休，孟子认为人性是善的，对人应该以教育为主。而荀子则主张人性是恶的，对人应该用鞭子和牢狱才能约束和管理。司马光认为人性善恶都有，应当加强教育。教育对人性的变化起着十分重要的作用，通过教育，可使人性长其善，而去其恶。修之善，则为善人，修之恶，则为恶人。

　　关于人的才德，司马光主张以德为先。才是天生的，如一个人的智愚勇怯，与生俱来，是不可移改的。人的德性，是后天修养的结果，如善恶逆顺，通过学习和教育是可以改变的。才与德的关系是，才是德之"资"，德是才之"帅"，只有以德统率才，才能发挥才的作用。德才兼备者是圣人，才德皆无者是愚人，德胜于才者是君子，才胜于德者是小人。凡察人、取人之术，如果不能得圣人和君子，与其得小人，还不如得愚人。因为小人挟才以为恶，为害极深。

　　关于治国道术，司马光的看法是治国要用正术。自春秋战国以后，儒、法、道、墨等各家学说蜂起。这些学说都在阐述治国之道。究竟运用那种思想治理国家呢？司马光认为治国道术有正邪之分。在他看来，释（佛教）老（道教）之术，老（老子）庄（庄子）之言，神仙方技，申（申不害）韩（韩非）之术（指法家）都是邪术，不是治国安邦的正术。治国的正术应该是圣人之道，即儒家学说。司马光的立意很明显，即以儒治国。

　　《资治通鉴》的治乱观也异于一般史书，特别是不同于春秋笔法。司马光认为，写历史，叙述国家兴衰、百姓祸福，是要人们自择善恶得失，从中吸取经验和教训，而不应该使用一些令人费解的褒贬之词。因此，《通鉴》基本上做到了据事直书，使善恶自见，评论也大致得体。如对曹操的记载与评价，司马光就能摆脱一般正统论史学家的俗套，没有简单责骂的偏见，能从事实出发，别具慧眼地认识曹操的历史功绩，并给予较高评价。

　　从《资治通鉴》的记事原则中，我们可以发现，作者评价历史人物的功过，是以其对国家统一和社会进步是否作出了贡献为主要标准的。如晋元帝，在正史里是一个中兴之主的形象，而《资治通鉴》却揭露他是历史罪人，主要理由是他只图窃据帝位，无心收复失土，虚伪阴险，"素无北伐之志"，甚至阻拦、破坏祖逖北伐，可见其罪恶昭彰。又如对刘裕、石敬瑭、杜重威等人的鞭挞，也都是以出卖民族利益、丧权失国、不图抗敌、有害统一大业等罪恶事实为依据。写杜重威，指出了这位后晋元帅，竟然投降契丹贵族，最后却落了个被抛弃杀戮、让市人争啖其肉的可悲、可耻下场。写石敬瑭，着重指斥其割让燕云十六州的罪行，最后又以身败名裂而告终。类似这样的记载，司马光都坚持一条原则，即以是否能化乱为治、是否有益统一来定功罪。

被封建统治阶级及封建史家们诬蔑为盗贼的农民起义军，司马光也不是一味随声附和一般正史，而是以同情笔调如实记载起义原因、活动情况，无所忌讳。《通鉴》记秦末农民起义为"起兵"，称绿林、赤眉"以饥寒穷愁起事"，黄巾因"官吏之侵掠"而造反。在记载黄巢起义时，司马光说："自懿宗以来，奢侈日甚，用兵不息，赋敛愈急。关东连年水旱，州县不以实闻，上下相蒙，百姓流殍（流亡饿死），无所控诉，相聚为盗，所在蜂起。"尽管司马光没有站在农民阶级立场来歌颂起义军，但他大胆地指出了官逼民反的客观规律。他谴责的矛头首先是昏君、暴君、贪官污吏，其用意在于向宋王朝提供前车之鉴，以为长治久安之计，同时也为帝王敲响警钟，达到以历史为武器进行垂戒、教化的目的。他这样做，客观上为我们揭示了封建社会的深刻阶级矛盾和封建统治阶级的本质。

总的来说，《通鉴》是一部封建统治阶级的"资治"之书，一部基本可信的封建政治史。由于它是以总结封建国家治乱兴衰为目的的，所以其中不少精辟见解至今仍然有一定的参考价值，这需要读者深入挖掘。

第二篇

原文选读及点评

一、千古兴亡多少事

——《资治通鉴》中影响历史进程的大事

千古兴亡多少事,悠悠,不尽长江滚滚流。历史发展是必然,也是偶然,正是这些必然的和偶然的事件和人物,辗出的才是一条多彩的历史痕迹。

(一)三家分晋

威烈王二十三年(戊寅,公元前四〇三年)

初命晋大夫魏斯、赵籍、韩虔为诸侯。

初,智宣子将以瑶为后。智果曰:"不如宵也。瑶之贤于人者五,其不逮者一也。美鬓长大则贤,射御足力则贤,伎艺毕给则贤,巧文辩慧则贤,强毅果敢则贤,如是而甚不仁。夫以其五贤陵人,而以不仁行之,其谁能待之?若果立瑶也,智宗必灭。"弗听。智果别族于太史,为辅氏。

赵简子之子,长曰伯鲁,幼曰无恤。将置后,不知所立。乃书训戒之辞于二简,以授二子曰:"谨识之。"三年而问之,伯鲁不能举其辞,求其简,已失之矣。问无恤，诵其辞甚习，求其简，出诸袖中而奏之。于是简子以无恤为贤，立以为后。简子使尹铎为晋阳。请曰："以为茧丝乎？抑为保障乎？"简子曰："保障哉！"尹铎损其户数。简子谓无恤曰："晋国有难，而无以尹铎为少，无以晋阳为远，必以为归。"

及智宣子卒，智襄子为政，与韩康子、魏桓子宴于蓝台。智伯戏康子而侮段规，智国闻之，谏曰："主不备难，难必至矣！"智伯："难将由我。我不为难，谁敢兴之？"对曰："不然。《夏书》有之：'一人三失，怨岂在明，不见是图。'夫君子能勤小物，故无大患。今主一宴而耻人之君相，又弗备，曰不敢兴难，无乃不可乎！蜹、蚁、蜂、虿，皆能害人，况君相乎！"弗听。

智伯请地于韩康子，康子欲弗与。段规曰："智伯好利而愎，不与，将伐我；不如与之。彼狃于得地，必请于他人；他人不与，必向之以兵。然后我得免于患而待事之变矣。"康子曰："善。"使使者致万家之邑于智伯，智伯悦。又求地于魏桓子，桓子欲弗与。任章曰："何故弗与？"桓子曰："无故索地，故弗与。"任章曰："无故索地，诸大夫必惧；吾与之地，智伯必骄。彼骄而轻敌，此惧而相亲。以相亲之兵待轻敌之人，智氏之命必不长矣。《周书》曰：'将欲败之，必姑辅之；将欲取之，必姑与之。'主不如与之，以骄智伯，然后可以择交而图智氏矣，奈何独以吾为智氏质乎！"桓子曰："善。"复与之万家之邑一。智伯又求蔡、皋狼之地于赵襄子，襄子弗与。智伯怒，帅韩、魏之甲以攻赵氏。襄子将出，曰："吾何走乎？"从者曰："长子近，且城厚完。"襄子曰："民罢力以完之，又毙死以守之，其谁与我！"从者曰："邯郸之仓库实。"襄子曰："浚民之膏泽以实之，又因而杀之，其谁与我！其晋阳乎，先主之所属也，尹铎之所宽也，民必和矣。"乃走晋阳。

三家以国人围而灌之，城不浸者三版。沈灶产蛙，民无叛意。智伯行水，魏桓子御，韩康子骖乘。智伯曰："吾乃今知水可以亡人国也。"桓子肘康子，康子履桓子之跗，以汾水可以灌安邑，绛水可以灌平阳也。絺疵谓智伯曰："韩、魏必反矣。"智伯曰："子何以知之？"絺疵曰："以人事知之。夫从韩、魏之兵以攻赵，赵亡，难必及韩、魏矣。今约胜赵而三分其地，城不没者三版，人马相食，城降有日，而二子无喜志，有忧色，是非反而何?"明日，智伯以絺疵之言告二子，二子曰："此夫谗臣欲为赵氏游说，使主疑于二家而懈于攻赵氏也。不然，夫二家岂不利朝夕分赵氏之田，而欲为危难不可成之事乎?"二子出，絺疵入曰："主何以臣之言告二子也?"智伯曰："子何以知之?"对曰："臣见其视臣端而趋疾，知臣得其情故也。"智伯不悛。絺疵请使于齐。

赵襄子使张孟谈潜出见二子，曰："臣闻唇亡则齿寒。今智伯帅韩、魏而攻赵，赵亡则韩、魏为之次矣。"二子曰："我心知其然也，恐事未遂而谋泄，则祸立至矣。"张孟谈曰："谋出二主之口，入臣之耳，何伤也?"二子与张孟谈约，为之期日而遣之。襄子夜使人杀守堤之吏，而决水灌智伯军。智伯军救水而乱，韩、魏翼而击之，襄子将卒犯其前，大败智伯之众。遂杀智伯，尽灭智氏之族。唯辅果在。

三家分智氏之田。赵襄子漆智伯之头，以为饮器。智伯之臣豫让欲为之报仇，乃诈为刑人，挟匕首，入襄子宫中涂厕。襄子如厕心动，索之，获豫让。左右欲杀之，襄子曰："智伯死无后，而此人欲为报仇，真义士也! 吾谨避之耳。"乃舍之。豫让又漆身为癞，吞炭为哑，行乞于市，其妻不识也。行见其友，其友识之，为之泣曰："以子之才，臣事赵孟，必得近幸。子乃为所欲为，顾不易邪? 何乃自苦如此! 求以报仇，不亦难乎?"豫让曰："既已委质为臣，而又求杀之，是二心也。凡吾所为者，极难耳。然所以为此者，将以愧天下后世之为人臣怀二心者也。"襄子出，豫让伏于桥下。襄子至桥，马惊，索之，得豫让，遂杀之。……

安王二十六年（乙巳，公元前三七六年）王崩，子烈王喜立。魏、韩、赵共废晋靖公为家人而分其地。

——《资治通鉴》卷第一【周纪一】

【解题与点评】

古人说：得人心者，可以王天下。千古兴亡，兴衰治乱，根本还是在于人心向背。智氏之亡，亡于不仁也。韩、赵、魏之兴，兴于能审时度势，笼络人心。孟子在《离娄上》中引夏桀和商纣王亡国的历史，强调说：夏桀和商纣之所以丢掉天下，是因为民众不再支持他们；民众之所以不再支持，是由于对他们失望。要得天下的办法就是去获得民众的支持，做到了就能得到天下；要获得支持的办法就是获得他们的认可，做到了就能得到；要获得民众认可的办法就是做民众期望的，不要做他们反感的。人民支持仁爱，就好像水会往下流，野兽会跑到野外去一样。所以，鱼之所以要跑到深渊那样的地方去，是因为水獭在抓它们；鸟儿之所以跑到树丛里，是因为害怕鹯的追逐；百姓之所以追随汤武，是因为桀纣的暴虐腐败。如果现在有一位仁慈的君主，那天下的诸侯就会支持他。那时候就算他不想成为领导者也不行了。现在想要称王的人，就好像得了七年的病却想用三年前存的药来治疗。平时不去进行点滴的积累，一辈子都不会得到。平时不行仁政，一辈子都要担忧失去支持，这样下去早晚都会失败。《诗经》说："那怎么能做好呢，不过是早晚落水同归于尽罢了。"

春秋末年，晋国的当政大夫彼此争斗，力量较强的智氏先是联合赵、魏和韩三家消灭了范氏和中行氏，随后又想吞并赵、魏、韩三家，结果反被三家瓜分，三家大夫也随之得到周天子的认可而成为诸侯。《资治通鉴》以此为开端，表明历史从此进入了一个新的时期，即战国时期。

晋阳之战是春秋战国之际，晋国内部四个强卿大族智、赵、韩、魏之间为争夺统治权益，兼并对手而进行的一场战争。是役历时两年左右，以赵、韩、魏三家携手，共同攻灭智伯氏，瓜分其领地而告终。它对中国历史的发展具有较大的影响。因为在这场战争后，逐渐形成了"三家分晋"的历史新局面，史家多将此视为揭开战国历史帷幕的重要标志。

春秋以来长期延绵不断的争霸兼并斗争，严重地消耗了各大国的实力；而社会经济、政治形势的发展，又使各大国内部的各种矛盾日趋尖锐，各大国都感到难以为继。而各小国久苦于大国争霸战争带来的灾难，更希望有一个和平的喘息间歇。在这种形势下，弭兵之议随之而起。向戌弭兵就标志着大国争霸战争从此接近尾声，各国内部的倾轧斗争上升为当时社会的主要矛盾。

历史进入了春秋晚期。这一时期社会政治生活的主要形式，是诸侯国中卿大夫强宗的崛起和国君公室的衰微。当时各大国的诸侯，均被连绵不断的兼并、争霸战争拖得精疲力竭，这样就给各国内部的卿大夫提供了绝好的机会，得以榨取民众的剩余劳动积累财富和以损公室利民众的方式收买人心。这种情况的长期发展，使得一部分卿大夫逐渐强大起来，西周时期"礼乐征伐自天子出"的政治格局，在春秋前中期一变为"礼乐征伐自诸侯出"，这时又再变为"自大夫出"了。

强大起来的卿大夫之间，也不可避免地互相兼并，进行激烈的斗争。这在晋国表现得最为典型。在那里，首先是十多个卿大夫的宗族的财富和势力一天天扩展，而其互相兼并的结果，则只剩下韩、魏、赵、智、中行、范六大宗族，是为"六卿"。这时，晋君的权力已基本被剥夺，国内政治全由"六卿"所主宰。尔后，"六卿"之间又因瓜分权益产生矛盾而进行火并，火并导致范、中行两氏的覆灭。晋国于是只剩赵、韩、魏、智四大贵族集团。可是"四卿"之间也不能相安，更大的冲突很快就来临了，这样，便直接导致了晋阳之战的爆发。在一盛一衰间，历史发生了巨大变化。原先高下尊卑与生俱来，一旦受到威胁而被改变。魏、赵、韩三家以实力灭掉了智氏，晋献公诡诸丧失了继承而来的封号与封地，周天子迫不得已自改其政，以血缘、宗法为基础的周朝社会从此受到破坏，实力政权走上历史的舞台。这与战国以前的社会有着根本的不同。

在对这段历史的记述中，人被看作是历史的关键。历史就是人进行活动的过程与结果。只是，在这里，那些身份尊贵、拥有权力的人，才是历史舞台上的主要角色。史书通过追踪这些人物的言行与结局来试图揭示道德与智谋较强力更能左右历史的兴衰。有强力与智谋者，不能无德以行；尊重道德者，智谋可成；归根结底，在于道德。而道德，却难以言传。

中国古代有"左史记言，右史记行"的史学传统。描述并揭示历史的，是史家锤炼出的朴实却具有穿透力的语言。精赅的语言，被卓识的史家用来透露历史的秘密。这里，智慧在闪烁，愚狂亦被逼现，它使得历史之迹因具有了灵魂而变得鲜活生动、富有意义。

（二）秦并天下

（1）疲秦之术与强秦之策

始皇帝元年（乙卯，公元前二四六年）

韩欲疲秦人，使无东伐，乃使水工郑国为间于秦，凿泾水自仲山为渠，并北山东注洛。中作而觉，秦人欲杀之。郑国曰："臣为韩延数年之命，然渠成，亦秦万世之利也。"乃使卒为之。注填阏之水，溉舄卤之地四万余顷，收皆亩一钟，关中由是益富饶。

——《资治通鉴》卷第六【秦纪一】

【解题与点评】

秦国经历过庄襄王（前249—前247年在位）改革，国力已经蒸蒸日上。其子嬴政即位后，开始了统一中国的战争。

秦国先后于公元前230年消灭了国势最弱的韩国，前228年俘虏了赵王迁，前226年攻破燕国，前223年灭掉楚国，前222年俘虏了燕王喜与赵代王嘉，前221年最后灭齐。兼并战争前后进行了10年，最终统一六国，结束了春秋战国以来诸侯割据混战的局面，建立了第一个统一的多民族的中央集权的封建国家。秦王朝的统一与开创专制主义中央集权的政治体制，为中国古代文明的兴盛建立了不朽之功。秦统一六国的战争，即是从韩国开始的。

《增广贤文》有句话：有意栽花花不发，无心插柳柳成荫。说的就是目的与结果之间的背离，用哲学语言说就是"异化"。地处中原的韩、赵、魏三国中，韩国最弱。西边的秦国日益壮大，经常出关（潼关）东伐。对韩国来说，秦国就如一柄达摩克利斯之剑，悬在头上。无奈之下，韩国政治家想出了一个"疲秦"妙计。他们派出当时著名的水利专家郑国到秦国去，以帮助秦国搞水利建设为名，消耗秦国的人力和财力，使它无力对韩国用兵。郑国到秦国后，主持了这项重大工程，工程进展顺利，但后来计谋败露了。秦要杀郑国，郑国辩解说：当时韩国的确是叫我来做间谍的，但是，水渠修成，也只不过使韩国多存在几年，却为秦国建立了万世之功。秦王认为郑国讲得有道理，便让他继续主持这项工程。十年后，工程竣工，渠长 300 多里，灌溉土地 4 万余顷，秦国因此更加富裕强大，为灭六国奠定了坚实的基础。秦人为了纪念郑国的功绩，遂将此渠命名为"郑国渠"。韩国本来想以郑国为间谍入秦，为秦修建水渠，消耗秦国的人力和物力，以达到削弱秦国的目的。结果呢？水渠修成了，关中变为千里沃野，秦国更加强大了，疲秦之术反而变成了强秦之路。

按照《史记》记载，郑国渠流经今天陕西省的泾阳、三原、高陵、临潼、阎良等县，绵延 300 余里，灌溉田地 4 万余顷（4 万秦顷合现代 2.8 万顷，即 280 万亩），即使在今天看来，这也是一个规模巨大的水利工程。1985 年冬天，陕西省文物保护中心经过艰苦探寻，在泾河边寻找到了郑国渠的遗迹。泾河瓠口一带的湾里王村和上然村之间，被当地人叫作"老虎岭"的地方就是两千多年前的郑国渠首遗址。

（2）李斯客秦

始皇帝十年（甲子，公元前二三七年）

宗室大臣议曰："诸侯人来仕者，皆为其主游间耳，请一切逐之。"于是大索，逐客。客卿楚人李斯亦在逐中，行，且上书曰："昔穆公求士，西取由余于戎，东得百里奚于宛，迎蹇叔于宋，求丕豹、公孙支于晋，并国二十，遂霸西戎。孝公用商鞅之法，诸侯亲服，至今治强。惠王用张仪之计，散六国之纵，使之事秦。昭王得范雎，强公室，杜私门。此四君者，皆以客之功。由此观之，客何负于秦哉！夫色、乐、珠、玉不产于秦而王服御者众，取人则不然，不问可否，不论曲直，非秦者去，为客者逐。是所重者在乎色、乐、珠、玉，而所轻者在乎人民也。臣闻太山不让土壤，故能成其大；河海不择细流，故能就其深；王者不却众庶，故能明其德。此五帝、三王之所以无敌也。今乃弃黔首以资敌国，却宾客以业诸侯，所谓藉寇兵而赍盗粮者也。"王乃召李斯，复其官，除逐客之令。李斯至骊邑而还。王卒用李斯之谋，阴遣辩士赍金玉游说诸侯，诸侯名士可下以财者厚遗结之，不肯者利剑刺之，离其君臣之计，然后使良将随其后，数年之中，卒兼天下。

——《资治通鉴》卷第六【秦纪一】

【解题与点评】

五帝：传说中的上古帝王。有四种说法：（1）黄帝、帝喾、颛顼、唐尧、虞舜；（2）伏羲、炎帝、黄帝、少昊（皞）、颛顼；（3）少昊（皞）、颛顼、高辛（帝喾）、唐尧、虞舜；（4）伏羲、神农、黄帝、尧、舜。

三王：即三皇，传说中的远古帝王，有七种说法：（1）天皇、地皇、泰皇；（2）天皇、地皇、人皇；（3）伏羲、女娲、神农；（4）伏羲、神农、祝融；（5）伏羲、神农、共工；（6）伏羲、神农、共帝；（7）燧人、伏羲、神农。

春秋战国时期是人才辈出的时代，也是人才能够各显其能的时代。秦国宗室出于自身的私利，以从其他诸侯国来的士人中有间谍为借口，要求把他们驱逐出秦国。当时还是客聊的李斯上了这封历史上有名的《谏逐客书》，列举秦国历史上不拘一格网罗天下人才，并在秦国建功立业的历史事实，如秦穆公重用由余、百里奚、蹇叔、丕豹、公孙支，秦孝公倚重商鞅，秦惠文王信任张仪，秦昭襄王重用范雎，都使得秦国兴盛强大。李斯言之凿凿，终于使秦王收回成命，对游士的才能与作用倍加重视，使得秦国大受其利。从中可见，物有利弊，浅见者惶于弊，筹谋者善判利弊，事功者逐于利。

李斯年少时，家境虽然贫寒，但他聪慧过人，好学不倦。长大成人后，因办事干练，被人举荐为看管粮仓的小吏。有一次，他看到吏舍厕所中的老鼠，吃的是肮脏的粪便，又经常受到人和狗的侵扰。李斯来到粮仓，却看到这里的老鼠吃的是堆积如山的谷粟，住着宽大的房舍，而且没有任何人来打扰，于是，心中顿然明白，感叹说："人之贤不肖譬如鼠矣，在所自处耳。"意思是说，一个人有无出息就像这老鼠，在于能不能给自己找到一个优越的环境。人的贤与不贤，决定于他所处的地方。譬如老鼠，在厕所里吃屎的，惊恐不安；而在大仓里吃粮食的，却不受打扰，安逸自在。这就是李斯著名的"老鼠哲学"。

李斯为了做仓中鼠，不愿做厕中鼠，保证个人利益不受损害，既置思想家韩非于死地，又携手祸国殃民的赵高将残暴的胡亥推上君位。李斯心中没有是非对错，没有国家人民，只有对个人利益的追求与维护，最后落得被腰斩于市的可悲下场。李斯临死前对儿子说："吾欲与若复牵黄犬俱出上蔡东门逐狡兔，岂可得乎！"意思是说，假如生命可以重来，他愿意抛弃功名利禄，做上蔡一名小吏，每日牵着大黄狗出东门追逐野兔，逍遥自在。

（3）韩非入秦

始皇帝十四年（戊辰，公元前二三三年）

韩王纳地效玺，请为藩臣，使韩非来聘。韩非者，韩之诸公子也，善刑名法术之学，见韩之削弱，数以书干韩王，王不能用。于是韩非疾治国不务求人任贤，反举浮淫之蠹而加之功实之上，宽则宠名誉之人，急则用介胄之士，所养非所用，所用非所养。悲廉直不容于邪枉之臣，观往者得失之变，作《孤愤》、《五蠹》、《内外储》、《说林》、《说难》五十六篇，十余万言。

王闻其贤，欲见之。非为韩使于秦，因上书说王曰："今秦地方数千里，师名百万，号令赏罚，天下不如。臣昧死愿望见大王，言所以破天下从之计。大王诚听臣说，一举而天下之从不破，赵不举，韩不亡，荆、魏不臣，齐、燕不亲，霸王之名不成，四邻诸侯不朝，大王斩臣以徇国，以戒为王谋不忠者也。"王悦之，未任用。李斯嫉之，曰："韩非，韩之诸公子也。今欲并诸侯，非终为韩不为秦，此人情也。今王不用，又留而归之，此自遗患也。不如以法诛之。"王以为然，下吏治非。李斯使人遗非药，令早自杀。韩非欲自陈，不得见。王后悔，使赦之，非已死矣。

——《资治通鉴》卷第六【秦纪一】

【解题与点评】

韩非，战国时期重要思想家，法家代表人物，提出了"法""术""势"三者合一的封建君主统治术，主张以法治国。秦国自李斯担任廷尉之后，为秦国统一做的第一件事就是攻打韩国。但是也有史料记载，秦国攻打韩国是因为秦王嬴政想得到韩非。那么韩非究竟是怎样的一个人，竟能让嬴政为了他一人而不惜大动干戈？

韩非有"口吃"的毛病，不善言辞，曾经追随荀子读书学习，和李斯是同学，但是李斯自认不如韩非，心里有些嫉妒。韩非看到韩国国势衰弱，多次上书献策谋求富国强兵。但是，当时的韩王安不接受韩非的建议，这使韩非颇为无奈，韩非便退处江湖之远，他著书立说，先后写出《孤愤》《五蠹》《说难》等思想著作，后人把韩非这些文章汇编在一起，即我们今天看到的《韩非子》。韩非的文章传到秦国，由于讲的都是"尊主安国"的理论，秦王嬴政非常欣赏韩非的才华，并说："我要是能见到此人，和他交往，死而无憾"。

据《史记·秦始皇本纪》记载，李斯担任廷尉之后，劝说秦王嬴政发动对韩国的战争，吞灭韩国，借此恫吓其他各国。秦王嬴政采纳了李斯的建议，派李斯攻打韩国。韩王安自知韩国不是秦国的对手，很是惊恐，便和韩非商议削弱秦国之计。秦王政十四年（前233年），秦国正准备进攻韩国，韩王安不得不起用韩非，并派他出使秦国，想利用韩非的才能，在秦国制造混乱，阻止秦国攻韩。韩非入秦后，却受到秦王的喜欢，而且秦王想把韩非留在秦国并为己所用。李斯向秦王说：大王要消灭各国，韩非是韩王的同族，爱韩不爱秦，这是人之常情。如果大王决定不用韩非而把他放走，这是放虎归山，对我们不利，不如把他杀掉。秦王听了李斯的话，把韩非投入监狱。李斯派人为狱中的韩非送去毒药，韩非服毒自杀。

韩非的法治理论在韩国不受重视，却为秦王赏识，为秦国的强大奠定了思想基础。面对西邻强秦的威胁，韩国先是企图阻止秦王东向攻韩。韩国国君没有采纳韩非富国强兵的建议，却想走捷径，把韩非当作"间人"使用，不仅没有阻止秦国攻韩，反而使韩非客死他乡。

　　《孙子兵法》中有一篇名为《用间》，说的就是通过使用"间人"达到使敌方出现内讧和争斗以削弱敌人的目的。"间人"在某种意义上可以理解为间谍，但是，我们今天所说的间谍更接近于古代的"斥候"，即一种专门从事敌情搜集与传递的人。春秋战国时代所说的"间人"，除刺探军情的职能之外，更重要的是以合法身份进入敌国暗中完成重大政治使命，敌情搜集与传递却不是其主要业务。《孙子兵法·用间》篇中对"间人"的素质提出很高要求，"非圣智不能用间，非仁义不能使间，非微妙不能得间之实。昔殷之兴也，伊挚在夏。周之兴也，吕牙在殷。故惟明君贤将，能以上智为间者，必成大功。"《孙子兵法》将伊挚、吕尚这样的安邦治国人才看作"间人"，表明如果不是杰出的人才就不可能完成"用间"的使命。范蠡是春秋时期"间人"的代表。范蠡故意做了吴国的战俘。在吴国期间，范蠡多方离间吴国君臣，得以使吴王日渐沉沦。范蠡"用间"大获成功，勾践卧薪尝胆，打败吴国，报仇雪耻，成为一时霸主。战国时期有名的"间人"有苏秦、郑国和韩非。苏秦入齐是为了"存燕弱齐"，保全燕国，削弱齐国，为燕国引开兵祸。郑国入秦是为了"疲秦"，拖垮秦国以减轻韩国威胁。韩非入秦是要在秦国实现"弱秦存韩"，即以削弱秦国保存韩国的目的。

（4）荆轲刺秦王

始皇帝十五年（己巳，公元前二三二年）

　　初，燕太子丹尝质于赵，与王善。王即位，丹为质于秦，王不礼焉。丹怒，亡归。

始皇帝十九年（癸酉，公元前二二八年）

　　燕太子丹怨王，欲报之，以问其傅鞠武。鞠武请西约三晋，南连齐、楚，北媾匈奴以图秦。太子曰："太傅之计，旷日弥久，令人心惽然，恐不能须也。"顷之，将军樊於期得罪，亡之燕；太子受而舍之。鞠武谏曰："夫以秦王之暴而积怒于燕，足为寒心，又况闻樊将军之所在乎！是谓委肉当饿虎之蹊也。愿太子疾遣樊将军入匈奴。"太子曰："樊将军穷困于天下，归身于丹，是固丹命卒之时也，愿更虑之！"鞠武曰："夫行危以求安，造祸以为福，计浅而怨深，乃连结一人之后交，不顾国家之大害，所谓资怨而助祸矣！"太子不听。

太子闻卫人荆轲之贤，卑辞厚礼而请见之。谓轲曰："今秦已虏韩王，又举兵南伐楚，北临赵。赵不能支秦，则祸必至于燕。燕小弱，数困于兵，何足以当秦！诸侯服秦，莫敢合纵。丹之私计愚，以为诚得天下之勇士使于秦，劫秦王，使悉反诸侯侵地，若曹沫之与齐桓公，则大善矣；则不可，因而刺杀之，彼大将擅兵于外而内有乱，则君臣相疑，以其间，诸侯得合纵，其破秦必矣。唯荆卿留意焉！"荆轲许之。于是舍荆卿于上舍，太子日造门下，所以奉养荆轲，无所不至。及王翦灭赵，太子闻之惧，欲遣荆轲行。荆轲曰："今行而无信，则秦未可亲也。诚得樊将军首与燕督亢之地图，奉献秦王，秦王必说见臣，臣乃有以报。"太子曰："樊将军穷困来归丹，丹不忍也！"荆轲乃私见樊於期曰："秦之遇将军，可谓深矣，父母宗族皆为戮没！今闻购将军首，金千斤，邑万家，将奈何？"於期太息流涕曰："计将安出？"荆卿曰："愿得将军之首以献秦王，秦王必喜而见臣，臣左手把其袖，右手揕其胸，则将军之仇报而燕见陵之愧除矣！"樊於期曰："此臣之日夜切齿腐心也！"遂自刎。太子闻之，奔往伏哭，然已无奈何，遂以函盛其首。太子豫求天下之利匕首，使工以药焠之，以试人，血濡缕，人无不立死者。乃装为遣荆轲，以燕勇士秦舞阳为之副，使入秦。

——《资治通鉴》卷第六【秦纪一】

始皇帝二十年（甲戌，公元前二二七年）

荆轲至咸阳，因王宠臣蒙嘉卑辞以求见；王大喜，朝服，设九宾而见之。荆轲奉图以进于王，图穷而匕首见，因把王袖而揕之；未至身，王惊起，袖绝。荆轲逐王，王环柱而走。群臣皆愕，卒起不意，尽失其度。而秦法，群臣侍殿上者不得操尺寸之兵，左右以手共搏之，且曰："王负剑！"负剑，王遂拔以击荆轲，断其左股。荆轲废，乃引匕首擿王，中铜柱。自知事不就，骂曰："事所以不成者，以欲生劫之，必得约契以报太子也！"遂体解荆轲以徇。王于是大怒，益发兵诣赵，就王翦以伐燕，与燕师、代师战于易水之西，大破之。

始皇帝二十一年（乙亥，公元前二二六年）

冬，十月，王翦拔蓟，燕王及太子率其精兵东保辽东，李信急追之。代王嘉遗燕王书，令杀太子丹以献。丹匿衍水中，燕王使使斩丹，欲以献王，王复进兵攻之。

——《资治通鉴》卷第七【秦纪二】

【解题与点评】

"风萧萧兮易水寒，壮士一去兮不复还"。这是荆轲踏上去咸阳行刺秦王的不归路，朋友们在易水送别时，荆轲慷慨悲歌的《易水歌》。

中国古代有质任制度，两国之间相互交换人质，人质一般都是由太子充当。战国时期关东六国为了抵抗秦国，联合起来共同抗秦，史称"合纵"。秦国为了破坏合纵，联合关东一国或数国而攻其他诸侯国，史称"连横"。樊於期，战国末期人，本为秦将，逃亡于燕国。秦王为了得到樊於期的脑袋，曾悬赏千金，邑万家。樊於期为助荆轲刺秦王而自杀，将头交与荆轲作为晋见秦王的见面礼。

燕国为了抵抗秦国，求得生存，想出了刺杀秦王的主意。荆轲自愿担当这千钧重任。易水送别，风萧水寒，壮士一去不复还。把国家的命运系于一人之身，甚为荒唐。

燕国距离秦国较远，原本尚有从容应战的机会。可惜燕国太子挟私怨、持短见以待强敌，企图通过壮士行刺的办法来阻断强秦的东进之势，结果事情败露，激怒了秦王，反而加快了秦灭燕

荆轲刺秦王

国的步伐。燕国亡于当权者的狭隘，固然在情理之中；而燕太子丹的解危救困之心，樊於期的刎首报恩之烈，尤其是荆轲的以身赴险之义，这样的忠烈性情竟也沦为亡国的陪衬，有些可悲可叹！

在记述客观无情的历史时，或浓墨或细致地展示特殊人物的个性与风貌，是《资治通鉴》写史的魅力所在。《资治通鉴》中写荆轲刺秦王，简洁生动地反映了历史有情与无情错相交织的复杂面貌。

荆轲刺秦王虽然以失败结束，但荆轲以其勇敢精神和悲壮的形象仍然被司马迁写入《刺客列传》，与曹沫、专诸、豫让、聂政一起被称为中国古代五大刺客。

（5）李牧冤死

始皇帝十八年（壬申，公元前二二九年）

王翦将上地兵下井陉，端和将河内兵共伐赵。赵李牧、司马尚御之。秦人多与赵王嬖臣郭开金，使毁牧及尚，言其欲反。赵王使赵葱及齐将颜聚代之。李牧不受命，赵人捕而杀之；废司马尚。

——《资治通鉴》卷第六【秦纪一】

【解题与点评】

三十六计中有一计叫"反间计"。李牧之死就是"反间计"的经典之作。有句俗语说：堡垒最容易从内部攻破。又说：自毁长城。这些说的都是一个道理：内部不团结，往往是失败的开始。

公元前229年，秦国大将王翦大举攻赵国，赵国派大将李牧、司马尚率军抵抗，一直相持到次年，难分胜负。秦国在战场上不能取得速胜，进退两难，施行反间计，重金贿赂赵国大臣郭开，使其诬告李牧、司马尚谋反。赵王迁不辨真假，听信谗言，派赵葱及齐将颜聚取代李牧。李牧为社稷军民计，拒交兵权，继续奋勇抵抗秦军。赵王迁、郭开设下圈套，诱捕并杀害李牧，罢黜了司马尚。三个月后，王翦大破赵军，杀死赵葱，俘虏了赵王迁及颜聚，攻取赵国都城邯郸，灭亡赵国。

在秦灭赵的最后一战中，秦人通过贿赂、挑唆赵人的计谋，促使赵王怀疑并废弃前线的得力大将李牧，导致赵国最终败亡。疑人不用，用人不疑。身为一国之君，言行举止维系着国家、军队的安危命运，岂能不识部属为人而在大敌当前时轻易动摇命将信心？

李牧被害，使后人无不扼腕叹恨。胡三省注《资治通鉴》时曾将李牧的被害与赵国的灭亡联系在一起，他说："赵之所恃者李牧，而卒杀之，以速其亡。"司马迁在《史记·赵世家》中说赵王迁"其母倡也"，"素无行，信谗，故诛其良将李牧，用郭开"。批判赵王迁而迁怒其母，未必妥当，但他的义愤填膺，与读者的心是相通的。

（6）王翦败楚

始皇帝二十一年（乙亥，公元前二二六年）

王贲伐楚，取十余城。王问于将军李信曰："吾欲取荆，于将军度用几何人而足？"李信曰："不过用二十万。"王以问王翦，王翦曰："非六十万人不可。"王曰："王将军老矣，何怯也！"遂使李信、蒙恬将二十万人伐楚；王翦因谢病归频阳。

始皇帝二十二年（丙子，公元前二二五年）

李信攻平舆，蒙恬攻寝，大破楚军。信又攻鄢郢，破之，于是引兵而西，与蒙恬会城父，楚人因随之，三日三夜不顿舍，大败李信，入两壁，杀七都尉；李信奔还。

王闻之，大怒，自至频阳谢王翦曰："寡人不用将军谋，李信果辱秦军。将军虽病，独忍弃寡人乎！"王翦谢："病不能将"，王曰："已矣，勿复言！"王翦曰："必不得已用臣，非六十万人不可！"王曰："为听将军计耳。"于是王翦将六十万人伐楚。王送至霸上，王翦请美田宅甚众。王曰："将军行矣，何忧贫乎！"王翦曰："为大王将，有功，终不得封侯，故及大王之向臣，以请田宅为子孙业耳。"王大笑。王翦既行，至关，使使还请善田者五辈。或曰："将军之乞贷亦已甚矣！"王翦曰："不然。王怚中而不信人，今空国中之甲士而专委于我，我不多请田宅为子孙业以自坚，顾令王坐而疑我矣。"

始皇帝二十三年（丁丑，公元前二二四年）

王翦取陈以南至平舆。楚人闻王翦益军而来，乃悉国中兵以御之；王翦坚壁不与战。楚人数挑战，终不出。王翦日休士洗沐，而善饮食，抚循之；亲与士卒同食。久之，王翦使人问："军中戏乎？"对曰："方投石、超距。"王翦曰："可用矣！"楚既不得战，乃引而东。王翦追之，令壮士击，大破楚师，至蕲南，杀其将军项燕，楚师遂败走。王翦因乘胜略定城邑。

——《资治通鉴》卷第七【秦纪二】

【解题与点评】

公元前 226 年，秦王嬴政打算攻打楚国，便召集将领们讨论灭楚战略战术。秦王嬴政先问青年将领李信，打楚国要多少人马。李信说："不过二十万吧。"

他又问老将军、战国四大名将之一的王翦。王翦回答说："楚国是个大国，用二十万人去打楚国是不够的。依老臣的估计，非六十万不可。"

秦王嬴政很不高兴，说："王将军老了，怎么这样胆小？我看还是李将军说得对。"就派李信带兵二十万去攻打楚国。王翦见秦王不听他的意见，就告病回老家去了。李信、蒙武兵分两路深入楚国境地，企图围歼楚军。楚名将项燕隐蔽主力，寻隙反击。李信军未能捕捉到楚军主力决战，回军与蒙武会师。楚军暗中尾随三昼夜，出其不意地攻击秦军，李信大败而回。秦王嬴政大怒，把李信革职，并亲自跑到王翦的家乡，请他出来带兵，愧疚地说："上回是我错了，没听将军的话。李信果然误事。这回非请将军出马不可。"

王翦说："大王一定要我带兵，还是非六十万人不可。楚国地广人多，他们要发动一百万人马也不难。我说我们要出兵六十万，还怕不够呢。再要少，那就不行了。"公元前 224 年，王翦率军六十万进攻楚国。楚国倾全力迎击秦军。秦军坚守营垒，持重待机。楚军求战不能，回师东撤。王翦率军追击，大败楚军，杀楚将项燕，破楚国国都寿春（今安徽省寿县），俘虏楚王负刍，楚国灭亡。

《孙子兵法》说：知己知彼，百战不殆。秦国征伐楚国时，秦王及其大将李信皆有轻敌之心，唯独老将王翦持重谨慎，但却因此受到秦王的轻视与嘲笑。轻敌之军果然溃败，秦王立即向王翦道歉，并请他将兵伐楚，终于征服了楚地。李信年轻气盛，骄兵必败。王翦老成持重，胸有成竹，相比之下，难怪人们常说"姜还是老的辣"。秦王知错即改，这是一个政治家应有的胸怀。胜败之间，人才是关键。

（7）齐王死国

始皇帝二十五年（己卯，公元前二二二年）

初，齐君王后贤，事秦谨，与诸侯信；齐亦东边海上。秦日夜攻三晋、燕、楚，五国各自救，以故齐王建立四十余年不受兵。及君王后且死，戒王建曰："群臣之可用者某。"王曰："请书之。"君王后曰："善！"王取笔牍受言，君王后曰："老妇已忘矣。"君王后死，后胜相齐，多受秦间金。宾客入秦，秦又多与金。客皆为反间，劝王朝秦，不修攻战之备，不助五国攻秦，秦以故得灭五国。

齐王将入朝，雍门司马前曰："所为立王者，为社稷耶，为王耶？"王曰："为社稷。"司马曰："为社稷立王，王何以去社稷而入秦？"齐王还车而反。

即墨大夫闻之，见齐王曰："齐地方数千里，带甲数百万。夫三晋大夫皆不便秦，而在阿、鄄之间者百数；王收而与之百万人之众，使收三晋之故地，即临晋之关可以入矣。鄢郢大夫不欲为秦，而在城南下者百数，王收而与之百万之师，使收楚故地，即武关可以入矣。如此，则齐威可立，秦国可亡，岂特保其国家而已哉！"齐王不听。

始皇帝二十六年（庚辰，公元前二二一年）

王贲自燕南攻齐，猝入临淄，民莫敢格者。秦使人诱齐王，约封以五百里之地。齐王遂降，秦迁之共，处之松柏之间，饿而死。齐人怨王建不早与诸侯合纵，听奸人宾客以亡其国，歌之曰："松耶，柏耶，住建共者客耶！"疾建用客之不祥也。

—— 《资治通鉴》卷第七【秦纪二】

【解题与点评】

齐国自济西之战（公元前283年）受到燕军重创以后，实力一直未能恢复。秦国在远交近攻的方针下，采取一切非军事手段，争取齐国中立，以削弱六国联合抗秦的力量。齐国国君为了自身的眼前利益，对秦亦采取交好政策，不支援其他五国联合抗秦。由于齐王建屈身"事秦"，所以多年没有受到战争的威胁和侵扰，人们似乎忘了战争的存在。齐国丞相后胜被秦国重金收买，幻想与秦成结永久联盟，既不与其他五国合纵抗秦，也不加强战备。齐王建完全听信了后胜明哲保身的战略，以为国家太平无事。秦国攻灭了赵、韩、燕、楚、魏五国以后，兵锋直达齐国边境，齐王建才感觉到秦国的威胁，慌忙集结军队准备抵御秦军进攻。公元前221年，秦王以齐国拒绝秦国使者访齐为由，避开了齐国部署在西部边境的主力，命王贲率领秦军由原燕国南部（今河北北部）南下进攻齐国都城临淄（今山东淄博临淄北）。齐军士气萎靡不振，而对秦军突然袭击措手不及，迅速土崩瓦解，秦军一举攻占齐国都城临淄，俘齐王建，齐国灭亡，秦王嬴政在齐国故地设置齐郡和琅邪郡。

齐国不战而亡，《资治通鉴》指出，齐亡的主要原因在于孤立自守，未与其他诸侯国联合御敌。齐国之所以如此，归咎于齐王建不辨奸贤，不善纳言，结果为一群贪求私利、丧失操守的宾客所左右。秦王嬴政曾许诺齐王建投降后给齐王一个万户侯，诱使齐王不战而降。齐国亡国后，秦王嬴政并没有兑现诺言，而是把齐王建被关在一个小树林里活活饿死。古人云：忘战必危！

历史如果可以假设，那么六国齐心合纵，共力抗秦，是否可免覆灭的命运呢？这一切只能留在人们的想象中。不过，汉代贾谊说："灭六国者，非秦者，六国也。"这句话表明秦灭六国，并不完全是因为秦国的强大，是六国自己打败了自己。

（8）秦王改制

始皇帝二十六年（庚辰，公元前二二一年）

王初并天下，自以为德兼三皇，功过五帝，乃更号曰"皇帝"，命为

"制"，令为"诏"，自称曰"朕"。追尊庄襄王为太上皇。制曰："死而以行为谥，则是子议父，臣议君也，甚无谓。自今以来，除谥法。朕为始皇帝，后世以计数，二世、三世至于万世，传之无穷。"

初，齐威、宣之时，邹衍论著终始五德之运；及始皇并天下，齐人奏之。始皇采用其说，以为周得火德，秦代周，从所不胜，为水德。始改年，朝贺皆自十月朔；衣服、旄旌、节旗皆尚黑，数以六为纪。

丞相绾等言："燕、齐、荆地远，不为置王，无以镇之。请立诸子。"始皇下其议。廷尉斯曰："周文、武所封子弟同姓甚众，然后属疏远，相攻击如仇雠，周天子弗能禁止。今海内赖陛下神灵一统，皆为郡、县，诸子功臣以公赋税重赏赐之，甚足易制，天下无异意，则安宁之术也。置诸侯不便。"始皇曰："天下共苦战斗不休，以有侯王。赖宗庙，天下初定，又复立国，是树兵也；而求其宁息，岂不难哉！廷尉议是。"

分天下为三十六郡，郡置守、尉、监。

收天下兵聚咸阳，销以为钟鐻、金人十二，重各千石，置宫廷中。一法度、衡、石、丈尺。徙天下豪杰于咸阳十二万户。

诸庙及章台、上林皆在渭南。每破诸侯，写放其宫室，作之咸阳北阪上，南临渭，自雍门以东至泾、渭，殿屋、复道、周阁相属，所得诸侯美人、钟鼓以充入之。

始皇帝二十七年（辛巳，公元前二二〇年）

始皇巡陇西、北地，至鸡头山，过回中焉。作信宫渭南，已，更命曰极庙。自极庙道通骊山，作甘泉前殿，筑甬道自咸阳属之，治驰道于天下。

————《资治通鉴》卷第七【秦纪二】

【解题与点评】

什么是"神"？"神"就是从普通民众中游离出来的"超人"。什么是权威？权威就是在与众不同基础上让众人产生的畏惧心理。秦始皇改制，其中一个重要方面就是把自己变为"超人"。

公元前221年，秦国建立起中国历史上第一个统一的封建王朝。为了巩固统一的国家政权，秦始皇推行了一系列政策与措施，为后来封建社会的制度建设和多民族国家的发展奠定了基础，在中国古代历史上产生了十分重大的影响。

郡县制早在秦国商鞅变法中就已经实行。秦统一六国后，在原来的基础上对郡县制有所变动，并把它推向了全国。在之后的历史里，各个王朝基本上还采用郡县制，只是在一定的范围中进行分封，以平衡功勋之臣以及王室诸成员的势力，而这一有限的保留还是给这些朝代带来了无法摆脱的烦恼。秦国很果决地杜绝分封制，彻底推行郡县制，其魄力无人可比。有的制度如最高统治者的称谓等实属秦始皇的首创，以后一直为历代所沿用。有的制度如取消谥法则在秦后不再被采用。秦始皇建立或确立这些制度，一是炫耀自己功迈千古的帝王气派，二是希望这样能确保自己的王朝绵延千万世。作为一个朝代，秦始皇的幻想是狂妄可笑的。秦国因为无道暴政很快亡于二世，始皇地下若有知，会对自己的霸术、得意与酷政作何感想？而作为一种制度，后代皆是在秦制的基础上因革损益，秦国无愧于享有千载之誉。这却不是秦王的功劳，而是历史的选择与积淀，秦王明智地顺应了它。结果，历史保留了秦制，同时适时地抛弃了秦王。

（三）汉与匈奴和亲

（1）冒顿治匈奴

太祖高皇帝六年（庚子，公元前二〇一年）

初，匈奴畏秦，北徙十余年。及秦灭，匈奴复稍南渡河。

单于头曼有太子曰冒顿。后有所爱阏氏，生少子，头曼欲立之。是时，东胡强而月氏盛，乃使冒顿质于月氏。既而头曼急击月氏，月氏欲杀冒顿。冒顿盗其善马骑之，亡归；头曼以为壮，令将万骑。

冒顿乃作鸣镝，习勒其骑射。令曰："鸣镝所射而不悉射者，斩之！"冒顿乃以鸣镝自射其善马，既又射其爱妻；左右或不敢射者，皆斩之。最后以鸣镝射单于善马，左右皆射之。于是冒顿知其可用。从头曼猎，以鸣镝射头曼，其左右亦皆随鸣镝而射。遂杀头曼，尽诛其后母与弟及大臣不听从者。冒顿自立为单于。

东胡闻冒顿立，乃使使谓冒顿："欲得头曼时千里马。"冒顿问群臣，群臣皆曰："此匈奴宝马也，勿与！"冒顿曰："奈何与人邻国而爱一马乎！"遂与之。居顷之，东胡又使使谓冒顿："欲得单于一阏氏。"冒顿复问左右，左右皆怒曰："东胡无道，乃求阏氏！请击之！"冒顿曰："奈何与人邻国爱一女子乎！"遂取所爱阏氏予东胡。东胡王愈益骄。东胡与匈奴中间，有弃地莫居，千余里，各居其边，为瓯脱。东胡使使谓冒顿："此弃地，欲有之。"冒顿问群臣，群臣或曰："此弃地，予之亦可，勿与亦可！"于是冒顿大怒曰："地者，国之本也，奈何予之！"诸言予之者，皆斩之。冒顿上马，令："国中有后出者斩！"遂袭击东胡。东胡初轻冒顿，不为备；冒顿遂灭东胡。

既归，又西击走月氏，南并楼烦、白羊河南王，遂侵燕、代，悉收蒙恬所夺匈奴故地与汉关故河南塞至朝那、肤施。是时，汉兵方与项羽相距，中国罢于兵革，以故冒顿得自强，控弦之士三十余万，威服诸国。

秋，匈奴围韩王信于马邑。信数使使胡，求和解。汉发兵救之。疑信数间使，有二心，使人责让信。信恐诛，九月，以马邑降匈奴。匈奴冒顿因引兵南逾句注，攻太原，至晋阳。

《资治通鉴》卷第十一【汉纪三】

【解题与点评】

匈奴是我国北方的一个古老民族，长期过着"逐水草迁徙"的游牧生活。全民皆善骑射，"儿能骑羊，引弓射鸟鼠，少长则射狐兔。"族内所有"力能弯弓"者，"尽为甲骑"。平时以"射猎禽兽为生业"，有事则"人习战功侵伐"。所用兵器，"长兵则弓矢，短马则刀铤（铁小矛）"。战斗时，"利则进，不利则退，不羞遁走。"战国末年，匈奴已经进入奴隶社会，经常南下侵掠人口与牲畜。

冒顿（？—前174年），匈奴族人，头曼单于之子。他以武力统一了我国北疆，建立起一个东起辽河、西逾葱岭的奴隶制强大军事政权，为开发我国北部地区和创建草原文化，作出了重大贡献。他曾经统率数十万骑兵与西汉王朝抗衡，并创造了名闻后世的"白登之围"战例，是我国古代军事史上杰出的军事统帅。

当冒顿的父亲头曼为单于时，曾送冒顿至月氏为质。后在双方发生战争时，冒顿夺马逃回。头曼以其勇敢，"令将万骑"。由于冒顿对父亲送他当人质不满，一旦军权在手，就开始谋划夺权。

冒顿首先将他指挥的万骑训练成只对他个人忠诚的部队，用一套独特的办法，使部属绝对服从。他做了一种"鸣镝"箭，也就是响箭，用以训练部属。他下令"鸣镝所射而不悉射者斩"。在狩猎时，规定将士必须射鸣镝所指的目标，不遵者立斩。匈奴族极为珍视良马，一次冒顿以鸣镝自射其良马，左右不敢射者，冒顿斩之。不久，冒顿又以鸣镝自射其爱妻，左右惶恐不敢射者，冒顿又斩。以后冒顿又以鸣镝射头曼单于的良马，左右部属已无一敢不射者。冒顿认为军威已立，部属已只知号令，可为己用，于是发动政变，在随头曼出猎时，以鸣镝射头曼，左右皆射。射死头曼后，又杀其后母及弟弟等人，并消灭了所有敌对势力，于秦二世元年（前209年）自立为单于，终于达到了夺权的目的。

冒顿掌握匈奴族的统治大权后，主要的外来威胁是东胡和月氏。东胡统治贵族，乘冒顿在内部统治尚不巩固时，遣使向冒顿索取头曼单于的千里马。冒顿部属都认为千里马是匈奴的"宝马"，主张"勿予"。但冒顿却说："奈何与人邻国而爱一马。"将千里马送给了东胡。东胡得寸进尺，又来索要单于的阏氏（单于妻）。左右都很愤怒，认为东胡欺人太甚，主张"进击之"。冒顿仍然不动声色，说："奈何与人邻国而爱一女子。"又满足了东胡的要求。东胡认为冒顿畏怯，因而更骄。当时双方之间有缓冲地带约千里，东胡企图占为己有，又派人来索。冒顿左右有人认为"此弃地，予之亦可，勿予亦可。"冒顿大怒，说："地者国之本也，奈何予之"，竟杀了主张可予可不予之人。实际上是冒顿认为自己的统治已经巩固，实力已经强大，而且由于东胡的一再挑衅，匈奴贵族已群情激愤，多数求战，所以决心进击东胡。冒顿当即下令"国中有后者斩"，率军东进。因冒顿前两次均采取了满足敌人要求以使其骄傲的措施，东胡毫无战斗准备。冒顿袭击一举成功，击杀东胡王，俘获了大批人口畜产，既扩大了统治区，又消除了东方的威胁。

冒顿乘胜又西击月氏，将其逐出河西走廊，迫其越葱岭西迁。同时还征服了楼兰、乌孙等二十余国，控制了西域的广大地区。然后又征服了北面的浑庾、屈射、丁零、高昆、薪犁等小国；兼并了南面的楼烦、白羊等，占领了河南地，锋芒直指朝那（今甘肃固原东南）、肤施（今陕西榆林南）和燕、代各郡。冒顿的统治区域扩大到南起阴山，北抵贝加尔湖，东尽辽河，西逾葱岭，有"控弦之士三十万"，使我国北部广大区域，完全处于他的统治和控制之下，"诸引弓之民，并为一家。"

冒顿在统一北方疆域的同时，对原来的氏族社会进行了一系列的政治、经济改革，制定了必要的制度和法律，创建了我国北方以匈奴族为主体的第一个强大的奴隶制军事政权。

冒顿规定：单于为匈奴最高统治者，总揽一切军政大权。其下设左右贤王、左右谷蠡王、左右大将、左右大都尉、左右大当户及左右骨都侯等官职。大将以下共二十四长，各领一部，大部万骑，小部数千骑，但统称"万骑"。二十四个万骑长亦各置千长、百长、什长、裨小王、相、封都尉、当户、且渠等官，各大臣世袭，亦由冒顿时成为制度。

冒顿将统治区划分为三大部，即中、左、右三部。左、右贤王分统左、右两部，冒顿自己直接统治中部。由汉上谷郡至上郡面对的北方为中部，上谷郡直北以东至东胡为左部，上郡直北以西至月氏为右部。

秦亡汉兴之际，匈奴又开始南下。当时，匈奴的首领冒顿勇猛善射，颇具政治野心。在他的带领下，匈奴人占据了东胡、月氏等地，并屡侵汉王朝的北部边疆，甚至南下至晋阳。

（2）白登之围

太祖高皇帝七年（辛丑，公元前二〇〇年）

上自将击韩王信，破其军于铜鞮，斩其将王喜。信亡走匈奴；白土人曼丘臣、王黄等立赵苗裔赵利为王，复收信败散兵，与信及匈奴谋攻汉。匈奴使左、右贤王将万余骑，与王黄等屯广武以南，至晋阳，汉兵击之，匈奴辄败走，已复屯聚，汉兵乘胜追之。会天大寒，雨雪，士卒堕指者什二三。

上居晋阳，闻冒顿居代谷，欲击之。使人觇匈奴，冒顿匿其壮士、肥牛马，但见老弱及羸畜。使者十辈来，皆言匈奴可击。上复使刘敬往使匈奴，未还；汉悉兵三十二万北逐之，逾句注。刘敬还，报曰："两国相击，此宜夸矜，见所长。今臣往，徒见羸瘠、老弱，此必欲见短，伏奇兵以争利。愚以为匈奴不可击也。"是时，汉兵已业行，上怒，骂刘敬曰："齐虏以口舌得官，今乃妄言沮吾军！"械系敬广武。

帝先至平城，兵未尽到；冒顿纵精兵四十万骑，围帝于白登七日，汉兵中外不得相救饷。帝用陈平秘计，使使间厚遗阏氏。阏氏谓冒顿曰："两主不相困。今得汉地，而单于终非能居之也。且汉主亦有神灵，单于察之！"冒顿与王黄、赵利期，而黄、利兵不来，疑其与汉有谋，乃解围之一角。会天大雾，汉使人往来，匈奴不觉。陈平请令强弩傅两矢，外向，从解角直出。帝出围，欲驱；太仆滕公固徐行。至平城，汉大军亦到，胡骑遂解去。汉亦罢兵归，令樊哙止定代地。

上至广武，赦刘敬，曰："吾不用公言，以困平城；吾皆已斩前使十辈矣。"乃封敬二千户，为关内侯，号为建信侯。帝南过曲逆，曰："壮哉县！吾行天下，独见洛阳与是耳。"乃更封陈平为曲逆侯，尽食之。平从帝征伐，凡六出奇计，辄益封邑焉。

《资治通鉴》卷第十一【汉纪三】

【解题与点评】

公元前 200 年，汉高祖刘邦亲自率领军队北上征讨投降匈奴的韩王信。但汉军被匈奴布下的疑阵所蒙蔽，刘邦又不听从刘敬的劝告，结果被匈奴军队困围白登山（在今山西阳高境内）7 日。在陈平的周旋下，匈奴自撤其军，汉军方得返回。

从表面来看，刘邦这个人的命真大，好几次侥幸逃生。但偶然中有其必然。鸿门宴上刘邦能从后门逃跑，靠的是项羽优柔寡断。鸿沟一战，父亲、妻子均被项羽所俘，如果不是部将奋死相救，那么刘邦也必然是项羽锅中的烹物。白登之围，刘邦死到临头，但还是逃了回来。不过，刘邦也吓破了胆，再也不敢伐匈奴了，只好以和亲之名，来个美女换和平。

当然，白登之围刘邦为何能逃脱，历史记载颇为迷离。最盛行的说法是陈平用重金贿赂单于之妻，并巧妙利用女人的嫉妒心。据说陈平派人给单于的妻子阏氏送了重金，并且说如果刘邦被俘了，刘邦军中的美女尽归单于所有，那么你阏氏就会失宠。阏氏听了这些话，觉得有道理，劝说单于退兵，刘邦得以逃脱。

（3）和亲之策

太祖高皇帝八年（壬寅，公元前一九九年）

匈奴冒顿数苦北边。上患之，问刘敬，刘敬曰："天下初定，士卒罢于兵，未可以武服也。冒顿杀父代立，妻群母，以力为威，未可以仁义说也。独可以计久远，子孙为臣耳；然恐陛下不能为。"上曰："奈何？"对曰："陛下诚能以嫡长公主妻之，厚奉遗之，彼必慕，以为阏氏，生子，必为太子。陛下以岁时汉所余，彼所鲜，数问遗，因使辩士风谕以礼节。冒顿在，固为子婿；死，则外孙为单于；岂尝闻外孙敢与大父抗礼者哉！可无战以渐臣也。若陛下不能遣长公主，而令宗室及后宫诈称公主，彼知，不肯贵近，无益也。"帝曰："善！"欲遣长公主。吕后日夜泣曰："妾唯太子、一女，奈何弃之匈奴！"上竟不能遣。

——《资治通鉴》卷第十二【汉纪四】

太祖高皇帝九年（癸卯，公元前一九八年）

冬，上取家人子名为长公主，以妻单于；使刘敬往结和亲约。

刘敬从匈奴来，因言："匈奴河南白羊、楼烦王，去长安近者七百里，轻骑一日一夜可以至秦中。秦中新破，少民，地肥饶，可益实。夫诸侯初起时，非齐诸田、楚昭、屈、景莫能兴。今陛下虽都关中，实少民，东有六国之强族，一日有变，陛下亦未得高枕而卧也。臣愿陛下徙六国后及豪桀、名家居关中，无事可以备胡，诸侯有变，亦足率以东伐。此强本弱末之术也。"上曰："善！"十一月，徙齐、楚大族昭氏、屈氏、景氏、怀氏、田氏五族及豪桀于关中，与利田、宅，凡十余万口。

孝惠帝三年（己酉，公元前一九二年）

以宗室女为公主，嫁匈奴冒顿单于。是时，冒顿方强，为书，使使遗高后，辞极褒嫚。高后大怒，召将相大臣，议斩其使者，发兵击之。樊哙曰："臣愿得十万众横行匈奴中！"中郎将季布曰："哙可斩也！前匈奴围高帝于平城，汉兵三十二万，哙为上将军，不能解围。今歌吟之声未绝，伤夷者甫起，而哙欲摇动天下，妄言以十万众横行，是面谩也。且夷狄譬如禽兽，得其善言不足喜，恶言不足怒也。"高后曰："善！"令大谒者张释报书，深自谦逊以谢之，并遗以车二乘，马二驷。冒顿复使使来谢，曰："未尝闻中国礼义，陛下幸而赦之。"因献马，遂和亲。

——《资治通鉴》卷第十二【汉纪四】

【解题与点评】

古人常说女人是祸水，但在汉代，女人却成为熄灭战争火焰的法宝。

西汉政权建立初期，社会经济因受到战争的摧残十分疲敝，因此无力对付匈奴的侵扰。无奈之下，汉高祖只得采纳刘敬"和亲"的建议，来缓和北方边境的局势。和亲政策持续了七八十年，直到汉武帝时才得到改变。两汉时期去西域或匈奴的和亲的"公主"其实多为从诸侯王室或民间选来的女子，并非真正的公主。这些有着"公主"名义的女子见于史书的仅有十几位，其余均淹没在历史的滚滚洪流中。

最有名的和亲者有三位：元封六年（前105年），汉武帝封江都王的女儿细君为公主，下嫁乌孙国王昆莫。细君容貌美丽，气质高贵，乌孙国王喜出望外，封她为右夫人。长在深闺、锦衣玉食的细君难以适应塞外的生活，度日如年，只能将满腔愁绪化成一首悲歌，整天抱着琵琶诉说思乡之情："吾家嫁我兮天一方，远托异国兮乌孙王。穹庐为室兮旃为墙，以肉为食兮酪为浆。居常土思兮心内伤，愿为黄鹄兮归故乡。"

细君死后，昆莫的孙子岑陬继承王位，又向汉廷求婚。太初年间（约公元前104年后），汉武帝选派楚王刘戊的女儿解忧，仍以公主的身份嫁给岑陬。随同解忧远嫁乌孙的婢女冯嫽，也是一位知书达理的女子，还有特殊的语言才能。解忧待她像亲姐妹一样，将她嫁给位高权重的乌孙右将军。解忧与冯嫽在王庭内外连成掎角之势，对乌孙国的政治军事，都产生了深远的影响。

王昭君名嫱，公元前52年出生于南郡秭归县宝坪村（今湖北省兴山县昭君村）。她天生丽质，聪慧异常，琴棋书画，无所不精。公元前36年，王昭君被元帝选秀入京。王昭君进宫后，自恃貌美，不肯贿赂画师毛延寿，毛延寿便在她的画像上点些破绽，使昭君被贬入冷宫3年，无缘面见汉元帝。

王昭君像

公元前60年后，匈奴统治集团发生内讧，先有五单于争立，后有郅支单于和呼韩邪单于相争。呼韩邪在斗争中失败，于公元前51年南下投汉，留居今河套北面塞下，西汉王朝派兵保护。公元前36年汉灭郅支单于，匈奴中与汉敌对的势力和呼韩邪单于的政敌便被消灭了。呼韩邪单于觉得应该进一步密切与汉朝的关系，于公元前33年，亲自入汉，请求和亲，以结永久之好。汉元帝欣然应允，并召后宫妃嫔议亲。王昭君被选中出塞和亲。呼韩邪临走时王昭君参加了送别大会。她丰容靓饰，元帝大惊，不知后宫竟有如此美貌之人，想把她留下来，但已无法收回成命，便赐她锦帛二万八千四，絮一万六千斤及黄金美玉等贵重物品，并亲自送出长安十余里。汉元帝为纪念这次和亲，改元为"竟宁"，意为边境安宁。

王昭君出长安后，历时一年多，于第二年初夏到达漠北，受到匈奴人民的盛大欢迎，并被封为"宁胡阏氏"。

打不过人家，只好用美女来换和平。现在人们都认为这些嫁到匈奴去的女人是民族和平的使者，但是在当时，她们是一只只听人摆布的羔羊。她们个人的辛酸有谁能理解？请读一读蔡文姬的《胡笳十八拍》吧。汉代蔡文姬身不由己被掠入匈奴，她的内心痛苦以诗来表达，滴滴泪水化作《胡笳十八拍》。诗云：

我生之初尚无为，我生之后汉祚衰。天不仁兮降乱离，地不仁兮使我逢此时。干戈日寻兮道路危，民卒流亡兮共哀悲。烟尘蔽野兮胡虏盛，志意乖兮节义亏。对殊俗兮非我宜，遭忍辱兮当告谁？笳一会兮琴一拍，心愤怨兮无人知。

戎羯逼我兮为室家，将我行兮向天涯。云山万重兮归路遐，疾风千里兮扬尘沙。人多暴猛兮如虺蛇，控弦被甲兮为骄奢。两拍张弦兮弦欲绝，志摧心折兮自悲嗟。

越汉国兮入胡城，亡家失身兮不如无生。毡裘为裳兮骨肉震惊，羯膻为味兮枉遏我情。鼙鼓喧兮从夜达明，胡风浩浩兮暗塞营。伤今感昔兮三拍成，衔悲畜恨兮何时平。

无日无夜兮不思我乡土，禀气合生兮莫过我最苦。天灾国乱分人无主，唯我薄命兮没戎虏。殊俗心异兮身难处，嗜欲不同兮谁可与语！寻思涉历兮多艰阻，四拍成兮益凄楚。

雁南征兮欲寄边声，雁北归兮为得汉青。雁飞高兮邈难寻，空断肠兮思愔愔。攒眉向月兮抚雅琴，五拍泠泠兮意弥深。

冰霜凛凛兮身苦寒，饥对肉酪兮不能餐。夜间陇水兮声呜咽，朝见长城兮路杳漫。追思往日兮行李难，六拍悲来兮欲罢弹。

日暮风悲兮边声四起，不知愁心兮说向谁是！原野萧条兮烽戍万里，俗贱老弱兮少壮为美。逐有水草兮安家葺垒，牛羊满野兮聚如蜂蚁。草尽水竭兮羊马皆徙，七拍流恨兮恶居于此。

为天有眼兮何不见我独漂流？为神有灵兮何事处我天南海北头？我不负天兮天何配我殊匹？我不负神兮神何殛我越荒州？制兹八拍兮拟排忧，何知曲成兮心转愁。

天无涯兮地无边，我心愁兮亦复然。人生倏忽兮如白驹之过隙，然不得欢乐兮当我之盛年。怨兮欲问天，天苍苍兮上无缘。举头仰望兮空云烟，九拍怀情兮谁与传？

城头烽火不曾灭，疆场征战何时歇？杀气朝朝冲塞门，胡风夜夜吹边月。故乡隔兮音生绝，哭无声兮气将咽。一生辛苦兮缘别离，十拍悲深兮泪成血。

我非食生而恶死，不能捐身兮心有以。生仍冀得兮归桑梓，死当埋骨兮长已矣。日居月诸兮在戎垒，胡人宠我兮有二子。鞠之育之兮不羞耻，愍之念之兮生长边鄙。十有一拍兮因兹起，哀响缠绵兮彻心髓。

东风应律兮暖气多，知是汉家天子兮布阳和。羌胡蹈舞兮共讴歌，两国交欢兮罢兵戈。忽遇汉使兮称近诏，遗千金兮赎妾身。喜得生还兮逢圣君，嗟别稚子兮会无因。十有二拍兮哀乐均，去住两情兮难具陈。

不谓残生兮却得旋归，抚抱胡儿兮泣下沾衣。汉使迎我兮四牡骈骈，胡儿号兮谁得知？与我生死兮逢此时，愁为子兮日无光辉，焉得羽翼兮将汝归。一步一远兮足难移，魂消影绝兮恩爱遗。十有三拍兮弦急调悲，肝肠搅刺兮人莫我知。

身归国兮儿莫之随，心悬悬兮长如饥。四时万物兮有盛衰，唯我愁苦兮不暂移。山高地阔兮见汝无期，更深夜阑兮梦汝来斯。梦中执手兮一喜一悲，觉后痛吾心兮无休歇时。十有四拍兮涕泪交垂，河水东流兮心是思。

十五拍兮节调促，气填胸兮谁识曲？处穹庐兮偶殊俗。愿得归来兮天从欲，再还汉国兮欢心足。心有怀兮愁转深，日月无私兮曾不照临。子母分离兮意难怪，同天隔越兮如商参，生死不相知兮何处寻！

十六拍兮思茫茫，我与儿兮各一方。日东月西兮徒相望，不得相随兮空断肠。对萱草兮忧不忘，弹鸣琴兮情何伤！今别子兮归故乡，旧怨平兮新怨长！泣血仰头兮诉苍苍，胡为生兮独罹此殃！

十七拍兮心鼻酸，关山阻修兮行路难。去时怀土兮心无绪，来时别儿兮思漫漫。塞上黄蒿兮枝枯叶干，沙场白骨兮刀痕箭瘢。风霜凛凛兮春夏寒，人马饥豗兮筋力单。岂知重得兮入长安，叹息欲绝兮泪阑干。

胡笳本自出胡中，缘琴翻出音律同。十八拍兮曲虽终，响有余兮思无穷。是知丝竹微妙兮均造化之功，哀乐各随人心兮有变则通。胡与汉兮异域殊风，天与地隔兮子西母东。苦我怨气兮浩于长空，六合虽广兮受之应不容！

唐代李颀有诗云：蔡女昔造胡笳声，一弹一十有八拍。胡人落泪沾边草，汉使断肠对客归。

中国古代北部边境民族冲突较为突出。北部边族地处荒凉，人性悍猛，南下寻求生路乃形势使然。他们的侵掠对中国北部边境的安全造成严重威胁，冲突由此而起。

解决北部边境冲突的方法，很明显是以对抗双方军事实力的对比为转移。匈奴虽然在文明发展阶段上落后于汉朝，但其首领冒顿凭借强力崭露头角，而汉朝初立时国力薄弱，军队尚无力长途远征，因而在局部地区汉朝处于劣势。

汉朝君臣对此采取了羁縻政策，通过亲情、财富以及沉着的涵养稳住入侵者，缓解了边境的紧张局势，为汉朝赢得了休养生息的机会。于是，在民族冲突中，出现了另外一种融合的关系：和亲。

（四）不入虎穴，焉得虎子

显宗孝明皇帝永平十六年（癸酉，公元七三年）

固使假司马班超与从事郭恂俱使西域。超行到鄯善，鄯善王广奉超礼敬甚备，后忽更疏懈。超谓其官属曰："宁觉广礼意薄乎？"官属曰："胡人不能常久，无他故也。"超曰："此必有北虏使来，狐疑未知所从故也。明者睹未萌，况已著邪！"乃召侍胡，诈之曰："匈奴使来数日，今安在乎？"侍胡惶恐曰："到已三日，去此三十里。"超乃闭侍胡，悉会其吏士三十六人，与共饮，酒酣，因激怒之曰："卿曹与我俱在绝域，今虏使到才数日，而王广礼敬即废。如令鄯善收吾属送匈奴，骸骨长为豺狼食矣。为之奈何？"官属皆曰："今在危亡之地，死生从司马！"超曰："不入虎穴，不得虎子。当今之计，独有因夜以火攻虏，使彼不知我多少，必大震怖，可殄尽也。灭此虏，则鄯善破胆，功成事立矣。"众曰："当与从事议之。"超怒曰："吉凶决于今日！从事文俗吏，闻此必恐而谋泄，死无所名，非壮士也。"众曰："善！"初夜，超遂将吏士往奔虏营。会天大风，超令十人持鼓藏虏舍后，约曰："见火然，皆当鸣鼓大呼。"余人悉持兵弩，夹门而伏，超乃顺风纵火。前后鼓噪，虏众惊乱。超手格杀三人，吏兵斩其使及从士三十余级，余众百许人悉烧死。明日乃还，告郭恂，恂大惊，既而色动，超知其意，举手曰："掾虽不行，班超何心独擅之乎！"恂乃悦。超于是召鄯善王广，以虏使首示之，一国震怖。超告以汉威德，"自今以后，勿复与北虏通。"广叩头："愿属汉，无二心。"遂纳子为质。还白窦固，固大喜，具上超功效，并求更选使使西域。帝曰："吏如班超，何故不遣，而更选乎！今以超为军司马，令遂前功。"

固复使超使于阗，欲益其兵，超愿但将本所从三十六人，曰："于阗国大而远，今将数百人，无益于强；如有不虞，多益为累耳。"是时于阗王广德雄张南道，而匈奴遣使监护其国。超既至于阗，广德礼意甚疏。且其俗信巫，巫言："神怒，何故欲向汉？汉使有騧马，急求取以祠我！"广德遣国相私来比就超请马。超密知其状，报许之，而令巫自来取马。有顷，巫至，超即斩其首；收私来比，鞭笞数百。以巫首送广德；因责让之。广德素闻超在鄯善诛灭虏使，大惶恐，即杀匈奴使者而降。超重赐其王以下，因镇抚焉。于是诸国皆遣子入侍，西域与汉绝六十五载，至是乃复通焉。超，彪之子也。

——《资治通鉴》卷第四十五【汉纪三十七】

【解题与点评】

"渭城朝雨浥轻尘，客舍青青柳色新。劝君更尽一杯酒，西出阳关无故人"，这是唐代王维的《渭城曲》。阳关古道，苍茫无限，汉代班超为了沟通西域，立志马革裹尸，毅然踏上了通往西域之路。

东汉初年，西域诸国大半为北匈奴所役属，渴望与汉朝重建联系。永平十六年（73 年），班超跟随窦固进攻北匈奴，不久奉命出使西域南道。在西域，班超挫败了匈奴的挑拨与破坏，降伏了鄯善、于阗、疏勒，平定了莎车、龟兹、焉耆、危须、尉犁等国的叛乱，并击退了大月氏的入侵，打通了与中原断绝 60 多年的西域通路，巩固了汉在西域的统治。班超成为我国历史上继张骞之后又一位促进中西经济和文化交流的杰出使者。

班超在出使西域的过程中，经历了许多风险。班超在前往鄯善联络鄯善王共同抵抗匈奴时，匈奴也派使者过来拉拢鄯善王，鄯善王夹在中间，开始摇摆不定，后来甚至有了倒向匈奴的苗头。班超认为只有杀死匈奴使者才能让两国交好。匈奴兵强马壮，防守严密，班超对部众说不入虎穴，焉得虎子，一定要主动出击。深夜，班超与众兵士潜入匈奴使者营帐，杀死了匈奴人。鄯善王知道消息后，与大汉交好，这就是"不入虎穴，焉得虎子"这个成语的由来。

西域各民族希望和东汉王朝友好往来，与匈奴的威胁与欺凌有直接的关系。当时，匈奴是中国北方较为强大的一个民族，不断地向四方拓展疆土。即便是两汉王朝也曾在很长时间内无法阻止匈奴对中原的侵犯，汉朝周围弱小的民族更成为匈奴铁骑肆意蹂躏的对象。而汉朝曾经的繁荣强盛与仁政给他们留下了深刻的印象。为摆脱匈奴的压迫，西域投靠东汉便是人心所向了。对于东汉来讲，与西域往来既可以增强抵御匈奴的力量，保护边疆安全，又可以互通有无。

班超曾在西域苦心经营三十一年，在年迈体弱时才提出回归故里的请求，于公元 102 年抵达洛阳，而也在那一年，班超因病去世，被葬于洛阳邙山上。因此，班超墓位于现今的河南洛阳孟津县的朝阳镇张阳村的西北方，离张阳村不远，中间就相距 750 米，坟墓高度为 6 米，坟墓的周长为 120 米，坟墓经用泥土压实后呈现平丘状。

（五）黄巾起义

孝灵皇帝光和六年（癸亥，公元一八三年）

初，巨鹿张角奉事黄、老，以妖术教授，号"太平道"。咒符水以疗病，令病者跪拜首过，或时病愈，众共神而信之。角分遣弟子周行四方，转相诳诱，十余年间，徒众数十万，自青、徐、幽、冀、荆、扬、兖、豫八州之人，莫不毕应。或弃卖财产、流移奔赴，填塞道路，未至病死者亦以万数。郡县不解其意，反言角以善道教化，为民所归。

太尉杨赐时为司徒，上书言："角诳曜百姓，遭赦不悔，稍益滋蔓。今若下州郡捕讨，恐更骚扰，速成其患。宜切敕刺史、二千石，简别流民，各护归本郡，以孤弱其党，然后诛其渠帅，可不劳而定。"会赐去位，事遂留中。司徒掾刘陶复上疏申赐前议，言："角等阴谋益甚，四方私言，云角等窃入京师，觇视朝政。鸟声兽心，私共鸣呼。州郡忌讳，不欲闻之，但更相告语，莫肯公文。宜下明诏，重募角等，赏以国土，有敢回避，与之同罪。"帝殊不为意，方诏陶次第《春秋条例》。

角遂置三十六方，方，犹将军也。大方万余人，小方六七千，各立渠帅。讹言："苍天已死，黄天当立，岁在甲子，天下大吉。"以白土书京城寺门及州郡官府，皆作"甲子"字。大方马元义等先收荆、扬数万人，期会发于邺。元义数往来京师，以中常侍封谞、徐奉等为内应，约以三月五日内外俱起。

孝灵皇帝中平元年（甲子，公元一八四年）

春，角弟子济南唐周上书告之。于是收马元义，车裂于雒阳。诏三公、司隶案验宫省直卫及百姓有事角道者，诛杀千余人；下冀州逐捕角等。角等知事已露，晨夜驰敕诸方，一时俱起，皆着黄巾以为标帜，故时人谓之"黄巾贼"。二月，角自称天公将军，角弟宝称地公将军，宝弟梁称人公将军，所在燔烧官府，劫略聚邑，州郡失据，长吏多逃亡；旬月之间，天下响应，京师震动。安平、甘陵人各执其王应贼。

三月，戊申，以河南尹何进为大将军，封慎侯，率左右羽林、五营营士屯都亭，修理器械，以镇京师；置函谷、太谷、广成、伊阙、轘辕、旋门、孟津、小平津八关都尉。

帝召群臣会议。北地太守皇甫嵩以为宜解党禁，益出中藏钱、西园厩马以班军士。嵩，规之兄子也。上问计于中常侍吕强，对曰："党锢久积，人情怨愤，若不赦宥，轻与张角合谋，为变滋大，悔之无救。今请先诛左右贪浊者，大赦党人，料简刺史、二千石能否，则盗无不平矣。"帝惧而从之。壬子，赦天下党人，还诸徙者；唯张角不赦。发天下精兵，遣北中郎将卢植讨张角，左中郎将皇甫嵩、右中郎将朱儁讨颍川黄巾。

……

皇甫嵩、朱儁合将四万余人，共讨颍川，嵩、儁各统一军。儁与贼波才战，败；嵩进保长社。

……

波才围皇甫嵩于长社。嵩兵少，军中皆恐。贼依草结营，会大风，嵩约敕军士皆束苣乘城，使锐士间出围外，纵火大呼，城上举燎应之，嵩从城中鼓噪而出，奔击贼陈，贼惊乱，奔走。会骑都尉沛国曹操将兵适至，五月，嵩、操与朱儁合军，更与贼战，大破之，斩首数万级。封嵩都乡侯。

……

皇甫嵩、朱儁乘胜进讨汝南、陈国黄巾，追波才于阳翟，击彭脱于西华，并破之，余贼降散，三郡悉平。嵩乃上言其状，以功归儁，于是进封儁西乡侯，迁镇贼中郎将。诏嵩讨东郡，儁讨南阳。……

冬十月，皇甫嵩与张角弟梁战于广宗，梁众精勇，嵩不能克。明日，乃闭营休士以观其变，知贼意稍懈，乃潜夜勒兵，鸡鸣，驰赴其陈，战至晡时，大破之，斩梁，获首三万级，赴河死者五万许人。角先已病死，剖棺戮尸，传首京师。十一月，嵩复攻角弟宝于下曲阳，斩之，斩获十余万人。即拜嵩为左车骑将军，领冀州牧，封槐里侯。嵩能温恤士卒，每军行顿止，须营幔修立，然后就舍，军士皆食，尔乃尝饭，故所向有功。

……

张曼成余党更以赵弘为帅，众复盛，至十余万，据宛城。朱儁与荆州刺史徐璆等合兵围之，自六月至八月不拔。有司奏征儁，司空张温上疏曰："昔秦用白起，燕任乐毅，皆旷年历载，乃能克敌。儁讨颍川已有功效，引师南指，方略已设；临军易将，兵家所忌，宜假日月，责其成功。"帝乃止。儁击弘，斩之。

贼帅韩忠复据宛拒儁，儁鸣鼓攻其西南，贼悉众赴之；儁自将精卒掩其东北，乘城而入。忠乃退保小城，惶惧乞降。诸将皆欲听之，儁曰："兵固有形同而势异者。昔秦、项之际，民无定主，故赏附以劝来耳。今海内一统，唯黄巾造逆。纳降无以劝善，讨之足以惩恶。今若受之，更开逆意，贼利则进战，钝则乞降，纵敌长寇，非良计也。"因急攻，连战不克。儁登土山望之，顾谓司马张超曰："吾知之矣。贼今外围周固，内营逼急，乞降不受，欲出不得，所以死战也。万人一心，犹不可当，况十万乎！不如彻围，并兵入城，忠见围解，势必自出。自出则意散，易破之道也。"既而解围，忠果出战，儁因击，大破之，斩首万余级。

南阳太守秦颉杀忠，余众复奉孙夏为帅，还屯宛。儁急攻之，司马孙坚率众先登；癸巳，拔宛城。孙夏走，儁追至西鄂精山，复破之，斩万余级。于是黄巾破散，其余州郡所诛，一郡数千人。

孝灵皇帝中平二年（乙丑，公元一八五年）

自张角之乱，所在盗贼并起，博陵张牛角、常山褚飞燕及黄龙、左校、于氐根、张白骑、刘石、左髭文八、平汉大计、司隶缘城、雷公、浮云、白雀、杨凤、于毒、五鹿、李大目、白绕、眭固、苦蝤之徒，不可胜数，大者二三万，小者六七千人。

黄巾起义

张牛角、褚飞燕合军攻瘿陶，牛角中流矢且死，令其众奉飞燕为帅，改姓张。飞燕名燕，轻勇趫捷，故军中号曰"飞燕"。山谷寇贼多附之，部众寖广，殆至百万，号"黑山贼"，河北诸郡县并被其害，朝廷不能讨。燕乃遣使至京师，奏书乞降；遂拜燕平难中郎将，使领河北诸山谷事，岁得举孝廉、计吏。

——《资治通鉴》卷第五十八【汉纪五十】

【解题与点评】

自古以来，中国的农民承担了社会进步的大部分成本，却最后享受社会发展的成果。在中国古代历史上，农民是一个被欺负，而且容易欺负的弱势群体。然而，黄巾大起义，尽管有千千万万农民的人头落地，但都说明了这样一个道理：如果把农民逼到除了死亡没有其他的路可走的时候，他们的心里便会产生出强烈的对权利和财富的剥夺感，并会付诸行动。这个时候，也是贵族和富人不得安宁之时。

东汉末年，皇权腐败，纲纪紊乱，宦官干政，党锢激烈，豪强大肆兼并土地，流民急增，社会矛盾十分尖锐。在这一时期，爆发了东汉末年规模最大的一次农民起义，即黄巾起义。起义军首领张角最初以"太平道"为名，通过行道治病吸引了大批群众。在此基础上，张角秘密联系并组织起具有全国规模的队伍，人员遍及青、徐、幽、冀、荆、扬、兖、豫八州。他们以

"方"为组织单位，方有大小，并各立头领。起义军提出"苍天已死，黄天当立，岁在甲子，天下大吉"的政治口号，明确提出推翻东汉王朝的斗争目标。东汉王朝起初并不以为意，直至起义泄密，政府立即进行血腥镇压。起义于中平元年即公元184年爆发。开始的几个月里，官军连遭挫败。然而因义军缺乏作战经验，在颍川"依草结营"而致被官军火烧重创，局势发生了逆转。不久，黄巾军主力战败。而余部继续战斗，前后达20余年。这次起义沉重打击了以豪强地主为基础的东汉王朝的统治，东汉政权土崩瓦解，陷入割据政权的纷争中。

让人不得不思考的是，张角为何振臂一呼，天下云集响应，贫苦农民掀起了声势浩大的反汉大起义？翻阅史书，我们看到了这样的记载：汉灵帝为了修建宫室和铸铜人，增收天下田赋，每亩多出十钱。并令太原、河东、陇西诸郡输送材木、文石。运抵京师后，宦官验收时，百般挑剔，折钱贱买，十才酬一。汉灵帝规定凡是新任和调职的郡守等官都要先到西园缴纳助军修宫钱，然后才准赴任。有些比较清廉的官，宁愿不去上任，也不肯出钱，可是朝廷不答应。当时有位新任命为钜鹿太守的名士司马直，素有清名，当时西园宦官考虑到司马直有清廉的名望，于是减免三百万钱，而司马直仍然拿不出，怅然说道："我本应该是为民父母官，却反过来剥削百姓来应付朝廷的索取，我做不到！"于是称病不就，朝廷则再三催促司马直交钱赴任。司马直无奈出发，行至孟津，留下遗书抨击卖官鬻爵的政策，然后服药自杀。从这些历史记载中，我们不难找到黄巾起义的因由。

（六）东吴灭亡

世祖武皇帝咸宁五年（己亥，公元二七九年）

吴主每宴群臣，咸令沉醉。又置黄门郎十人为司过，宴罢之后，各奏其阙失，迕视谬言，罔有不举。大者即加刑戮，小者记录为罪，或剥人面，或凿人眼。由是上下离心，莫为尽力。

益州刺史王濬上疏曰："孙皓荒淫凶逆，宜速征伐，若一旦皓死，更立贤主，则强敌也；臣作船七年，日有朽败；臣年七十，死亡无日。三者一乖，则难图也。诚愿陛下无失事机。"帝于是决意伐吴。会安东将军王浑表孙皓欲北上，边戍皆戒严，朝廷乃更议明年出师。王浚参军何攀奉使在洛，上疏称："皓必不敢出，宜因戒严，掩取其易。"

杜预上表曰："自闰月以来，贼但敕严，下无兵上。以理势推之，贼之穷计，力不两完，必保夏口以东以延视息，无缘多兵西上，空其国都。而陛下过听，便用委弃大计，纵敌患生，诚可惜也。向使举而有败，勿举可也。今事为之制，务从完牢，若或有成，则开太平之基，不成不过费损日月之间，何惜而不一试之！若当须后年，天时人事，不得如常，臣恐其更难也。今有万安之举，无倾败之虑，臣心实了，不敢以暧昧之见自取后累，惟陛下察之。"旬月未报，预复上表曰："羊祜不先博谋于朝臣，而密与陛下共施此计，故益令朝臣多异同之议。凡事当以利害相校，今此举之利十有八九，而其害一二，止于无功耳。必使朝臣言破败之形，亦不可得，直是计不出己，功不在身，各耻其前言之失而固守之也。自顷朝廷事无大小，异意蜂起，虽人心不同，亦由恃恩不虑后患，故轻相同异也。自秋已来，讨贼之形颇露，今若中止，孙皓或怖而生计，徙都武昌，更完修江南诸城，远其居民，城不可攻，野无所掠，则明年之计或无所及矣。"帝方与张华围棋，预表适至，华推枰敛手曰："陛下圣武，国富兵强，吴主淫虐，诛杀贤能。当今讨之，可不劳而定，愿勿以为疑！"帝乃许之。以华为度支尚书，量计运漕。贾充、荀勖、冯紞争之，帝大怒，充免冠谢罪。仆射山涛退而告人曰："自非圣人，外宁必有内忧，今释吴为外惧，岂非算乎！"

冬，十一月，大举伐吴，遣镇军将军琅邪王伷出涂中，安东将军王浑出江西，建威将军王戎出武昌，平南将军胡奋出夏口，镇南大将军杜预出江陵，龙骧将军王濬、巴东监军鲁国唐彬下巴、蜀，东西凡二十余万。命贾充为使持节、假黄钺、大都督，以冠军将军杨济副之。充固陈伐吴不利，且自言衰老，不堪元帅之任。诏曰："君若不行，吾便自出。"充不得已，乃受节钺，将中军南屯襄阳，为诸军节度。

——《资治通鉴》卷第八十【晋纪二】

世祖武皇帝太康元年（庚子，公元二八〇年）

杜预向江陵，王浑出横江，攻吴镇戍，所向皆克。

……

杜预与众军会议，或曰："百年之寇，未可尽克，方春水生，难于久驻，宜俟来冬，更为大举。"预曰："昔乐毅藉济西一战以并强齐，今兵威已振，譬如破竹，数节之后，皆迎刃而解，无复着手处也。"遂指授群帅方略，径造建业。

吴主闻王浑南下，使丞相张悌督丹杨太守沈莹、护军孙震、副军师诸葛靓帅众三万渡江逆战。至牛渚，沈莹曰："晋治水军于蜀久矣，上流诸军，素无戒备，名将皆死，幼少当任，恐不能御也。晋之水军必至于此，宜畜众力以待其来，与之一战，若幸而胜之，江西自清。今渡江与晋大军战，不幸而败，则大事去矣！"悌曰："吴之将亡，贤愚所知，非今日也。吾恐蜀兵至此，众心骇惧，不可复整。及今渡江，犹可决战。若其败丧，同死社稷，无所复恨。若其克捷，北敌奔走，兵势万倍，便当乘胜南上，逆之中道，不忧不破也。若如子计，恐士众散尽，坐待敌到，君臣俱降，无复一人死难者，不亦辱乎！"

……

王濬自武昌顺流径趣建业，吴主遣游击将军张象帅舟师万人御之，象众望旗而降。濬兵甲满江，旌旗烛天，威势甚盛，吴人大惧。

吴主之嬖臣岑昏，以倾险谀佞，致位九列，好兴功役，为众患苦。及晋兵将至，殿中亲近数百人叩头请于吴主曰："北军日近而兵不举刃，陛下将如之何？"吴主曰："何故？"对曰："正坐岑昏耳。"吴主独言："若尔，当以奴谢百姓！"众因曰："唯！"遂并起收昏。吴主骆驿追止，已屠之矣。

陶濬将讨郭马，至武昌，闻晋兵大入，引兵东还。至建业，吴主引见，问水军消息，对曰："蜀船皆小，今得二万兵，乘大船以战，自足破之。"于是合众，授濬节钺。明日当发，其夜，众悉逃溃。

时王浑、王濬及琅邪王伷皆临近境，吴司徒何植、建威将军孙晏悉送印节诣浑降。吴主用光禄勋薛莹、中书令胡冲等计，分遣使者奉书于浑、濬、伷以请降。又遗其群臣书，深自咎责，且曰："今大晋平治四海，是英展节之秋，勿以移朝改朔，用损厥志。"使者先送玺绶于琅邪王伷。壬寅，王濬舟师过三山，王浑遣信要濬暂过论事；濬举帆直指建业，报曰："风利，不得泊也。"是日，濬戎卒八万，方舟百里，鼓噪入于石头，吴主皓面缚舆榇，诣军门降。濬解缚焚榇，延请相见。收其图籍，克州四，郡四十三，户五十二万三千，兵二十三万。

朝廷闻吴已平，群臣皆贺上寿。帝执爵流涕曰："此羊太傅之功也。"骠骑将军孙秀不贺，南向流涕曰："昔讨逆弱冠以一校尉创业，今后主举江南而弃之，宗庙山陵，于此为墟。悠悠苍天，此何人哉！"

吴之未下也，大臣皆以为未可轻进，独张华坚执以为必克。贾充上表称："吴地未可悉定，方夏，江、淮下湿，疾疫必起，宜召诸军还，以为后图。虽腰斩张华不足以谢天下。"帝曰："此是吾意，华但与吾同耳。"荀勖复奏，宜如充表，帝不从。杜预闻充奏乞罢兵，驰表固争，使至轘辕而吴已降。充惭惧，诣阙请罪，帝抚而不问。

——《资治通鉴》卷第八十一【晋纪三】

【解题与点评】

东汉末，统一的政权分裂为魏、蜀、吴三国。西晋建立以后，当时的吴国君主孙皓在政治上极端腐败，举国上下离心离德。晋武帝司马炎在羊祜等人的策划下，积极准备灭吴。太康元年（280 年），晋武帝发兵二十余万，分六路攻吴。由王浑统率的陆军在历阳（今安徽和县）大败吴兵。由王濬率领的水军也成功地占领了武昌，然后顺江东下，攻破了吴都建业。吴主孙皓绑了自己，带了棺材，写了三份降书，分别送给司马伷、王浑、王濬，他率领太子孙瑾等 21 人来到王濬营门投降，吴国被灭。至此，自东汉初平元年

（190年）董卓之乱以来的混战割据局面结束，中国重新获得了统一。

对于南下伐吴，西晋统治集团内部当时的争议很大。其分歧不在于攻伐与否，而是对时机的不同抉择。弱肉强食不仅仅是自然界的基本法则，人类社会也难逃不同势力之间的相互兼并，但二者也有所不同。人的强与弱因为愈来愈多地添加了道德的力量，而变得越来越耐人寻味。吴国君主失德，君臣离心，使国家沦为弱势；晋国却拥有善于审时度势的大臣，更有事前能够听取不同意见，事中能够坚持既定方略，事后又能谢功恕罪的君主，从而确保晋国能乘势而兴，最终实现统一大业，晋武帝司马炎在完成这次统一大业中发挥了重要作用。晋灭东吴前后只用了四个多月。东吴有兵力二十余万人，晋军总兵力并不占多大优势，但东吴已是千疮百孔，腐烂之极，人心向背决定了战争胜负。唐代诗人刘禹锡经过西塞山（位于今湖北黄石县）的时候，想起当年王濬的战船正是从这里经过，感慨万千，写了一首诗：《西塞山怀古》："王濬楼船下益州，金陵王气黯然收。千寻铁锁沉江底，一片降幡出石头。人世几回伤往事，山形依旧枕寒流。今逢四海为家日，故垒萧萧芦荻秋。"刘禹锡怀古伤今，写西晋灭吴的历史故事，表现国家统一是历史之必然，阐发了事物兴废决定于人的思想。西塞山曾经是军事要塞，而今山形依旧，物是人非，让人涌起一阵苍凉之感。

（七）淝水之战

（1）一意孤行

烈宗孝武皇帝太元七年（壬午，公元三八二年）

冬，十月，秦王坚会群臣于太极殿，议曰："自吾承业，垂三十载，四方略定，唯东南一隅，未沾王化。今略计吾士卒，可得九十七万，吾欲自将以讨之，何如？"秘书监朱彤曰："陛下恭行天罚，必有征无战，晋主不衔军门，则走死江海，陛下返中国士民，使复其桑梓，然后回舆东巡，告成岱宗，此千载一时也！"坚喜曰："是吾志也。"

尚书左仆射权翼曰："昔纣为无道，三仁在朝，武王犹为之旋师。今晋虽微弱，未有大恶。谢安、桓冲皆江表伟人，君臣辑睦，内外同心。以臣观之，未可图也。"坚嘿然良久，曰："诸君各言其志。"

太子左卫率石越曰："今岁镇守斗，福德在吴。伐之，必有天殃。且彼据长江之险，民为之用，殆未可伐也！"坚曰："昔武王伐纣，逆岁违卜。天道幽远，未易可知。夫差、孙皓皆保据江湖，不免于亡。今以吾之众，投鞭于江，足断其流，又何险之足恃乎！"对曰："三国之君皆淫虐无道，故敌国取之，易于拾遗。今晋虽无德，未有大罪，愿陛下且按兵积谷，以待其衅。"于是群臣各言利害，久之不决。坚曰："此所谓筑室道旁，无时可成。吾当内断于心耳！"

群臣皆出，独留阳平公融，谓之曰："自古定大事者，不过一二臣而已。今众言纷纷，徒乱人意，吾当与汝决之。"对曰："今伐晋有三难：天道不顺，一也；晋国无衅，二也；我数战兵疲，民有畏敌之心，三也。群臣言晋不可伐者，皆忠臣也，愿陛下听之。"坚作色曰："汝亦如此，吾复何望！吾强兵百万，资仗如山；吾虽未为令主，亦非暗劣。乘累捷之势，击垂亡之国，何患不克，岂可复留此残寇，使长为国家之忧哉！"融泣曰："晋未可灭，昭然甚明。今劳师大举，恐无万全之功。且臣之所忧，不止于此。陛下宠育鲜卑、羌、羯，布满畿甸，此属皆我之深仇。太子独与弱卒数万留守京师，臣惧有不虞之变生于腹心肘腋，不可悔也。臣之顽愚，诚不足采；王景略一时英杰，陛下常比之诸葛武侯，独不记其临没之言乎！"坚不听。于是朝臣进谏者众，坚曰："以吾击晋，校其强弱之势，犹疾风之扫秋叶，而朝廷内外皆言不可，诚吾所不解也！"

太子宏曰："今岁在吴分，又晋君无罪，若大举不捷，恐威名外挫，财力内竭，此群下所疑也！"坚曰："昔吾灭燕，亦犯岁而捷，天道固难知也。秦灭六国，六国之君岂皆暴虐乎！"

冠军、京兆尹慕容垂言于坚曰："弱并于强，小并于大，此理势自然，非难知也。以陛下神武应期，威加海外，虎旅百万，韩、白满朝，而蕞尔江南，独违王命，岂可复留之以遗子孙哉！《诗》云：'谋夫孔多，是用不集。'

陛下断自圣心足矣，何必广询朝众！晋武平吴，所仗者张、杜二三臣而已，若从朝众之言，岂有混壹之功乎！"坚大悦，曰："与吾共定天下者，独卿而已。"赐帛五百匹。

坚锐意欲取江东，寝不能旦。阳平公融谏曰："'知足不辱，知止不殆。'自古穷兵极武，未有不亡者。且国家本戎狄也，正朔会不归人。江东虽微弱仅存，然中华正统，天意必不绝之。"坚曰："帝王历数，岂有常邪！惟德之所在耳！刘禅岂非汉之苗裔邪，终为魏所灭。汝所以不如吾者，正病此不达变通耳！"

坚素信重沙门道安，群臣使道安乘间进言。十一月，坚与道安同辇游于东苑，坚曰："朕将与公南游吴、越，泛长江，临沧海，不亦乐乎！"安曰："陛下应天御世，居中土而制四维，自足比隆尧、舜，何必栉风沐雨，经略遐方乎！且东南卑湿，沴气易构，虞舜游而不归，大禹往而不复。何足以上劳大驾也！"坚曰："天生烝民，而树之君，使司牧之，朕岂敢惮劳，使彼一方独不被泽乎！必如公言，是古之帝王皆无征伐也！"道安曰："必不得已，陛下宜驻跸洛阳，遣使者奉尺书于前，诸将总六师于后，彼必稽首入臣，不必亲涉江、淮也。"坚不听。

坚所幸张夫人谏曰："妾闻天地之生万物，圣王之治天下，皆因其自然而顺之，故功无不成。是以黄帝服牛乘马，因其性也；禹浚九川，障九泽，因其势也；后稷播殖百谷，因其时也；汤、武帅天下而攻桀、纣，因其心也。皆有因则成，无因则败。今朝野之人皆言晋不可伐，陛下独决意行之，妾不知陛下何所因。《书》曰：'天聪明自我民聪明。'天犹因民，而况人乎！妾又闻王者出师，必上观天道，下顺人心。今人心既不然矣，请验之天道。谚云：'鸡夜鸣者不利行师，犬群嗥者宫室将空，兵动马惊，军败不归。'自秋、冬以来，众鸡夜鸣，群犬哀嗥，厩马多惊，武库兵器自动有声，此皆非出师之祥也。"坚曰："军旅之事，非妇人所当预也！"

坚幼子中山公诜最有宠，亦谏曰："臣闻国之兴亡，系贤人之用舍。今阳平公，国之谋主，而陛下违之；晋有谢安、桓冲，而陛下伐之，臣窃惑之。"坚曰："天下大事，孺子安知！"

——《资治通鉴》卷第一百四【晋纪二十六】

【解题与点评】

　　王猛是中国古代著名谋士，留下了扪虱谈天下的故事。东晋桓温第一次北伐驻军灞上的时候，有一天，一个穿着一身破旧短衣的读书人到军营前求见桓温。桓温正想招揽人才，听说来了个读书人，很高兴地接见了他。

　　这个读书人名叫王猛，从小家里很贫困，靠卖畚箕为生。但是他挺喜欢读书，学问渊博。当时关中士族嫌他出身低微，瞧不起他，他毫不在乎。有人曾经请他在前秦的官府里做小官吏，他也不愿去。后来索性在华阴山隐居了下来。这次听到桓温打进关中，特地到灞上求见桓温。桓温想试试王猛的学识才能，请王猛谈谈当今天下形势。

　　王猛把南北双方的政治军事形势分析得一清二楚，见解十分精辟，桓温听了不禁暗暗佩服。

　　王猛一面侃侃而谈，一面把手伸进衣襟里摸虱子（文言是"扪虱"，扪音 mén）。桓温左右的兵士们见了，差一点笑出来。但是王猛却旁若无人，照样跟桓温谈得起劲。

王猛像

　　桓温问他说："这次我带了大军，奉皇上的命令远征关中，为百姓除害。但是为什么我来到这里，地方上的豪杰都不来见我呢？"

　　王猛淡淡一笑说："您不怕千里跋涉，深入敌人腹地。但是长安近在眼前，您却不渡过灞水。大家不知道您心里怎么打算，所以不愿来见您啊。"

　　王猛这一番话正说中了桓温的心事。原来桓温北伐，主要是想在东晋朝廷树立他的威信，制服他在政治上的对手。他驻军灞上，不急于攻下长安，正是想保存他的实力。

桓温无话可答。但是他看出王猛是一个难得的人才，从关中退兵的时候，他再三邀请王猛一起南下，还封他一个比较高的官职。王猛知道东晋王朝的内部矛盾很大，拒绝了桓温的邀请，仍旧回到他的华阴山去了。

建元十一年（375年）六月，王猛积劳成疾，苻坚亲为王猛祈祷，并派侍臣遍祷于名山大川。碰巧王猛病情好转，苻坚欣喜异常，下令特赦狱中死囚以感天恩。王猛上疏说："想不到陛下因贱臣微命而亏损天地之德，自开天辟地以来绝无此事，这真使臣既感激又不安！臣听说报答恩德最好的办法是尽言直谏，请让我谨以垂危之命，敬献遗诚。陛下威烈震慑八方荒远之地，声望德化光照六合之内；九州百郡，十居其七；平燕定蜀，如拾草芥。然而善作者未必善成，善始者未必善终。所以，古来明君圣王深知创业守成之不易，无不战战兢兢，如临深渊。恳望陛下以他们为榜样，则天下幸甚！"苻坚读一行字，抹两行泪，悲恸欲绝。这年七月，苻坚见王猛病危，赶紧询问后事。王猛睁开双眼，望着苻坚说："晋朝虽然僻处江南，但为华夏正统，而且上下安和。臣死之后，陛下千万不可图灭晋朝。鲜卑、西羌降服贵族贼心不死，是我国的仇敌，迟早要成为祸害，应逐渐铲除他们，以利于国家。"说完便停止了呼吸，时年五十一岁。苻坚为之失声痛哭。在王猛尸体入殓的时候，苻坚又三次亲临吊唁，难过地对太子说："天不欲使吾平一六合邪？何夺吾景略之速也！"于是，按照汉朝安葬大司马大将军霍光那样的最高规格，隆重地安葬了王猛，并追谥王猛为"武侯"。

遗憾的是，苻坚后来忘记了王猛的遗教，晋孝武帝太元八年（383年），苻坚意欲大举进攻东晋，以图一统全国，结果遭到大臣们的一致反对。对于攻打偏安之晋能否取胜，众人提出各种或利或弊的理由。实际上，如果只着眼于天险、人才、民心等其中的某个方面，各执一端，当然就可像苻坚那样可以轻易地加以反驳、狡辩，最后也就只好任他那样简单盲目地由着自己的性子蛮干。但如果综合考虑战争的利弊，东晋就显得并不那么虚弱，而前秦也应该谨慎行事。可惜，苻坚被胜利冲昏了头脑，不愿意全盘考虑、左右权衡，以为自己反驳得有理，所以便一意孤行。

历史虽然不可以假设，但我们可以设想一下，如果符坚听了王猛的遗教，不进攻东晋，中国的历史又该如何改写？

（2）战于淝水

烈宗孝武皇帝太元八年（癸未，公元三八三年）

秦王坚下诏大举入寇，民每十丁遣一兵；其良家子年二十已下，有材勇者，皆拜羽林郎。又曰："其以司马昌明为尚书左仆射，谢安为吏部尚书，桓冲为侍中；势还不远，可先为起第。"良家子至者三万余骑，拜秦州主簿，赵盛之为少年都统。是时，朝臣皆不欲坚行，独慕容垂、姚苌及良家子劝之。阳平公融言于坚曰："鲜卑、羌虏，我之仇雠，常思风尘之变以逞其志，所陈策画，何可从也！良家少年皆富饶子弟，不闲军旅，苟为诌谀之言以会陛下之意耳。今陛下信而用之，轻举大事，臣恐功既不成，仍有后患，悔无及也！"坚不听。

八月，戊午，坚遣阳平公融督张蚝、慕容垂等步骑二十五万为前锋；以兖州刺史姚苌为龙骧将军，督益、梁州诸军事。坚谓苌曰："昔朕以龙骧建业，未尝轻以授人，卿其勉之！"左将军窦冲曰："王者无戏言，此不祥之征也！"坚默然。

慕容楷、慕容绍言于慕容垂曰："主上骄矜已甚，叔父建中兴之业，在此行也！"垂曰："然。非汝，谁与成之！"

甲子，坚发长安，戎卒六十余万，骑二十七万，旗鼓相望，前后千里。九月，坚至项城，凉州之兵始达咸阳，蜀、汉之兵方顺流而下，幽、冀之兵至于彭城，东西万里，水陆齐进，运漕万艘。阳平公融等兵三十万，先至颍口。

诏以尚书仆射谢石为征虏将军、征讨大都督，以徐、兖二州刺史谢玄为前锋都督，与辅国将军谢琰、西中郎将桓伊等众共八万拒之；使龙骧将军胡彬以水军五千援寿阳。琰，安之子也。

是时，秦兵既盛，都下震恐。谢玄入，问计于谢安，安夷然，答曰：

"已别有旨。"既而寂然。玄不敢复言，乃令张玄重请。安遂命驾出游山墅，亲朋毕集，与围棋赌墅。安棋常劣于玄，是日，玄惧，便为敌手而又不胜。安遂游陟，至夜乃还。桓冲深以根本为忧，遣精锐三千入援京师。谢安固却之，曰："朝廷处分已定，兵甲无阙，西藩宜留以为防。"冲对佐吏叹曰："谢安右有庙堂之量，不闲将略。今大敌垂至，方游谈不暇，遣诸不经事少年拒之，众又寡弱，天下事已可知，吾其左衽矣！"

……

冬，十月，秦阳平公融等攻寿阳；癸酉，克之，执平虏将军徐元喜等。融以其参军河南郭褒为淮南太守。慕容垂拔郧城。胡彬闻寿阳陷，退保硖石，融进攻之。秦卫将军梁成等帅众五万屯于洛涧，栅淮以遏东兵。谢石、谢玄等去洛涧二十五里而军，惮成，不敢进。胡彬粮尽，潜遣使告石等曰："今贼盛，粮尽，恐不复见大军！"秦人获之，送于阳平公融。融驰使白秦王坚曰："贼少易擒，但恐逃去，宜速赴之！"坚乃留大军于项城，引轻骑八千，兼道就融于寿阳。遣尚书朱序来说谢石等以为"强弱异势，不如速降。"序私谓石等曰："若秦百万之众尽至，诚难与为敌。今乘诸军未集，宜速击之；若败其前锋，则彼已夺气，可遂破也。"

石闻坚在寿阳，甚惧，欲不战以老秦师。谢琰劝石从序言。十一月，谢玄遣广陵相刘牢之帅精兵五千人趣洛涧，未至十里，梁成阻涧为陈以待之。牢之直前渡水，击成，大破之，斩成及弋阳太守王咏，又分兵断其归津，秦步骑崩溃，争赴淮水，士卒死者万五千人。执秦扬州刺史王显等，尽收其器械军实。于是谢石等诸军水陆继进。秦王坚与阳平公融登寿阳城望之。见晋兵部阵严整，又望见八公山上草木，皆以为晋兵，顾谓融曰："此亦劲敌，何谓弱也！"怃然始有惧色。

秦兵逼淝水而陈，晋兵不得渡。谢玄遣使谓阳平公融曰："君悬军深入，而置陈逼水，此乃持久之计，非欲速战者也。若移陈小却，使晋兵得渡，以决胜负，不亦善乎！"秦诸将皆曰："我众彼寡，不如遏之，使不得上，可以万全。"坚曰："但引兵少却，使之半渡，我以铁骑蹙而杀之，蔑不胜矣！"

融亦以为然，遂麾兵使却。秦兵遂退，不可复止，谢玄、谢琰、桓伊等引兵渡水击之。融驰骑略陈，欲以帅退者，马倒，为晋兵所杀，秦兵遂溃。玄等乘胜追击，至于青冈。秦兵大败，自相蹈藉而死者，蔽野塞川。其走者闻风声鹤唳，皆以为晋兵且至，昼夜不敢息，草行露宿，重以饥冻，死者什七八。初，秦兵小却，硃序在陈后呼曰："秦兵败矣！"众遂大奔。序因与张天锡、徐元喜皆来奔。获秦王坚所乘云母车及仪服器械、军资珍宝畜产不可胜计，复取寿阳，执其淮南太守郭褒。

坚中流矢，单骑走至淮北，饥甚，民有进壶飧、豚髀者，坚食之，赐帛十匹，绵十斤。辞曰："陛下厌苦安乐，自取危困。臣为陛下子，陛下为臣父，安有子饲其父而求报乎？"弗顾而去。坚谓张夫人曰："吾今复何面目治天下乎！"潸然流涕。

是时，诸军皆溃，惟慕容垂所将三万人独全，坚以千余骑赴之。世子宝言于垂曰："家国倾覆，天命人心皆归至尊，但时运未至，故晦迹自藏耳。今秦主兵败，委身于我，是天借之便以复燕祚，此时不可失也，愿不以意气微恩忘社稷之重！"垂曰："汝言是也。然彼以赤心投命于我，若之何害之！天苟弃之，何患不亡？不若保护其危以报德，徐俟其衅而图之！既不负宿心，且可以义取天下。"奋威将军慕容德曰："秦强而并燕，秦弱而图之，此为报仇雪耻，非负宿心也；兄奈何得而不取，释数万之众以授人乎？"垂曰："吾昔为太傅所不容，置身无所，逃死于秦，秦主以国士遇我，恩礼备至。后复为王猛所卖，无以自明。秦主独能明之，此恩何可忘也！若氏运必穷，吾当怀集关东，以复先业耳，关西会非吾有也。"冠军行参军赵秋曰："明公当绍复燕祚，著于图谶。今天时已

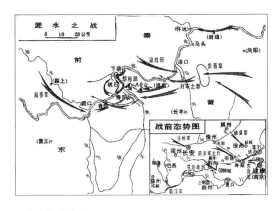

淝水之战形势图

至，尚复何待！若杀秦主，据邺都，鼓行而西，三秦亦非苻氏之有也！"垂亲党多劝垂杀坚，垂皆不从，悉以兵授坚。平南将军慕容晖屯郧城，闻坚败，弃其众遁去；至荥阳，慕容德复说晖起兵以复燕祚，晖不从。

谢安得驿书，知秦兵已败，时方与客围棋，摄书置床上，了无喜色，围棋如故。客问之，徐答曰："小儿辈遂已破贼。"既罢，还内，过户限，不觉屐齿之折。

《资治通鉴》卷第一百五【晋纪二十七】

【解题与点评】

前秦大军压境，东晋主事大臣谢安临危不乱，团结一心，任智任勇。双方战于淝水（今安徽寿县北）。淝水一战，前秦军队惨败。羌、鲜卑等贵族乘机起兵反秦。不久，前秦即告灭亡。

这是一场以少胜多、以弱胜强的著名战役。从历史记载中看，前秦发展壮大的势头正盛，在当时所向无敌，颇有威慑力，而其时的东晋只是苟安一隅，双方力量看似对比鲜明，苻坚正是以此自恃。然而形势也正是在他刚愎自用之时不知不觉地发生了逆转。苻坚不仅没能正确认识前秦与东晋在政权凝聚力方面的反差，而且还因为盲目自大激化了内部矛盾，反而加剧了这一差距。前秦军心涣散，士气脆弱，草木皆兵，风声鹤唳，欲胜反败；东晋上下一心，沉着应对，亦智亦勇，终于反败为胜；前秦一时大意，折了英雄之气；东晋虽然被动应战，但能沉着冷静，前方战争打得十分激烈时，谢安这一天正跟一个客人在家里下棋。他看完了前方主将谢石送来的捷报，不露声色，随手把捷报放在床上，照样下棋。客人知道是前方送来的战报，忍不住问谢安说："战事情况怎么样？"谢安慢吞吞地说："孩子们到底把秦人打败了。"客人听了，高兴得不想再下棋，想赶快把这个好消息告诉别人，就告别走了。谢安送走客人，回到内宅去，他的兴奋心情再也按捺不住，跨过门槛的时候，跟跟跄跄的，把脚上的木屐的齿也碰断了，留下了"围棋如故""过户折屐"的美谈。经过这场大战，强大的前秦元气大伤。苻坚逃到洛阳，收拾残兵败将，只剩下十几万。但是慕容垂的兵力却丝毫没受到损失。不出王猛所料，鲜卑族的慕容垂和羌族的姚苌终于背叛了前秦，各自建立了新的国家——后燕和后秦，符坚本人也被姚苌杀害。

符坚好大喜功，缺乏冷静的客观分析，战前没有周密的战略部署，临战时又犯了一系列战术指挥上的错误，这也是前秦在淝水之战中失败的重要原因。符坚不顾主客观条件，只是依仗自己的"有众百万，资杖如山"的兵力和"投鞭于江，足断其流"的军威，认为征服东晋"若商风之陨秋箨"，盲目远征。他抱有侥幸求胜心理，战略上骄傲轻敌。在其前锋军梁成所率五万人被东晋大将刘牢之全歼于洛涧后，士气大伤，符坚为之震动，开始产生了畏晋思想。所以，当他与前锋军统帅符融登上寿阳城楼，望见晋军"部阵齐整，将士精锐，又北望八公山上草木，皆类人形，顾谓融曰'此亦劲敌也，何谓少乎！'忧然有惧色"。于是，符坚由轻敌变为怕敌，由冒进转为败逃，终子落了个"草木皆兵""风声鹤唳"的可悲结局。

（八）隋初改革

高宗宣皇帝太建十三年（辛丑，公元五八一年）

初，苏绰在西魏，以国用不足，制征税法颇重，既而叹曰："今所为者，譬如张弓，非平世法也。后之君子，谁能弛之！"威闻其言，每以为己任。至是，奏减赋役，务从轻简，隋主悉从之，渐见亲重，与高颎参掌朝政。帝尝怒一人，将杀之；威入邠进谏，帝不纳，将自出斩之，威当帝前不去；帝避之而出，威又遮止。帝拂衣而入，良久，乃召威谢曰："公能若是，吾无忧矣。"赐马二匹，钱十余万。寻复兼大理卿、京兆尹、御史大夫，本官悉如故。

……

高颎深避权势，上表逊位，让于苏威，帝欲成其美，听解仆射。数日，帝曰："苏威高蹈前朝，颎能推举。吾闻进贤受上赏，宁可使之去官！"命颎复位。颎、威同心协赞，政刑大小，帝无不与之谋议，然后行之。故革命数年，天下称平。

……

初，周、齐所铸钱凡四等，及民间私钱，名品甚众，轻重不等。隋主患之，更铸五铢钱，背、面、肉、好皆有周郭，每一千重四斤二两。悉禁古钱及私钱。置样于关；不如样者，没官销毁之。自是钱币始壹，民间便之。

……

初，周法比于齐律，烦而不要，隋主命高颎、郑译及上柱国杨素、率更令裴政等更加修定。政练习典故，达于从政，乃采魏、晋旧律，下至齐、梁，沿革重轻，取其折衷。时同修者十余人，凡有疑滞，皆取决于政。于是去前世枭、轘及鞭法，自非谋叛以上，无收族之罪。始制死刑二，绞、斩；流刑三，自二千里至三千里；徒刑五，自一年至三年；杖刑五，自六十至百；笞刑五，自十至五十。又制议、请、减、赎、官当之科以优士大夫。除前世讯囚酷法，考掠不得过二百；枷杖大小，咸有程式。民有枉屈，县不为理者，听以次经郡及州省；若仍不为理，听诣阙伸诉。

冬十月，戊子。始行新律。诏曰："夫绞以致毙，斩则殊形，除恶之体，于斯已极。枭首、轘身，义无所取，不益惩肃之理，徒表安忍之杯。鞭之为用，残剥肤体，彻骨侵肌，酷均脔切。虽云远古之式，事乖仁者之刑。枭、轘及鞭，并令去之。贵砺带之书，不当徒罚；广轩冕之荫，旁及诸亲。流役六年，改为五载；刑徒三岁，变从三祀。其余以轻代重，化死为生，条目甚多，备于简策。杂格、严科，并宜除削。"自是法制遂定，后世多遵用之。

高宗宣皇帝太建十四年（壬寅，公元五八二年）

隋主嫌长安城制度狭小，又宫内多妖异。纳言苏威劝帝迁都，帝以初受命，难之；夜，与威及高颎共议。明旦，通直散骑庾季才奏曰："臣仰观乾象，俯察图记，必有迁都之事。且汉营此城，将八百岁，水皆咸卤，不甚宜人。愿陛下协天人之心，为迁徙之计。"帝愕然，谓颎、威曰："是何神也！"太师李穆亦上表请迁都。帝省表曰："天道聪明，已有征应；太师人望，复抗此请；无不可矣。"丙申，诏高颎等创造新都于龙首山。以太子左庶子宇文恺有巧思，领营新都副监。恺，忻之弟也。

长城公至德元年（癸卯，公元五八三年）

初令民二十一成丁，减役者每岁十二番为二十日役，减调绢一匹为二丈。周末榷酒坊、盐池、盐井，至是皆罢之。

秘书监牛弘上表，以"典籍屡经丧乱，率多散逸。周氏聚书，仅盈万卷。平齐所得，除其重杂，裁益五千。兴集之期，属膺圣世。为国之本，莫此为先。岂可使之流落私家，不归王府！必须勒之以天威，引之以微利，则异典必臻，观阁斯积。"隋主从之。丁巳，诏购求遗书于天下，每献书一卷，赍缣一匹。

……

河南道行台兵部尚书杨尚希曰："窃见当今郡县，倍多于古。或地无百里，数县并置；或户不满千，二郡分领。具僚已众，资费日多；吏卒增培，租调岁减；民少官多，十羊九牧。今存要去闲，并小为大，国家则不亏粟帛，选举则易得贤良。"苏威亦请废郡。帝从之。甲午，悉罢诸郡为州。

……

时刺史多任武将，类不称职。治书侍御史柳彧上表曰："昔汉光武与二十八将，披荆棘，定天下，及功成之后，无所任职。伏见诏书，以上柱国和千子为杞州刺史。千子前任赵州，百姓歌之曰：'老禾不早杀，余种秽良田。'千子，弓马武用，是其所长；治民莅职，非其所解。如谓优老尚年，自可厚赐金帛；若令刺举，所损殊大。"帝善之。千子竟免。

         ——《资治通鉴》卷第一百七十五【陈纪九】

长城公至德二年（甲辰，公元五八四年）

隋主不喜词华，诏天下公私文翰并宜实录。泗州刺史司马幼之，文表华艳，付所司治罪。治书侍御史赵郡李谔亦以当时属文，体尚轻薄。上书曰："魏之三祖，崇尚文词，忽君人之大道，好雕虫之艺。下之从上，遂成风俗。江左、齐、梁，其弊弥甚：竞一韵之奇，争一字之巧；连篇累牍，不出月露之形，积案盈箱，唯是风云之状。世俗以此相高，朝廷据兹擢士。禄利之路既开，爱尚之情愈笃。于是闾里童昏，贵游总丱，未窥六甲，先制五言。至如羲皇、舜、禹之典，伊、傅、周、孔之说，不复关心，何尝入耳。以傲诞为清虚，以缘情为勋绩，指儒素为古拙，用词赋为君子。故文笔日繁，其政日乱，良由弃大圣之轨模，构无用以为用也。今朝廷虽有是诏，如闻外州远县，仍踵弊风：躬仁孝之行者，摈落私门，下加收齿；工轻薄之艺者，选充吏职，举送天朝。盖由刺史、县令未遵风教。请普加采察，送台推劾。"又上言："士大夫矜伐干进，无复廉耻，乞明加罪黜，以惩风轨。"诏以谔前后所奏颁示四方。

长城公至德三年（乙巳，公元五八五年）

隋度支尚书长孙平奏，"令民间每秋家出粟麦一石以下，贫富为差，储之当社，委社司检校，以备凶年，名曰'义仓'。"隋主从之。五月，甲申，初诏郡、县置义仓。平，俭之子也。时民间多妄称老、小以免赋役，山东承北齐之弊政，户口租调，奸伪尤多。隋主命州县大索貌阅，户口不实者，里正、党长远配；大功以下，皆令析籍，以防容隐。于是计帐得新附一百六十四万余口。高颎又言民间课输无定簿，难以推校，请为输籍法，遍下诸州，帝从之，自是奸无所容矣。

诸州调物，每岁河南自潼关，河北自蒲坂，输长安者相属于路，昼夜不绝者数月。

　　　　　　　　　　　　　　——《资治通鉴》卷第一百七十六【陈纪十】

高祖文皇帝开皇十年（庚戌，公元五九〇年）

五月，乙未。诏曰："魏末丧乱，军人权置坊府，南征北伐，居处无定，家无完堵，地罕包桑，朕甚愍之。凡是军人，可悉属州县，垦田、籍帐，一与民同。军府统领，宜依旧式。罢山东、河南及北方缘边之地新置军府。"

　　　　　　　　　　　　　　——《资治通鉴》卷第一百七十七【隋纪一】

高祖文皇帝开皇十二年（壬子，公元五九二年）

有司上言："府藏皆满，无所容，积于廊庑。"帝曰："朕既薄赋于民，又大经赐用，何得尔也?"对曰："入者常多于出，略计每年赐用，至数百万段，曾无减省。"于是更辟左藏院以受之。诏曰："宁积于人，无藏府库。河北、河东今年田租三分减一，兵减半功，调全免。"时天下户口岁增，京辅及三河地少而人众，衣食不给，帝乃发使四出，均天下之田，其狭乡每丁才至二十亩，老少又少焉。

　　　　　　　　　　——《资治通鉴》卷第一百七十八【隋纪二】

【解题与点评】

　　开皇元年（581年），杨坚夺取了北周政权，新建隋朝，是为隋文帝。建国之初，文帝立意整顿政治，他重用苏威、高颎等谋臣，革旧立新，建立并推行了一系列崭新的制度。

　　首先，在经济上，认真核查均田制度的实行，在全国建立赈灾义仓，减轻赋税，整顿混乱的币制，统一度量衡。在政治上，废除北周模仿《周官》而设的官制，建立以尚书、门下、内史三省为核心的新官制；改州、郡、县三级制为州、县两级，以裁汰冗官；废除以武官担任刺史的制度；并针对北周律烦刑酷的弊病，简核刑律，废除酷刑。为适应新政励精图治的需要，隋初还抛弃狭小朽腐的长安城，营建并迁至新都——大兴城。在文化方面，大规模整理古代文献，力扭当时的浮艳文风，倡导实录，这为唐代的文学运动开启了先声。

　　隋初所推行的新政不仅促进了隋朝的政治、经济与文化的发展，为其结束中国长期分裂的局面、再次实现全国统一奠定了重要基础，而且还对后来朝代的政治制度产生了深远影响，促进了中国古代封建社会繁荣阶段的到来。

　　隋初新政是因事而定的，并非先行构想，然后一揽子推行下去。隋朝的君臣一旦发现在社会治理中出现了问题，便能够同心同德、齐心思考，果断地解决这个问题，于是产生了新政。税收沉重，便先行改革税制；币制混乱需要立即整顿，便统一币制；法制、文化、行政等方面的问题也都给予及时的解决。因此说，新政贵在及时。以隋朝的经济改革为例，税制、币制的问题发现较早，也较早采取了措施；役制次之；而田制、户口几年后才得到关注。在经济改革尚未完成时，文化、行政等方面的改革也因时制宜地进行着。因此说，新政贵在适时。

（九）贞观之治

高祖神尧大圣光孝皇帝武德九年（丙戌，公元六二六年）

甲子。太宗即皇帝位于东宫显德殿，赦天下。

——《资治通鉴》卷第一百九十一【唐纪七】

高祖神尧大圣光孝皇帝武德九年（丙戌，公元六二六年）

己酉，上面定勋臣长孙无忌等爵邑，命陈叔达于殿下唱名示之，且曰："朕叙卿等勋赏或未当，宜各自言。"于是诸将争功，纷纭不已。淮安王神通曰："臣举兵关西，首应义旗，今房玄龄、杜如晦等专弄刀笔，功居臣上，臣窃不服。"上曰："义旗初起，叔父虽首唱举兵，盖亦自营脱祸。及窦建德吞噬山东，叔父全军覆没；刘黑闼再合余烬，叔父望风奔北。玄龄等运筹帷幄，坐安社稷，论功行赏，固宜居叔父之先。叔父，国之至亲，朕诚无所爱，但不可以私恩滥与勋臣同赏耳！"诸将乃相谓曰："陛下至公，虽淮安王尚无所私，吾侪何敢不安其分。"遂皆悦服。房玄龄尝言："秦府旧人未迁官者，皆嗟怨曰：'吾属奉事左右，几何年矣！今除官，返出前宫、齐府人之后。'"上曰："王者至公无私，故能服天下之心。朕与卿辈日所衣食，皆取诸民者也。故设官分职，以为民也，当择贤才而用之，岂以新旧为先后哉！必也新而贤，旧而不肖，安可舍新而取旧乎！今不论其贤不肖而直言嗟怨，岂为政之体乎！"

……

丙午，上与群臣论止盗。或请重法以禁之，上哂之曰："民之所以为盗者，由赋繁役重，官吏贪求，饥寒切身，故不暇顾廉耻耳。朕当去奢省费，轻徭薄赋，选用廉吏，使民主食有余，则自不为盗，安用重法邪！"自是数年之后，海内升平，路不拾遗，外户不闭，商旅野宿焉。

上又尝谓侍臣曰："君依于国，国依于民。刻民以奉君，犹割肉以充腹，腹饱而身毙，君富而国亡。故人君之患，不自外来，常由身出。夫欲盛则费广，费广则赋重，赋重则民愁，民愁则国危，国危则君丧矣。朕常以此思之，故不敢纵欲也。"

太宗文武大圣大广孝皇帝贞观元年（丁亥，公元六二七年）

上令封德彝举贤，久无所举。上诘之，对曰："非不尽心，但于今未有奇才耳。"上曰："君子用人如器，各取所长，古之致治者，岂借才于异代乎？正患己不能知，安可诬一世之人！"德彝惭而退。

御史大夫杜淹奏："诸司文案恐有稽失，请令御史就司检校。"上以问封德彝，对曰："设官分职，各有所司。果有愆违，御史自应纠举；若遍历诸司，搜括疵颣，太为烦碎。"淹默然。上问淹："何故不复论执？"对曰："天下之务，当尽至公，善则从之。德彝所言，真得大体，臣诚心服，不敢遂非。"上悦曰："公等各能如是，朕复何忧！"

……

上谓公卿曰："昔禹凿山治水而民无谤讟者，与人同利故也。秦始皇营宫室而民怨叛者，病人以利己故也。夫靡丽珍奇，固人之所欲，若纵之不已，则危亡立至。朕欲营一殿，材用已具，鉴秦而止。王公已下，宜体朕此意。"由是二十年间，风俗素朴，衣无锦绣，公私富给。

上谓黄门侍郎王珪曰："国家本置中书、门下以相检察，中书诏敕或有差失，则门下当行驳正。人心所见，互有不同，苟论难往来，务求至当，舍己从人，亦复何伤！比来或护己之短，遂成怨隙，或苟避私怨，知非不正，顺一人颜情，为兆民之深患，此乃亡国之政也。炀帝之世，内外庶官，务相顺从，当是之时，皆自谓有智，祸不及身。及天下大乱，家国两亡，虽其间万一有得免者，亦为时论所贬，终古不磨。卿曹各当徇公忘私，勿雷同也！"

——《资治通鉴》卷第一百九十二【唐纪八】

太宗文武大圣大广孝皇帝贞观二年（戊子，公元六二八年）

上问魏徵曰："人主何为而明，何为而暗？"对曰："兼听则明，偏信则暗。昔尧清问下民，故有苗之恶得以上闻；舜明四目，达四聪，故共、鲧、驩兜不能蔽也。秦二世偏信赵高，以成望夷之祸；梁武帝偏信朱异，以取台城之辱；隋炀帝偏信虞世基，以致彭城阁之变。是故人君兼听广纳，则贵臣不得拥蔽，而下情得以上通也。"上曰："善！"

太宗文武大圣大广孝皇帝贞观三年（己丑、公元六二九年）

玄龄明达政事，辅以文学，夙夜尽心，惟恐一物失所；用法宽平，闻人有善，若己有之，不以求备取人，不以己长格物。与杜如晦引拔士类，常如不及。至于台阁规模，皆二人所定。上每与玄龄谋事，必曰："非如晦不能决。"及如晦至，卒用玄龄之策。盖玄龄善谋，如晦能断故也。二人深相得，同心徇国，故唐世称贤相者，推房、杜焉。玄龄虽蒙宠待，或以事被谴，辄累日诣朝堂，稽颡请罪，恐惧若无所容。

太宗文武大圣大广孝皇帝贞观四年（庚寅，公元六三〇年）

乙丑，上问房玄龄、萧瑀曰："隋文帝何如主也？"对曰："文帝勤于为治，每临朝，或至日昃，五品已上，引坐论事，卫士传餐而食；虽性非仁厚，亦励精之主也。"上曰："公得其一，未知其二。文帝不明而喜察，不明则照有不通，喜察则多疑于物。事皆自决，不任群臣。天下至广，一日万机，虽复劳神苦形，岂能一一中理！群臣既知主意，唯取决受成，虽有愆违，莫敢谏争，此所以二世而亡也。朕则不然。择天下贤才，置之百官，使思天下之事，关由宰相，审熟便安，然后奏闻。有功则赏，有罪则刑，谁敢不竭心力以修职业，何忧天下之不治乎！"因敕百司："自今诏敕行下有未便者，皆应执奏，毋得阿从，不尽己意。"

《贞观政要》书影

……

诸宰相侍宴，上谓王珪曰："卿识鉴精通，复善谈论，玄龄以下，卿宜悉加品藻，且自谓与数子何如？"对曰："孜孜奉国，知无不为，臣不如玄龄。才兼文武，出将入相，臣不如李靖。敷奏详明，出纳惟允，臣不如温彦博。处繁治剧，众务毕举，臣不如戴胄。耻君不及尧、舜，以谏争为己任，臣不如魏征。至于激浊扬清，嫉恶好善，臣于数子，亦有微长。"上深以为然，众亦服其确论。

——《资治通鉴》卷第一百九十三【唐纪九】

太宗文武大圣大广孝皇帝贞观八年（甲午，公元六三四年）

中牟丞皇甫德参上言："修洛阳宫，劳人；收地租，厚敛；俗好高髻，盖宫中所化。"上怒，谓房玄龄等曰："德参欲国家不役一人，不收斗租，宫人皆无发，乃可其意邪！"欲治其谤讪之罪。魏徵谏曰："贾谊当汉文帝时上书，云'可为痛哭者一，可为流涕者二。'自古上书不激切，不能动人主之心，所谓狂夫之言，圣人择焉，唯陛下裁察。"上曰："朕罪斯人，则谁复敢言？"乃赐绢二十匹。他日，徵奏言："陛下近日不好直言，虽勉强含容，非曩时之豁如。"上乃更加优赐，拜监察御史。

——《资治通鉴》卷第一百九十四【唐纪十】

【解题与点评】

公元627年到公元649年，是历史上唐太宗李世民在位的二十三年，整个社会经济和文化得到较好发展，出现了所谓"路不拾遗，夜不闭户"的良好社会风气。史学家们把这一段历史时期誉为"贞观之治"。贞观之治的时间虽然不长，但在历史上的地位却极其重要，因为贞观时代，不仅创造了君主时代最文明的政治环境和最和谐的君臣关系，还奠定了唐朝三百年的制度基业，为此后一千多年的中国封建社会树立了国家治理的楷模。

唐太宗李世民是中国古代历史上的一位英明杰出的政治家。其突出的表现在于：树立以民为重的政治风气。唐太宗即位后，谋政能以天下和百姓为虑，常言"王者至公无私"，以此督促自己。他秉公赏罚，不袒亲近，不偏文武。对于民间盗事，不是冷酷严峻镇压和制裁，而是轻徭薄赋，推行宽政。他还注意节制奢华，倡扬素朴的风俗。

注重举贤，善于用人。他经常要求大臣举荐贤才，一旦发现人才，就予以重用，如对马周、杜正伦的任用。他还教育大臣在荐举人才时应该"各取所长"，而不是求全责备。在唐太宗的周围聚集了像房玄龄、杜如晦、魏徵、王珪、李勣、虞世南等一大批出类拔萃的人才，他们为唐朝的文治武功作出了重要的贡献。

善于纳谏。唐太宗总是多方面听取大臣的意见，尤以对待魏徵的谏议最为突出。魏徵提出"兼听则明，偏信则暗"，很得太宗的认同与赞许。他还教育大臣对待不同的政见亦应虚怀若谷，徇公忘私，以避免亡国之政。

在唐太宗的统治下，唐朝君臣齐心协力，励精图治，使得唐太宗统治的贞观年间（627—649 年）政治比较清明，社会比较安定，经济有了发展，出现了繁荣昌盛的局面，历史上称为"贞观之治"。历史学家威尔杜兰在《世界文明史》中这样说："盛唐的中国是世界上最强大、最开明、最进步、统治最好的一个帝国"。"它是人类有史以来最光辉灿烂的一个时代。"

（十）武则天改朝换代

（1）神鬼先行

则天顺圣皇后垂拱四年（戊子，公元六八八年）

春，正月，甲子，于神都立高祖、太宗、高宗三庙，四时享祀如西庙之仪。又立崇先庙以享武氏祖考。太后命有司议崇先庙室数，司礼博士周悰请为七室，又减唐太庙为五室。春官侍郎贾大隐奏："礼，天子七庙，诸侯五庙，百王不易之义。今周悰别引浮议，广述异文，直崇临朝权仪，不依国家常度。皇太后亲承顾托，光显大猷，其崇先庙室应如诸侯之数，国家宗庙不应辄有变移。"太后乃止。

太宗、高宗之世，屡欲立明堂，诸儒议其制度，不决而止。及太后称

武则天像

制，独与北门学士议其制，不问诸儒。诸儒以为明堂当在国阳丙己之地，三里之外，七里之内。太后以为去宫太远。二月，庚午，毁乾元殿，于其地作明堂，以僧怀义为之使，凡役数万人。

……

武承嗣使凿白石为文曰："圣母临人，永昌帝业。"末紫石杂药物填之。庚午，使雍州人唐同泰奉表献之，称获之于洛水。太后喜，命其石曰"宝图"，擢同泰为游击将军。五月，戊辰，诏当亲拜洛，受"宝图"；有事南郊，先谢昊天；礼毕，御明堂，朝群臣。命诸州都督、刺史及宗室、外戚以拜洛前十日集神都。乙亥，太后加尊号为圣母神皇。

……

秋，七月，丁巳，赦天下。更命"宝图"为"天授圣图"；洛水为永昌洛水，封其神为显圣侯，加特进，禁渔钓，祭祀比四渎。名图所出曰"圣图泉"，泉侧置永昌县。又改嵩山为神岳，封其神为天中王，拜太师、使持节、神岳大都督，禁刍牧。又以先于汜水得瑞石，改汜水为广武。

——《资治通鉴》卷第二百四【唐纪二十】

【解题与点评】

武则天（624—705 年），名武曌，并州文水（今山西文水县东）人。中国历史上唯一的女皇帝，也是即位年龄最大（67 岁即位）、寿命最长的皇帝之一（终年 82 岁）。武则天作为中国历史上唯一的女皇帝，她的奇闻逸事和功过是非，千百年来解读不断。武则天是唐朝功臣武士彟次女，母亲杨氏。十四岁入后宫为唐太宗的才人，唐太宗赐号"武媚"。唐高宗时初为昭仪，后为皇后，尊号为天后，与唐高宗李治并称"二圣"，683 年 12 月 27 日—690 年 10 月 16 日作为唐中宗、唐睿宗的皇太后临朝称制，期间，改名为"曌"。武则天认为自己好像日、月一样崇高，凌挂于天空之上。武则天后自立为皇帝，定洛阳为都，改称神都，建立武周王朝，神龙元年（705年）正月，武则天病笃，宰相张柬之发动兵变，迫使武氏退位，史称神龙革命。唐中宗复辟，恢复唐朝，上尊号"则天大圣皇帝"，后遵武氏遗命改称"则天大圣皇后"，以皇后身份入葬乾陵，唐玄宗开元四年（716年），改谥号为则天皇后，天宝八年（749年），加谥则天顺圣皇后。

武则天在登上皇后宝座后，机智精明，"通文史，多权谋"的长处得到长足的发挥，她亦利用皇后的身份，积极参与朝政，"百司奏事，时时令后决之"。从永徽六年（655年）到显庆四年（659年）的五年时间里，她清除政敌，贬尚书右仆射褚遂良，使其郁闷而死；黜同中书门下三品长孙无忌，逼其自缢，罢免朝中褚遂良、长孙无忌的支持者，巩固和扩大了自己的影响和权力，扫除了她参政道路上的障碍。显庆五年（660年），高宗李治因患风眩，目不能视，遂下诏委托武后协理政事。自此，则天从参政步入执政，"黜陟生杀，决于其口，天子拱手而已"，人虽在幕后，却遥控了朝廷实权。

武则天临朝称制后，其夺取李氏政权的野心就日益显露出来。她企图通过改变庙堂里对先人祭祀的礼制来提高武氏地位，压制李氏，并借一些神秘谶纬为其夺权造势。公元690年，武则天认为亲临帝位的条件成熟，先借佛僧法明之口，广造舆论："武后为弥勒佛转生，当代唐为天子。"接着又一手导演了以唐睿宗为首的六万臣民上表劝进，请改国号的"壮举"。至此，水到渠成，则天武后在"上尊天示""顺从众议"的"万岁"声中，登临大宝，实现了梦寐以求的夙愿，改唐为"周"，自号"圣神皇帝"。这年，她已是67岁高龄。

（2）清除李氏宗室
则天顺圣皇后垂拱四年（戊子，公元六八八年）

太后潜谋革命，稍除宗室。绛州刺史韩王元嘉、青州刺史霍王元轨、刑州刺史鲁王灵夔、豫州刺史越王贞及元嘉子通州刺史黄公譔、元轨子金州刺史江都王绪、虢王凤子申州刺史东莞公融、灵夔子范阳王蔼、贞子博州刺史琅邪王冲，在宗室中皆以才行有美名，太后尤忌之。元嘉等内不自安，密有匡复之志。

譔谬为书与贞云："内人病浸重，当速疗之，若至今冬，恐成痼疾。"及太后召宗室朝明堂，诸王因递相惊曰："神皇欲于大飨之际，使人告密，尽收宗室，诛之无遗类。"譔诈为皇帝玺书与冲云："朕遭幽絷，诸王宜各发兵救我。"冲又诈为皇帝玺书云："神皇欲移李氏社稷，以授武氏。"八月，壬寅，冲召长史萧德琮等令募兵，分告韩、霍、鲁、越及贝州刺史纪王慎，各令起兵共趣神都。太后闻之，以左金吾将军丘神勣为清平道行军大总管以讨之。

冲募兵得五千余人，欲渡河取济州；先击武水，武水令郭务悌诣魏州求救。莘令马玄素将兵千七百人中道邀冲，恐力不敌，入武水，闭门拒守。冲推草车塞其南门，因风纵火焚之，欲乘火突入；火作而风回，冲军不得进，由是气沮。堂邑董玄寂为冲将兵击武水，谓人曰："琅邪王与国家交战，此乃反也。"冲闻之，斩玄寂以徇，众惧而散入草泽，不可禁止，惟家僮左右数十人在。冲还走博州，戊申，至城门，为守门者所杀，凡起兵七日而败。丘神勣至博州，官吏素服出迎，神勣挥刃尽杀之，凡破千余家。

越王贞闻冲起，亦举兵于豫州，遣兵陷上蔡。九月，丙辰，命左豹韬大将军麹崇裕为中军大总管，岑长倩为后军大总管，将兵十万以讨之，又命张光辅为诸军节度。削贞、冲属籍，更姓虺氏。贞闻冲败，欲自锁诣阙谢罪，会所署新蔡令傅延庆募得勇士二千余人，贞乃宣言于众曰："琅邪已破魏、相数州，有兵二十万，朝夕至矣。"发属县兵共得五千，分为五营，使汝阳县丞裴守德等将之，署九品以上官五百余人。所署官皆受迫胁，莫有斗志，惟安德与之同谋，贞以其女妻之，署大将军，委以腹心。贞使道士及僧诵经以求事成，左右及战士皆带辟兵符。麹崇裕等军至豫州城东四十里，贞遣少子规及裴守德拒战，兵溃而归。贞大惧，闭阁自守。崇裕等至城下，左右谓贞曰："王岂可坐待戮辱！"贞、规、守德及其妻皆自杀。与冲皆枭首东都阙下。

初，范阳王蔼遣使语贞及冲曰："若四方诸王一时并起，事无不济。"诸王往来相约结，未定而冲先发，惟贞狼狈应之，诸王皆不敢发，故败。

贞之将起兵也，遣使告寿州刺史越环，环妻常乐公主谓使者曰："为我语越王：昔隋文帝将篡周室，尉迟迥，周之甥也，犹能举兵匡救社稷。功虽不成，威震海内，足为忠烈。况汝诸王，先帝之子，岂得不以社稷为心！今李氏危若朝露，汝诸王不舍生取义，尚犹豫不发，欲何须邪！祸且至矣，大丈夫当为忠义鬼，无为徒死也。"

及贞败，太后欲悉诛韩、鲁等诸王，命监察御史蓝田苏珦按其密状。珦讯问，皆无明验，或告珦与韩、鲁通谋，太后召珦诘之，珦抗论不回。太后曰："卿大雅之士，朕当别有任使，此狱不必卿也。"乃命珦于河西监军，更使周兴等按之。于是收韩王元嘉、鲁王灵夔、黄公譔、常乐公主于东都，迫胁皆自杀，更其姓曰"虺"，亲党皆诛。

……

己酉，太后拜洛受图，皇帝、皇太子皆从，内外文武百官、蛮夷酋长各依方叙立，珍禽、奇兽、杂宝列于坛前，文物卤簿之盛，唐兴以来未之有也。

——《资治通鉴》卷第二百四【唐纪二十】

【解题与点评】

人性是善是恶，这是千古以来争论不休还没有定论，也不可能有定论的问题。有时，人表现得很慈善，有时又表现得异常残酷和凶恶。其中的奥妙就在于权力和利益。

常言道：虎毒不食子。但人们为了追求权力和利益，不仅可以灭亲，还可以食子。武则天为了做皇帝，各种手段都使了出来。

公元 688 年，武则天开始采取武力，试图消灭李氏宗室。宗室中享有声名的几个王侯便首当其冲。他们因此先发制人，纷纷于各封地起兵，准备进入都城。但由于势单力薄，诸王皆败，牵连至死之人甚众。在此之后，武则天又陆续消除了更多的宗室王侯，几乎肃清了所有的威胁。

武则天如何从唐太宗的才人一步一步登上皇帝宝座的，历史记述云遮雾绕，传说纷纭。据《资治通鉴》等史书记载，武则天为清除异己，心狠手辣，其中最有名的就是把王皇后和萧肃妃"醉骨"。在武则天还没登上皇后位置时，她要对付的主要敌人是已经被废黜的王皇后和萧淑妃。唐高宗说王皇后和萧淑妃谋行鸩毒，把她们废为庶人。二人被废之后，囚禁在一个清冷的院落里，小屋门窗紧锁，只在墙上凿了一个洞，每天把饭从小洞里递进去，再把空碗从洞口拿出来。在发现唐高宗私会王皇后和萧淑妃后，武则天派人把两个人各打一百大板，打得皮开肉绽，还要截去她们的手足，置于酿瓮中，即扔到酒缸里去了。为什么要扔到酒缸里去呢？武则天说这叫"令二妪骨醉"。

（3）则天称帝

则天顺圣皇后永昌元年（己丑，公元六八九年）

春，正月，乙卯朔，大飨万象神宫，太后服衮冕，搢大圭，执镇圭为初献，皇帝为亚献，太子为终献。先诣昊天上帝座，次高祖、太宗、高宗，次魏国先王，次五方帝座。太后御则天门，赦天下，改元。丁巳，太后御明堂，受朝贺。戊午，布政于明堂，颁九条以训百官。己未，御明堂，飨群臣。

二月，丁酉，尊魏忠孝王曰周忠孝太皇，妣曰忠孝太后，文水陵曰章德陵，咸阳陵曰明义陵。置崇先府官。戊戌，尊鲁公曰太原靖王，北平王曰赵肃恭王，金城王曰魏义康王，太原王曰周安成王。……

夏，四月，甲辰，杀辰州别驾汝南王炜、连州别驾鄱阳公諲等宗室十二人，徙其家于巂州。炜，恽之子；諲，元庆之子也。

……

诸王之起兵也，贝州刺史纪王慎独不预谋，亦坐系狱；秋，七月，丁巳，槛车徙巴州，更姓虺氏，行及蒲州而卒。八男徐州刺史东平王续等，相继被诛，家徙岭南。

则天顺圣皇后天授元年（庚寅，公元六九○年）

十一月，庚辰朔，日南至。太后享万象神宫，赦天下。始用周正，改永昌元年十一月为载初元年正月，以十二月为腊月，夏正月为一月。以周、汉之后为二王后，舜、禹、成汤之后为三恪，周、隋之嗣同列国。

凤阁侍郎河东宗秦客，改造"天""地"等十二字以献，丁亥，行之。太后自名"曌"，改诏曰制。秦客，太后从父姊之子也。

乙未，司刑少卿周兴奏除唐亲属籍。

……

武承嗣使周兴罗告隋州刺史泽王上金、舒州刺史许王素节谋反，征诣行在。素节发舒州，闻遭丧哭者，叹曰："病死何可得，乃更哭邪！"丁亥，至龙门，缢杀之。上金自杀。悉诛其诸子及支党。

……

八月，甲寅，杀太子少保、纳言裴居道；癸亥，杀尚书左丞张行廉。辛未，杀南安王颍等宗室十二人，又鞭杀故太子贤二子，唐之宗室于是殆尽矣，其幼弱存者亦流岭南，又诛其亲党数百家。惟千金长公主以巧媚得全，自请为太后女，仍改姓武氏；太后爱之，更号延安大长公主。

九月，丙子，侍御史汲人傅游艺帅关中百姓九百余人诣阙上表，请改国号曰周，赐皇帝姓武氏，太后不许；擢游艺为给事中。于是百官及帝室宗戚、远近百姓、四夷酋长、沙门、道士合六万余人，俱上表如游艺所请，皇帝亦上表自请赐姓武氏。戊寅，群臣上言："有凤皇自明堂飞入上阳宫，还集左台梧桐之上，久之，飞东南去；及赤雀数万集朝堂。"

庚辰，太后可皇帝及群臣之请。壬午，御则天楼，赦天下，以唐为周，改元。乙酉，上尊号曰圣神皇帝，以皇帝为皇嗣，赐姓武氏；以皇太子为皇孙。

——《资治通鉴》卷第二百四【唐纪二十】

无字碑

【解题与点评】

历史无情。一瞬之间，它会令其中的人物命运各个乖异失常。一个曾为命运啼哭落泪的女子，成了周旋政场，阴谋弄权，冷酷残狠，半面娇颜半面铁石的政客，也因此保全了自身；一个君临天下的皇帝，能够倾力爱护一个女子，却无法解救皇后、辨明诈伪、保护顾命老臣，只有空自落泪，无力回天；几个顾命老臣，能够忠心护主、赤胆报国，却落得含屈流亡；若干卑微的庶族地主，能够凭借才智跻身于最高权力集团，却不得不以狠毒之心施行权诈之术，通过牺牲人品来换取政治权力。结果，中国历史上迎来了一个女皇帝，开创了另一个昌盛的时代。

她是中国历史上空前绝后的一代女皇。她的智慧和韬略，令男权社会的须眉俯首称臣。她是怎么样从唐太宗的才人变成唐高宗的皇后的？她为什么要突破人伦的底线杀死自己的亲生儿女？她怎么能够在一个千百年来都由男人统治的世界里，成为一代女皇？一千三百年来，她是历史也是传奇，她的历史功过，犹如那块"无字碑"一样，任由后人评说。

无字碑位于武则天和高宗合葬的乾陵（在今陕西乾县），整个陵园规制仿照唐京长安城。

　　墓前有两块碑，一块是高宗的墓碑，上有武则天的题词；另一块是武则天的无字墓碑。一个迷信文字的女皇石碑却没有刻一个字。其说法有几种：第一种说法认为，武则天立无字碑是用以夸耀自己，表示功高德大非文字所能表达；第二种说法认为，武则天立无字碑是因为自知罪孽重大，感到还是不写碑文为好；第三种说法认为，武则天是一个有自知之明的人，立无字碑是聪明之举，功过是非让后人去评论，这是最好的办法；还有一种说法，武则天的儿子恨透了自己的母亲，她本写好碑文，却被她的儿子藏在了墓室之中，留下一块无字碑。也有学者认为，石碑原本计划刻字，但武则天死后政局动荡，各派政治势力始终不能对武则天作出适当的评价，因而便不了了之。还有一种说法，因为武则天既是皇帝又是皇后，别人不知如何写碑文，所以没有文字。

　　对于武则天历来褒贬不一，诗人李白却把武则天列为唐朝"七圣"之一。

（十一）安史之乱

（1）安禄山渐露异志

玄宗至道大圣大明孝皇帝天宝十三年（甲午，公元七五四年）

　　春，正月，己亥，安禄山入朝。是时杨国忠言禄山必反，且曰："陛下试召之，必不来。"上使召之，禄山闻命即至。庚子，见上于华清宫，泣曰："臣本胡人，陛下宠擢至此，为国忠所疾，臣死无日矣！"上怜之，赏赐巨万，由是益亲信禄山，国忠之言不能入矣。太子亦知禄山必反，言于上，上不听。

玄宗至道大圣大明孝皇帝天宝十四年（乙未，公元七五五年）

　　二月，辛亥，安禄山使副将何千年入奏，请以蕃将三十二人代汉将，上命立进画，给告身。韦见素谓杨国忠曰："禄山久有异志，今又有此请，其反明矣。明日见素当极言；上未允，公其继之。"国忠许诺。壬子，国忠、见素入见，上迎谓曰："卿等有疑禄山之意邪？"见素因极言禄山反已有迹，所请不可许，上不悦，国忠逡巡不敢言，上竟从禄山之请。他日，国忠、见素言于上曰："臣有策可坐消禄山之谋。今若除禄山平章事，召诣阙，以贾循为范阳节度使，吕知诲为平卢节度使，杨光翙为河东节度使，则势自分矣。"上从之。已草制，上留不发，更遣中使辅璆琳以珍果赐禄山，潜察其变。璆琳受禄山厚赂，还，盛言禄山竭忠奉国，无有二心。上谓国忠等曰："禄山，朕推心待之，必无异志。东北二虏，藉其镇遏。朕自保之，卿等勿忧也！"事遂寝。循，华原人也，时为节度副使。

……

安禄山归至范阳，朝廷每遣使者至，皆称疾不出迎，盛陈武备，然后见之。裴士淹至范阳，二十余日乃得见，无复人臣礼。杨国忠日夜求禄山反状，使京兆尹围其第，捕禄山客李超等，送御史台狱，潜杀之。禄山子庆宗尚宗女荣义郡主，供奉在京师，密报禄山，禄山愈惧。六月，上以其子成婚，于诏召禄山观礼，禄山辞疾不至。秋，七月，禄山表献马三千匹，每匹执控夫二人，遣蕃将二十二人部送。河南尹达奚珣疑有变，奏请"谕禄山以进车马宜俟至冬，官自给夫，无烦本军。"于是上稍寤，始有疑禄山之意。会辅璆琳受赂事亦泄，上托以他事扑杀之。上遣中使冯神威赍手诏谕禄山，如珣策；且曰：朕新为卿作一汤，十月于华清宫待卿。神威至范阳宣旨，禄山踞床微起，亦不拜，曰："圣人安隐。"又曰："马不献亦可，十月灼然诣京师。"即令左右引神威置馆舍，不复见；数日，遣还，亦无表。神威还，见上泣曰："臣几不得见大家！"

——《资治通鉴》卷第二百一十七【唐纪三十三】

【解题与点评】

宋代有个大臣叫吕诲，他骂王安石说："大奸似忠，大佞似信"，意思是说：内心最奸诈的人（大奸臣），其外表却似忠厚（忠臣）之人。而那些巧言谄媚、口蜜腹剑的人总是伪装得诚实可信。

安禄山就是中国历史上大奸似忠的典型。有一次安禄山入朝晋见唐玄宗，安禄山很胖，肚子很大。唐玄宗开玩笑说："你的大肚子里面装的是什么？"安禄山回答说："唯有一颗赤心耳，别无他物。"说得多好啊！

其实，安禄山拥兵自重，久蓄异志，但他行动谨慎，巧言令色。由于唐玄宗沉溺于对杨贵妃的宠幸中，安禄山不止一次地逃脱了杨国忠等人的揭发与算计，而以忠臣见信于朝廷。因此，长期以来，唐王朝对安禄山反叛毫无戒心。安禄山奴颜婢膝地剖露他的至忠，但至忠的背后潜藏着大奸。

崇祯十七年正月，李自成的起义军逼近北京，北京城已经岌岌可危了。怎么办呢？北京城是守不住了。是固守北京城还是南迁另寻出路，崇祯皇帝一直在思考犹豫。这时有个大臣李明睿觐见崇祯皇帝，陈述了南迁的想法，崇祯还与他讨论了一些迁都的技术性细节。二人密商后，崇祯命令他"此事重大，切不可轻泄"。随着战事吃紧，是守是迁得有个决断。崇祯帝把李明睿的主意和想法拿到朝堂之上让大臣们共同讨论和商议。结果，几个平日里最爱说漂亮话的"忠臣"，以道德的名义，表示了强烈反对。尤其是一个名叫光时亨的大臣，如丧考妣，措辞最为激烈，话说得很高大上，好像对大明王朝无比忠诚，他甚至要求杀掉李明睿以谢天下。光时亨的言论一出，原本沉默的大臣们更加战战兢兢，无人敢说话，生怕担上"投降派""胆小怕死""不顾祖宗社稷"等道德罪名。由于光时亨等人的坚决反对，崇祯帝放弃了南迁的想法，并决定在城破时自杀。不久后，北京城被李自成攻破，崇祯在景山一棵老梅树上吊自杀，以身殉国。那么，"大忠臣"光时亨却没有以身殉国，而是跪在地上，以最为卑贱的姿势率先向李自成投降。

一个人的话说得越甜蜜，越值得警惕。这种"好心人"口口声声以你的"利益"为重，甜言蜜语、花言巧语满天飞，这样的话听起来舒服顺耳，但往往隐藏着不可告人的阴谋，在给你"好处"的尽头就是他们挖下的最深的陷阱。

（2）安禄山大兴叛兵

玄宗至道大圣大明孝皇帝天宝十四年（乙未，公元七五五年）

安禄山专制三道，阴蓄异志，殆将十年，以上待之厚，欲俟上晏驾然后作乱。会杨国忠与禄山不相悦，屡言禄山且反，上不听；国忠数以事激之，欲其速反以取信于上。禄山由是决意遽反，独与孔目官、太仆丞严庄，掌书记、屯田员外郎高尚，将军阿史那承庆密谋，自余将佐皆莫之知，但怪其自八月以来，屡飨士卒，秣马厉兵而已。会有奏事官自京师还，禄山诈为敕书，悉召诸将示之曰："有密旨，令禄山将兵入朝讨杨国忠，诸君宜即从军。"众愕然相顾，莫敢异言。十一月，甲子，禄山发所部兵及同罗、奚、契丹、室韦凡十五万众，号二十万，反于范阳。命范阳节度副使贾循守范阳，平卢节度副使吕知诲守平卢，别将高秀岩守大同；诸将皆引兵夜发。

诘朝，禄山出蓟城南，大阅誓众，以讨杨国忠为名，榜军中曰："有异议扇动军人者，斩及三族！"于是引兵而南。禄山乘铁舆，步骑精锐，烟尘千里，鼓噪震地。时海内久承平，百姓累世不识兵革，猝闻范阳兵起，远近震骇。河北皆禄山统内，所过州县，望风瓦解。守令或开门出迎，或弃城窜匿，或为所擒戮，无敢拒之者。禄山先遣将军何千年、高邈将奚骑二十，声言献射生手，乘驿诣太原。乙丑，北京副留守杨光翙出迎，因劫之以去。太原具言其状。东受降城亦奏禄山反。上犹以为恶禄山者诈为之，未之信也。

庚午，上闻禄山定反，乃召宰相谋之。杨国忠扬扬有得色，曰："今反者独禄山耳，将士皆不欲也。不过旬日，必传首诣行在。"上以为然，大臣相顾失色。上遣特进毕思琛诣东京，金吾将军程千里诣河东，各简募数万人，随便团结以拒之。辛未，安西节度使封常清入朝，上问以讨贼方略，常清大言曰："今太平积久，故人望风惮贼。然事有逆顺，势有奇变，臣请走马诣东京，开府库，募骁勇，挑马棰渡河，计日取逆胡之首献阙下！"上悦。壬申，以常清为范阳、平卢节度使。常清即日乘驿诣东京募兵，旬日，得六万人；乃断河阳桥，为守御之备。

甲戌，禄山至博陵南，何千年等执杨光翙见禄山，责光翙以附杨国忠，斩之以徇。禄山使其将安忠志将精兵军土门，忠志，奚人，禄山养为假子；又以张献诚摄博陵太守，献诚，守珪之子也。

禄山至藁城，常山太守颜杲卿力不能拒，与长史袁履谦往迎之。禄山辄赐杲卿金紫，质其子弟，使仍守常山；又使其将李钦凑将兵数千人守井陉口，以备西来诸军。杲卿归，途中指其衣谓履谦曰："何为著此？"履谦悟其意，乃阴与杲卿谋起兵讨禄山。杲卿，思鲁之玄孙也。

......

丁亥，安禄山自灵昌渡河，以絙约败船及草木横绝河流，一夕，冰合如浮梁，遂陷灵昌郡。禄山步骑散漫，人莫知其数，所过残灭。张介然至陈留才数日，禄山至，授兵乘城。众恟惧，不能守。庚寅，太守郭纳以城降。禄山入北郭，闻安庆宗死，恸哭曰："我何罪，而杀我子！"时陈留将士降者夹道近万人，禄山皆杀之以快其忿；斩张介然于军门。以其将李庭望为节度使，守陈留。

......

安禄山引兵向荥阳，太守崔无诐拒之；士卒乘城者，闻鼓角声，自坠如雨。癸巳，禄山陷荥阳，杀无诐，以其将武令珣守之。禄山声势益张，以其将田承嗣、安忠志、张孝忠为前锋。封常清所募兵皆白徒，未更训练，屯武牢以拒贼；贼以铁骑蹂之，官军大败。常清收余众，战于葵园，又败；战上东门内，又败。丁酉，禄山陷东京，贼鼓噪自四门入，纵兵杀掠。常清战于都亭驿，又败；退守宣仁门，又败；乃自苑西坏墙西走。

......

封常清帅余众至陕，陕郡太守窦廷芝已奔河东，吏民皆散。常清谓高仙芝曰："常清连日血战，贼锋不可当。且潼关无兵，若贼豕突入关，则长安危矣。陕不可守，不如引兵先据潼关以拒之。"仙芝乃帅见兵西趣潼关。贼寻至，官军狼狈走，无复部伍，士马相腾践，死者甚众。至潼关，修完守备，贼至，不得入而去。禄山使其将崔乾祐屯陕，临汝、弘农、济阴、濮阳、云中郡皆降于禄山。是时，朝廷征兵诸道，皆未至，关中恟惧。会禄山方谋称帝，留东京不进，故朝廷得为之备，兵亦稍集。

——《资治通鉴》卷第二百一十七【唐纪三十三】

【解题与点评】

杨国忠等人对安禄山日益加强的警惕，促使安禄山不待唐玄宗死去便借口讨伐杨国忠提前发动叛乱。由于唐朝长久不经战乱，守城者或降或亡，叛军顺利地从北京南出发，经过了河北、博陵南、藁城等地，直至洛阳。安禄山起兵后，唐玄宗仍执迷不悟，不相信果有此事；确信无疑后，唐朝君臣又无知地自大起来，朝廷军队的溃败也就在意料之中。一个看似繁荣的王朝，一朝便摇摇欲坠。其中缘由岂能轻言？

（3）潼关失守

肃宗文明武德大圣大宣孝皇帝至德元年（丙申，公元七五六年）

是时，天下以杨国忠骄纵召乱，莫不切齿。又，禄山起兵以诛国忠为名，王思礼密说哥舒翰，使抗表请诛国忠，翰不应。思礼又请以三十骑劫取以来，至潼关杀之。翰曰："如此，乃翰反，非禄山也。"或说国忠："今朝廷重兵尽在翰手，翰若援旗西指，于公岂不危哉！"国忠大惧，乃奏："潼关大军虽盛，而后无继，万一失利，京师可忧。请选监牧小儿三千于苑中训练。"上许之，使剑南军将李福德等领之。又募万人屯灞上，令所亲杜乾运将之，名为御贼，实备翰也。翰闻之，亦恐为国忠所图，乃表请灞上军隶潼关。六月，癸未，召杜乾运诣关，因事斩之；国忠益惧。

会有告崔乾祐在陕，兵不满四千，皆羸弱无备，上遣使趣哥舒翰进兵复陕、洛。翰奏曰："禄山久习用兵，今始为逆，岂肯无备！是必羸师以诱我。若往，正堕其计中。且贼远来，利在速战；官军据险以扼之，利在坚守。况贼残虐失众，兵势日蹙，将有内变；因而乘之，可不战擒也。要在成功，何必务速！今诸道征兵尚多未集，请且待之。"郭子仪、李光弼亦上言："请引兵北取范阳，覆其巢穴，质贼党妻子以招之，贼必内溃。潼关大军，惟应固守以弊之，不可轻出。"国忠疑翰谋己，言于上，以贼方无备，而翰逗留，将失机会。上以为然，续遣中使趣之，项背相望。翰不得已，抚膺恸哭；丙戌，引兵出关。

己丑，遇崔乾祐之军于灵宝西原。乾祐据险以待之，南薄山，北阻河，隘道七十里。庚寅，官军与乾祐会战。乾祐伏兵于险，翰与田良丘浮舟中流以观军势，见乾祐兵少，趣诸军使进。王思礼等将精兵五万居前，庞忠等将余兵十万继之，翰以兵三万登河北阜望之，鸣鼓以助其势。乾祐所出兵不过万人，什什伍伍，散如列星，或疏或密，或前或却，官军望而笑之。乾祐严精兵，陈于其后。兵既交，贼偃旗如欲遁者，官军懈，不为备。须臾，伏兵发，贼乘高下木石，击杀士卒甚众。道隘，士卒如束，枪槊不得用。翰以毡车驾马为前驱，欲以冲贼。日过中，东风暴急，乾祐以草车数十乘塞毡车之前，纵火焚之，烟焰所被，官军不能开目，妄自相杀，谓贼在烟中，聚弓弩而射之。日幕，矢尽，乃知无贼。乾祐遣同罗精骑自南山过，出官军之后击之，官军首尾骇乱，不知所备，于是大败；或弃甲窜匿山谷，或相挤排入河溺死，嚣声振天地，贼乘胜蹙之。后军见前军败，皆自溃，河北军望之亦溃，瞬息间，两岸皆空。翰独与麾下百余骑走，自首阳山西渡河入关。关外先为三堑，皆广二丈，深丈，人马坠其中，须臾而满；余众践之以度，士卒得入关者才八千余人。辛卯，乾祐进攻潼关，克之。

翰至关西驿，揭榜收散卒，欲复守潼关。蕃将火拔归仁等以百余骑围驿，入谓翰曰："贼至矣，请公上马。"翰上马出驿，归仁帅众叩头曰："公以二十万众一战弃之，何面目复见天子！且公不见高仙芝，封常清乎？请公东行。"翰不可，欲下马。归仁以毛絷其足于马腹，及诸将不从者，皆执之以东。会贼将田乾真已至，遂降之，俱送洛阳。安禄山问翰曰："汝常轻我，今定何如？"翰伏地对曰："臣肉眼不识圣人。今天下未平，李光弼在常山，李祇在东平，鲁炅在南阳，陛下留臣，使以尺书招之，不日皆下矣。"禄山大喜，以翰为司空、同平章事。谓火拔归仁曰："汝叛主，不忠不义。"执而斩之。翰以书招诸将，皆复书责之。禄山知无效，乃囚诸苑中。

——《资治通鉴》卷第二百一十八【唐纪三十四】

潼关

【解题与点评】

安禄山借口讨伐杨国忠而反叛后，唐朝出现了诛杀杨国忠与镇压安禄山两种意见。手握重兵的将军哥舒翰在这个问题上压力最大。这无形中使得杨国忠与哥舒翰之间的猜疑与矛盾日益突出。结果，在叛乱面前，唐朝的将臣之间先发生了内讧。哥舒翰被逼带兵贸然出关，失去天险屏障，导致朝廷军队大败，哥舒翰亦被迫投降叛军。潼关失守，进一步暴露了唐王朝的弊病由来已久。

哥舒翰是唐朝名将，有首诗《哥舒歌》这样写道："北斗七星高，歌舒夜带刀。至今窥牧马，不敢过临洮"。这是唐朝西部边民对哥舒翰赫赫战功的颂歌。这首诗以形象的比喻、明快的言辞成功塑造了一个威震一方的英雄形象。全诗以北斗起兴，比喻哥舒翰的功高；以胡人"至今""不敢"南下牧马，比喻哥舒翰功劳的影响深远。其内容平淡素雅，音节铿锵和顺，既有民歌的自然流畅，又不失五言诗的典雅逸秀。大诗人李白在其《答王十二寒夜独酌有怀》诗中也曾言及这位盖世英雄"君不能学哥舒，横行青海夜带刀，西屠石堡取紫袍"。

面对来势汹汹的安禄山叛军，哥舒翰坚守不战，试图凭借潼关之险，阻挡安禄山进攻。哥舒翰认为"禄山虽窃据河朔，不得人心，请持重以敝之，待其离隙，可不血刃而擒"，建议唐玄宗坚守要隘，待叛军久攻不下，军心涣散之时，趁势出击。安禄山久攻潼关不下，一时进退维谷，已打算回老巢范阳。就在战局胶着的关键时刻，玄宗再出昏招，竟令哥舒翰出潼关与安禄山决战。天宝十五年（756年）六月初四，哥舒翰被迫出兵。行前，这位沙场老将自知此战凶多吉少，"抚膺恸哭"。结果，正如哥舒翰所料，唐军全军溃败，潼关失守。战败之际，哥舒翰竟被部将绑缚在战马上献给安禄山。多年后，大诗人杜甫在名篇《潼关吏》中感叹道："艰难奋长戟，万古用一夫。哀哉桃林战，百万化为鱼。请嘱防关将，慎勿学哥舒。"

（4）玄宗被逼入蜀

肃宗文明武德大圣大宣孝皇帝至德元载（丙申，公元七五六年）

潼关既败，于是河东、华阴、冯翊、上洛防御使皆弃郡走，所在守兵皆散。

是日，翰麾下来告急，上不时召见，但遣李福德等将监牧兵赴潼关。及暮，平安火不至，上始惧。壬辰，召宰相谋之。杨国忠自以身领剑南，闻安禄山反，即令副使崔圆阴具储偫，以备有急投之，至是首唱幸蜀之策。上然之。癸巳，国忠集百官于朝堂，惶惧流涕，问以策略，皆唯唯不对。国忠曰："人告禄山反状已十年，上不之信。今日之事，非宰相之过。"仗下，士民掠扰奔走，不知所之，市里萧条。国忠使韩、虢入宫，劝上入蜀。

甲午，百官朝者什无一二。上御勤政楼，下制，云欲亲征，闻者皆莫之信。以京兆尹魏方进为御史大夫兼置顿使；京兆少尹灵昌崔光远为京兆尹，充西京留守；将军边令诚掌宫闱管钥。托以剑南节度大使颍王璬将赴镇，令本道设储偫。是日，上移仗北内。既夕，命龙武大将军陈玄礼整比六军，厚赐钱帛，选闲厩马九百余匹，外人皆莫之知。乙未，黎明，上独与贵妃姊妹、皇子、妃、主、皇孙、杨国忠、韦见素、魏方进、陈玄礼及亲近宦官、宫人出延秋门，妃、主、皇孙之在外者，皆委之而去。上过左藏，杨国忠请焚之，曰："无为贼守。"上愀然曰："贼来不得，必更敛于百姓；不如与之，无重困吾赤子。"是日，百官犹有入朝者，至宫门，犹闻漏声，三卫立仗俨然。门既启，则宫人乱出，中外扰攘，不知上所之。于是王公、士民四出逃窜，山谷细民争入宫禁及王公第舍，盗取金宝，或乘驴上殿。又焚左藏大盈库。崔光远、边令诚帅人救火，又募人摄府、县官分守之，杀十余人，乃稍定。光远遣其子东见禄山，令诚亦以管钥献之。

上过便桥，杨国忠使人焚桥。上曰："士庶各避贼求生，奈何绝其路！"留内侍监高力士，使扑灭乃来。上遣宦者王洛卿前行，告谕郡县置顿。食时，至咸阳望贤宫，洛卿与县令俱逃，中使征召，吏民莫有应者。日向中，上犹未食，杨国忠自市胡饼以献。于是民争献粝饭，杂以麦豆；皇孙辈争以手掬食之，须臾而尽，犹未能饱。上皆酬其直，慰劳之。众皆哭，上亦掩泣。有老父郭从谨进言曰："禄山包藏祸心，固非一日；亦有诣阙告其谋者，陛下往往诛之，使得逞其奸逆，致陛下播越。是以先王务延访忠良以广聪明，盖为此也。臣犹记宋璟为相，数进直言，天下赖以安平。自顷以来，在廷之臣以言为讳，惟阿谀取容，是以阙门之外，陛下皆不得而知。草野之臣，必知有今日久矣，但九重严邃，区区之心，无路上达。事不至此，臣何由得睹陛下之面而诉之乎！"上曰："此朕之不明，悔无所及！"慰谕而遣之。俄而尚食举御膳以至，上命先赐从官，然后食之。命军士散诣村落求食，期未时皆集而行。夜将半，乃至金城。县令亦逃，县民皆脱身走，饮食器皿具在，士卒得以自给。时从者多逃，内侍监袁思艺亦亡去，驿中无灯，人相枕藉而寝，贵贱无以复分辨。王思礼自潼关至，始知哥舒翰被擒；以思礼为河西、陇右节度使，即令赴镇，收合散卒，以俟东讨。

丙申，至马嵬驿，将士饥疲，皆愤怒。陈玄礼以祸由杨国忠，欲诛之，因东宫宦者李辅国以告太子，太子未决。会吐蕃使者二十余人遮国忠马，诉以无食，国忠未及对，军士呼曰："国忠与胡虏谋反！"或射之，中鞍。国忠走至西门内，军士追杀之，屠割支体，以枪揭其首于驿门外，并杀其子户部侍郎暄及韩国、秦国夫人。御史大夫魏方进曰："汝曹何敢害宰相！"众又杀之。韦见素闻乱而出，为乱兵所挝，脑血流地。众曰："勿伤韦相公。"救之，得免。军士围驿，上闻喧哗，问外何事，左右以国忠反对。上杖屦出驿门，慰劳军士，令收队，军士不应。上使高力士问之，玄礼对曰："国忠谋反，贵妃不宜供奉，愿陛下割恩正法。"上曰："朕当自处之。"入门，倚杖倾首而立。久之，京兆司录韦谔前言曰："今众怒难犯，安危在晷刻，愿陛下速决！"因叩头流血。上曰："贵妃常居深宫，安知国忠反谋！"高力士曰："贵妃诚无罪，然将士已杀国忠，而贵妃在陛下左右，岂敢自安！愿陛下审思之，将士安则陛下安矣。"上乃命力士引贵妃于佛堂，缢杀之。舆尸置驿庭，召玄礼等入视之。玄礼等乃免胄释甲，顿首请罪，上慰劳之，令晓谕军士。玄礼等呼万岁，再拜而出，于是始整部伍为行计。谔，见素之子也。国忠妻裴柔与其幼子晞及虢国夫人、夫人子裴徽皆走，至陈仓，县令薛景仙帅吏士追捕，诛之。

……

安禄山不意上遽西幸，遣使止崔乾祐兵留潼关，凡十日，乃遣孙孝哲将兵入长安，以张通儒为西京留守，崔光远为京兆尹；使安忠顺将兵屯苑中，以镇关中。孝哲为禄山所宠任，尤用事，常与严庄争权；禄山使监关中诸将，通儒等皆受制于孝哲。孝哲豪侈，果于杀戮，贼党畏之。禄山命搜捕百官、宦者、宫女等，每获数百人，辄以兵卫送洛阳。王、侯、将、相扈从车驾、家留长安者，诛及婴孩。陈希烈以晚节失恩，怨上，与张均、张垍等皆

杨贵妃像

降于贼。禄山以希烈、坦为相，自余朝士皆授以官。于是贼势大炽，西胁汧、陇，南侵江、汉，北割河东之半。然贼将皆粗猛无远略，既克长安，自以为得志，日夜纵酒，专以声色宝贿为事，无复西出之意，故上得安行入蜀，太子北行亦无追迫之患。

——《资治通鉴》卷第二百一十八【唐纪三十四】

【解题与点评】

唐代白居易写了一首《长恨歌》，诗曰：

汉皇重色思倾国，御宇多年求不得。杨家有女初长成，养在深闺人未识。天生丽质难自弃，一朝选在君王侧。回眸一笑百媚生，六宫粉黛无颜色。春寒赐浴华清池，温泉水滑洗凝脂。侍儿扶起娇无力，始是新承恩泽时。云鬓花颜金步摇，芙蓉帐暖度春宵。春宵苦短日高起，从此君王不早朝。承欢侍宴无闲暇，春从春游夜专夜。后宫佳丽三千人，三千宠爱在一身。金屋妆成娇侍夜，玉楼宴罢醉和春。姊妹弟兄皆列土，可怜光彩生门户。遂令天下父母心，不重生男重生女。骊宫高处入青云，仙乐风飘处处闻。缓歌曼舞凝丝竹，尽日君王看不足。渔阳鼙鼓动地来，惊破霓裳羽衣曲。九重城阙烟尘生，千乘万骑西南行。翠华摇摇行复止，西出都门百余里。六军不发无奈何，宛转蛾眉马前死。花钿委地无人收，翠翘金雀玉搔头。君王掩面救不得，回看血泪相和流。黄埃散漫风萧索，云栈萦纡登剑阁。峨嵋山下少人行，旌旗无光日色薄。蜀江水碧蜀山青，圣主朝朝暮暮情。行宫见月伤心色，夜雨闻铃肠断声。天旋地转回龙驭，到此踌躇不能去。马嵬坡下泥土中，不见玉颜空死处。君臣相顾尽沾衣，东望都门信马归。归来池苑皆依旧，太液芙蓉未央柳。芙蓉如面柳如眉，对此如何不泪垂。春风桃李花开日，秋雨梧桐叶落时。西宫南内多秋草，落叶满阶红不扫。梨园弟子白发新，椒房阿监青娥老。夕殿萤飞思悄然，孤灯挑尽未成眠。迟迟钟鼓初长夜，耿耿星河欲曙天。鸳鸯瓦冷霜华重，翡翠衾寒谁与共。悠悠生死别经年，魂魄不曾来入梦。临邛道士鸿都客，能以精诚致魂魄。为感君王辗转思，遂教方士殷勤觅。排空驭气奔如电，升天入地求之遍。上穷碧落下黄泉，两处茫茫皆不见。忽闻海上有仙山，山在虚无缥渺间。楼阁玲珑五云起，其中绰约多仙子。中有一人字太真，雪肤花貌参差是。金阙西厢叩玉扃，转教小玉报双成。闻道汉家天子使，九华帐里梦魂惊。揽衣推枕起徘徊，珠箔银屏迤逦开。云鬓半偏新睡觉，花冠不整下堂来。风吹仙袂飘飘举，犹似霓裳羽衣舞。玉容寂寞泪阑干，梨花一枝春带雨。含情凝睇谢君王，一别音容两渺茫。昭阳殿里恩爱绝，蓬莱宫中日月长。回头下望人寰处，不见长安见尘雾。惟将旧物表深情，钿合金钗寄将去。钗留一股合一扇，钗擘黄金合分钿。但教心似金钿坚，天上人间会相见。临别殷勤重寄词，词中有誓两心知。七月七日长生殿，夜半无人私语时。在天愿作比翼鸟，在地愿为连理枝。天长地久有时尽，此恨绵绵无绝期。

安史之乱，似乎是"女色祸国论"的又一有力证据。其实，这对女人有些不公平，尤其是对杨贵妃来说更不公平。如果男人不沉迷于女色，像柳下惠那样坐怀不乱，别说是四大美女，就是七仙女下凡，也会一无所获。当然，男人非要爱美人而不要江山，还有什么药方可救呢？

潼关失守后，都城长安便暴露在叛军面前，唐朝君臣被迫逃离长安，仓皇奔向蜀地。途中，在愤怒的将士逼使下，玄宗不得已下令处死杨氏兄妹。

开元之后，唐玄宗李隆基日益沉湎酒色，奸臣李林甫、杨国忠把持朝政，唐王朝日趋腐败。而边镇节度使权势日炽，中央与地方的矛盾随之紧张起来。

天宝十四年（755年）冬，身兼平卢、范阳、河东三镇节度使的安禄山，以诛杨国忠为名，同他的部将史思明自范阳举兵南犯，官军武备废弛，望风瓦解，叛军很快渡过黄河，连陷陈留、荥阳，攻占洛阳。次年，安禄山在洛阳称大燕皇帝。接着攻陷长安，玄宗仓皇逃至四川，太子李亨在灵武即位，是为肃宗。"安史之乱"历时八年之久，给社会生产力带来了严重破坏，中央政权大为削弱，藩镇割据局面从此形成。"安史之乱"成为唐朝由盛而衰的转折点。

《资治通鉴》对安史之乱叙述翔实。本篇只节取长安陷落以前的史事。

安史之乱暴露了玄宗朝在外表上繁荣稳定的背后潜藏着的巨大危机：边镇权重、兵制虚弱、用人不当。唐玄宗时，为了控制和防范周边各族，加强了边镇节度使的设置和权力。节度使不单单是统领边镇的军事头领，而且集行政权、财政权、兵权及司法权于一身，而且藩镇幅员广阔，类似于独立王国，逐渐形成尾大不掉的局面。安禄山起兵后能够顺利占领北方，正是因为这里几乎全部是他的势力范围。在叛军面前，唐朝的军队毫无战斗力，节节败退。这是因为武后以来原有的府兵制渐坏，玄宗时变更军制，采用招募兵士的办法，由边将统领戍守边疆同时进行垦田。因此，重兵猛将皆置塞上，以至于内地兵力空虚，形成内轻外重之势。在叛乱前后，朝廷中缺乏得力的运筹帷幄之人。随着经济的富裕和社会的安定，唐玄宗一改初期革弊图治的政治抱负与魄力，沉溺于享乐，放纵昏聩，既失去了敏锐的政治洞察力，又沉沦于软弱狭隘的情谊与恩惠中，完全不像一位统驭天下的帝王。用事大臣不仅在智谋策略上低劣无能，而且私心重重，弃国家安危大义于不顾，因此，在指挥上屡失时机。如果不是唐朝的士兵在重重困境的逼迫下发生哗变，要求处死杨国忠兄妹以泄众愤；如果不是安禄山目光短浅，叛军无大志，唐朝恐怕再无起死回生之时。

（十二）杨炎、刘晏之死

代宗睿文孝武皇帝大历十四年（己未，公元七七九年）

八月，甲辰，以道州司马杨炎为门下侍郎，怀州刺史乔琳为御史大夫，并同平章事。上方励精求治，不次用人，卜相于崔祐甫，祐甫荐炎器业，上亦素闻其名，故自迁谪中用之。

……

旧制，天下金帛皆贮于左藏，太府四时上其数，比部覆其出入。及第五琦为度支、盐铁使，时京师多豪将，求取无节，琦不能制，乃奏尽贮于大盈内库，使宦官掌之，天子亦以取给为便，故久不出。由是以天下公赋为人君私藏，有司不复得窥其多少，校其赢缩，殆二十年。宦官领其事者三百余员，皆蚕食其中，蟠结根据，牢不可动。杨炎顿首于上前曰："财赋者，国之大本，生民之命，重轻安危，靡不由之，是以前世皆使重臣掌其事，犹或耗乱不集。今独使中人出入盈虚，大臣皆不得知，政之蠹敝，莫甚于此。请出之以归有司。度宫中岁用几何，量数奉入，不敢有乏。如此，然后可以为政。"上即日下诏："凡财赋皆归左藏，一用旧式，岁于数中择精好者三、五千匹，进入大盈。"炎以片言移人主意，议者称之。

德宗神武圣文皇帝建中元年（庚申，公元七八〇年）

春，正月，丁卯朔，改元。群臣上尊号曰圣神文武皇帝；赦天下。始用杨炎议，命黜陟使与观察使、刺史"约百姓丁产，定等级，改作两税法。比来新旧征科色目，一切罢之；二税外辄率一钱者，以枉法论。"

唐初，赋敛之法曰租、庸、调，有田则有租，有身则有庸，有户则有调。玄宗之末，版籍浸坏，多非其实。及至德兵起，所在赋敛，迫趣取办，无复常准。赋敛之司增数而莫相统摄，各随意增科，自立色目，新故相仍，不知纪极。民富者丁多，率为官、为僧以免课役，而贫者丁多，无所伏匿，故上户优而下户劳。吏因缘蚕食，旬输月送，不胜困弊，率皆逃徙为浮户，其土著百无四五。至是，炎建议作两税法，先计州县每岁所应费用及上供之数而赋于人，量出以制入。户无主、客，以见居为簿；人无丁、中，以贫富为差；为行商者，在所州县税三十之一，使与居者均，无侥利。居人之税，秋、夏两征之。其租、庸、调杂徭悉省，皆总统于度支。上用其言，因赦令行之。

初，左仆射刘晏为吏部尚书，杨炎为侍郎，不相悦。元载之死，晏有力焉。及上即位，晏久典利权，众颇疾之，多上言转运使可罢；又有风言晏尝密表劝代宗立独孤妃为皇后者。杨炎为宰相，欲为元载报仇，因为上流涕言："晏与黎幹、刘忠翼同谋，臣为宰相不能讨，罪当万死！"崔祐甫言："兹事暧昧，陛下已旷然大赦，不当复究寻虚语。"炎乃建言："尚书省，国政之本，比置诸使，分夺其权，今宜复旧。"上从之。甲子，诏天下钱谷皆归金部、仓部，罢晏转运、租庸、青苗、盐铁等使。

……

崔祐甫以疾，多不视事。杨炎独任大政，专以复恩仇为事，奏用元载遗策城原州，又欲发两京、关内丁夫浚丰州陵阳渠，以兴屯田。上遣中使诣泾原节度使段秀实，访以利害，秀实以为："今边备尚虚，未宜兴事以召寇。"炎怒，以为沮己，征秀实为司农卿。

……

杨炎罢度支、转运使，命金部、仓部代之。既而省职久废，耳目不相接，莫能振举，天下钱谷无所总领。癸巳，复以谏议大夫韩洄为户部侍郎、判度支，以金部郎中万年杜佑权江、淮水陆转运使，皆如旧制。

……

荆南节度使庾准希杨炎指，奏忠州刺史刘晏与朱泚书求营救，辞多怨望，又奏召补州兵，欲拒朝命，炎证成之。上密遣中使就忠州缢杀之，己丑，乃下诏赐死。天下冤之。

初，安、史之乱，数年间，天下户口什亡八九，州县多为藩镇所据，贡赋不入，朝廷府库耗竭，中国多故，戎狄每岁犯边，所在宿重兵，仰给县官，所费不赀，皆倚办于晏。晏初为转运使，独领陕东诸道，陕西皆度支领之，末年兼领，未几而罢。

晏有精力，多机智，变通有无，曲尽其妙。常以厚直募善走者，置递相望，觇报四方物价，虽远方，不数日皆达使司，食货轻重之权，悉制在掌握，国家获利，而天下无甚贵甚贱之忧。常以为："办集众务，在于得人，故必择通敏、精悍、廉勤之士而用之；至于句检簿书、出纳钱谷，事虽至细，必委之士类；吏惟书符牒，不得轻出一言。"常言："士陷赃贿，则沦弃于时，名重于利，故士多清修；吏虽洁廉，终无显荣，利重于名，故吏多贪污。"然惟晏能行之，他人效者终莫能逮。其属官虽居数千里外，奉教令如在目前，起居语言，无敢欺绐。当时权贵，或以亲故属之者，晏亦应之，使俸给多少，迁次缓速，皆如其志，然无得亲职事。其场院要剧之官，必尽一时之选。故晏没之后，掌财赋有声者，多晏之故吏也。

晏又以为户口滋多，则赋税自广，故其理财常以爱民为先。诸道各置知院官，每旬月，具州县雨雪丰歉之状白使司，丰则贵籴，歉则贱粜，或以谷易杂货供官用，及于丰处卖之。知院官始见不稔之端，先申，至某月须如干蠲免，某月须如干救助，及期，晏不俟州县申请，即奏行之，应民之急，未尝失时，不待其困弊、流亡、饿殍，然后赈之也。由是民得安其居业，户口蕃息。晏始为转运使，时天下见户不过二百万，其季年乃三百余万；在晏所统则增，非晏所统则不增也。其初财赋岁入不过四百万缗，季年乃千余万缗。

晏专用榷盐法充军国之用。时自许、汝、郑、邓之西，皆食河东池盐，度支主之；汴、滑、唐、蔡之东，皆食海盐，晏主之。晏以为官多则民扰，故但于出盐之乡置盐官，收盐户所煮之盐转鬻于商人，任其所之，自余州县不复置官。其江岭间去盐乡远者，转官盐于彼贮之。或商绝盐贵，则减价鬻之，谓之常平盐，官获其利而民不乏盐。其始江、淮盐利不过四十万缗，季年乃六百余万缗，由是国用充足而民不困弊。其河东盐利，不过八十万缗，而价复贵于海盐。

先是，运关东谷入长安者，以河流湍悍，率一斛得八斗至者，则为成劳，受优赏。晏以为江、汴、河、渭，水力不同，各随便宜，造运船，教漕卒，江船达扬州，汴船达河阴，河船达渭口，渭船达太仓，其间缘水置仓，转相受给。自是每岁运谷或至百余万斛，无斗升沉覆者。船十艘为一纲，使军将领之，十运无失，授优劳，官其人。数运之后，无不斑白者。晏于扬子置十场造船，每艘给钱千缗。或言"所用实不及半，虚费太多。"晏曰："不然，论大计者固不可惜小费，凡事必为永久之虑。今始置船场，执事者至多，当先使之私用无窘，则官物坚牢矣。若遽与之屑屑校计锱铢，安能久行乎！异日必有患吾所给多而减之者；减半以下犹可也，过此则不能运矣。"其后五十年，有司果减其半。及咸通中，有司计费而给之，无复羡余，船益脆薄易坏，漕运遂废矣。

晏为人勤力，事无闲剧，必于一日中决之，不使留宿，后来言财利者皆莫能及之。

德宗神武圣文皇帝建中二年（辛酉，公元七八一年）

杨炎既杀刘晏，朝野侧目，李正己累表请晏罪，讥斥朝廷。炎惧，遣腹心分诣诸道，以宣慰为名，实使之密谕节度使云："晏昔附奸邪，请立独孤后，上自恶而杀之。"上闻而恶之，由是有诛炎之志，隐而未发。乙巳，迁炎中书侍郎，擢卢杞为门下侍郎，并同平章事，不专任炎矣。杞蕞陋，无文学，炎轻之，多托疾不与会食；杞亦恨之。杞阴狡，欲起势立威，小不附者必欲置之死地，引太常博士裴延龄为集贤殿直学士，亲任之。

——《资治通鉴》卷第二百二十六【唐纪四十二】

德宗神武圣文皇帝建中二年（辛酉，公元七八一年）

初，萧嵩家庙临曲江，玄宗以娱游之地，非神灵所宅，命徙之。杨炎为相，恶京兆尹严郢，左迁大理卿。卢杞欲陷炎，引郢为御史大夫。先是，炎将营家庙，有宅在东都，凭河南尹赵惠伯卖之，惠伯买以为官廨，郢按之，以为有羡利。杞召大理正田晋议法，晋以为："律，监临官市买有羡利，以乞取论，当夺官。"杞怒，贬晋衡州司马。更召它吏议法，以为："监主自盗，罪当绞。"炎庙正直萧嵩庙地，杞因谮炎，云"兹地有王气，故玄宗令嵩徙之。炎有异志，故于其地建庙。"冬，十月，乙未，炎自左仆射贬崖州司马。遣中使护送，未至崖州百里，缢杀之。惠伯自河中尹贬费州多田尉。寻亦杀之。

——《资治通鉴》卷第二百二十七【唐纪四十三】

【解题与点评】

中唐时期，随着均田制和府兵制的破坏，租庸调的赋税制度也难以维系。加上藩镇割据，兵费遽增，唐朝财政陷入了困境，也加剧了唐王朝的危机。唐德宗在位时，欲就此有所作为。其时，出现了两位著名的理财家——杨炎和刘晏。

杨炎为相时，为解决唐朝的财政问题采取了几项重要措施：一是从皇家私库中把原本属于国家的财产归还给国库，严格公私界限，恢复正常的财政制度；二是改革租庸调制实行过程中容易滥置名目、伤民伤农的弊端，以人丁和家产为依据划分贫富等级，按级分摊、夏秋两季征收，即著名的两税法。

刘晏也为当时的财政作出了重要贡献。一是利用驿传掌握各地的物价，有效地支持了中央的宏观调控作用，以平衡供求、归利于国。二是善于培养、管理财政人才，经刘晏选用的官员不仅信服、遵从他的意见，而且在刘晏死后的很长一段时期里仍然是唐朝各地财政管理上的主要人员。三是设置知院官平衡丰歉年里农民的收支，以缓和赋税给农民带来的疾苦。此外，刘晏还整顿了盐税，改革了漕运。

这些记载条理清晰，简要明净，是《资治通鉴》关于典章制度的重要篇章。

杨炎与刘晏二人虽然都有着出色的理财能力，但他们的理财方式并不相同。杨炎擅长从财政制度入手，针对旧有制度在实行中暴露出来的问题而建构新的制度，通过硬性的体制来约束、规范经济行为，尽量避免人为的干预与破坏。如其推行的两税法。而刘晏则在发挥人的潜能方面表现得十分高明、灵活。在他的运作下，驿传制度可以成为国家掌控各地物价的有效途径；而同样的办法到了其他人那里却无法实行。不仅在驾驭制度上如此，刘晏驾驭人才的能力也令人叹服。因此，他较杨炎似乎更得理财美名，唐肃宗就曾称他为"当朝萧何"。

但是杨炎与刘晏均未能善终。刘晏受到杨炎阴谋迫害，流放途中又被杀害；杨炎也被他人谗言致死。二人皆死于谗。而谗言也有它的由来：刘晏掌管国家财政时权力炙手可热，而遭到朝堂臣僚的非议；杨炎专政后"惟务报雠构害，意为爱憎"，公报私怨，招致怨恨。

（十三）甘露之变

文宗元圣昭献孝皇帝太和九年（乙卯，公元八三五年）

始，郑注与李训谋，至镇，选壮士数百，皆持白棓，怀其斧，以为亲兵。是月，戊辰，王守澄葬于浐水，注奏请入护葬事，因以亲兵自随。仍奏令内臣中尉以下尽集浐水送葬，注因阖门，令亲兵斧之，使无遗类。约既定，训与其党谋："如此事成，则注专有其功，不若使行余、璠以赴镇为名，多募壮士为部曲，并用金吾、台府吏卒，先期诛宦者，已而并注去之。"行余、璠、立言、约及中丞李孝本，皆训素所厚也，故列置要地，独与是数人及舒元舆谋之，他人皆莫之知也。

壬戌，上御紫宸殿。百官班定，韩约不报平安，奏称："左金吾听事后石榴夜有甘露，臣递门奏讫。"因蹈舞再拜，宰相亦帅百官称贺。训、元舆劝上亲往观之，以承天贶，上许之。百官退，班于含元殿。日加辰，上乘软舆出紫宸门，升含元殿。先命宰相及两省官诣左仗视之，良久而还。训奏："臣与众人验之，殆非真甘露，未可遽宣布，恐天下称贺。"上曰："岂有是邪！"顾左、右中尉仇士良、鱼志弘帅诸宦者往视之。宦者既去，训遽召郭行余、王璠曰："来受敕旨！"璠股栗不敢前，独行余拜殿下。时二人部曲数百，皆执兵立丹凤门外，训已先使人召之，令人受敕。独东兵入，邠宁兵竟不至。

仇士良等至左仗视甘露，韩约变色流汗。士良怪之曰："将军何为如是？"俄风吹幕起，见执兵者甚众，又闻兵仗声，士良等惊骇走出。门者欲闭之，士良叱之，关不得上。士良等奔诣上告变。训见之，遽呼金吾卫士曰："来上殿卫乘舆者，人赏钱百缗！"宦官曰："事急矣，请陛下还宫！"即举软舆，迎上扶升舆，决殿后罘罳，疾趋北出。训攀舆呼曰："臣奏事未竟，陛下不可入宫！"金吾兵已登殿。罗立言帅京兆逻卒三百余自东来，李孝本帅御史台从人二百余自西来，皆登殿纵击，宦官流血呼冤，死伤者十余人，乘舆迤逦入宣政门，训攀舆呼益急，上叱之，宦者郗志荣奋拳殴其胸，偃于地。乘舆即入，门随阖，宦者皆呼万岁，百官骇散出。训知事不济，脱从吏绿衫衣之，走马而出，扬言于道曰："我何罪而窜谪！"人不之疑。王涯、贾𫗧、舒元舆还中书，相谓曰："上且开延英，召吾属议之。"两省官诣宰相请其故，皆曰："不知何事，诸公各自便！"

士良等知上豫其谋，怨愤，出不逊语，上惭惧不复言。士良等命左、右神策副使刘泰伦、魏仲卿等各帅禁兵五百人，露刃出阁门讨贼。王涯等将会食，吏白："有兵自内出，逢人辄杀！"涯等狼狈步走，两省及金吾吏卒千余人填门争出。门寻阖，其不得出者六百余人皆死。士良等分兵闭宫门，索诸司，捕贼党。诸司吏卒及民酤贩在中者皆死，死者又千余人，横尸流血，狼藉涂地，诸司印及图籍、帷幕、器皿俱尽。又遣骑各千余出城追亡者，又遣兵大索城中。舒元舆易服单骑出安化门，禁兵追擒之。王涯徒步至永昌里茶肆，禁兵擒入左军。涯时年七十余，被以桎梏，掠治不胜苦，自诬服，称与李训谋行大逆，尊立郑注。王璠归长兴坊私第，闭门，以其兵自防。神策将至门，呼曰："王涯等谋反，欲起尚书为相，鱼护军令致意！"璠喜，出见之。将趋贺再三，璠知见绐，涕泣而行，至左军，见王涯曰："二十兄自反，胡为见引？"涯曰："五弟昔为京兆尹，不漏言于王守澄，岂有今日邪！"璠俯首不言。又收罗立言于太平里，及涯等亲属奴婢，皆入两军系之。户部员外郎李元皋，训之再从弟也，训实与之无恩，亦执而杀之。故岭南节度使胡证，家巨富，禁兵利其财，托以搜贾餗入其家，执其子溵，杀之。又入左常侍罗让、詹事浑镶、翰林学士黎埴等家，掠其赀财，扫地无遗。镶，瑊之子也，坊市恶少年因之报私仇，杀人，剽掠百货。互相攻劫，尘埃蔽天。

癸亥，百官入朝，日出，始开建福门，惟听以从者一人自随，禁兵露刃夹道。至宣政门，尚未开。时无宰相御史知班，百官无复班列。上御紫宸殿，问："宰相何为不来？"仇士良曰："王涯等谋反系狱。"因以涯手状呈上，召左仆射令狐楚、右仆射郑覃等升殿示之。上悲愤不自胜，谓楚等曰："是涯手书乎？"对曰："是也！""诚如此，罪不容诛！"因命楚、覃留宿中书，参决机务。使楚草制宣告中外。楚叙王涯、贾餗反事浮泛，仇士良等不悦，由是不得为相。

时坊市剽掠者犹未止，命左、右神策将杨镇、靳遂良等各将五百人分屯通衢，击鼓以警之，斩十余人，然后定。

贾餗变服潜民间经宿，自知无所逃，素服乘驴诣兴安门，自言："我宰相贾餗也，为奸人所污，可送我诣两军！"门者执送西军。李孝本改衣绿，犹服金带，以帽障面，单骑奔凤翔，至咸阳西，追擒之。

……

诏将士讨贼有功及娅队者，官爵赐赉各有差。右神策军获韩约于崇义坊，己巳，斩之。仇士良等各进阶迁官有差。自是天下事皆决于北司，宰相行文书而已。

——《资治通鉴》卷第二百四十五【唐纪六十一】

【解题与点评】

　　唐朝中期以后宦官很厉害。据说当时有个举人叫刘蕡，他是个直言不讳之人。他为人正直，意见鲜明，是个不可多得的人才，人们都是这么看待他的。唐文宗李昂即位的第二年，各地推荐的举人到京都应试。刘蕡在试卷里公开反对宦官掌权，认为要国家安定，应该排斥宦官，把政权交给宰相，把兵权交给将帅。这份考卷落在几个考官手里，考官们传来传去地阅看，赞不绝口，觉得不但文采好，而且说理精辟，是篇难得的好文章。但是到了决定录取的时候，谁也不敢表示态度，因为录取了刘蕡，得罪了宦官，他们的位子也就保不住了。结果，跟刘蕡一起来投考的二十二人都中了，刘蕡却落选了。刘蕡是大家公认的杰出人才，这次因为说了些正直话落选，大家都觉得委屈了他。中选的举人说："刘蕡落选，我们倒中了榜，太叫人惭愧了。"

　　唐朝顺、宪、穆、敬宗时，宦官势力逐渐强大，甚至开始废立皇帝，非常嚣张。恭俭儒雅的唐文宗继位后，有心图治，很想削弱宦官的势力。大和九年（835 年），宰相李训、凤翔节度使郑注等人密谋打击宦官的行动，结果被宦官察觉，反为所制。宰相王涯等十一家被族灭，公卿大臣遭戮者千余人，流血成河，朝野震骇。"甘露之变"后，朝廷大权完全落入宦官之手，文宗名为皇帝，实际上已被宦官仇士良等人软禁，终于在公元 840 年郁郁而死。史书记载当时情形："宦官气益盛，迫胁天子，下视宰相，陵暴朝士如草芥。"此后，武宗、懿宗、僖宗、昭宗都为宦官所立，无所作为。僖宗时，唐朝爆发了规模庞大的黄巢起义，之后唐王朝便名存实亡。

甘露之变是唐代朝臣与宦官发生的又一次冲突。所不同的是，王叔文等人同宦官只是"文斗"，而郑注与李训和宦官发生的是武力斗争，不仅双方已经严重对立，而且朝臣牺牲惨重，意气萧条。当时，著名诗人李商隐曾赋《重有感》一首，描绘了"甘露之变"后唐王朝的萧索气息："岂有蛟龙愁失水？更无鹰隼与高秋。昼号夜哭兼幽显，早晚星关雪涕收？"他深深忧虑唐王朝面临的危机，希冀贤能有为之士挺身而出，及早平乱。心愿终归是心愿，若想实现却非易事。宦官擅权乱政是唐代后期政治腐朽的突出表现，它的深层根源则在于，宦官就像是寄生在封建王朝政治体制中的一颗毒瘤，难以剔除。

而在崇尚实力与机权的封建朝代，主弱只会被臣欺。文宗皇帝才智平庸，无勇无谋，举事完全依赖他人；而当时的朝官既无深谋远虑，又无实力可恃，彼此之间争权夺利，貌合心不合，只能是一群成事不足、败事有余的乌合之众；宦官则手握兵权，势力已成，尚有仇士良等善于权术、心狠手辣的政客。因此，文宗依靠郑注、李训等朝官来抗击宦官集团，只能是"赔了夫人又折兵"，到头来处境更艰难。这种形势之下，人怎能强为？

（十四）契丹军入大梁

齐王开运三年（丙午，公元九四六年）

契丹翰林承旨、吏部尚书张砺言于契丹主曰："今大辽已得天下，中国将相宜用中国人为之，不宜用北人及左右近习。苟政令乖失，则人心不服，虽得之，犹将失之。"契丹主不从。

引兵自邢、相而南，杜威将降兵以从。遣张彦泽将二千骑先取大梁，且抚安吏民，以通事傅住儿为都监。

杜威之降也，皇甫遇初不预谋。契丹主欲遣遇先将兵入大梁，遇辞。退，谓所亲曰："吾位为将相，败不能死，忍复图其主乎！"至平棘，谓从者曰："吾不食累日矣，何面目复南行！"遂扼吭而死。

张彦泽倍道疾驱，夜度白马津。壬申，帝始闻杜威等降。是夕，又闻彦泽至滑州，召李崧、冯玉、李彦韬入禁中计事，欲诏刘知远发兵入援。癸酉，未明，彦泽自封丘门斩关而入，李彦韬帅禁兵五百赴之，不能遏。彦泽顿兵明德门外，城中大扰。

帝于宫中起火，自携剑驱后宫十余人将赴火，为亲军将薛超所持。俄而彦泽自宽仁门传契丹主与太后书慰抚之，且召桑维翰、景延广，帝乃命灭火，悉开宫城门。帝坐苑中，与后妃相聚而泣，召翰林学士范质草降表，自称"孙男臣重贵，祸至神惑，运尽天亡。今与太后及妻马氏，举族于郊野面缚待罪次。遣男镇宁节度使延煦、威信节度使延宝，奉国宝一、金印三出迎。"太后亦上表称"新妇李氏妾"。

傅住儿入宣契丹主命，帝脱黄袍，服素衫，再拜受宣，左右皆掩泣。帝使召张彦泽，欲与计事。彦泽曰："臣无面目见陛下。"帝复召之，彦泽微笑不应。

……

己卯，延煦、延宝自牙帐还，契丹主赐帝手诏，且遣解里谓帝曰："孙勿忧，必使汝有啖饭之所。"帝心稍安，上表谢恩。

契丹以所献传国宝追琢非工，又不与前史相应，疑其非真，以诏书诘帝，使献真者。帝奏："顷王从珂自焚，旧传国宝不知所在，必与之俱烬。此宝先帝所为，群臣备知。臣今日焉敢匿宝！"乃止。

帝闻契丹主将渡河，欲与太后于前途奉迎。张彦泽先奏之，契丹主不许。有司又欲使帝衔璧牵羊，大臣舆榇，迎于郊外，先具仪注白契丹主，契丹主曰："吾遣奇兵直取大梁，非受降也。"亦不许。又诏晋文武群官，一切如故；朝廷制度，并用汉礼。有司欲备法驾迎契丹主，契丹主报曰："吾主擐甲总戎，太常仪卫，未暇施也。"皆却之。

先是契丹主至相州，即遣兵趣河阳捕景延广。延广苍猝无所逃伏，往见契丹主于封丘。契丹主诘之曰："致两主失欢，皆汝所为也。十万横磨剑安在!"召乔荣，使相辨证，事凡十条。延广初不服，荣以纸所记语示之，乃服。每服一事，辄授一筹。至八筹，延广但以面伏地请死，乃锁之。

——《资治通鉴》卷第二百八十五【后晋纪六】

【解题与点评】

契丹是中国东北地区的一个少数民族。五代初期，由耶律阿保机正式建立政权。926年阿保机病死，其子耶律德光即位，为辽太宗。当时，后唐正发生着一场内乱。后唐河东节度使石敬瑭为夺帝位，以当"儿皇帝"等条件换取契丹的援助，建立了后晋。后晋虽得天下，但政权内部危机重重。后唐石敬瑭向契丹称"儿皇帝"，割让幽云十六州，契丹贵族得到幽云后并不满足，三次南下侵伐后晋。后晋开运三年（946年），契丹攻陷都城汴梁（今河南开封），后晋灭亡。契丹入主中原后，其在中原的统治并不顺利，耶律德光被迫北归，途中病死异乡。

后晋政权建立后，藩镇多不服从，再加上兵事繁多，国库匮乏，尤其是石重贵继位后，政治上无能，朝政更加腐败。契丹贵族借口石重贵政权有怠慢之举，乃举兵南下。在阳城附近，晋军中以李守贞、符彦卿等人为首的愤怒的军士们奋不顾身进行抵抗，终于将契丹军驱逐至阳城以北。这次行动遇挫后，契丹贵族知趣而退，答应了晋军的求和。前线下层军士的大义与勇敢，为后晋君臣的盲目反抗避免了本将发生的重大损失。

阳城告捷后，后晋皇帝不知进取，还盲目骄傲，放逸纵乐。契丹趁机再次大举入侵。由于晋军守将低劣无能，甚至暗藏私心，阳奉阴违，最后又投降契丹，晋军损兵折将，前线很快崩溃。大梁危在旦夕。

契丹派降军先行攻取大梁，大梁不堪一击，后晋君臣成为契丹的俘虏，后晋灭亡。《通鉴》所记，上自皇帝，中至大将，下至寺僧，一派懦弱无能、见风使舵、明哲保身的颓废景象，刚正之气荡然无存。后晋立国之君逆道而行的"儿臣"举措实在难辞其咎。

后晋勾结契丹，原为一时之需，不承想，一时之需却酿成连年之祸。从此，后晋不只是背上了沉重的岁贡负担，而且还因为名分屈辱、道义难容而使后晋政权陷入腹背受敌的尴尬境地，在实力上助长了一个虎视眈眈的强敌。契丹贪得无厌，连番干预敲诈，以至于屡次举兵入侵；后继君臣难抑愤慨、大胆背弃契丹，与之奋勇作战，却以失败告终；而契丹自恃游牧民族粗犷悍猛的本性，在尚未对中原文明形成基本认识之时，便轻率地深入中原内地，结果激怒中原民众，仓皇北逃，损兵殒主，亦以悲剧收场。

二、治国平天下

——《资治通鉴》中的治国智慧

修身、齐家、治国、平天下，这是中国古代君子向往和追求的人生辉煌。治国如烹小鲜，烤得香喷喷，但又不要烤烂；治国如下棋，排好兵布好阵，方可克敌制胜。烤鱼和排兵，都是有诀窍的。在这里，或许能找到一些可供鉴用的治国安邦的方法，无论是正面典型，还是反面教材。

（一）魏文侯治国

威烈王二十三年（戊寅，公元前四○三年）

魏文侯以卜子夏、田子方为师，每过段干木之庐必式。四方贤士多归之。

文侯与群臣饮酒，乐，而天雨，命驾将适野。左右曰："今日饮酒乐，天又雨，君将安之？"文侯曰："吾与虞人期猎，虽乐，岂可无一会期哉！"乃往，身自罢之。

韩借师于魏以伐赵。文侯曰："寡人与赵，兄弟也，不敢闻命。"赵借师于魏以伐韩，文侯应之亦然。二国皆怒而去。已而知文侯以讲于己也，皆朝于魏。魏由是始大于三晋，诸侯莫能与之争。

使乐羊伐中山，克之，以封其子击。文侯问于群臣曰："我何如主？"皆曰："仁君。"任座曰："君得中山，不以封君之弟而以封君之子，何谓仁君？"
文侯怒，任座趋出。次问翟璜，对曰："仁君也。"文侯曰："何以知之？"对
曰："臣闻君仁则臣直。向者任座之言直，臣是以知之。"文侯悦，使翟璜召
任座而反之，亲下堂迎之，以为上客。

文侯与田子方饮，文侯曰："钟声不比乎？左高。"田子方笑。文侯曰：
"何笑？"子方曰："臣闻之，君明乐官，不明乐音。今君审于音，臣恐其聋
于官也。"文侯曰："善。"

子击出，遭田子方于道，下车伏谒。子方不为礼。子击怒，谓子方曰：
"富贵者骄人乎？贫贱者骄人乎？"子方曰："亦贫贱者骄人耳，富贵者安敢
骄人？国君而骄人则失其国，大夫而骄人则失其家。失其国者未闻有以国待
之者也，失其家者未闻有以家待之者也。夫士贫贱者，言不用，行不合，则
纳履而去耳，安往而不得贫贱哉！"子击乃谢之。

文侯谓李克曰："先生尝有言曰：'家贫思良妻，国乱思良相。'今所置非
成则璜，二子何如？"对曰："卑不谋尊，疏不谋戚。臣在阙门之外，不敢当
命。"文侯曰："先生临事勿让。"克曰："君弗察故也。居视其所亲，富视其
所与，达视其所举，穷视其所不为，贫视其所不取，五者足以定之矣，何待
克哉！"文侯曰："先生就舍，吾之相定矣。"李克出，见翟璜。翟璜曰："今
者闻君召先生而卜相，果谁为之？"克曰："魏成。"翟璜忿然作色曰："西河
守吴起，臣所进也；君内以邺为忧，臣进西门豹；君欲伐中山，臣进乐羊；
中山已拔，无使守之，臣进先生；
君之子无傅，臣进屈侯鲋。以耳目
之所睹记，臣何负于魏成？"李克
曰："子之言克于子之君者，岂将
比周以求大官哉？君问相于克，克
之对如是。所以知君之必相魏成
者，魏成食禄千钟，什九在外，什
一在内，是以东得卜子夏、田子

魏文侯选相

方、段干木。此三人者，君皆师之；子所进五人者，君皆臣之。子恶得与魏成比也！"翟璜逡巡再拜曰："璜，鄙人也，失对，愿卒为弟子。"

——《资治通鉴》卷第一【周纪一】

【解题与点评】

历史上有明君、昏君、暴君之别。魏文侯大概可以归于明君之列。

魏文侯（前472—前396年），安邑（今山西夏县）人，魏桓子之孙。战国时期魏国开国君主。公元前445年即位。公元前403年，韩、赵、魏三家分晋，被周威烈王正式承认为诸侯，成为封建国家。魏文侯在位时礼贤下士，师事儒门子弟子夏、田子方、段干木等人，任用李悝、翟璜为相，乐羊、吴起等为将，魏国势力逐渐强大。

司马光在这里说了魏文侯三个故事：一是魏文侯和群臣饮酒，兴致正高时，突降大雨，文侯命令马上备车前往近郊。左右侍从劝说："饮酒正在兴头上，天又下雨，国君要到哪里去？"文侯回答："我事先与虞人（管理山林的人）约好打猎，饮酒虽乐，但怎能失约呢？"于是起身前往，亲自告诉对方因下雨取消打猎的事。二是韩国向魏国借兵攻打赵国。魏文侯说："我和赵国情同手足，亲如兄弟，不能答应你。"赵国又向魏国借兵攻击韩国，魏文侯同样拒绝。韩、赵两国使者皆愤然辞去。事后，两国得知魏文侯的用意，都开始向魏国朝贡。自此，魏国开始强大，其他诸侯国不能跟它争锋。三是魏文侯派乐羊攻打中山国，攻克后，封给儿子魏击。魏文侯问群臣："我为君如何？"大家皆回答："你是仁德的国君。"只有任座说："国君攻克中山，不将它封给弟弟，却分给儿子，怎么能称得上仁德呢？"魏文侯大怒，任座匆忙告辞。魏文侯再问另一位大臣翟璜。翟璜回答："国君是仁德的君主啊！"魏文侯再问："你怎么知道？"翟璜回答："臣听说只有国君仁德，臣子才可能正直。刚才任座言辞正直，我才得以知道。"魏文侯大悦，派翟璜速召回任座，亲自下堂迎接他，待作上宾。

这三个故事分别说了魏文侯诚实守信义，轻财重友谊，虚心纳谏听忠言，励精图治。正是魏文侯对内任贤用能，改革政治；对外团结赵、韩，使得无险可守的魏国成为人口稠密、经济繁荣、边境巩固的强国，而率先称雄诸侯，独步中原。《资治通鉴》突出记述了魏文侯善于举贤的优秀的政治素质：对于才能之士，他诚敬不避远近，守信不辞困苦，正己不羞降尊，好学不耻下问，敬贤而贤至，用人而才尽。正因为如此，才造就了他的辉煌功绩。

（二）齐威王察政

烈王六年（辛亥，公元前三七〇年）

齐威王来朝。是时周室微弱，诸侯莫朝，而齐独朝之，天下以此益贤威王。

……

齐威王召即墨大夫，语之曰："自子之居即墨也，毁言日至。然吾使人视即墨，田野辟，人民给，官无事，东方以宁。是子不事吾左右以求助也。"封之万家。召阿大夫，语之曰："自子守阿，誉言日至。吾使人视阿，田野不辟，人民贫馁。昔日赵攻甄，子不救；卫取薛陵，子不知。是子厚币事吾左右以求誉也。"是日，烹阿大夫及左右尝誉者。于是群臣耸惧，莫敢饰诈，务尽其情，齐国大治，强于天下。

——《资治通鉴》卷第一【周纪一】

显王十四年（丙寅，公元前三五五年）

齐威王、魏惠王会田于郊。惠王曰："齐亦有宝乎？"威王曰："无有。"惠王曰："寡人国虽小，尚有径寸之珠，照车前后各十二乘者十枚。岂以齐大国而无宝乎？"威王曰："寡人之所以为宝者与王异。吾臣有檀子者，使守南城，则楚人不敢为寇，泗上十二诸侯皆来朝；吾臣有盼子者，使守高唐，则赵人不敢东渔于河；吾吏有黔夫者，使守徐州，则燕人祭北门，赵人祭西门，徙而从者七千余家；吾臣有种首者，使备盗贼，则道不拾遗。此四臣者，将照千里，岂特十二乘哉！"惠王有惭色。

——《资治通鉴》卷第二【周纪二】

邹忌讽齐王纳谏

【解题与点评】

即墨大夫与阿大夫是两类不同的官吏。即墨大夫只知道实干，不会包装和宣传自己。阿大夫精于包装，热心于做表面文章，熟谙炒作之道。数字出官，炒作出官，"形象工程"出官，看来在中国是古已有之。

战国时期，"礼乐征伐自卿大夫出"，周天子事实上早已名存实亡。各诸侯国都在加紧发展本国的实力，彼此间为争夺霸权而常年征战不休。这时，齐国棋高一筹，在诸侯中率先显露头角。

齐国称霸靠的是政治优势。齐国国君齐威王非常重视政治的作用，并且有着独到、非凡的政治识见与才能。他能想人所未想，认识到软弱无能的周天子在道义上还具有一定的威慑力量，因此，在普遍轻视周王的政治环境里反其道而行之；他洞察官僚因私心而形成的是非曲直，能够采取果断而有力的措施赏善惩恶，杜绝行政中的蒙蔽与歪曲行为；他肯定并珍视人才在国家事务中的重要地位，善于用人。历史说明，道义、吏治、人才，这些政治因素对于一个国家的强盛可以产生难以估量的影响。可以说，政治也是实力。

齐威王为何不糊涂，察明真假，这与他心胸开阔、不慕虚荣有关。历史上关于齐威王的故事很多，每个故事都让人有很多思考空间。在齐威王即位之初，他对国家政事并不感兴趣，而是整天沉迷在酒色当中，朝廷政务也是被卿大夫们把持，纲纪涣散。全国上下更是文过饰非，官官相护，谎报政绩，那些勤政的官员也是敢怒不敢言。这时候一个叫淳于髡的人以鸟为喻，对齐威王说，齐国内有雄气十足的大鸟，就栖居在他的后院中。只是这只鸟长久以来没有鸣叫，也没有起飞过。齐王听了便说，这鸟啊不飞而已，一飞的话那定是直上云霄，不叫而已，一叫那定会震惊天下人。不久，齐威王将齐国地方的官员召到都城，杀了一个贪官，赏了一个勤政的好官。齐国自此走上了正轨。开始励精图治的齐威王，完全和以前判若两人，就连眼光也是超出其他的诸侯王。一次齐国和魏国的国王在郊外打猎，魏惠王因为小家子气，在齐威王前炫耀自己的那十颗璀璨的夜明珠，还借机刺激齐威王。不过齐威王很是淡定，他说他没有这些俗物宝贝，他对齐国的宝贝的定义同魏国是不同的。齐威王告诉魏王，他国内那些能征善战的将士，善于治理国民的文臣就是他的宝贝，魏惠王听了羞愧地离去。

　　齐国相国邹忌，身材高大容貌端庄，他为劝说齐威王放开言路，鼓励群臣进谏，就给齐威王讲了这样一个故事：一天早晨，他穿好朝服，戴好帽子，对着镜子端详一番，然后问他的妻子说："我和城北徐公比较起来，谁长得英俊？""你英俊极了，徐公怎么比得上你呢？"妻子说。徐公是齐国出名的美男子，邹忌听了妻子的活，并不太敢相信自己真的比徐公英俊，于是他又去问他的爱妾，爱妾回答说："徐公怎能比得上你呢？"第二天，邹忌家中来了一位客人，邹忌又问了客人，客人说："徐公哪有你这样俊美呢？"过了几天，正巧徐公到邹忌家来拜访，邹忌便乘机仔细地打量徐公，拿他和自己比较。结果，他发现自己实在没有徐公漂亮。于是，他对齐威王说："我本来不如徐公漂亮，但妻、妾、客人都说我比他漂亮，这是因为妻偏护我，妾畏惧我，客人有事求我，所以他们都恭维我，不说真话，而我们齐国地方这么大，宫中上下，谁不偏护你，满朝文武，谁不畏惧你，全国百姓谁不希望得到你的关怀，看来恭维你的人一定更多，你一定被蒙蔽得非常严重了！"邹忌又劝谏说："现在齐国地方千里，城池众多，大王接触的人也比我多得多，所受的蒙蔽也一定更多。大王如能开诚布公地征求意见，一定对国家有益。"齐威王听了，觉得很有道理，立刻下令说"无论是谁，能当面指出我过失的，给上赏；上奏章规劝我的，给中赏；在朝廷或街市中议论我的过失，并传到我耳中的，给下赏。"命令一下，群臣前去进谏的，一时川流不息，朝廷门口每天像市场一样热闹。

（三）商鞅变法

显王七年（己未，公元前三六二年）

秦献公薨，子孝公立。孝公生二十一年矣。是时河、山以东强国六，淮、泗之间小国十余，楚、魏与秦接界。魏筑长城，自郑滨洛以北有上郡；楚自汉中，南有巴、黔中；皆以夷翟遇秦，摈斥之，不得与中国之会盟。于是孝公发愤，布德修政，欲以强秦。

显王八年（庚申，公元前三六一年）

孝公令国中曰："昔我穆公，自岐、雍之间修德行武，东平晋乱，以河为界，西霸戎翟，广地千里，天子致伯，诸侯毕贺，为后世开业甚光美。会往者厉、躁、简公、出子之不宁，国家内忧，未遑外事。三晋攻夺我先君河西地，丑莫大焉。献公即位，镇抚边境，徙治栎阳，且欲东伐，复穆公之故地，修穆公之政令。寡人思念先君之意，常痛于心。宾客群臣有能出奇计强秦者，吾且尊官，与之分土。"于是卫公孙鞅闻是令下，乃西入秦。

公孙鞅者，卫之庶孙也，好刑名之学。事魏相公叔痤，痤知其贤，未及进。会病，魏惠王往问之曰："公叔病如有不可讳，将奈社稷何？"公叔曰："痤之中庶子卫鞅，年虽少，有奇才，愿君举国而听之！"王嘿然。公叔曰："君即不听用鞅，必杀之，无令出境。"王许诺而去。公叔召鞅谢曰："吾先君而后臣，故先为君谋，后以告子。子必速行矣！"鞅曰："君不能用子之言任臣，又安能用子之言杀臣乎？"卒不去。王出，谓左右曰："公叔病甚，悲乎！欲令寡人以国听卫鞅也，既又劝寡人杀之，岂不悖哉！"卫鞅既至秦，因嬖臣景监以求见孝公，说以富国强兵之术。公大悦，与议国事。

显王十年（壬戌，公元前三五九年）

卫鞅欲变法，秦人不悦。卫鞅言于秦孝公曰："夫民不可与虑始，而可与乐成。论至德者不和于俗，成大功者不谋于众。是以圣人苟可以强国，不法其故。"甘龙曰："不然。缘法而治者，吏习而民安之。"卫鞅曰："常人安于故俗，学者溺于所闻，以此两者，居官守法可也，非所与论于法之外也。

智者作法，愚者制焉；贤者更礼，不肖者拘焉。"公曰："善。"以卫鞅为左庶长，卒定变法之令。令民为什伍而相收司、连坐，告奸者与斩敌首同赏，不告奸者与降敌同罚。有军功者，各以率受上爵。为私斗者，各以轻重被刑大小。僇力本业，耕织致粟帛多者，复其身。事末利及怠而贫者，举以为收孥。宗室非有军功论，不得为属籍。明尊卑爵秩等级，各以差次名田宅、臣妾、衣服。有功者显荣，无功者虽富无所芬华。

令既具未布，恐民之不信，乃立三丈之木于国都市南门，募民有能徙置北门者予十金。民怪之，莫敢徙。复曰："能徙者予五十金！"有一人徙之，辄予五十金。乃下令。

令行期年，秦民之国都言新令之不便者以千数。于是太子犯法。卫鞅曰："法之不行，自上犯之。太子，君嗣也，不可施刑。刑其傅公子虔，黥其师公孙贾。"明日，秦人皆趋令。行之十年，秦国道不拾遗，山无盗贼，民勇于公战，怯于私斗，乡邑大治。秦民初言令不便者，有来言令便。卫鞅曰："此皆乱法之民也！"尽迁之于边。其后民莫敢议令。

显王十九年（辛未，公元前三五〇年）

秦商鞅筑冀阙宫庭于咸阳，徙都之。令民父子、兄弟同室内息者为禁。并诸小乡聚集为一县，县置令、丞，凡三十一县。废井田，开阡陌，平斗、桶、权、衡、丈、尺。

显王二十九年（辛巳，公元前三四〇年）

卫鞅言于秦孝公曰："秦之与魏，譬若人之有腹心之疾，非魏并秦，秦即并魏。何者？魏居岭厄之西，都安邑，与秦界河，而独擅山东之利。利则西侵秦，病则东收地。今以君之贤圣，国赖以盛；而魏往年大破于齐，诸侯畔之，可因此时伐魏。魏不支秦，必东徙。然后秦据河山之固，东乡以制诸侯，此帝王之业也。"公从之，使卫鞅将兵伐魏。魏使公子卬将而御之。

军既相距，卫鞅遗公子卬书曰："吾始与公子欢，今俱为两国将，不忍相攻，可与公子面相见盟，乐饮而罢兵，以安秦、魏之民。"公子卬以为然，乃相与会。盟已，饮。而卫鞅伏甲士，袭虏公子卬，因攻魏师，大破之。

魏惠王恐，使使献河西之地于秦以和。因去安邑，徙都大梁。乃叹曰："吾恨不用公叔之言！"秦封卫鞅商於十五邑，号曰商君。

显王三十一年（癸未，公元前三三八年）

秦孝公薨，子惠文王立，公子虔之徒告商君欲反，发吏捕之。商君亡之魏。魏人不受，复内之秦。商君乃与其徒之商於，发兵北击郑。秦人攻商君，杀之，车裂以徇，尽灭其家。

——《资治通鉴》卷第二【周纪二】

【解题与点评】

"商鞅徙木"是中国妇孺皆知的故事。说的是商鞅为了在秦国推行变法，要树立政府的威信，做到令必行、禁必止。商鞅在城南立木一根，并发布告示说：谁能把立木从城南扛到城北，赏十金。一时城内轰动。但看者很多，谁也不敢去扛移立木，因为谁也不相信这么轻而易举的事能得到这样丰厚的赏赐。商鞅站在城头，看到无人扛移立木，明白了不是人们不想这笔赏金，也不是扛不动这根立木，而是老百姓对政府不信任。所以，把赏金再次提高到五十金，百金。终于有一个人抱着试试看的心理把立木从城南扛到城北，商鞅果然兑现承诺，赏赐百金。一时举国震动，政府在老百姓中树立起了威信，为变法确立了社会基础。

据说毛泽东在湖南省立高等中学读书时，读到《史记·商鞅列传》中商鞅徙木的历史故事时，写了一篇作文《商鞅徙木立信论》，受到当时国文老师柳潜的点赞，现在该文收在《毛泽东早期文稿》中。毛泽东在文中说："我读历史书籍知道了商鞅变法时'徙木立

商鞅徙木

信'这件事。不禁感叹我国国民的愚昧，同时也感叹这位执政者的良苦用心，更感叹几千年来民众心智的闭锁和中华民族几乎沦亡的悲惨。不要以为我夸大其词，容我说个明白。国家的法令和政策的出发点，应当是为人民谋幸福。如果法令和政策是好的，就能够多多地造福于民，人民唯恐你没有这种法令和政策，唯恐国家的好政策不能发生效力。那么人民必然竭尽全力来保障和维护它。一定要让它实现完善的目标。政府和人民群众紧紧地互相依靠，法令和政策怎么会是没有信用呢？如果法令和政策不好，那就不光是不能造福于民，而且危害人民。人民就必然竭尽全力来阻挠你的法令和政策，即便我愿意相信你，可根据在哪里呢？就拿商鞅那时候他与民众的关系来说，明明二者的利害是一致的，却恰恰出现了相反的情况，这又是为什么呢？商鞅变法是正确的。我国上下四千多年来，商鞅是第一位追求利国福民的伟大政治家。商鞅处在秦孝公时代，正是中原地区最混乱的时候，战争不绝。举国疲劳，不堪言状。在这种形势下企图战胜诸国，统一中原，岂不困难得很吗？于是他变法图新，制定了四大政策，一是惩治贪官污吏以保护人民的利益，二是发展生产以提高国家的实力和人民的富裕，三是鼓舞军队多打胜仗树立国家的国威，四是把那些游手好闲的人，由于懒惰不务正业而致贫困的人及其妻子儿女收为奴隶，以此杜绝人力和物力等资源的流失。这是我国史无前例的新政德政，还怕不能取信于民吗？哪想到商鞅竟想出徙木立信这样的办法来解决政府诚信的问题，我从中理解了这位执政者是多么煞费苦心。我从中明白了数千年来民众心智的闭锁蒙昧和民族几乎沦亡，是有根源的。"

"不过话说回来，根本的原因在于人民对政府的恐惧心理。人民的希望和国家的政策，总是对立的。这能怪罪人民吗？我真担心这徙木立信的事情，要是被世界文明国家的人们听说了，一定捧腹大笑，尖锐嘲讽我们。唉唉唉，我不想再说下去了。"

战国七雄中秦国的力量起初最弱小，经常受到邻近诸国的威胁与侵犯。秦孝公下决心发愤图强。公元前361年和公元前350年，秦孝公两次任用商鞅进行变法。变法取缔了贵族的世袭特权，而按军功行赏，诸多措施大大鼓励了当时新兴的封建生产力。商鞅变法是先秦时期最彻底的一次改革，秦国因之国富民强，从而为日后统一全国奠定了基础。

秦国原本是偏居西隅的蛮荒小国，虽经几代君王的精心经营而跻身战国七强，但在政治、经济、军事和文化上均落后于其他六国。谁曾想日后统治天下的竟是为天下人所不屑的"夷"秦呢？个中原因耐人寻味。秦国虽然卑弱，却有孝公这位有骨气、有胆魄、励精图治的君主。秦孝公身遇排挤，他不畏缩；回首历史，他不自卑。既立大志，他就能鼓起付出代价的勇气与决心；延揽人才，他决不会因为国人的不满态度而疏远卿客。要振兴图强，就遇到一个难题：变俗与缘法，哪个更关乎人心向背？秦孝公能耐心听取不同意见，于激烈争论中形成一己明断。而对于像卫鞅这样的人才，魏国既不能延为己用，又不能防止异日为敌所揽，结果反而栽倒在自己流失的人才手里。而同样是商鞅，前后境遇却迥然相异，可见环境对于人的影响有时是如此重要。

（四）赵武灵王胡服骑射

赧王八年（甲寅，公元前三○七年）

赵武灵王北略中山之地，至房子，遂之代，北至无穷，西至河，登黄华之上。与肥义谋胡服骑射以教百姓，曰："愚者所笑，贤者察焉。虽驱世以笑我，胡地、中山，吾必有之！"遂胡服。

国人皆不欲，公子成称疾不朝。王使人请之曰："家听于亲，国听于君。今寡人作教易服而公叔不服，吾恐天下议之也。制国有常，利民为本；从政有经，令行为上。明德先论于贱，而从政先信于贵，故愿慕公叔之义以成胡服之功也。"公子成再拜稽首曰："臣闻中国者，圣贤之所教也，礼乐之所用也，远方之所观赴也，蛮夷之所则效也。今王舍此而袭远方之服，变古之道，逆人之心，臣愿王熟图之也！"使者以报。王自往请之，曰："吾国东有齐、中山，北有燕、东胡，西有楼烦、秦、韩之边。今无骑射之备，则何以守之哉？先时中山负齐之强兵，侵暴吾地，系累吾民，引水围鄗；微社稷之神灵，则鄗几于不守也，先君丑之。故寡人变服骑射，欲以备四境之难，报中山之怨。而叔顺中国之俗，恶变服之名，以忘鄗事之丑，非寡人之所望也。"公子成听命，乃赐胡服，明日服而朝。于是始出胡服令，而招骑射焉。

赧王十六年（壬戌，公元前二九九年）

五月戊申，大朝东宫，传国于何。王庙见礼毕，出临朝，大夫悉为臣。肥义为相国，并傅王。武灵王自号"主父"。主父欲使子治国，身胡服，将士大夫西北略胡地。将自云中、九原南袭咸阳，于是诈自为使者，入秦，欲以观秦地形及秦王之为人。秦王不知，已而怪其状甚伟，非人臣之度，使人逐之，主父行已脱关矣。审问之，乃主父也。秦人大惊。

——《资治通鉴》卷第三【周纪三】

赧王二十年（丙寅，公元前二九五年）

秦尉错伐魏襄城。赵主父与齐、燕共灭中山，迁其王于肤施。归，行赏，大赦，置酒，酺五日。

——《资治通鉴》卷第四【周纪四】

【解题与点评】

战国时期，赵国的武灵王改革政治和军制，建立起了强大的骑兵，使赵国征服了林胡，开地千里，并且西抗强秦，南挟韩魏，终于成为七国之中的强国。

赵武灵王的改革中以"胡服骑射"最负盛名。他出于提高赵国军力的远见，审时度势，在全国推广胡服骑射，这在普遍歧视蛮夷的当时，可谓惊世骇俗之举，上自赵国公子，下至寻常

胡服骑射

百姓，都以之为羞耻，其改革的难度可想而知。但赵武灵王决心已定，虽知其用心会为"愚者所笑"，也甘冒天下之大不韪，从赵国上层开始实行，逐步推及全国。结果呢？借助骑兵优势，赵国军队战斗力大增，不但消除了边患，亦且攻城略地，开疆拓土，强盛一时。我们从中亦可见赵武灵王洞察时局，务实简洁的政治风格和过人识见。他雷厉风行地完成改革并实现其既定军事目标后，甚至进一步觊觎当时强大的秦国，可见其非同一般的雄心。而伪装为使者进入秦国的非常之举，也证明这位武灵王的确是一个超乎群伦、不拘小节的英雄。这场几乎独步千古的成功改革，的确是"在乎其人"。

赵武灵王"胡服骑射"是我国古代军事史上的一次大变革，被历代史学家传为佳话。特别是赵武灵王以敢为天下先的进取精神，在中原王朝把少数民族视为"异类"的政治背景下，在一片"攘夷"的声浪中，力排众议，冲破守旧势力的阻挠，坚决实行向夷狄学习的国策，表现了作为古代社会改革家的魄力和胆识。"胡服骑射"虽然是一场军服改革，但影响却是多方面的。它使人们的心理和思维方式发生了明显变化，使勇于革新的思想得到树立，减弱了华夏民族鄙视胡人的心理，增强了胡人对华夏民族的归依心理，缩短了二者之间的心理距离，促进了二者之间的经济文化交流，为以后的民族大融合和国家大统一奠定了心理基础。

赵武灵王为了赵国的生存和强大，他没有安于现状，勤于思考，穷则思变，勇于实践，攻坚克难，最终取得成功，这是十分宝贵的历史财富。

（五）汉文帝与民休息

太宗孝文皇帝元年（壬戌，公元前一七九年）

诏曰："法者，治之正也。今犯法已论，而使无罪之父母、妻子、同产坐之，及为收帑，朕甚不取！其除收帑诸相坐律令。"

……

诏振贷鳏、寡、孤、独、穷困之人。又令："八十已上，月赐米、肉、酒；九十已上，加赐帛、絮。赐物当禀鬻米者，长吏阅视，丞若尉致；不满九十，啬夫、令史致；二千石遣都吏循行，不称者督之。"

……

时有献千里马者。帝曰："鸾旗在前，属车在后，吉行日五十里，师行三十里。朕乘千里马，独先安之？"于是还其马，与道里费，而下诏曰："朕不受献也。其令四方毋求来献。"

帝既施惠天下，诸侯、四夷远近欢洽。乃修代来功，封宋昌为壮武侯。

帝益明习国家事。朝而问右丞相勃曰："天下一岁决狱几何？"勃谢不知。又问："一岁钱谷出入几何？"勃又谢不知，惶愧，汗出沾背。上问左丞相平。平曰："有主者。"上曰："主者谓谁？"曰："陛下即问决狱，责廷尉；问钱谷，责治粟内史。"上曰："苟各有主者，而君所主者何事也？"平谢曰："陛下不知其驽下，使待罪宰相。宰相者，上佐天子，理阴阳，顺四时；下遂万物之宜；外镇抚四夷诸侯；内亲附百姓，使卿大夫各得任其职焉。"帝乃称善。右丞相大惭，出而让陈平曰："君独不素教我对！"陈平笑曰："君居其位，不知其任邪？且陛下即问长安中盗贼数，君欲强对邪？"于是绛侯自知其能不如平远矣。居顷之，人或说勃曰："君既诛诸吕，立代王，威震天下。而君受厚赏，处尊位，久之，即祸及身矣。"勃亦自危，乃谢病，请归相印，上许之。秋，八月，辛未，右丞相勃免，左丞相平专为丞相。

太宗孝文皇帝二年（癸亥，公元前一七八年）

癸卯晦，日有食之。诏："群臣悉思朕之过失及知见之所不及，匄以启告朕。及举贤良、方正、能直言极谏者，以匡朕之不逮。"因各敕以职任，务省繇费以便民，罢卫将军。太仆见马遗财足，余皆以给传置。

颍阴侯骑贾山上书言治乱之道曰："臣闻雷霆之所击，无不摧折者；万钧之所压，无不糜灭者。今人主之威，非特雷霆也；执重，非特万钧也。开道而求谏，和颜色而受之，用其言而显其身，士犹恐惧而不敢自尽；又况于纵欲恣暴、恶闻其过乎！震之以威，压之以重，虽有尧、舜之智，孟贲之勇，岂有不摧折者哉！如此，则人主不得闻其过，社稷危矣。

昔者周盖千八百国，以九州之民养千八百国之君，君有余财，民有余力，而颂声作。秦皇帝以千八百国之民自养，力罢不能胜其役，财尽不能胜其求。一君之身耳，所自养者驰骋弋猎之娱，天下弗能供也。秦皇帝计其功德，度其后嗣世世无穷；然身死才数月耳，天下四面而攻之，宗庙灭绝矣。秦皇帝居灭绝之中而不自知者，何也？天下莫敢告也。其所以莫敢告者，何也？亡养老之义，亡辅弼之臣，退诽谤之人，杀直谏之士。是以道谀、媮合苟容，比其德则贤于尧、舜，课其功则贤于汤、武；天下已溃而莫之告也。

今陛下使天下举贤良方正之士，天下皆欣欣焉曰：'将兴尧舜之道、三王之功矣。'天下之士，莫不精白以承休德。今方正之士皆在朝廷矣；又选其贤者，使为常侍、诸吏，与之驰驱射猎，一日再三出。臣恐朝廷之解弛，百官之堕于事也。陛下即位，亲自勉以厚天下，节用爱民，平狱缓刑；天下莫不说喜。臣闻山东吏布诏令，民虽老羸癃疾，扶杖而往听之，愿少须臾毋死，思见德化之成也。今功业方就，名闻方昭，四方乡风而从；豪俊之臣，方正之士，直与之日日猎射，击兔、伐狐，以伤大业，绝天下之望，臣窃悼之。古者大臣不得与宴游，使皆务其方而高其节，则群臣莫敢不正身修行，尽心以称大体。夫士，修之于家而坏之于天子之廷，臣窃愍之。陛下与众臣宴游，与大臣、方正朝廷论议，游不失乐，朝不失礼，议不失计，轨事之大者也。"上嘉纳其言。

每上朝，郎、从官上书疏，未尝不止辇受其言。言不可用置之，言可用采之，未尝不称善。

帝从霸陵上欲西驰下峻阪。中郎将袁盎骑，并车揽辔。上曰："将军怯邪？"盎曰："臣闻'千金之子，坐不垂堂'。圣主不乘危，不徼幸。今陛下骋六飞驰下峻山，有如马惊车败，陛下纵自轻，奈高庙、太后何！"上乃止。

上所幸慎夫人，在禁中常与皇后同席坐。及坐郎置，袁盎引却慎夫人坐。慎夫人怒，不肯坐；上亦怒，起，入禁中。盎因前说曰："臣闻'尊卑有序，则上下和'。今陛下既已立后，慎夫人乃妾。妾、主岂可与同坐哉！且陛下幸之，即厚赐之。陛下所以为慎夫人，适所以祸之也。陛下独不见'人彘'乎！"于是上乃说，召语慎夫人，慎夫人赐盎金五十斤。

贾谊说上曰："《管子》曰：'仓廪实而知礼节，衣食足而知荣辱。'民不足而可治者，自古及今，未之尝闻。古之人曰：'一夫不耕，或受之饥；一女不织，或受之寒。'生之有时而用之亡度，则物力必屈。古之治天下，至纤至悉，故其畜积足恃。今背本而趋末者甚众，是天下之大残也！淫侈之俗，日日以长，是天下之大贼也！残、贼公行，莫之或止；大命将泛，莫之振救。生之者甚少而靡之者甚多，天下财产何得不蹶。

汉之为汉，几四十年矣，公私之积，犹可哀痛。失时不雨，民且狼顾；岁恶不入，请卖爵子。既闻耳矣，安有为天下阽危者若是而上不惊者！

世之有饥、穰，天之行也；禹、汤被之矣。即不幸有方二三千里之旱，国胡以相恤？卒然边境有急，数十百万之众，国胡以馈之？兵、旱相乘，天下大屈，有勇力者聚徒而冲击，罢夫、羸老，易子上咬其骨。政治未毕通也，远方之能僭拟者并举而争起矣；乃骇而图之，岂将有及乎！夫积贮者，天下之大命也。苟粟多而财有余，何为而不成！以攻则取，以守则固，以战则胜，怀敌附远，何招而不至！

今驱民而归之农，皆著于本。使天下各食其力，末技、游食之民转而缘南畮则畜积足而人乐其所矣。可以为富安天下，而直为此廪廪也，窃为陛下惜之！"

上感谊言，春，正月，丁亥，诏开藉田，上亲耕以率天下之民。

……

五月，诏曰："古之治天下，朝有进善之旌，诽谤之木，所以通治道而来谏者也。今法有诽谤、妖言之罪，是使众臣不敢尽情而上无由闻过失也，将何以来远方之贤良！其除之！"

九月，诏曰："农，天下之大本也，民所恃以生也；而民或不务本而事末，故生不遂。朕忧其然，故今兹亲率群臣农以劝之；其赐天下民今年田租之半。"

——《资治通鉴》卷第十三【汉纪五】

太宗孝文皇帝十三年（甲戌，公元前一六七年）

是时，上既躬修玄默，而将相皆旧功臣，少文多质。惩恶亡秦之政，论议务在宽厚，耻言人之过失，化行天下，告讦之俗易。吏安其官，民乐其业，畜积岁增，户口浸息。风流笃厚，禁罔疏阔，罪疑者予民，是以刑罚大省，至于断狱四百，有刑错之风焉。

六月，诏曰："农，天下之本，务莫大焉。今勤身从事而有租税之赋，是为本末者无以异也，其于劝农之道未备。其除田之租税。"

太宗孝文皇帝后元七年（甲申，公元前一五七年）

汉文帝像

帝即位二十三年，宫室、苑囿、车骑、服御，无所增益；有不便，辄驰以利民。尝欲作露台，召匠计之，直百金。上曰："百金，中人十家之产也。吾奉先帝宫室，常恐羞之，何以台为！"身衣弋绨；所幸慎夫人，衣不曳地；帷帐无文绣；以示敦朴，为天下先。治霸陵，皆瓦器，不得以金、银、铜、锡为饰，因其山，不起坟。吴王诈病不朝，赐以几杖。群臣袁盎等谏说虽切，常假借纳用焉。张武等受赂金钱，觉，更加赏赐以愧其心；专务以德化民。是以海内安宁，家给人足，后世鲜能及之。

——《资治通鉴》卷第十五【汉纪七】

【解题与点评】

治理国家基本上有三种模式，即武治、文治和文武并用。西汉初年有个政治家陆贾在刘邦面前论说如何治理天下，写成了一本书叫《新语》，陆贾说："可以在马上夺得天下（即用武力争夺天下），但不能在马上治理天下（即不能用武力治理国家）"。陆贾的话深得刘邦的赞同，所以西汉初年从刘邦开始，就一改秦朝严刑峻法的武治策略，改用以文治国。

经过长期战乱，西汉前期人口稀少，民生凋敝。汉文帝刘恒在位期间，实行"与民休息"的政策，减轻田赋、刑狱，恢复发展农业生产，削弱诸侯王势力，为汉朝的繁荣强大奠定了基础。汉景帝朝继续实行这一政策，史称"文景之治"。

从《资治通鉴》记载来看，汉文帝春风化雨般的政策难道不是十分适宜吗？鼓励谏言，使得他轻易地打开了朝野上下有识之士的心扉，他们可以毫无顾及地畅所欲言。这既裨益了汉王朝的治理，又赢得了普遍的尊敬与爱戴。废除亲戚邻里相坐的刑法，无辜之人为免受飞来横祸，再也不用整天战战兢兢，彼此监视揭发，既稳定了人心又保护了人口。而在历史上，这样宽松的刑罚比较少见。赈贷政策鼓励了贫弱者生存的希望。难能可贵的是，汉文帝还是中国历史上有名的戒奢以俭的好皇帝。北宋文学家吴坰《五总志》上有汉文帝刘恒"履不藉以视朝"的记载。草鞋最早的名字叫"屦"。由于制作草鞋的材料以草和麻为主，非常经济，且取之不尽，用之不竭，平民百姓都能自备，汉代称之为"不藉"。汉文帝时，已经有了布鞋，草鞋沦为贫民的穿着，而汉文帝刘恒"履不藉以视朝"，就是说他穿着草鞋上殿办公，做了节俭的表率。不仅是草鞋，就连他的龙袍破了，就让皇后给他补一补，再穿。汉文帝自己穿粗布衣服不说，后宫嫔妃也是朴素服饰。古代皇帝住的宫殿，大都要修又大又漂亮的露台。汉文帝也想造一个露台，他找到工匠，让他们算算要花多少钱。工匠们说："不算多，一百斤金子就够了。"汉文帝吃了一惊，又摇头又摆手，说："现在朝廷的钱很少，还是把这些钱省下吧。"汉文帝当皇帝二十三年，居然没有盖宫殿，没有修园林，没有增添车辆仪仗，甚至连狗马都没有增添。他关心百姓的疾苦，刚当皇帝不久，就下令：由国家供养八十岁以上的老人，每月都要发给他们米、肉和酒；对九十岁以上的老人，还要再发一些麻布、绸缎和丝棉，给他们做衣服。在他死前，最后安排了一次节俭的活动。汉文帝在遗诏中痛斥了厚葬的陋俗，要求为自己从简办丧事，对待自己的归宿"霸陵"，明确要求："皆以瓦器，不得以金银铜锡为饰，不治坟，欲为省，毋烦民。"由于汉文帝这种廉洁爱民的精神和励精图治的实践，才造就了"文景之治"的盛世。汉文帝一生为国家积累了大量的钱财和粮食。当时国库里的钱多得数不清，粮仓里的粮食甚至都堆到外面来。而他却一生吃喝节俭，什么都不舍得花钱。后来起义军攻打长安的时候，掘开了很多皇帝的陵墓，唯独汉文帝的陵墓没有动，因为他们知道，他的墓里没有值钱的东西。这也许是对他一生节俭最好的回报。

汉文帝拒绝贡奉，放弃露台，墓以瓦器，那些在后世皇帝那里原本习以为常的权利与享受，也都被汉文帝作为奢侈与特权而平静地取消了。汉文帝的平易、朴素与治国安邦得力，在历代皇帝中都是难得一见的。

（六）马皇后母仪天下

肃宗孝章皇帝建初二年（丁丑，公元七七年）

上欲封爵诸舅，太后不听。会大旱，言事者以为不封外戚之故，有司请依旧典。太后诏曰："凡言事者，皆欲媚朕以要福耳。昔王氏五侯同日俱封，黄雾四塞，不闻澍雨之应。夫外戚贵盛，鲜不倾覆；故先帝防慎舅氏，不令在枢机之位，又言'我子不当与先帝子等'，今有司奈何欲以马氏比阴氏乎！且阴卫尉，天下称之，省中御者至门，出不及履，此蘧伯玉之敬也；新阳侯虽刚强，微失理，然有方略，据地谈论，一朝无双；原鹿贞侯，勇猛诚信；此三人者，天下选臣，岂可及哉！马氏不及阴氏远矣。吾不才，夙夜累息，常恐亏先后之法，有毛发之罪吾不释，言之不舍昼夜，而亲属犯之不止，治丧起坟，又不时觉，是吾言之不立而耳目之塞也。

吾为天下母，而身服大练，食不求甘，左右但著帛布，无香薰之饰者，欲身率下也。以为外亲见之，当伤心自敕，但笑言'太后素好俭'。前过濯龙门上，见外家问起居者，车如流水，马如游龙，仓头衣绿褠，领袖正白，顾视御者，不及远矣。故不加谴怒，但绝岁用而已，冀以默愧其心，犹懈怠无忧国忘家之虑。知臣莫若君，况亲属乎！吾岂可上负先帝之旨，下亏先人之德，重袭西京败亡之祸哉！"固不许。

帝省诏悲叹，复重请曰："汉兴，舅氏之封侯，犹皇子之为王也。太后诚存谦虚，奈何令臣独不加恩三舅乎！且卫尉年尊，两校尉有大病，如令不讳，使臣长抱刻骨之恨。宜及吉时，不可稽留。"太后报曰："吾反覆念之，思令两善，岂徒欲获谦让之名而使帝受不外施之嫌

明德马皇后

哉！昔窦太后欲封王皇后之兄，丞相条侯言：'高祖约，无军功不侯。'今马氏无功于国，岂得与阴、郭中兴之后等邪！常观富贵之家，禄位重叠，犹再实之木，其根必伤。且人所以愿封侯者，欲上奉祭祀，不求温饱耳；今祭祀则受太官之赐，衣食则蒙御府余资，斯岂不可足，而必当得一县乎！吾计之孰矣，勿有疑也。

夫至孝之行，安亲为上。今数遭变异，谷价数倍，忧惶昼夜，不安坐卧，而欲先营外家之封，违慈母之拳拳乎！吾素刚急，有胸中气，不可不顺也。子之未冠，由于父母，已冠成人，则行子之志。念帝，人君也；吾以未逾三年之故，自吾家族，故得专之。若阴阳调和，边境清静，然后行子之志；吾但当含饴弄孙，不能复关政矣。"上乃止。

太后尝诏三辅：诸马婚亲有属托郡县、干乱吏治者，以法闻。太夫人葬起坟微高，太后以为言，兄卫尉廖等即时减削。其外亲有谦素义行者，辄假借温言，赏以财位；如有纤介，则先见严恪之色，然后加谴。其美车服、不遵法度者，便绝属籍，遣归田里。广平、巨鹿、乐成王，车骑朴素，无金银之饰，帝以白太后，即赐钱各五百万。于是内外从化，被服如一；诸家惶恐，倍于永平时。置织室，蚕于濯龙中，数往观视，以为娱乐。常与帝旦夕

言道政事及教授小王《论语》经书，述叙平生，雍和终日。

——《资治通鉴》卷第四十六【汉纪三十八】

【解题与点评】

东汉明帝的马皇后，是伏波将军马援的小女儿。她少丧父母，10 岁即开始理家，居然井井有条，人皆称奇。她 13 岁时入太子宫，行止合矩，德冠后宫，后被立为皇后。虽贵为皇后，马氏仍谦逊朴素。汉明帝去世后章帝即位，她被尊为太后，仍严格要求自己和家人，成为天下人的表率。

外戚之患历来是封建朝代的棘手之事。外戚之患的本质在于公私不分，家事国事混杂。而《资治通鉴》突出记载了马皇后公私分明，自觉抑制外戚势力的圣明之举，寓意很深。若与李世民的长孙皇后和朱元璋的马皇后相比，就知名度而言，东汉明帝的马皇后似乎要逊色一些。但是，在东汉外戚宦官横行的时代，明德马皇后称得上"出淤泥而不染"。公元 70 年，明帝的同父异母兄弟楚王刘英企图谋反，事情败露后自杀身亡。刘英一案，牵连了很多党羽。大家胡乱攀引，结果冤狱重重，受株连的人不计其数，下狱和判处流放的官员竟多达几千人。一些耿直的大臣劝谏皇上停手，但明帝根本不听。马皇后知道后十分忧虑。一天，明帝回宫，她趁机向明帝进言，请求明帝不要把案件无限扩大，神情悲楚。明帝深为感动，半夜时睡不着觉，反复思考马皇后的话，第二天便释放了许多人，而案件也很快就结案了。尽管马皇后深为明帝及后来的章帝所敬重，但在家、国之间，她却从来公私分明，堪称公而无私的楷模。明帝去世，马太后的三个弟弟自认为是皇亲国戚，私闯宫门，非要强行入宫吊丧不可，遭到守宫门的卫士杨仁的拒绝，引得国舅大怒并向章帝告状。事情传出后，马太后不仅没生气，反而赞扬说：杨仁执法不阿，不避权贵，这才是国家的忠臣，并要求章帝提拔杨仁。章帝想按照两汉的制度封三个舅舅为侯爵，马太后不允许。一些大臣以为太后是故作谦虚，为了讨太后和国舅的欢心，便联名上书说：天久旱不雨，是由于陛下不封外戚，引起阴阳失调所致。请陛下依照祖宗常法，加封帝舅们为侯。马太后看到奏章后，非常气愤，向章帝历数外戚祸国的例子。章帝见太后如此坚持，只好把封侯的事暂时搁起。马后一生勤俭、朴素谦逊、知书识礼，她的所作所为对明帝、章帝两朝政治都有着积极影响，因此赢得后世赞誉。

马氏身为皇后、太后而数次严词拒绝对马家的特殊恩赐，她当时的处境甚至比其他人有利得多：皇帝的诚心请求，天灾的威胁，有司的迫切谏议，汉朝的先例，等等。但是这些丝毫不能动摇马皇后的决心，因为她对外戚之祸有着十分清醒的认识，对自己以及外戚在国家与政治中的地位有着十分明智的判断。更难得的是，她通过诏令限制外戚的特权，并以实际行动来节制外戚所享有的，哪怕是日常生活中的待遇，这在中国历史上可谓凤毛麟角。

（七）奇思纵乐汉灵帝

孝灵皇帝熹平六年（丁巳，公元一七七年）

初，帝好文学，自造《皇羲篇》五十章，因引诸生能为文赋者并待制鸿都门下。后诸为尺牍及工书鸟篆者，皆加引召，遂至数十人。侍中祭酒乐松、贾护多引无行趣势之徒置其间，熹陈闾里小事；帝甚悦之，待以不次之位；又久不亲行郊庙之礼。

——《资治通鉴》卷第五十七【汉纪四十九】

孝灵皇帝光和元年（戊午，公元一七八年）

是岁，初开西邸卖官，入钱各有差；二千石二千万；四百石四百万；其以德次应选者半之，或三分之一；于西园立库以贮之。或诣阙上书占令长，随县好丑，丰约有贾。富者则先入钱，贫者到官然后倍输。又私令左右卖公卿，公千万，卿五百万。初，帝为侯时常苦贫，及即位，每叹桓帝不能作家居，曾无私钱，故卖官聚钱以为私藏。

帝尝问侍中杨奇曰："朕何如桓帝？"对曰："陛下之于桓帝，亦犹虞舜比德唐尧。"帝不悦曰："卿强项，真杨震子孙，死后必复致大鸟矣。"奇，震之曾孙也。

——《资治通鉴》卷第五十七【汉纪四十九】

孝灵皇帝光和四年（辛酉，公元一八一年）

是岁，帝作列肆于后宫，使诸采女贩卖，更相盗窃争斗；帝著商贾服，从之饮宴为乐。又于西园弄狗，著进贤冠，带绶。又驾四驴，帝躬自操辔，驱驰周旋；京师转相仿效，驴价遂与马齐。

帝好为私稽，收天下之珍货，每郡国贡献，先输中署，名为"导行费"。中常侍吕强上疏谏曰："天下之财，莫不生之阴阳，归之陛下，岂有公私！而今中尚方敛诸郡之宝，中御府积天下之缯，西园引司农之藏，中厩聚太仆之马；而所输之府，辄有导行之财，调广民困，费多献少，奸吏因其利，百姓受其敝。又，阿媚之臣，好献其私，容谄姑息，自此而进。旧典：选举委任三府，尚书受奏御而已；受试任用，责以成功，功无可察，然后付之尚书举劾，请下廷尉覆案虚实，行其罪罚。于是三公每有所选，参议掾属，咨其行状，度其器能；然犹有旷职废官，荒秽不治。今但任尚书，或有诏用，如是，三公得免选举之负，尚书亦复不坐，责赏无归，岂肯空自劳苦乎！"书奏，不省。

孝灵皇帝中平二年（乙丑，公元一八五年）

中常侍张让、赵忠说帝敛天下田，亩十钱，以修宫室、铸铜人。乐安太守陆康上疏谏曰："昔鲁宣税亩而蝝灾自生。哀公增赋而孔子非之，岂有聚夺民物以营无用之铜人，捐舍圣戒，自蹈亡王之法哉！"内幸谮康援引亡国以譬圣明，大不敬，槛车征诣廷尉。侍御史刘岱表陈解释，得免归田里。康，续之孙也。

又诏发州郡材木文石，部送京师。黄门常侍辄令谴呵不中者，因强折贱买，仅得本贾十分之一，因复货之，宦官复不为即受，材木遂至腐积，宫室连年不成。刺史、太守复增私调，百姓呼嗟。又令西园驺分道督趣，恐动州郡，多受赇赂。刺史、二千石及茂才、孝廉迁除皆至西园谐价，然后得去，其守清者乞不之官，皆迫遣之。时巨鹿太守河内司马直新除，以有清名，减责三百万。直被诏，怅然曰："为民父母而反割剥百姓以称时求，吾不忍也。"辞疾，不听。行至孟津，上书极陈当世之失，即吞药自杀。书奏，帝为暂绝修宫钱。

……

是岁，帝造万金堂于西园，引司农金钱、缯帛牣积堂中，复藏寄小黄门、常侍家钱各数千万，又于河间买田宅，起第观。

——《资治通鉴》卷第五十八【汉纪五十】

【解题与点评】

普天之下，莫非王土；率土之滨，莫非王臣。

记得有寓言说一个皇帝深处宫中，享受着荣华富贵，腻味了。一天突发奇想，想出宫体验一下老百姓的生活，于是乔装打扮成一个农夫出宫。一个月后，皇帝感觉到老百姓的生活太苦，还是做皇帝有滋味。回到城门，不管这个皇帝怎么解释，守门士兵怎么也不让他进城，说他是冒充的皇帝，是假冒伪劣。结果皇位给别人占去了。这虽然是寓言，但中国历史上却能找到相似的版本，玩物丧志啊！

东汉灵帝刘宏继位时，窦太后临朝，灵帝不问朝政，放纵玩乐。他任用一批技艺之人为官，设西邸公开卖官鬻爵，在后宫模仿市井做买卖，按田亩收钱修宫室，把朝廷搞得乌烟瘴气。东汉政治至此彻底腐败崩溃，终于导致黄巾起义。

纵观中国历史上的皇帝，虽然贤愚优劣各有不同，但是像汉灵帝这样荒唐的尚不多见。诸葛亮曾有"亲小人，远贤臣，此后汉之所以倾颓也"的感慨，可见"冰冻三尺，非一日之寒"。东汉中叶以来，外戚与宦官相继把持政权，以至于纲纪废弛，弊政丛生。汉灵帝继位后为所欲为，肆意嬉戏耍闹，恐怕也是情出无奈，受长期以来的畸形政治之害。在这样的政治环境中，端正之士因不愿曲意逢迎而自杀，更是令人悲愤、叹惋。

对于汉灵帝西园敛钱一事，吴思先生在其《潜规则——中国历史的真实游戏》中这样说："汉灵帝向官员预征的这笔修宫室的钱，连同后来充分发展为卖官鬻爵的收入，很像是一笔承包费。皇上派官员下去当官征税，治理百姓，并发给他工资，这本来是很清楚的官僚制度。但是皇上和他的参谋们心里明白：'一税轻，二税重，三税是个无底洞。'在各项正式的赋税收入之外，多数地方官还有个小金库，有大量的灰色甚至黑色收入。这是一笔黑灰色的钱，你问起来谁都不承认，实际上数量又不小；管理起来难度很大，但是让下边独吞又不甘心。于是皇上就采取了大包干的政策：交够了我的，剩下是你的，不交不许上任。实际上，这是对黑灰色收入的批准、强求和分肥。这条政策一出，本来不收黑钱的清官也非收不可了。这就是司马直的真实处境。司马直以父母官自命，他遵循的是儒家规范。这本来是官方倡导全国奉行的正式行为规范，但是当政者对官员的实际要求与这些规范的冲突太大，司马直除了上疏劝告或者辞职之外又不能有其他反对的表示，不然就与忠君的要求相冲突，结果他只好用毒药将自己淘汰出这场僵局。如此激烈的自我淘汰当然是罕见的，不那么富于代表性。我们还需要讲一些比较寻常的故事，同时也进一步看看，那些活蹦乱跳地交钱承包的人，到任之后会做出什么事来。"

（八）刘备三顾茅庐

孝献皇帝建安十二年（丁亥，公元二〇七年）

初，琅邪诸葛亮寓居襄阳隆中，每自比管仲、乐毅。时人莫之许也，惟颍川徐庶与崔州平谓为信然。州平，烈之子也。

刘备在荆州，访士于襄阳司马徽。徽曰："儒生俗士，岂识时务，识时务者在乎俊杰。此间自有伏龙、凤雏。"备问为谁，曰："诸葛孔明、庞士元也。"徐庶见备于新野，备器之。庶谓备曰："诸葛孔明，卧龙也，将军岂愿见之乎？"备曰："君与俱来。"庶曰："此人可就见，不可屈致也，将军宜枉驾顾之。"

备由是诣亮，凡三往，乃见。因屏人曰："汉室倾颓，奸臣窃命，孤不度德量力，欲信大义于天下，而智术浅短，遂用猖蹶，至于今日。然志犹未已，君谓计将安出？"亮曰："今曹操已拥百万之众，挟天子而令诸侯，此诚不可与争锋。孙权据有江东，已历三世，国险而民附，贤能为之用，此可与为援而不可图也。荆州并据汉、沔，利尽南海，东连吴会，西通巴、蜀，此用武之国，而其主不能守，此殆天所以资将军也。益州险塞，沃野千里，天府之土；刘璋暗弱，张鲁在北，民殷国富而不知存恤，智能之士思得明君。将军既帝室之胄，信义著于四海，若跨有荆、益，保其岩阻，抚和戎、越，结好孙权，内修政治，外观时变，则霸业可成，汉室可兴矣。"备曰："善！"于是与亮情好日密。关羽、张飞不悦，备解之曰："孤之有孔明，犹鱼之有水也。愿诸君勿复言。"羽、飞乃止。

——《资治通鉴》卷第六十五【汉纪五十七】

三顾堂

【解题与点评】

据传说，早在春秋时期俞伯牙擅长弹琴，钟子期擅长听音辨意。有次，伯牙来到泰山（今武汉市汉阳龟山）北面游览时，突遇暴雨滞留岩下，寂寞之余，拿出古琴弹了起来。正在附近躲雨的樵夫钟子期听到后，忍不住叫道："好曲！真是好曲！"随后伯牙每奏一支琴曲，子期都能听出它的意旨和情趣，这使得伯牙惊喜异常。二人因此结为知音，并约好来年再相会论琴。可第二年伯牙来会子期时，得知子期不久前已经因病去世。伯牙痛惜伤感，摔破了古琴，从此不再抚弦弹奏，以谢平生难得的知音，从此以后，高水流水，知音难觅，人生得一知己成为许多人一生之愿。

东汉末年，黄巾大起义爆发后，东汉王朝大厦将倾，诸侯争战不止。直至建安十二年，刘备仍在混战中东奔西走，无立身之地。为了实现自己的抱负，刘备遍访天下人才，积蓄力量。他听说诸葛亮的声名后，三顾茅庐，从而得到一位得力谋臣，为其提供了日后三分天下的蓝图。

刘备的成功与其对待人才的态度有直接的关系。出于争战的需要，曹操、孙权都很注意广征人才，刘备也是如此，但他在对待人才上显得尤为情真意切。主臣之间肝胆相照，彼此信任，始终不渝。他与诸葛亮的关系，就是一个很好的说明。认识诸葛亮时，能在寒冬时节三顾茅庐，屈驾延请，至诚至真。所以，诸葛亮能够自始至终赤胆忠心，为刘氏政权"鞠躬尽瘁，死而后已"。

好马遇伯乐才能有用武之地。伯乐寻到千里马，方能显出识马的智慧和才华。刘备与诸葛亮亦师亦友，亲密无间，刘备曾说过："孤之有孔明，犹鱼之有水也。"

（九）诸葛亮治蜀

孝献皇帝建安十九年（甲午，公元二一四年）

诸葛亮佐备治蜀，颇尚严峻，人多怨叹者。法正谓亮曰："昔高祖入关，约法三章，秦民知德。今君假借威力，跨据一州，初有其国，未垂惠抚；且客主之义，宜相降下，愿缓刑弛禁以慰其望。"亮曰："君知其一，未知其二。秦以无道，政苛民怨，匹夫大呼，天下土崩；高祖因之，可以弘济。刘璋暗弱，自焉以来，有累世之累，文法羁縻，互相承奉，德政不举，威刑不肃。蜀土人士，专权自恣，君臣之道，渐以陵替。宠之以位，位极则贱；顺之以恩，恩竭则慢。所以致敝，实由于此。吾今威之以法，法行则知恩；限之以爵，爵加则知荣。荣恩并济，上下有节，为治之要，于斯而著矣。"

刘备以零陵蒋琬为广都长。备尝因游观，奄至广都，见琬众事不治，时又沉醉。备大怒，将加罪戮。诸葛亮请曰："蒋琬社稷之器，非百里之才也。其为政以安民为本，不以修饰为先，愿主公重加察之。"备雅敬亮，乃不加罪，仓卒但免官而已。

　　　　　　　　　　　　——《资治通鉴》卷第六十七【汉纪五十九】

世祖文皇帝黄初四年（癸卯，公元二二三年）

五月，太子禅即位……封丞相亮为武乡侯，领益州牧，政事无巨细，咸决于亮。亮乃约官职，修法制，发教与群下曰："夫参署者，集众思，广忠益也。若远小嫌，难相违覆，旷阙损矣。违覆而得中，犹弃敝蹻而获珠玉。然人心苦不能尽，惟徐元直处兹不惑。又，董幼宰参署七年，事有不至，至于十反，来相启告。苟能慕元直之十一，幼宰之勤渠，有忠于国，则亮可以少过矣。"又曰："昔初交州平，屡闻得失；后交元直，勤见启诲；前参事于幼宰，每言则尽；后从事于伟度，数有谏止。虽资性鄙暗，不能悉纳，然与此四子终始好合，亦足以明其不疑于直言也。"伟度者，亮主簿义阳胡济也。

亮尝自校簿书，主簿杨颙直入，谏曰："为治有体，上下不可相侵。请为明公以作家譬之。今有人，使奴执耕稼，婢典炊爨，鸡主司晨，犬主吠盗，牛负重载，马涉远路。私业无旷，所求皆足，雍容高枕，饮食而已。忽一旦尽欲以身亲其役，不复付任，劳其体力，为此碎务，形疲神困，终无一成。岂其智之不如奴婢鸡狗哉？失为家主之法也。是故古人称'坐而论道，谓之王公；作而行之，谓之士大夫。'故丙吉不问横道死人而忧牛喘，陈平不肯知钱谷之数，云'自有主者'，彼诚达于位分之体也。今明公为治，乃躬自校簿书，流汗终日，不亦劳乎！"亮谢之。及颙卒，亮垂泣三日。

烈祖明皇帝上太和元年（丁未，公元二二七年）

三月，蜀丞相亮率诸军北驻汉中，使长史张裔、参军蒋琬统留府事。临发，上疏曰："先帝创业未半，而中道崩殂。今天下三分，益州疲敝，此诚危急存亡之秋也。然侍卫之臣不懈于内，忠志之士忘身于外者，盖追先帝之殊遇，欲报之于陛下也。诚宜开张圣听，以光先帝遗德，恢弘志士之气；不宜妄自菲薄，引喻失义，以塞忠谏之路也。

宫中、府中，俱为一体，陟罚臧否，不宜异同。若有作奸犯科及为忠善者，宜付有司论其刑赏，以昭陛下平明之理，不宜偏私，使内外异法也。

侍中、侍郎郭攸之、费祎、董允等，此皆良实，志虑忠纯，是以先帝简拔以遗陛下。愚以为宫中之事，事无大小，悉以咨之，然后施行，必能裨补阙漏，有所广益。将军向宠，性行淑均，晓畅军事，试用于昔日，先帝称之曰能，是以众议举宠为督。愚以为营中之事，悉以咨之，必能使行陈和睦，优劣得所。

亲贤臣，远小人，此先汉所以兴隆也；亲小人，远贤臣，此后汉所以倾颓也。先帝在时，每与臣论此事，未尝不叹息痛恨于桓、灵也。侍中、尚书、长史、参军，此悉端良、死节之臣，愿陛下亲之，信之，则汉室之隆，可计日而待也。

臣本布衣，躬耕南阳，苟全性命于乱世，不求闻达于诸侯。先帝不以臣卑鄙，猥自枉屈，三顾臣于草庐之中，咨臣以当世之事；由是感激，遂许先帝以驱驰。后值倾覆，受任于败军之际，奉命于危难之间，尔来二十有一年矣。先帝知臣谨慎，故临崩寄臣以大事也。受命以来，夙夜忧叹，恐托付不效，以伤先帝之明。故五月渡泸，深入不毛。今南方已定，甲兵已足，当奖率三军，北定中原，庶竭驽钝，攘除奸凶，兴复汉室，还于旧都，此臣所以报先帝，而忠陛下之职分也。至于斟酌损益，进尽忠言，则攸之、祎、允之任也。愿陛下托臣以讨贼兴复之效，不效，则治臣之罪以告先帝之灵，责攸之、祎、允等之慢以彰其咎。陛下亦宜自谋，以谘诹善道，察纳雅言，深追先帝遗诏。臣不胜受恩感激，今当远离，临表涕零，不知所言。"遂行，屯于沔北阳平石马。

——《资治通鉴》卷第七十【魏纪二】

烈祖明皇帝青龙二年（辛亥，公元二三四年）

亮病困，与仪及司马费祎等作身殁之后退军节度，令延断后，姜维次之；若延或不从命，军便自发。亮卒，仪秘不发丧，令祎往揣延意指。延曰："丞相虽亡，吾自见在。府亲官属，便可将丧还葬，吾当自率诸军击贼；云何以一人死废天下之事邪！且魏延何人，当为杨仪之所部勒，作断后将乎！"自与祎共作行留部分，令祎手书与己连名，告下诸将。祎绐延曰："当为君还解杨长史。长史文吏，稀更军事，必不违命也。"祎出门，奔马而去。延寻悔之，已不及矣。

延使人觇仪等，欲按亮成规，诸营相次引军还，延大怒，搀仪未发，率所领径先南归，所过烧绝阁道。延、仪各相表叛逆，一日之中，羽檄交至。汉主以问侍中董允、留府长史蒋琬，琬、允咸保仪而疑延。仪等令槎山通道，昼夜兼行，亦继延后。延先至，据南谷口，遣兵逆击仪等，仪等令将军何平于前御延。平叱先登曰："公亡，身尚未寒，汝辈何敢乃尔！"延士众知曲在延，莫为用命，皆散。延独与其子数人逃亡，奔汉中，仪遣将马岱追斩之，遂夷延三族。蒋琬率宿卫诸营北行赴难，行数十里，延死问至，乃还。始，延欲杀仪等，冀时论以己代诸葛辅政，故不北降魏而南还击仪，实无反意也。

诸军还成都，大赦，谥诸葛亮曰忠武侯。初，亮表于汉主曰："成都有桑八百株，薄田十五顷，子弟衣食，自有余饶，臣不别治生以长尺寸。若臣死之日，不使内有余帛，外有赢财，以负陛下。"卒如其所言。

丞相长史张裔常称亮曰："公赏不遗远，罚不阿近，爵不可以无功取，刑不可以贵势免，此贤愚之所以佥忘其身者也！"

陈寿评曰：诸葛亮之为相国也，抚百姓，示仪轨，约官职，从权制，开诚心，

诸葛亮铜像

布公道；尽忠益时者，虽仇必赏。犯治怠慢者，虽亲必罚。服罪输情者，虽重必释。游辞巧饰者，虽轻必戮。善无微而不赏，恶无纤而不贬；庶事精练，物理其本，循名责实，虚伪不齿。终于邦域之内，咸畏而爱之，刑政虽峻而无怨者，以其用心平而劝戒明也。可谓识治之良才，管、萧之亚匹矣！

……

蜀人所在求为诸葛亮立庙，汉主不听。百姓遂因时节私祭之于道陌上，步兵校尉习隆等上言："请近其墓，立一庙于沔阳，断其私祀。"汉主从之。

——《资治通鉴》卷第七十二【魏纪四】

【解题与点评】

汉献帝建安十九年，刘备取得西川，诸葛亮辅佐刘备治理蜀地。黄初四年，刘备遗命诸葛亮辅佐刘禅，蜀国事务皆决于诸葛亮。诸葛亮施政有方，深受百姓爱戴。

诸葛亮治蜀体现了他在政治上的杰出才能。对于蜀地的治理，诸葛亮因地制宜地形成了自己不同于俗见的基本方略。他针对蜀地历史上政失之于不举的弊端，采取了谨严的施政方针，以改善民风松弛、礼节渐堕的不良现状。对于蜀国的政治，诸葛亮继续发扬刘备以来重视人才的优良作风，广开言路，举拔人才，因才而用；他还注意持法平明，奖罚公正，确保吏治清明。他平定南中，不仅使"夷汉粗安"，并且推动了西南夷地区经济的发展，也为蜀汉提供了稳定的后方。他还结合当地的经济环境，务农殖谷，闭关息民，重视手工业生产，促进盐、铁、织锦业的发展。在诸葛亮的辛勤治理下，蜀地进入了一个新的发展时期。

在诸葛亮治蜀诸多策略和措施中，最引起后世兴趣的恐怕还是两个方面，一是他治军有方。唐太宗与李靖在《唐太宗李卫公问对》中多次提到诸葛亮的治军之法与八阵图，给予了极高的评价，并且表明陈寿在《三国志》中对诸葛亮的评价是"史官鲜克知兵，不能纪其实迹焉"。唐朝时将诸葛亮评选为武庙十哲之一，与张良、韩信、白起等九位历代兵家享同等地位。二是诸葛亮执法严谨，把蜀汉治理得道不拾遗夜不闭户，深受人民爱戴，凡被他严惩过的官员无一不心服口服。马谡算是诸葛亮的得意门生，也恩同父子，失街亭后，马谡自知罪孽深重难逃法网，所以自缚跪于诸葛亮帐前，蒋琬替其求情，说的也很有道理，他说，现在天下未定而杀大将，岂不可惜，马谡被杀，最得利的是曹魏。但诸葛亮不为所动，毅然将马谡斩首。诸葛亮虽然斩了马谡，但对其家小却抚恤有加，对其子女视若己出。廖立本是诸葛亮十分赏识的人，30岁不到就被提拔为长沙太守。诸葛亮曾经把庞统、廖立相提并论，认为他们都有匡扶汉室的才能。但是廖立恃才自傲，除了诸葛亮他谁都不放在眼里，他常常在军中发牢骚，连刘备他都不满意，更别说关羽、向朗等人，以至于蜀国上下被廖立说得一钱不值。对此，诸葛亮不得不上表弹劾廖立，把他废为庶人。

（十）清谈误国

孝惠皇帝元康七年（丁巳，公元二九七年）

丁丑，京陵元公王浑薨。九月，以尚书右仆射王戎为司徒，太子太师何劭为尚书左仆射。

戎为三公，与时浮沉，无所匡救，委事僚寀，轻出游放。性复贪吝，园田遍天下，每自执牙筹，昼夜会计，常若不足。家有好李，卖之恐人得种，常钻其核。凡所赏拔，专事虚名。阮咸之子瞻尝见戎，戎问曰："圣人贵名教，老、庄明自然，其旨同异？"瞻曰："将无同！"戎咨嗟良久，遂辟之。时人谓之"三语掾"。

是时，王衍为尚书令，南阳乐广为河南尹，皆善清谈，宅心事外，名重当世，朝野之人，争慕效之。衍与弟澄，好题品人物，举世以为仪准。衍神情明秀，少时，山涛见之，嗟叹良久，曰："何物老妪，生宁馨儿！然误天下苍生者，未必非此人也！"乐广性冲约清远，与物无竞。每谈论，以约言析理，厌人之心，而其所不知，默如也。凡论人，必先称其所长，则所短不言自见。王澄及阮咸、咸从子修、泰山胡毋辅之、陈国谢鲲、城阳王夷、新蔡毕卓，皆以任放为达，至于醉狂裸体，不以为非。胡毋辅之尝酣饮，其子谦之窥而厉声呼其父字曰："彦国！年老，不得为尔！"辅之欢笑，呼入共饮。毕卓尝为吏部郎，比舍郎酿熟，卓因醉，夜至瓮间盗饮之，为掌酒者所缚，明旦视之，乃毕吏部也。乐广闻而笑之，曰："名教内自有乐地，何必乃尔！"

初，何晏等祖述老、庄，立论以为："天地万物，皆以无为本。无也者，开物成务，无往不存者也。阴阳恃以化生，贤者恃以成德。故无之为用，无爵而贵矣！"王衍之徒皆爱重之。由是朝廷士大夫皆以浮诞为美，弛废职业。裴頠著《崇有论》以释其蔽曰："夫利欲可损，而未可绝有也；事务可节，而未可全无也。盖有饰为高谈之具者，深列有形之累，盛称空无之美。形器之累有征，空无之义难检；辩巧之文可悦，似象之言足惑。众听眩焉，溺其成说。虽颇有异此心者，辞不获济，屈于所习，因谓虚无之理诚不可盖。一唱百和，往而不反，遂薄综世之务，贱功利之用，高浮游之业，卑经实之贤。人情所徇，名利从之，于是文者衍其辞，讷者赞其旨。立言藉于虚无，谓之玄妙；处官不亲所职，谓之雅远；奉身散其廉操，谓之旷达。故砥砺之风，弥以陵迟。放者因斯，或悖吉凶之礼，忽容止之表，渎长幼之序，混贵贱之级，甚者至于裸裎亵慢，无所不至，士行又亏矣。"

"夫万物之有形者，虽生于无，然生以有为已分，则无是有之所遗者也。故养既化之有，非无用之所能全也；治既有之众，非无为之所能修也。心非事也，而制事必由于心，然不可谓心为无也；匠非器也，而制器必须于匠，然不可谓匠非有也。是以欲收重渊之鳞，非偃息之所能获也；陨高墉之禽，非静拱之所能捷也。由此而观，济有者

王衍的墨迹

皆有也，虚无奚益于已有之群生哉！"然习俗已成，顾论亦不能救也。

——《资治通鉴》卷第八十二【晋纪四】

【解题与点评】

学术是天下之公器，知识分子代表着天地良心，这是古已有之的认识。知识分子的思考和研究，应该对人要有人性的关怀，对国家和民族要有未来的思考。空疏的学风，虚无缥缈的论说，为了名利的浮华说教，于民于国都是不利的。

清代思想家王夫之在他的名著《读通鉴论》中对历代治乱兴衰做了理性思考。在王夫之看来，朝代兴衰和世事更替与社会风气有直接影响。魏晋清谈与这个时期的治乱兴衰，可以说是对王夫之所说最鲜明的注解。

魏晋时期，社会上掀起一股玄学清谈之风，士大夫汲汲于追求老庄的虚无思想，违弃礼法，疏远世务，竞以玄远清高为荣，以致世风日下，国事日非。如上述《资治通鉴》所记，时人或有为官而不事职务的，或有因答语玄妙而被委任官职的，或者喜好品评人事，或者与世无争，或者放浪形骸，或者怠慢父子纲常，都是这种特殊的社会风气的反映。而且，《通鉴》还指出这种现象的哲学基础，即"贵无"。在思想史上，通常称之为"魏晋玄学"。

在中国古代哲学发展史上，魏晋玄学被认为成就颇高。但是这种富于思辨精神的"贵无"思想，在当时的统治阶级中却滋生了放诞、颓废、虚无的风气。门阀世族养尊处优、无所用心，借玩弄玄学来抬高身份，以致流风所及，谈玄论道成为显扬名声、官场得志的终南捷径。"人情所徇，名利从之"，一语道破了魏晋玄学被庸俗化后的本质。也许不乏认真神游于玄妙虚无之境的书呆子，而更多的不过是些酒徒、色鬼、守财奴，还有极力要挤入上层的追名逐利之辈。真是播下龙种，却收获了跳蚤。清谈的时尚当然误国，西晋内忧外患、孱弱不堪的国势就是明证。

王衍是晋代著名清谈家，堪称清谈领袖，他喜谈老庄，伶牙俐齿，经常口若悬河，名重当时。王衍在青少年时，便表现出"神情明秀，风姿详雅"，然而在西晋时人对他的评价中，也还是有不同的声音。当时分管吏部也就是掌控人事大权的山涛就说过："何物老妪，生宁馨儿！然误天下苍生者，未必非此人也。"后人把宁馨误为佳儿，其实是如此这般的意思，不是褒义而是贬义，实际上是说哪个老太婆，生了这样的怪物。王衍虽口不言钱，看起来精神境界很高，但他虽居宰辅之重，不以经国为念，不干实事，以清谈为务。石勒起兵进攻西晋都城洛阳，东海王司马越率军前去讨伐，王衍以太尉随军，司马越病死军中，众推王衍为元帅，他却因恐惧推却，完全没有危难之际的大丈夫的担当精神。王衍被石勒俘虏后，石勒向王衍询问西晋溃败的原因。王衍向他陈述西晋遭遇灾祸和失败的缘由，并说计策不是自己出的。石勒很喜欢王衍，与他谈了很长时间。王衍说自己从年少时就不参与政事，希望自己能免于被处死，还趁机劝石勒称帝。石勒大怒说："你闻名天下，位高任重，年轻时就入朝为官，直到满头白发，怎么能说不参与政事呢！使国家破亡风俗败坏，正是你的罪过。"石勒让左右之人将王衍扶出帐外。石勒对自己的同伙孔苌说："我走过天下的地方也够多了，却未曾见过这样的人，应不应该让他活命呢？"孔苌说："他是晋朝位居三公的高官，肯定不会替我们尽力，又有什么值得珍惜的呢？"石勒说："关键不能用刀杀他。"于是石勒让人在夜里推倒一堵墙埋杀了王衍。王衍临死前，回头对人说："唉！我们这些人虽然比不上古人，假使不推崇浮华清谈，合力匡正挽救天下，还可以不至于到今天这步田地。"王衍死时五十六岁。

（十一）王猛辅前秦

孝宗穆皇帝永和十年（甲寅，公元三五四年）

北海王猛，少好学，倜傥有大志，不屑细务，人皆轻之。猛悠然自得，隐居华阴。闻桓温入关，披褐诣之，扪虱而谈当世之务，旁若无人。温异之，问曰："吾奉天子之命，将锐兵十万为百姓除残贼，而三秦豪杰未有至者，何也？"猛曰："公不远数千里，深入敌境。今长安咫尺而不渡灞水，百姓未知公心，所以不至。"温嘿然无以应，徐曰："江东无卿比也！"乃署猛军谋祭酒。

温与秦丞相雄等战于白鹿原，温兵不利，死者万余人。初，温指秦麦以为粮，既而秦人悉芟麦，清野以待之，温军乏食。六月，丁丑，徙关中三千余户而归。以王猛为高官督护，欲与俱还，猛辞不就。

——《资治通鉴》卷第九十九【晋纪二十一】

孝宗穆皇帝开平元年（丁巳，公元三五七年）

东海王坚，素有时誉，与故姚襄参军薛赞、权翼善。赞、翼密说坚曰："主上猜忍暴虐，中外离心，方今宜主秦祀者，非殿下而谁！愿早为计，勿使他姓得之！"坚以问尚书吕婆楼，婆楼曰："仆，刀镮上人耳，不足以办大事。仆里舍有王猛者，其人谋略不世出，殿下宜请而咨之。"坚因婆楼以招猛，一见如旧友，语及时事，坚大悦，自谓如刘玄德之遇诸葛孔明也。

……

威，苟太后之姑子也，素与魏王雄友善。生屡欲杀坚，赖威营救得免。威得幸于苟太后，坚事之如父。威知王猛之贤，常劝坚以国事任之，坚谓猛曰："李公知君，犹鲍叔牙之知管仲也。"猛以兄事之。

……

秦王坚行至尚书，以文案不治，免左丞程卓官，以王猛代之。坚举异才，修废职，课农桑，恤困穷，礼百神，立学校，旌节义，继绝世；秦民大悦。

孝宗穆皇帝升平二年（戊午，公元三五九年）

王猛日亲幸用事，宗亲勋旧多疾之。特进、姑臧侯樊世，本氐豪，佐秦主健定关中，谓猛曰："吾辈耕之，君食之邪？"猛曰："非徒使君耕之，又将使君炊之！"世大怒曰："要当悬汝头于长安城门，不然，吾不处世！"猛以白坚。坚曰："必杀此老氐，然后百寮可肃。"会世入言事，与猛争论于坚前，世欲起击猛。坚怒，斩之。于是群臣见猛皆屏息。

孝宗穆皇帝升平三年（己未，公元三五九年）秦王坚自河东还，以骁骑将军邓羌为御史中丞。八月，以咸阳内史王猛为侍中、中书令，领京兆尹。特进、光禄大夫强德，太后之弟也，酗酒，豪横，掠人财货、子女，为百姓患。猛下车收德，奏未及报，已陈尸于市，坚驰使赦之，不及。与邓羌同志，疾恶纠案，无所顾忌，数旬之间，权豪、贵戚，杀戮、刑免者二十馀人，朝廷震栗，奸猾屏气，路不拾遗。坚叹曰："吾始今知天下之有法也！"

秦王坚以王猛为辅国将军、司隶校尉、居中宿卫、仆射、詹事、侍中、中书令，领选如故。猛上疏辞让，因荐散骑常侍阳平公融、光禄、散骑西河任群、处士京兆硃彤自代。坚不许，而以融为侍中、中书监、左仆射，任群为光禄大夫，领太子家令；硃彤为尚书侍郎、领太子庶子。猛时年三十六，岁中五迁，权倾内外；人有毁之者，坚辄罪之，于是群臣莫敢复言。以左仆射李威领护军，右仆射梁平老为使持节、都督北垂诸军事、镇北大将军，戍朔方之西；丞相司马贾雍为云中护军，戍云中之南。

——《资治通鉴》卷第一百【晋纪二十二】

太宗简文皇帝咸安二年（壬申，公元三七二年）

八月，秦丞相猛至长安，复加都督中外诸军事。猛辞曰："元相之重，储傅之尊，端右事繁，京牧任大，总督戎机，出纳帝命，文武两寄，巨细并关，以伊、吕、萧、邓之贤，尚不能兼，况臣猛之无似！"章三四上，秦王坚不许，曰："朕方混壹四海，非卿谁可委者？卿之不得辞宰相，犹朕不得辞天下也。"

猛为相，坚端拱于上，成官总己于下，军国内外之事，无不由之。猛刚明清肃，善恶著白，放黜尸素，显拔幽滞，劝课农桑，练习军旅，官必当才，刑必当罪。由是国富兵强，战无不克，秦国大治。坚敕太子宏及长乐公丕等曰："汝事王公，如事我也。"

烈宗孝武皇帝宁康三年（乙亥，公元三七五年）

六月，秦清河武侯王猛寝疾，秦王坚亲为之祈南、北郊及宗庙、社稷，分遣侍臣遍祷河、岳诸神。猛疾少疗，为之赦殊死以下。猛上疏曰："不图陛下以臣之命而亏天地之德，开辟已来，未之有也。臣闻报德莫如尽言，谨以垂没之命，窃献遗款。伏惟陛下，威烈振乎八荒，声教光乎六合，九州百郡，十居其七，平燕定蜀，有如拾芥。夫善作者不必善成，善始者不必善终，是以古先哲王，知功业之不易，战战兢兢，如临深谷。伏惟陛下，追踪前圣，天下幸甚！"坚览之悲恸。秋，七月，坚亲至猛第视疾，访以后事。猛曰："晋虽僻处江南，然正朔相承，上下安和，臣没之后，愿勿以晋为图。鲜卑、西羌，我之仇敌，终为人患，宜渐除之，以便社稷。"言终而卒。坚比敛，三临哭，谓太子宏曰："天不欲使吾平壹六合耶！何夺吾景略之速也！"葬之如汉霍光故事。

——《资治通鉴》卷第一百三【晋纪二十五】

【解题与点评】

北海人王猛出身贫贱，又不善于俗事，因而常常遭到嘲笑。但实际上，他为人深沉刚毅，气度弘远。东晋桓温北伐时，曾以之为奇才，但终未能得到王猛。前秦苻坚闻名而访，王猛与之一见如故，终成大业。

王猛的人生经历颇具戏剧性。谁能想"扪虱"王猛会成为日后一统北方之前秦的强力辅佐？寻常人自然想不到，他们的眼光又务实又挑剔，在寻常人眼中，王猛只是一个可笑之人。但王猛能想到，因此他不屑于俗人的嘲笑，他拒绝了素无大志而又矛盾重重的东晋的延请，却与胸怀大志的前秦统治者苻坚一见如故。桓温大概也能想到，却对这位形迹怪诞之士甚为礼遇。前秦统治者苻坚是确信的，他乐于听从王猛的谏议，能够因为他而去除霸道的旧勋，能够不怪罪他惩杀太后之弟，敢于把军政大权全部委托于他，并且把后继之君也托付给他。因此，前秦武功盛极一时。人才本来不拘一格，全在用者的胆识。

（十二）北魏孝文帝移风易俗

高宗明皇帝建武元年（甲戌，公元四九四年）

帝又谓陆叡曰："北人每言'北俗质鲁，何由知书！'朕闻之，深用怃然！今知书者甚众，岂皆圣人！顾学与不学耳。朕修百官，兴礼乐，其志固欲移风易俗。朕为天子，何必居中原！正欲卿等子孙渐染美俗，闻见广博；若永居恒北，复值不好文之主，不免面墙耳。"对曰："诚如圣言。金日磾不入仕汉朝，何能七世知名！"帝甚悦。

……

魏主欲变易旧风，壬寅，诏禁士民胡服。国人多不悦。

——《资治通鉴》卷第一百三十九【齐纪五】

高宗明皇帝建武二年（乙亥，公元四九五年）

甲午，魏太子冠于庙。魏主欲变北俗，引见群臣，谓曰："卿等欲朕远追商、周，为欲不及汉、晋邪？"咸阳王禧对曰："群臣愿陛下度越前王耳。"帝曰："然则当变风易俗，当因循守故邪？"对曰："愿圣政日新。"帝曰："为止于一身，为欲传之子孙邪？"对曰："愿传之百世！"帝曰："然则必当改作，卿等不得违也。"对曰："上令下从，其谁敢违！"帝曰："夫'名不正，言不顺，则礼乐不可兴。'今欲断诸北语，一从正音。其年三十已上，习性已久，容不可猝革。三十已下，见在朝廷之人，语音不听仍旧；若有故为，当加降黜。各宜深戒！王公卿士以为然不？"对曰："实如圣旨。"帝曰："朕尝与李冲论此，冲曰：'四方之语，竟知谁是；帝者言之，即为正矣。'冲之此言，其罪当死！"因顾冲曰："卿负社稷，当令御史牵下！"冲免冠顿首谢。又责留守之官曰："昨望见女犹服夹领小袖，卿等何为不遵前诏！"皆谢罪。帝曰："朕言非是，卿等当庭争。如何入则顺旨，退则不从乎！"六月，己亥，下诏："不得为北俗之语于朝廷。违者免所居官！"

……

魏有司奏："广川王妃葬于代都，未审以新尊从旧卑，以旧卑就新尊？"魏主曰："代人迁洛者，宜悉葬邙山。其先有夫死于代者，听妻还葬；夫死于洛者，不得还代就妻。其余州之人，自听从便。"丙辰，诏："迁洛之民死，葬河南，不得还北。"于是代人南迁者悉为河南洛阳人。

高宗明皇帝建武三年（丙子，公元四九六年）

魏主下诏，以为："北人谓土为拓，后为跋。魏之先出于黄帝，以土德王，故为拓跋氏。夫土者，黄中之色，万物之元也；宜改姓元氏。诸功臣旧族自代来者，姓或重复，皆改之。"于是始改拔拔氏为长孙氏，达奚氏为奚氏，乙旃氏为叔孙氏，丘穆陵氏为穆氏，步六孤氏为陆氏，贺赖氏为贺氏，独孤氏为刘氏，贺楼氏为楼氏，勿忸于氏为于氏，尉迟氏为尉氏；其余所改，不可胜纪。

魏主雅重门族，以范阳卢敏、清河崔宗伯、荥阳郑羲、太原王琼四姓，衣冠所推，咸纳其女以充后宫。陇西李冲以才识见任，当朝贵重，所结姻娅，莫非清望；帝亦以其女为夫人。诏黄门郎、司徒左长史宋弁定诸州士族，多所升降。又诏以："代人先无姓族，虽功贤之胤，无异寒贱；故宦达者位极公卿，其功、衰亲仍居猥任。其穆、陆、贺、刘、楼、于、嵇、尉八姓，自太祖已降，勋著当世，位尽王公，灼然可知者，且下司州、吏部，勿充猥官，一同四姓。自此以外，应班士流者，寻续别敕。其旧为部落大人，而皇始已来三世官在给事已上及品登王公者为姓；若本非大人，而皇始已来三世官在尚书已上及品登王公者亦为姓。其大人之后而官不显亦为族；若本非大人而官显者说为族。凡此姓族，皆应审核，勿容伪冒。令司空穆亮、尚书陆琇等详定，务令平允。"琇，馛之子也。

魏旧制：王国舍人皆应娶八族及清修之门。咸阳王禧娶隶户为之，帝深责之，因下诏为六弟聘室："前都所纳，可为妾媵。咸阳王禧，可聘故颍川太守陇西李辅女；河南王幹，可聘故中散大夫代郡穆明乐女；广陵王羽，可聘骠骑咨议参军荥阳郑平城女；颍川王雍，可聘故中书博士范阳卢神宝女；始平王勰，可聘廷尉卿陇西李冲女；北海王详，可聘吏部郎中荥阳郑懿女。"懿，羲之子也。

时赵郡诸李，人物尤多，各盛家风，故世之言高华者，以五姓为首。

众议以薛氏为河东茂族。帝曰："薛氏，蜀也，岂可入郡姓！"直阁薛宗起执戟在殿下，出次对曰："臣之先人，汉末仕蜀，二世复归河东，今六世相袭，非蜀人也。伏以陛下黄帝之胤，受封北土，岂可亦谓之胡邪！今不预郡姓，何以生为！"乃碎戟于地。帝徐曰："然则朕甲、卿乙乎？"乃入郡姓，仍曰："卿非'宗起'，乃'起宗'也！"

帝与群臣论选调曰："近世高卑出身，各有常分；此果如何？"李冲对曰："未审上古以来，张官列位，为膏粱子弟乎，为致治乎？"帝曰："欲为治耳。"冲曰："然则陛下今日何为专取门品，不拔才能乎？"帝曰："苟有过人之才，不患不知。然君子之门，借使无当世之用，要自德行纯笃，朕故用之。"冲曰："傅说、吕望，岂可以门地得之！"帝曰："非常之人，旷世乃有一二耳。"秘书令李彪曰："陛下若专取门地，不审鲁之三卿，孰若四科？"著作佐郎韩显宗曰："陛下岂可以贵袭贵，以贱袭贱！"帝曰："必有高明卓然、出类拔萃者，朕亦不拘此制。"顷之，刘昶入朝，帝谓昶曰："或言唯能是寄，不必拘门；朕以为不尔。何者？清浊同流，混齐一等，君子小人，名器无别，此殊为不可。我今八族以上士人，品第有九，九品之外，小人之官复有七等。若有其人，可起家为三公。正恐贤才难得，不可止为一人浑我典制也。"

……

魏太子恂不好学，体素肥大，苦河南地热，常思北归。魏主赐之衣冠，恂常私著胡服。中庶子辽东高道悦数切谏，恂恶之。八月，戊戌，帝如嵩高，恂与左右密谋，召牧马轻骑奔平城，手刃道悦于禁中。中领军元俨勒门防遏，入夜乃定。诘旦，尚书陆琇驰以启帝，帝大骇，秘其事，仍至汴口而还。甲寅，入宫，引见恂，数其罪，亲与咸阳王禧等更代杖之百余下，扶曳出外，囚于城西；月余乃能起。

……

魏主引见群臣于清徽堂，议废太子恂。太子太傅穆亮、少保李冲免冠顿首谢。帝曰："卿所谢者私也，我所议者国也！'大义灭亲'，古人所贵。今恂欲违父逃叛，跨据恒、朔，天下之恶孰大焉！若不去之，乃社稷之忧也。"闰月，丙寅，废恂为庶人，置于河阳无鼻城，以兵守之，服食所供，粗免饥寒而已。

——《资治通鉴》卷第一百四十【齐纪六】

龙门石窟佛像

【解题与点评】

魏孝文帝的改革首先是从经济制度上着手的。内容涉及多个方面，如：按调给禄，制定官员俸禄之法，以遏制贪赃枉法；重新均田，以解决荫附之民无田多赋、豪强多田逃赋的社会矛盾；废九品中正制改为邻、里、党三长制，根除因户口不实而造成的赋税不均问题；等等。

魏孝文帝因朔北的都城平城不能适应全国南北统一的趋势，决定迁都中原洛阳。他预料到这个主张将遭到群臣的反对与阻挠，于是打算借伐齐来逼臣僚们就范。在与大臣的讨论中，魏孝文帝还注意区别对待：对于明智忠诚的大臣，他能推心置腹；对于势在必行而仍有所怀疑者，他则态度强硬；对于保守固执但却一心为国的王侯，他则恩威并施，其优秀的政治才能由此可见。

魏孝文帝深感民族习俗对于入主中原的族人已是极大的束缚与羁绊，因此他希望能够在族人中移风易俗，推进北魏鲜卑人学习汉族先进文明的进程。所变风俗涉及服饰、语言、葬式、姓氏、婚姻、选举等。

欲革新风俗时，孝文帝事先与汉族官吏有所交流；改革措施发布后，却招致不满；为此，他以宗室贵者为突破口，与之亲切商谈，得到其坚决支持，并对不服从新俗的其他人加以愠斥，表示新俗仍将维护鲜卑贵族的利益；一段时日之后，对于拒从新俗的宗室（太子恂），孝文帝的惩治毫不留情。因此，尽管迁都与变移风俗都曾遭到群臣与宗室的激烈反对甚至于抗拒，在魏孝文帝的坚持与斡旋之下，最终还是成功地得到了推行。北魏孝文帝的改革为后人留下了一位怀抱高远的政治追求，具有明断、屈伸有节的政治魄力的帝王形象，是中国历史上一个杰出的少数民族政治家。

（十三）隋文帝任吏

高宗宣皇帝太建十三年（辛丑，公元五八一年）

岐州刺史安定梁彦光，有惠政，隋主下诏褒美，赐束帛及御伞，以厉天下之吏；久之，徙相州刺史。岐俗质厚，彦光以静镇之，奏课连为天下最。及居相，部如岐州法。邺自齐亡，衣冠士人多迁入关，唯工商乐户移实州郭。风俗险诐，好兴谣讼，目彦光为"著帽饧"。帝闻之，免彦光官。岁余，拜赵州刺史。彦光自请复为相州，帝许之。豪猾闻彦光再来，皆嗤之。彦光至，发摘奸伏，有若神明，豪猾潜窜，阖境大治。于是招致名儒，每乡立学，亲临策试，褒勤黜怠。及举秀才，祖道于郊，以财物资之。于是风化大变，吏民感悦，无复讼者。

时又有相州刺史陈留樊叔略，有异政，帝以玺书褒美，班示天下，征拜司农。

新丰令房恭懿，政为三辅之最，帝赐以粟帛。雍州诸县令朝谒，帝见恭懿，必呼至榻前，咨以治民之术。累迁德州司马。帝谓诸州朝集使曰："房

隋文帝泰陵

恭懿志存体国，爱养我民，此乃上天宗庙之所祐。朕若置而不赏，上天宗庙必当责我。卿等宜师范之。"因擢为海州刺史。由是州县吏多称职，百姓富庶。

——《资治通鉴》卷第一百七十五【陈纪九】

【解题与点评】

公元581年，隋文帝杨坚取代北周静帝建立隋朝。之后，他在全国推行了一系列政治、经济、军事和文化方面的改革措施，对后世产生了深远、积极的影响。

隋文帝在位二十多年，励精图治，留下了许多治国安民的佳话，其中最有名的是他节俭治国。隋文帝小时候生长于寺庙，素衣素食，生活节俭，这使他养成了崇尚节俭的性格。

他代周建隋以后，正值荒年，再加上南北朝末期那些小朝廷的统治者穷奢极欲，横征暴敛，以至民怨沸腾，人心不稳，国库空空。据说，有一次隋文帝来到汉中的一个村庄，看到农民吃豆腐渣和杂糠混做的饭，他难受地说："这都是我的错啊！我没有把国家治理好，才害得老百姓吃这种饭啊！"他巡查回到长安后，要求各级官员和全国人民从吃食到着装都务必节俭。令下之后，他以身作则，并给自己规定：一、今后吃饭不大摆宴席；二、不带酒带肉；三、穿普通布服。此后，有一年多的时间，隋文帝没有吃肉喝酒。开皇十五年，扬州刺史豆庐通见隋文帝穿着普通的布服，就贡送了一匹刺有花纹的上好细绫。隋文帝接到后，立即召集满朝文武大臣，当着全体大臣的面，非常生气地对豆庐通说道："现在，我们的国家尚处在困难时期，老百姓穿粗布衣尚感困难，你却让我穿这样昂贵的上等细绫，这能取信于民吗？倘若上行下效，那我们的国家和人民，何时才能兴旺发达，繁荣富强呢？"语重心长的一席话，说得豆庐通满脸愧色，跪倒认错。隋文帝令人当堂将细绫烧毁。由于隋文帝以身示范，作出了表率，在很长的时间里，全国的老百姓都不穿绫绮，无金玉之饰，常服率多布帛，装带不过铜铁骨角而已。于是，隋朝很快改变了国内的贫困状况，度过了灾荒之年，变得国富民强了。其国库储蓄之多，仅以东都的布帛库和洛口的粮仓为例，直到几十年后的唐朝高宗时还未用尽。

隋文帝不仅对自己严格要求，也重视对家人的教育和管理。他曾经语重心长地对太子说，国家没有奢侈腐化而能长治久安的，要注意要节俭，他对各级官员节俭为政也提出了要求。在国家治理方面，做到赏而不疑，惩而果决，唯得失是依，赏罚分明，上下无间，因此吏治有成。因此，在隋文帝统治的二十多年时间里，民众能够安居乐业，户口和财产剧增，百业兴旺，政治安定，呈现出一派盛世景象，史称开皇之治。

（十四）唐高祖限佛

高祖神尧大圣光孝皇帝武德九年（丙戌，公元六二六年）

太史令傅奕上疏请除佛法曰："佛在西域，言妖路远；汉译胡书，恣其假托。使不忠不孝削发而揖君亲，游手游食易服以逃租赋。伪启三涂，谬张六道，恐愒愚夫，诈欺庸品。乃追忏既往之罪，虚规将来之福；布施万钱，希万倍之报，持斋一日，冀百日之粮。遂使愚迷，妄求功德，不惮科禁，轻犯宪章；有造为恶逆，身坠刑网，方乃狱中礼佛，规免其罪。且生死寿夭，由于自然；刑德威福，关之人主；贫富贵贱，功业所招；而愚僧矫诈，皆云由佛。窃人主之权，擅造化之力，其为害政，良可悲矣！降自羲、农，至于有汉，皆无佛法，君明臣忠，祚长年久。汉明帝始立胡神，西域桑门自传其法。西晋以上，国有严科，不许中国之人辄行髡发之事。洎于苻、石，羌、胡乱华，主庸臣佞，政虐祚短，梁武、齐襄，足为明镜。今天下僧尼，数盈十万，剪刻缯彩，装束泥人，竞为厌魅，迷惑万姓。请令匹配，即成十万余户，产育男女，十年长养，一纪教训，可以足兵。四海免蚕食之殃，百姓知威福所在，则妖惑之风自革，淳朴之化还兴。窃见齐朝章仇子佗表言：'僧尼徒众，糜损国家，寺塔奢侈，虚费金帛。'为诸僧附会宰相，对朝谗毁，诸尼依托妃、主，潜行谤讟，子佗竟被囚执，刑于都市。周武平齐，制封其墓。臣虽不敏，窃慕其踪。"

凿坏的佛像

上诏百官议其事，唯太仆卿张道源称奕言合理。萧瑀曰："佛，圣人也，而奕非之；非圣人者无法，当治其罪。"奕曰："人之大伦，莫如君父。佛以世嫡而叛其父，以匹夫而抗天子。萧瑀不生于空桑，乃遵无父之教。非孝者无亲，瑀之谓矣！"瑀不能对，但合手曰："地狱之设，正为是人！"

上亦恶沙门、道士苟避征徭，不守戒律，皆如奕言。又寺观邻接廛邸，混杂屠沽。辛巳，下诏命有司沙汰天下僧、尼、道士、女冠，其精勤练行者，迁居大寺观，给其衣食，无令阙乏。庸猥粗秽者，悉令罢道，勒还乡里。京师留寺三所，观二所，诸州各留一所，余皆罢之。

——《资治通鉴》卷一九一【唐纪一】

【解题与点评】

公元 626 年，唐太史令傅奕上疏请求废除佛法，在朝廷中引起争议，但无人能驳倒傅奕，还得到唐高祖的支持，唐高祖正式下诏限佛。傅奕（555—639 年），河南省安阳人。他精通天文历数，崇尚老庄，服膺儒学六经，而极力反佛。他曾经搜集魏晋以来驳斥佛教的言论，撰成《高识传》十卷，可惜现已不存。据说，在唐高祖李渊即位那一天，臣子们尽行跪叩大礼，参加典礼的僧人们却拱立一旁，只山呼，不跪叩。鄂国公尉迟敬德和金吾卫将军刘文静于是上奏，僧未登圣，俱是凡夫，不能不拜陛下。高祖就让臣下们议论，议论的结果是"不合拜上"。僧人可以暂时不拜皇帝，这不意味着他们从此没有了麻烦。武德四年（621 年）六月二十一日，太史令傅奕上了一份表章，从此拉开了关于佛教的辩论大幕。

傅奕这次上表的大意是说，在佛教传入以前，中国因儒道而大化，但是自从东汉明帝之后，佛教污染了中国的固有文化，以至于"缙绅门里，翻受秃丁邪戒；儒士学中，倒说妖胡浪语"。而更重要的是，佛教还为祸于国家的经济。因此，需要限佛禁佛。

佛教传入中国后，经过佛教的中国化，佛教不仅在中国生了根，而且得到了迅速发展。有诗句说"南朝四百八十寺，多少楼台烟雨中"，说的是南朝时佛教的兴盛。但是，佛教在中国传播过程中也经历了"三武一宗"的教难。具体是指北魏太武帝、北周武帝、唐武宗和后周世宗等四位帝王禁佛灭佛事件。在这几次毁佛事件中，无数的寺院、经书、佛像、法器等被焚毁、破坏，数以千计的僧侣遭到杀戮，或被迫还俗。太武帝等人为什么要禁佛，说法很多，有人说是因为佛法虚幻，而中国古代一直有着坚实的、批判神秘认识的思想传统。也有人说是因为佛教在中国古代社会的传播常常衍生出无法忽视的社会问题，譬如经济上的聚敛，对政治的负面干涉，对法律与道德秩序的破坏等，给统治者造成极大威胁。虽然唐高祖的限佛无论从规模还是从影响方面说，比"三武一宗"之祸要小，但也表明佛教在传播过程中与中国本土文化冲突的存在。

（十五）狄仁杰谏治

则天顺圣皇后神功元年（丁酉，公元六九七年）

冬，闰十月，甲寅，以幽州都督狄仁杰为鸾台侍郎，司刑卿杜景俭为凤阁侍郎，并同平章事。

仁杰上疏，以为："天生四夷，皆在先王封略之外，故东拒沧海，西阻流沙，北横大漠，南阻五岭，此天所以限夷狄而隔中外也。自典籍所纪，声教所及，三代不能至者，国家尽兼之矣。诗人矜薄伐于太原，美化行于江、汉，则三代之远裔，皆国家之域中也。若乃用武方外，邀功绝域，竭府库之实以争不毛之地，得其人不足增赋，获其土不可耕织，苟求冠带远夷之称，不务固本安人之术，此秦皇、汉武之所行，非五帝、三王之事业也。始皇穷兵极武，务求广地，死者如麻，至天下溃叛。汉武征伐四夷，百姓困穷，盗贼蜂起；末年悔悟，息兵罢役，故能为天所祐。近者国家频岁出师，所费滋广，西戍西镇，东戍安东，调发日加，百姓虚弊。今关东饥馑，蜀、汉逃亡，江、淮已南，征求不息，人不复业，相率为盗，本根一摇，忧患不浅。其所以然者，皆以争蛮貊不毛之地，乖子养苍生之道也。昔汉元纳贾捐之之谋而罢朱崖郡，宣帝用魏相之策而弃车师之田，岂不欲慕尚虚名，盖惮劳人力也。近贞观年中克平九姓，立李思摩为可汗，使统诸部者，盖以夷狄叛则伐之，降则抚之，得推亡固存之义，无远戍劳人之役，此近日之令典，经边之故事也。窃谓宜立阿史那斛瑟罗为可汗，委之四镇，继高氏绝国，使守安东。省军费于远方，并甲兵于塞上，使夷狄无侵侮之患则可矣，何必穷其窟穴，与蝼蚁校长短哉！但当敕边兵，谨守备，远斥候，聚资粮，待其自致，然后击之。以逸待劳则战士力倍，以主御客则我得其便，坚壁清野则寇无所得；自然贼深入则有颠踬之虑，浅入必无虏获之益。如此数年，可使二虏不击而服矣。"事虽不行，识者是之。

——《资治通鉴》卷二百六【唐纪二十二】

则天顺圣皇后久视元年（庚子，公元七〇〇年）

太后信重内史梁文惠公狄仁杰，群臣莫及，常谓之国老而不名。仁杰好面引廷争，太后每屈意从之。尝从太后游幸，遇风吹仁杰巾坠，而马惊不能止，太后命太子追执其靮而系之。仁杰屡以老疾乞骸骨，太后不许。入见，常止其拜，曰："每见公拜，朕亦身痛。"仍免其宿直，戒其同僚曰："自非军国大事，勿以烦公。"辛丑，薨，太后泣曰："朝堂空矣！"自是朝廷有大事，众或不能决，太后辄叹曰："天夺吾国老何太早邪！"

太后尝问仁杰："朕欲得一佳士用之，谁可者？"仁杰曰："未审陛下欲何所用之？"太后曰："欲用为将相。"仁杰对曰："文学缊藉，则苏味道、李峤固其选矣。必欲取卓荦奇才，则有荆州长史张柬之，其人虽老，宰相才也。"太后擢柬之为洛州司马。数日，又问仁杰，对曰："前荐柬之，尚未用也。"太后曰："已迁矣。"对曰："臣所荐者可为宰相，非司马也。"乃迁秋官

狄仁杰墓

侍郎；久之，卒用为相。仁杰又尝荐夏官侍郎姚元崇、监察御史曲阿桓彦范、太州刺史敬晖等数十人，率为名臣。或谓仁杰曰："天下桃李，悉在公门矣。"仁杰曰："荐贤为国，非为私也。"

初，仁杰为魏州刺史，有惠政，百姓为之立生祠。后其子景晖为魏州司功参军，贪暴为人患，人遂毁其像焉。

——《资治通鉴》卷二百七【唐纪二十三】

【解题与点评】

武则天晚年对狄仁杰十分倚重。狄仁杰为官刚正，直言善谏，为武则天提出不少重要的治国良方。

有部热播的电视剧《神探狄仁杰》，狄仁杰成了中国人心中的福尔摩斯，需要说明的是，这是艺术创作，不是真实历史。历史上真实的狄仁杰是武则天最信任的大臣，参与一系列重大决策。但也正是狄仁杰深谋远虑的人事安排，最终颠覆了武周政权。他忠于李唐王朝，但又在武周政权中位极人臣。他竭尽全力辅佐武则天，但又不遗余力促成武周政权回归大唐。

武则天称帝前后，政治斗争复杂、酷烈，多数官吏明哲保身，认真对待朝政者少，能够刚正不阿、一心为公者更少。而狄仁杰就是这极少数人中突出的一个。他仁政爱民，事事能都能从百姓的角度着想，以天下为公决断去取。他持法严正，善于治狱，不以当权者为是，不以卑微者为非。在举荐人才方面，他具有非凡的识力，而且不论亲疏远近皆能唯才是举。在国家事务上，狄仁杰能够坚持端正的态度，明辨是非，审度利弊，从不受环境的左右而随波逐流。因此，狄仁杰不仅政绩颇丰，而且声名亦高，余响流传人间，经久不衰。于赓哲在《百家讲坛》中说：我们以用一个字总结狄仁杰的一生——水。老子说："上善若水，水善利万物而不争。"柔弱胜刚强啊。水表面看起来很柔弱，但是很有原则性，流向很坚定，遇到艰难险阻，水可以推倒它，也可以绕过它，也可以持之以恒水滴石穿，最后胜利的一定是水。狄仁杰就是这样战胜了许多敌人。不同的人有不同的性格，于赓哲用生动幽默的语言将性格如风的刘仁轨、性格如铁的李昭德和性格如石的魏元忠相对比，要我们学习狄仁杰这样的性格，将原则性和灵活性结合，才能更好地融入社会。

（十六）开元之治

玄宗至道大圣大明孝皇帝开元元年（癸丑，公元七一三年）

甲辰，猎于渭川。上欲以同州刺史姚元之为相，张说疾之，使御史大夫赵彦昭弹之，上不纳。又使殿中监姜皎言于上曰："陛下常欲择河东总管而难其人，臣今得之矣。"上问为谁，皎曰："姚元之文武全才，真其人也。"上曰："此张说之意也，汝何得面欺，罪当死！"皎叩头首服，上即遣中使召元之诣行在。既至，上方猎，引见，即拜兵部尚书、同中书门下三品。

元之吏事明敏，三为宰相，皆兼兵部尚书，缘边屯戍斥候，士马储械，无不默记。上初即位，励精为治，每事访于元之。元之应答如响，同僚皆唯诺而已，故上专委任之。元之请抑权幸，爱爵赏，纳谏诤，却贡献，不与群臣亵狎；上皆纳之。

……

姚元之尝奏请序进郎吏，上仰视殿屋，元之再三言之，终不应；元之惧，趋出。罢朝，高力士谏曰："陛下新总万机，宰臣奏事，当面加可否，奈何一不省察！"上曰："朕任元之以庶政，大事当奏闻共议之；郎吏卑秩，乃一一以烦朕邪？"会力士宣事至省中，为元之道上语，元之乃喜。闻者皆服上识君人之体。

——《资治通鉴》卷二百一十【唐纪二十六】

玄宗至道大圣大明孝皇帝开元二年（甲寅，公元七一四年）

中宗以来，贵戚争营佛寺，奏度人为僧，兼以伪妄；富户强丁多削发以避徭役，所在充满。姚崇上言："佛图澄不能存赵，鸠摩罗什不能存秦，齐襄、梁武，未免祸殃。但使苍生安乐，即是佛身；何用妄度奸人，使坏正法！"上从之。丙寅，命有司沙汰天下僧尼，以伪妄还俗者万二千余人。

……

薛王业之舅王仙童，侵暴百姓，御史弹奏；业为之请，敕紫微、黄门覆按。姚崇、卢怀慎等奏："仙童罪状明白，御史所言无所枉，不可纵舍。"上从之。由是贵戚束手。

……

丙子，申王成义请以其府录事阎楚珪为其府参军，上许之。姚崇、卢怀慎上言："先尝得旨，云王公、驸马有所奏请，非墨敕皆勿行。臣窃以量材授官，当归有司；若缘亲故之恩，得以官爵为惠，踊习近事，实紊纪纲。"事遂寝。由是请谒不行。

玄宗至道大圣大明孝皇帝开元四年（丙辰，公元七一六年）

姚崇无居第，寓居罔极寺，以病痁谒告。上遣使问饮食起居状，日数十辈。源乾曜奏事或称旨，上辄曰："此必姚宗之谋也。"或不称旨，辄曰："何不与姚崇议之！"乾曜常谢实然。每有大事，上常令乾曜就寺问崇。癸卯，乾曜请迁崇于四方馆，仍听家人入侍疾；上许之。崇以四方馆有簿书，非病者所宜处，固辞。上曰："设四方馆，为官吏也；使卿居之，为社稷也。恨不可使卿居禁中耳，此何足辞！"

崇子光禄少卿彝、宗正少卿异，广通宾客，颇受馈遗，为时所讥。主书赵诲为崇所亲信，受胡人赂，事觉，上亲鞫问，下狱当死。崇复营救，上由是不悦。会曲赦京城，敕特标诲名，杖之一百，流岭南。崇由是忧惧，数请避相位，荐广州都督宋璟自代。

……

璟为相，务在择人，随材授任，使百官各称其职；刑赏无私，敢犯颜正谏。上甚敬惮之，虽不合意，亦曲从之。

……

姚、宋相继为相，崇善应变成务，璟善守法持正；二人志操不同，然协心辅佐，使赋役宽平，刑罚清省，百姓富庶。唐世贤相，前称房、杜，后称姚、宋，他人莫得比焉。二人每进

开元通宝

见，上辄为之起，去则临轩送之。及李林甫为相，虽宠任过于姚、宋，然礼遇殊卑薄矣。紫微舍人高仲舒博通典籍，齐澣练习时务，姚、宋每坐二人以质所疑，既而叹曰："欲知古，问高君；欲知今，问齐君，可以无阙政矣。"

——《资治通鉴》卷第二百一十一【唐纪二十七】

【解题与点评】

人们常说盖棺定论，唐玄宗虽死千年，但对他的结论却难以论定。因为他的前半生，励精图治，有开元盛世。后半生却沉迷女色，终酿安史大祸。他是一半光明，一半晦暗；一半是火焰，一半是海水。

唐玄宗李隆基即位之初，励精图治，先后任命姚崇、宋璟担任宰相。在他们的鼎力辅佐之下，开元年间出现了政治清明、国富民安的局面。

唐玄宗最大的功绩就是选拔和任命了两位出色的宰相。在这两次选相中，玄宗不仅鉴识二人的相才，而且及时地认清并遏制了小人的干扰与破坏，表现得都很果决明智。他还善于听取大臣的谏议，尤其是对于姚崇、宋璟二位宰相，玄宗很是倚赖。同时他又很注意端正君臣之间的远近亲疏关系。在他的治理下，唐朝大臣多能尽心于职守。姚崇用心政务，凡事皆能心中有数；宋璟则善于因材用人，法度严谨；高仲舒熟知典籍，齐澣通达时务，

张九龄、卢怀慎勇于上谏。在他们的配合下，开元时聚集了不少人才，设立了京官、外官之间的轮流制度，恢复了政事公开的制度，抑制了佛教的规模，因此吏治比较清明，社会得到了安定。

唐代大诗人杜甫有一首诗《忆昔》，诗是这样描述开元盛世景象的："忆昔开元全盛日，小邑犹藏万家室。稻米流脂粟米白，公私仓廪俱丰实。九州道路无豺虎，远行不劳吉日出。齐纨鲁缟车班班，男耕女桑不相失。宫中圣人奏云门，天下朋友皆胶漆。百余年间未灾变，叔孙礼乐萧何律。岂闻一绢直万钱，有田种谷今流血。洛阳宫殿烧焚尽，宗庙新除狐兔穴。伤心不忍问耆旧，复恐初从乱离说。小臣鲁钝无所能，朝廷记识蒙禄秩。周宣中兴望我皇，洒泪江汉身衰疾。"

（十七）韩延徽为契丹出谋划策

均王贞明二年（丙子，公元九一六年）

初，燕人苦刘守光残虐，军士多归于契丹。及守光被围于幽州，其北边士民多为契丹所掠，契丹日益强大。契丹王阿保机自称皇帝，国人谓之天皇王，以妻述律氏为皇后，置百官。至是，改元神册。

述律后勇决多权变，阿保机行兵御众。述律后常预其谋。阿保机尝度碛击党项，留述律后守其帐，黄头、臭泊二室韦乘虚合兵掠之。述律后知之，勒兵以待其至，奋击，大破之，由是名震诸夷。述律后有母有姑，皆踞榻受其拜，曰："吾惟拜天，不拜人也。"晋王方经营河北，欲结契丹为援，常以叔父事阿保机，以叔母事述律后。

刘守光末年衰困，遣参军韩延徽求援于契丹。契丹主怒其不拜，留之，使牧马于野。延徽，幽州人，有智略，颇知属文。述律后言于契丹主曰："延徽能守节不屈，此今之贤者，奈何辱以牧圉！宜礼而用之。"契丹主召延徽与语，悦之，遂以为谋主，举动访焉。延徽始教契丹建牙开府，筑城郭，立市里，以处汉人，使各有配偶，垦艺荒田。由是汉人各安生业，逃亡者益少。契丹威服诸国，延徽有助焉。

　　顷之，延徽逃奔晋阳。晋王欲置之幕府，掌书记王缄疾之。延徽不自安，求东归省母，过真定，止于乡人王德明家，德明问所之，延徽曰："今河北皆为晋有，当复诣契丹耳。"德明曰："叛而复往，得无取死乎？"延徽曰："彼自吾来，如丧手目；今往诣之，彼手目复完，安肯害我！"既省母，遂复入契丹。契丹主闻其至，大喜，如自天而下，拊其背曰："向者何往？"延徽曰："思母，欲告归，恐不听，故私归耳。"契丹主待之益厚。及称帝，以延徽为相，累迁至中书令。

　　晋王遣使至契丹，延徽寓书于晋王，叙所以北去之意，且曰："非不恋英主，非不思故乡，所以不留，正惧王缄之谗耳。"因以老母为托，且曰："延徽在此，契丹必不南牧。"故终同光之世，契丹不深入为寇，延徽之力也。

　　　　　　　　　　　　——《资治通鉴》卷第二百六十九【后梁纪四】

【解题与点评】

　　五代时，契丹国主耶律阿保机扣留了卢龙节度使刘守光的使者韩延徽，并以其为谋主。韩延徽身在契丹，却心思故国。他治理有方，既有力地辅助了契丹，又有效地防止了契丹侵入中原。

　　对于韩延徽这样的政治人物，更需要通过那个时代来认识。五代十国时期，政权更迭频繁，社会动荡不安，民族关系复杂。北方的少数民族兴起，不断地入侵中原，甚至于南下问鼎；而中原地区长期以来衰弱无力，因此多民族之间的战争长期以来不曾停止。同时，民族之间也不可避免地进行着往来与融合。边境的百姓因为刘守光政权的暴虐而投奔契丹，就是一种表现。韩延徽辅助之事正是在这样的背景下发生的。他身为刘守光的使者，被契丹族扣留后而能为之出谋划策，说明当时的华夷之辩已经不像从前那样严厉。出于长期战争的无奈，政治家在不同政权中的游移也在所难免。然而，民族的与国家的节操终究还存在。韩延徽很受契丹重用而逃离契丹，返回中原，就是因为心里有这种无形的皈依感。而他迫于政敌的威胁，重返契丹任相后，未使契丹深入中原，也是在坚持一种节操。既能保持节操，又能在复杂的政治环境中游刃有余，更可见其出色的政治才能。

三、运筹帷幄，决胜千里

——《资治通鉴》中的治国用兵的智谋

刘邦得天下后，有一天在朝廷上踌躇满志，要大臣们谈谈他是如何打败项羽，登上皇位的。大臣们个个争先恐后地说些肉麻的颂扬之词。刘邦并没有被这些谀词冲昏头脑，他说了这样一席话："夫运筹帷幄之中，决胜千里之外，吾不如子房；镇国家，抚百姓，给馈饷，不绝粮道，吾不如萧何；连百万之众，战必胜，攻必取，吾不如韩信。三者皆人杰，吾能用之，此吾所以取天下者也。"历史上还有那些奇谋胜算者，张良、诸葛亮，还有……

（一）孙膑用兵

显王十六年（戊辰，公元前三五三年）

齐威王使田忌救赵。初，孙膑与庞涓俱学兵法。庞涓仕魏为将军，自以能不及孙膑，乃召之。至，则以法断其两足而黥之，欲使终身废弃。齐使者至魏，孙膑以刑徒阴见，说齐使者。齐使者窃载与之齐。田忌善而客待之，进于威王。威王问兵法，遂以为师。于是威王谋救赵，以孙膑为将，辞以刑余之人不可。乃以田忌为将而孙子为师，居辎车中，坐为计谋。

田忌欲引兵之赵。孙子曰："夫解杂乱纷纠者不控拳，救斗者不搏撠。批亢捣虚，形格势禁，则自为解耳。今梁、赵相攻，轻兵锐卒必竭于外，老弱疲于内。子不若引兵疾走魏都，据其街路，冲其方虚，彼必释赵以自救。是我一举解赵之围而收弊于魏也。"田忌从之。十月，邯郸降魏。魏师还，与齐战于桂陵，魏师大败。

显王二十八年（庚辰，公元前三四一年）

魏庞涓伐韩。韩请救于齐。齐威王召大臣而谋曰："早救孰与晚救？"成侯曰："不如勿救。"田忌曰："弗救则韩且折而入于魏，不如早救之。"孙膑曰："夫韩、魏之兵未弊而救之，是吾代韩受魏之兵，顾反听命于韩也。且魏有破国之志，韩见亡，必东面而愬于齐矣。吾因深结韩之亲而晚承魏之弊，则可受重利而得尊名也。"王曰："善！"乃阴许韩使而遣之。韩因恃齐，五战不胜，而东委国于齐。

齐因起兵，使田忌、田婴、田盼将之，孙子为师，以救韩，直走魏都。庞涓闻之，去韩而归。魏人大发兵，以太子申为将，以御齐师。孙子谓田忌曰："彼三晋之兵素悍勇而轻齐，齐号为怯。善战者因其势而利导之。《兵法》：'百里而趣利者蹶上将，五十里而趣利者军半至。'"乃使齐军入魏地为十万灶，明日为五万灶，又明日为二万灶。庞涓行三日，大喜曰："我固知齐军怯，入吾地三日，士卒亡者过半矣！"乃弃其步军，与其轻锐倍日并行逐之。孙子度其行，暮当至马陵。马陵

《孙膑兵法》书影

道狭而旁多阻隘，可伏兵。乃斫大树，白而书之曰："庞涓死此树下！"于是令齐师善射者万弩夹道而伏，期日暮见火举而俱发。庞涓果夜到斫木下，见白书，以火烛之。读未毕，万弩俱发，魏师大乱相失。庞涓自知智穷兵败，乃自刭，曰："遂成竖子之名！"齐因乘胜大破魏师，虏太子申。

——《资治通鉴》卷第二【周纪二】

【解题与点评】

孙膑，真名不详，因曾受膑刑，故称。他是孙武的后代，生于齐国阿

（今山东阳谷东北）、鄄（今山东鄄城北）之间，为战国中期著名的军事家和军事理论家。年轻时与庞涓一起师从鬼谷子，因军事才能出众而遭到庞涓的忌恨与陷害。后来孙膑借机脱离虎口，来到齐国并得到了齐威王的重用。在齐救赵、齐救韩等战争中，他出色地分析并成功地运用了当时的战争规律，使得齐国在与魏国的桂陵之战、马陵之战中大获全胜，同时也神奇地解决了与庞涓的私人恩仇。有《孙膑兵法》一书流传后世。

《孙膑兵法》包含了十分丰富深刻的军事思想。在战争观上，它强调战争应以国富、民安为宗旨，反对穷兵黩武；在军队建设上，认为"间于天地之间，莫贵于人"，应把提高人的素质作为强兵的关键；在战略战术上，重视以"道"制胜，即要求把握战争规律，它包括天时、地利、民心、士气、敌情、战法、战机等多方面内容，从而发展了《孙子兵法》中的"战道"观念；等等。对于孙膑的军事思想，可以从其所指挥的桂陵之战与马陵之战中略知一二。例如他在桂陵之战中"批亢捣虚"，即攻击敌人要害且薄弱的关节点，这与吴子"审敌虚实而趋其危"有异曲同工之妙，与《孙子兵法》中的虚实理论一脉相承。千余年后，唐太宗李世民也不无感慨地说："用兵识虚实之势，则无不胜焉！"

《孙膑兵法》久已失传。但1972年在银雀山汉墓中又发现了《孙膑兵法》，有一万一千多字。千百年来，孙膑也是一位身残志坚的典型，司马迁在《史记》这样评价孙膑："古者富贵而名磨灭，不可胜记，唯俶傥非常之人称焉……孙子膑脚，《兵法》修列。"

（二）合纵连横

（1）苏秦合纵
显王三十六年（戊子，公元前三三三年）

初，洛阳人苏秦说秦王以兼天下之术，秦王不用其言。苏秦乃去，说燕文公曰："燕之所以不犯寇被甲兵者，以赵之为蔽其南也。且秦之攻燕也，战于千里之外；赵之攻燕也，战于百里之内。夫不忧百里之患而重千里之外，计无过于此者。愿大王与赵从亲，天下为一，则燕国必无患矣。"

文公从之，资苏秦车马，以说赵肃侯曰："当今之时，山东之建国莫强于赵，秦之所害亦莫如赵。然而秦不敢举兵伐赵者，畏韩、魏之议其后也。秦之攻韩、魏也，无有名山大川之限，稍蚕食之，傅国都而止。韩、魏不能支秦，必入臣于秦。秦无韩、魏之规则祸中于赵矣。臣以天下地图案之，诸侯之地五倍于秦，料度诸侯之卒十倍于秦。六国为一，并力西乡而攻秦，秦必破矣。夫衡人者皆欲割诸侯之地以与秦，秦成则其身富荣，国被秦患而不与其忧，是以衡人日夜务以秦权恐愒诸侯，以求割地。故愿大王熟计之也！窃为大王计，莫如一韩、魏、齐、楚、燕、赵为从亲以畔秦，令天下之将相会于洹水上，通质结盟，约曰：'秦攻一国，五国各出锐师，或桡秦，或救之。有不如约者，五国共伐之！'诸侯从亲以摈秦，秦甲必不敢出于函谷以害山东矣。"肃侯大说，厚待苏秦，尊宠赐赍之，以约于诸侯。

会秦使犀首伐魏，大败其师四万余人，禽将龙贾，取雕阴，且欲东兵。苏秦恐秦兵至赵而败从约，念莫可使用于秦者，乃激怒张仪，入之于秦。

张仪者，魏人，与苏秦俱事鬼谷先生，学纵横之术，苏秦自以为不及也。仪游诸侯无所遇，困于楚，苏秦故召而辱之。仪怒，念诸侯独秦能苦越，遂入秦。苏秦阴遣其舍人赍金币资仪，仪得见秦王。秦王说之，以为客卿。舍人辞去，曰："苏君忧秦伐赵败从约，以为非君莫能得秦柄，故激怒君，使臣阴奉给君资，尽苏君之计谋也。"张仪曰："嗟乎！此在吾术中而不悟，吾不及苏君明矣。为吾谢苏君，苏君之时，仪何敢言！"

于是苏秦说韩宣惠王曰："韩地方九百余里，带甲数十万，天下之强弓、劲弩、利剑皆从韩出。韩卒超足而射，百发不暇止。以韩卒之勇，被坚甲，跖劲弩，带利剑，一人当百，不足言也。大王事秦，秦必求宜阳、成皋。今兹效之，明年又复求割地。与则无地以给之，不与则弃前功，受后祸。且大王之地有尽而秦之求无已，以有尽之地逆无已之求，此所谓市怨结祸者也。不战而地已削矣！鄙谚曰：'宁为鸡口，无为牛后。'夫以大王之贤，挟强韩之兵，而有牛后之名，臣窃为大王羞之。"韩王从其言。

苏秦说魏王曰："大王之地方千里，地名虽小，然而田舍、庐庑之数，曾无所刍牧。人民之众，车马之多，日夜行不绝，輷輷殷殷，若有三军之众。臣窃量大王之国不下楚。今窃闻大王之卒，武士二十万，苍头二十万，奋击二十万，厮徒十万；车六百乘，骑五千匹，乃听于群臣之说，而欲臣事秦。愿大王熟察之。故敝邑赵王使臣效愚计，奉明约，以大王之诏诏之。"魏王听之。

苏秦说齐王曰："齐四塞之国，地方二千余里，带甲数十万，粟如丘山。三军之良，五家之兵，进如锋矢，战如雷霆，解如风雨。即有军役，未尝倍泰山，绝清河，涉渤海也。临菑之中七万户，臣窃度之，不下户三男子，不待发于远县，而临菑之卒固已二十一万矣。临菑甚富而实，其民无不斗鸡、走狗、六博、阘鞠。临菑之涂，车毂击，人肩摩，连衽成帷，挥汗成雨。夫韩、魏之所以重畏秦者，为与秦接境壤也。兵出而相当，不十日而战胜存亡之机决矣。韩、魏战而胜秦，则兵半折，四境不守；战而不胜，则国已危亡随其后。是故韩、魏之所以重与秦战而轻为之臣也。今秦之攻齐则不然。倍韩、魏之地，过卫阳晋之道，经乎亢父之险，车不得方轨，骑不得比行。百人守险，千人不敢过也。秦虽欲深入则狼顾，恐韩、魏之议其后也。是故恫疑、虚喝、骄矜而不敢进，则秦之不能害齐亦明矣。夫不深料秦之无奈齐何，而欲西面而事之，是群臣之计过也。今无臣事秦之名而有强国之宝，臣是故愿大王少留意计之。"齐王许之。

乃西南说楚威王曰："楚，天下之强国也，地方六千余里，带甲百万，车千乘，骑万匹，粟支十年，此霸王之资也。秦之所害莫如楚，楚强则秦弱，秦强则楚弱，其势不两立。故为大王计，莫如从亲以孤秦。臣请令山东之国奉四时之献，以承大王之明诏。委社稷，奉宗庙，练士厉兵，在大王之所用之。故从亲则诸侯割地以事楚，衡合则楚割地以事秦。此两策者相去远矣，大王何居焉？"楚王亦许之。

于是苏秦为从约长，并相六国，北报赵，车骑辎重拟于王者。

——《资治通鉴》卷第二【周纪二】

苏秦出山图

【解题与点评】

中国古代有一个典故"头悬梁，锥刺股"，这个故事的主人公就是苏秦，他刻苦学习，终于成才，为六国卿相，挂六国相印。成就他一生英名的还是合纵山东六国，共御强秦。

苏秦，字季子，东周洛阳人。当辅助秦王兼并天下的愿望被秦王拒绝后，他转而帮助其他国家对付秦国的威胁。为此，他进行了频繁的外交活动，先后游说燕、赵、韩、魏、齐、楚等诸侯国君，建议他们合纵联盟，抵抗秦国。苏秦从各国的利益出发，游走于六国，提出不同的但却均为要害的理由，极陈利害，借以打动各国君王的视听，得到各国的首肯与支持，成功地将六国团结在一起，以抵抗秦国的威胁和进攻。

苏秦开创的合纵策略，不愧为弱者的生存之道，受到后世青睐与传承。在历史的长河中，合纵策略得到广泛应用和推崇，对社会发展产生着重要影响。三国时，刘备在势力弱小、屡屡受挫之时，经名士推荐三顾茅庐，与诸葛亮进行了隆中对策。诸葛亮虽然身居乡野，但深谙合纵策略，天下大势了然于胸。他向刘备提出的"联吴抗曹，三足鼎立"战略使刘备茅塞顿开。刘备力排众议，请诸葛亮出山并任命为军师。弱小的刘备在诸葛亮正确战略的指引下很快由小到大，由弱到强，通过兼并刘璋、张鲁的地盘，在成都建立蜀国，与中原的魏国和江东的吴国形成三足鼎立之势。合纵效应是指弱势力量形成联盟，合众弱以抗一强，从而获得生存与发展空间的行为。

（2）张仪败纵连横

显王四十一年（癸巳，公元前三二八年）

秦公子华、张仪帅师围魏蒲阳，取之。张仪言于秦王，请以蒲阳复与魏，而使公子繇质于魏。仪因说魏王曰："秦之遇魏甚厚，魏不可以无礼于秦。"魏因尽入上郡十五县以谢焉。张仪归而相秦。

——《资治通鉴》卷第二【周纪二】

赧王四年（甲辰，公元前三一七年）

张仪说魏襄王曰："梁地方不至千里，卒不过三十万，地四平，无名山大川之限，卒戍楚、韩、齐、赵之境，宁亭、障者不下十万，梁之地势固战场也。夫诸侯之约从，盟洹水之上，结为兄弟以相坚也。今亲兄弟同父母，尚有争钱财相杀伤，而欲恃反覆苏秦之余谋，其不可成亦明矣。大王不事秦，秦下兵攻河外，据卷衍、酸枣，劫卫，取阳晋，则赵不南，赵不南而梁不北，梁不北则从道绝，从道绝则大王之国欲毋危，不可得也。故愿大王审定计议，且赐骸骨。"魏王乃倍从约，而因仪以请成于秦。张仪归，复相秦。

慎靓王二年（戊申，公元前三一三年）

秦王欲伐齐，患齐、楚之从亲，乃使张仪至楚，说楚王曰："大王诚能听臣，闭关绝约于齐，臣请献商於之地六百里，使秦女得为大王箕帚之妾，秦、楚娶妇嫁女，长为兄弟之国。"楚王说而许之。君臣皆贺，陈轸独吊。王怒曰："寡人不兴师而得六百里地，何吊也？"对曰："不然。以臣观之，商於之地不可得而齐、秦合。齐、秦合则患必至矣！"王曰："有说乎？"对曰："夫秦之所以重楚者，以其有齐也。今闭关绝约于齐，则楚孤，秦奚贪夫孤国，而与之商於之地六百里？张仪至秦，必负王。是王北绝齐交，西生患于秦也。两国之兵必俱至。为王计者，不若阴合而阳绝于齐，使人随张仪。苟与吾地，绝齐未晚也。"王曰"愿陈子闭口，毋复言，以待寡人得地！"乃以相印授张仪，厚赐之。遂闭关绝约于齐，使一将军随张仪至秦。

张仪佯堕车，不朝三月。楚王闻之，曰："仪以寡人绝齐未甚邪？"乃使勇士宋遗借宋之符，北骂齐王。齐王大怒，折节而事秦，齐、秦之交合。张仪乃朝，见楚使者曰："子何不受地？从某至某，广袤六里。"使者怒，还报楚王。楚王大怒，欲发兵而攻秦。陈轸曰："轸可发口言乎？攻之不如因赂以一名都，与之并兵而攻齐，是我亡地于秦，取偿于齐也。今王已绝于齐而责欺于秦，是吾合秦、齐之交而来天下之兵也，国必大伤矣！"楚王不听，使屈匄帅师伐秦。秦亦发兵使庶长章击之。

赧王三年（己酉，公元前三一二年）

春，秦师及楚战于丹杨，楚师大败，斩甲士八万，虏屈匄及列侯、执珪七十余人，遂取汉中郡。楚王悉发国内兵以复袭秦，战于蓝田，楚师大败。韩、魏闻楚之困，南袭楚，至邓。楚人闻之，乃引兵归，割两城以请平于秦。

赧王四年（庚戌，公元前三一一年）

秦惠王使人告楚怀王，请以武关之外易黔中地。楚王曰："不愿易地，愿得张仪而献黔中地。"张仪闻之，请行。王曰："楚将甘心于子，奈何行？"张仪曰："秦强楚弱，大王在，楚不宜敢取臣。且臣善其嬖臣靳尚，靳尚得事幸姬郑袖，袖之言，王无不听者。"遂往。楚王囚，将杀之。靳尚谓郑袖曰："秦王甚爱张仪，将以上庸六县及美女赎之。王重地尊秦，秦女必贵而夫人斥矣。"于是郑袖日夜泣于楚王曰："臣各为其主耳。今杀张仪，秦必大怒。妾请子母俱迁江南，毋为秦所鱼肉也！"王乃赦张仪而厚礼之。张仪因说楚王曰："夫为从者无以异于驱群羊而攻猛虎，不格明矣。今王不事秦，秦劫韩驱梁而攻楚，则楚危矣。秦西有巴、蜀，治船积粟，浮岷江而下，一日行五百余里，不至十日而拒扞关，扞关惊则从境以东尽城守矣，黔中、巫郡非王之有。秦举甲出武关，则北地绝。秦兵之攻楚也，危难在三月之内，而楚待诸侯之救在半岁之外。夫待弱国之救，忘强秦之祸，此臣所为大王患也。大王诚能听臣，请令秦、楚长为兄弟之国，无相攻伐。"楚王已得张仪而重出黔中地，乃许之。

张仪遂之韩，说韩王曰："韩地险恶山居，五谷所生，非菽而麦，国无二岁之食，见卒不过二十万。秦被甲百余万。山东之士被甲蒙胄而会战，秦人捐甲徒裼以趋敌，左挈人头，右挟生虏。夫战孟贲、乌获之士以攻不服之弱国，无异垂千钧之重于鸟卵之上，必无幸矣。大王不事秦，秦下甲据宜阳，塞成皋，则王之国分矣。鸿台之宫，桑林之宛，非王之有也。为大王计，莫如事秦而攻楚，以转祸而悦秦。计无便于此者。"韩王许之。

张仪归报，秦王封以六邑，号武信君。复使东说齐王曰："从人说大王者必曰：'齐蔽于三晋，地广民众，兵强士勇，虽有百秦，将无奈齐何。'大王贤其说而不计其实。今秦、楚嫁女娶妇，为昆弟之国；韩献宜阳；梁效河外；赵王入朝，割河间以事秦。大王不事秦，秦驱韩、梁攻齐之南地，悉赵兵，渡清河，指博关，临菑、即墨非王之有也！国一日见攻，虽欲事秦，不可得也！"齐王许张仪。张仪去，西说赵王曰："大王收率天下以摈秦，秦兵不敢出函谷关十五年。大王之威行于山东，敝邑恐惧，缮甲厉兵，力田积粟，愁居慑处，不敢动摇，唯大王有意督过之也。今以大王之力，举巴、蜀，并汉中，包两周，守白马之津。秦虽僻远，然而心忿含怒之日久矣。今秦有敝甲凋兵军于渑池，愿渡河，逾漳，据番吾，会邯郸之下，愿以甲子合战，正殷纣之事。谨使使臣先闻左右。今楚与秦为昆弟之国，而韩、梁称东藩之臣，齐献鱼盐之地，此断赵之右肩也。夫断右肩而与人斗，失其党而孤居，求欲毋危，得乎？今秦发三将军，其一军塞午道，告齐使渡清河，军于邯郸之东；一军军成皋，驱韩、梁军于河外；一军军于渑池，约四国为一以攻赵，赵服必四分其地。臣窃为大王计，莫如与秦王面相约而口相结，常为兄弟之国也。"赵王许之。

张仪乃北之燕，说燕王曰："今赵王已入朝，效河间以事秦。大王不事秦，秦下甲云中、九原，驱赵而攻燕，则易水长城非大王之有也。且今时齐、赵之于秦，犹郡县也，不敢妄举师以攻伐。今王事秦，长无齐、赵之患矣。”燕王请献常山之尾五城以和。

张仪归报，未至咸阳，秦惠王薨，子武王立。武王自为太子时，不说张仪，及即位，群臣多毁短之。诸侯闻仪与秦王有隙，皆畔衡，复合从。

赧王五年（辛亥，公元前三一〇年）

张仪说秦武王曰：“为王计者，东方有变，然后王可以多割得地也。臣闻齐王甚憎臣，臣之所在，齐必伐之。臣愿乞其不肖之身以之梁，齐必伐梁，齐、梁交兵而不能相去，王以其间伐韩，入三川，挟天子，案图籍，此王业也。”王许之。齐王果伐梁，梁王恐。张仪曰：“王勿患也。请令齐罢兵。”乃使其舍人之楚，借使谓齐王曰：“甚矣，王之托仪于秦也！”齐王曰：“何故？”楚使者曰：“张仪之去秦也，固与秦王谋矣，欲齐、梁相攻而令秦取三川也。今王果伐梁，是王内罢国而外伐与国，以信仪于秦王也。”齐王乃解兵还。张仪相魏

张仪欺楚

一岁，卒。仪与苏秦皆以纵横之术游诸侯，致位富贵，天下争慕效之。又有魏人公孙衍者，号曰犀首，亦以谈说显名。其余苏代、苏厉、周最、楼缓之徒，纷纭遍于天下，务以辩诈相高，不可胜纪。而仪、秦、衍最著。

——《资治通鉴》卷第三【周纪三】

【解题与点评】

苏秦合纵殊为不易，而合纵又极容易被分裂。因此苏秦用计激发张仪入秦，希望张仪能协助其实现合纵计划。张仪，魏国人。入秦后，张仪果然得到秦王的重用。他利用秦国的强大和山东六国的惧秦心理，纵横捭阖，逐一解除了魏、楚、韩、齐、燕诸国之间的合纵关系。虽然后来合纵几经反复，终未能有所作为。这为秦国周旋于各国，各个击破，最后统一全国提供了有

利的外交环境。

战国时期，七国争雄，各国谋略之士奔走游说，竞显其能。其中，纵横家对日后政治格局的形成产生了重要影响。苏秦与张仪即为纵横家重要的代表人物。

合纵起初是针对抗秦与秦国扩张而提出的策略。当齐国通过马陵之战成为中原霸主后，战国局势演变为齐、秦二强对其他五国的东西夹击。这时，韩、赵、魏联合燕、楚来防范齐、秦，即"合众弱以攻一强"，为合纵；而齐、秦拉拢弱国以攻弱国即"事一强以攻众弱"的策略，就是"连横"。到战国晚期，乐毅破齐后齐国一蹶不振，赵国经过长平之战后严重削弱，秦国取得了对东方六国的绝对优势，合纵连横政策也就包含了新的含义：即东方六国并力抗秦，称为合纵；秦联合东方某一弱国对付其他弱国称为连横。

纵横之术是战国时期国与国之间的外交策略。实力的施展还要依靠外交的周旋。战国中后期，经过商鞅变法后的秦国国力日益强盛，从偏居西隅的蛮荒之地一跃而为虎视中原的强国。由于起初轻视苏秦相秦之意，秦国很快陷入苏秦合纵六国所造成的不利局面。这使秦王很气愤，认为"苏秦欺敝邑，欲以一人之智，反覆东山之君，从以欺秦"。所以，秦王接受了后来相秦的策士张仪，依靠张仪出色的外交智谋与辞令瓦解了合纵联盟。而崤山以东六国原本强弱有差、利益不等。由于苏秦与张仪掌握了其中错综复杂的利害关系并加以巧妙引导，竟然使得他们远近亲疏、分分合合、风云几变。合纵使得六国苟延国运，连横便于秦国分解六国，总有一助。合纵连横的游说活动中虽然充满不测与变幻，但游徒策士依靠国与国之间的利益与利害相机从事，终究还是以实力为转移。

（三）田单复齐

赧王三十六年（壬午，公元前二七九年）

初，燕人攻安平，临淄市掾田单在安平，使其宗人皆以铁笼傅车辖。及城溃，人争门而出，皆以辁折车败，为燕所禽；独田单宗人以铁笼得免，遂奔即墨。是时齐地皆属燕，独莒、即墨未下，乐毅乃并右军、前军以围莒，左军、后军围即墨。即墨大夫出战而死。即墨人曰："安平之战，田单宗人以铁笼得全，是多智习兵。"因共立以为将以拒燕。乐毅围二邑，期年不克，乃令解围，各去城九里而为垒，令曰："城中民出者勿获，困者赈之，使即旧业，以镇新民。"三年而犹未下。或谗之于燕昭王曰："乐毅智谋过人，伐齐，呼吸之间克七十余城。今不下者两城耳，非其力不能拔，所以三年不攻者，欲久仗兵威以服齐人，南面而王耳。今齐人已服，所以未发者，以其妻子在燕故也。且齐多美女，又将忘其妻子。愿王图之！"昭王于是置酒大会，引言者而让之曰："先王举国以礼贤者，非贪土地以遗子孙也。遭所传德薄，不能堪命，国人不顺。齐为无道，乘孤国之乱以害先王。寡人统位，痛之入骨，故广延群臣，外招宾客，以求报仇。其有成功者，尚欲与之同共燕国。今乐君亲为寡人破齐，夷其宗庙，报塞先仇，齐国固乐君所有，非燕之所得也。乐君若能有齐，与燕并为列国，结欢同好，以抗诸侯之难，燕国之福，寡人之愿也。汝何敢言若此！"乃斩之。赐乐毅妻以后服，赐其子以公子之服；辂车乘马，后属百两，遣国相奉而致之乐毅，立乐毅为齐王。乐毅惶恐不受，拜书，以死自誓。由是齐人服其义，诸侯畏其信，莫敢复有谋者。

顷之，昭王薨，惠王立。惠王自为太子时，尝不快于乐毅。田单闻之，乃纵反间于燕，宣言曰："齐王已死，城之不拔者二耳。乐毅与燕新王有隙，畏诛而不敢归，以伐齐为名，实欲连兵南面王齐。齐人未附，故且缓攻即墨以待其事。齐人所惧，唯恐他将之来，即墨残矣。"燕王固已疑乐毅，得齐反间，乃使骑劫代将而召乐毅。乐毅知王不善代之，遂奔赵。燕将士由是愤惋不和。

田单令城中人，食必祭其先祖于庭，飞鸟皆翔舞而下城中。燕人怪之，田单因宣言曰："当有神师下教我。"有一卒曰："臣可以为师乎？"因反走。田单起引还，坐东乡，师事之。卒曰："臣欺君。"田单曰："子勿言也。"因师之，每出约束，必称神师。乃宣言曰："吾唯惧燕军之劓所得齐卒，置之

火牛阵

前行，即墨败矣!"燕人闻之，如其言。城中见降者尽劓，皆怒，坚守，唯恐见得。单又纵反间，言："吾惧燕人掘吾城外冢墓，可为寒心!"燕军尽掘冢墓，烧死人。齐人从城上望见，皆涕泣，共欲出战，怒自十倍。田单知士卒之可用，乃身操版、锸，与士卒分功；妻妾编于行伍之间；尽散饮食飨士。令甲卒皆伏，使老、弱、女子乘城，遣使约降于燕，燕军皆呼万岁。田单又收民金得千镒，令即墨富豪遗燕将，曰："即降，愿无虏掠吾族家。"燕将大喜，许之。燕军益懈。田单乃收城中，得牛千余，为绛缯衣，画以五采龙文，束兵刃于其角，而灌脂束苇于其尾，烧其端，凿城数十穴，夜纵牛，壮士五千人随其后。牛尾热，怒而奔燕军。燕军大惊，视牛皆龙文，所触尽死伤。而城中鼓噪从之，老弱皆击铜器为声，声动天地。燕军大骇，败走。齐人杀骑劫，追亡逐北，所过城邑皆叛燕，复为齐。田单兵日益多，乘胜，燕日败亡，走至河上，而齐七十余城皆复焉。乃迎襄王于莒。入临淄，封田单为安平君。

——《资治通鉴》卷第四【周纪四】

【解题与点评】

公元前 284 年，燕昭王为报杀父之仇，派将军乐毅率兵攻齐，连下齐七十余城，占领其都城临淄，齐国濒临灭亡。只有莒（今山东莒县）和即墨（今山东平度东南）二城尚未攻下。在即墨大夫战死的紧急关头，逃亡即墨的低级官吏田单临危受命，以其杰出的才华率领民众抗击燕军，光复了齐国。

田单是一位智者，他的反间计和火牛阵成为千古美谈。在齐国与燕国的军事对抗中，田单在燕军围攻即墨，即墨守城长官都已阵亡的情况的紧急情况下，受命于危难之际，被推为首领，田单先利用新上台的燕惠王和乐毅之间的矛盾，巧施反间计，诱使燕昭王撤掉了名将乐毅，换上了骑劫，再用计让燕军割下了齐国降卒的鼻子，挖了齐人的祖坟，这些举动都使齐人士气大增。田单亲自拿着夹板铲锹，和士兵们一起修筑工事，并把自己的妻子姬妾都编在队伍之中，还把全部的食物拿出来犒劳士卒。田单命令装备整齐的精锐部队都埋伏起来，让老弱妇女上城防守，又派使者去和燕军约定投降事宜，燕军官兵都高呼万岁。田单又把民间的黄金收集起来，共得一千镒，让即墨城里有钱有势的人送给燕军，请求说："即墨就要投降了，希望你们进城之后，不要掳掠我们的妻子姬妾，让我们能平安地生活。"燕军将领非常高兴，满口答应，燕军因此更加松懈。

田单从城里收集了一千多头牛，给它们披上大红绸绢制成的被服，在上面画着五颜六色的蛟龙图案，在它们的犄角上绑好锋利的刀子，把渍满油脂的芦苇绑在牛尾上，到时候点燃其末端。田单命令把城墙凿开几十个洞穴，趁夜间把牛从洞穴中赶出，派精壮士兵五千人跟在牛的后面并点燃牛尾上的芦苇。因尾巴被烧得发热，火牛都狂怒地直奔燕军，这一切都在夜间突然发生，使燕军惊慌失措。牛尾上的火把将夜间照得通明如昼，燕军看到它们都是龙纹，所触到的人非死即伤。五千壮士又随后悄然无声地杀来，而城里的人乘机擂鼓呐喊，紧紧跟随在后面，甚至连老弱妇孺都手持铜器，敲得震天价响，和城外的呐喊声汇合成惊天动地的声浪。燕军非常害怕，大败而逃，燕国的主将骑劫也死于乱军之中。

田单是战国时期齐国一名以善用间、巧施计而名闻诸侯的将领。他之所以能在危难之际转败为胜、拯救齐国于将亡，关键在于他反复、巧妙地使用间谍与计谋，既凝聚、整饬了自己的力量，又有效地瓦解了敌人的势力，逐渐掌握了战争的主动权。可见他是深谙"谋成于密败于泄"和"用兵莫善于用间"的道理的。因此，清人吴见思称："田单是战国一奇人，火牛（阵）是战国一奇事"。

（四）触龙说赵太后

赧王五十年（丙申，公元前二六五年）

秦伐赵，取三城。赵王新立，太后用事，求救于齐。齐人曰："必以长安君为质。"太后不可。齐师不出，大臣强谏。太后明谓左右曰："复言长安君为质者，老妇必唾其面！"左师触龙愿见太后，太后盛气而胥之人。左师公徐趋而坐。自谢曰："老臣病足，不得见久矣，窃自恕，而恐太后体之有所苦也，故愿望见太后。"太后曰："老妇恃辇而行。"曰："食得毋衰乎？"曰："恃粥耳。"太后不和之色稍解。左师公曰："老臣贱息舒祺最少，不肖，而臣衰，窃怜爱之。愿得补黑衣之缺，以卫王宫，昧死以闻！"太后曰："诺。年几何矣？"对曰："十五岁矣。虽少，愿及未填沟壑而托之。"太后曰："丈夫亦爱少子乎？"对曰："甚于妇人。"太后笑曰："妇人异甚。"对曰："老臣窃以为媪之爱燕后贤于长安君。"太后曰："君过矣！不若长安君之甚。"左师公曰："父母爱其子则为之计深远。媪之送燕后也，持其踵而泣，念其远也，亦哀之矣。已行，非不思也，祭祀则祝之曰：'必勿使反！'岂非为之计长久，为子孙相继为王也哉？"太后曰："然。"左师公曰："今三世以前，至于赵王之子孙为侯者，其继有在者乎？"曰："无有。"曰："此其近者祸及身，远者及其子孙。岂人主之子侯则不善哉？位尊而无功，奉厚而无劳，而挟重器多也。今媪尊长安君之位，而封之以膏腴之地，多与之重器，而不及今令有功于国。一旦山陵崩，长安君何以自托于赵哉？"太后曰："诺，恣君之所使之！"于是为长安君约车百乘质于齐。齐师乃出，秦师退。

——《资治通鉴》卷第五【周纪五】

【解题与点评】

公元前 266 年，赵惠文王去世，其子孝成王继位。其时孝成王尚小，因此大政暂由其母赵太后执掌。在此新旧交替之际，赵国国势已大不如前。公元前 265 年，秦国乘机东进，攻占了赵国的三座城池，赵国危在旦夕。赵太后不得已向齐国求援，齐国则要求以赵国年幼的公子长安君为人质，遭到赵太后的拒绝。大臣百般劝说，反倒触怒了太后。这时，左师触龙另辟蹊径，成功地劝服了她。

赵太后即赫赫有名的赵威后。在《战国策·齐策》里有一段"赵威后问齐使"的佳话。她先问收成，后问百姓，最后才问到君王，致使齐使不悦，说她是"先贱而后尊贵"。赵威后据理以对，道出"苟无岁，何有民？苟无民，何有君"的千古名言。问者言之凿凿，步步进逼，对者狼狈不堪，嗫嚅语塞。赵威后从此青史留名。但在这里，她却表现出溺爱子女甚至蛮横不讲理，完全不像一个开明君主的样子。可见，见识英明的政治领袖也难免会有狭隘局限之处，赵太后在政治利害与母子感情之间就难以作出勇敢明智的政治取舍。

而左师触龙不同于众臣的地方就在于，他能够理解赵太后在处理国家事务中受到寻常母性阻碍时的心境。因此，他在劝说太后时避重就轻，因太后母性之情婉转成辞，疏通爱子与以子为质之间的道理，终于水到渠成，太后豁然开朗，欣然应允。《古文观止》生动地评析道："左师悟太后，句句闲语，步步闲情，又妙在从妇人情性体贴出来。便借燕后反衬长安君，危词警动，便尔易入。老臣一片苦心，诚则生巧，至今读之，犹觉天花满目，又何怪当日太后之欣然听受也。"

(五) 毛遂自荐

赧王五十七年（癸卯，公元前二五八年）

赵王使平原君求救于楚，平原君约其门下食客文武备具者二十人与之俱，得十九人，余无可取者。毛遂自荐于平原君。平原君曰："夫贤士之处

毛遂自荐

世也，譬若锥之处囊中，其末立见。今先生处胜之门下三年于此矣，左右未有所称诵，胜未有所闻，是先生无所有也。先生不能，先生留！"毛遂曰："臣乃今日请处囊中耳！使遂早得处囊中，乃脱颖而出，非特其末见而已。"平原君乃与之俱，十九人相与目笑之。平原君至楚，与楚王言合从之利害，日出而言之，日中不决。毛遂按剑历阶而上，谓平原君曰："从之利害，两言而决耳！今日出而言，日中不决，何也？"楚王怒叱曰："胡不下！吾乃与而君言，汝何为者也！"毛遂按剑而前曰："王之所以叱遂者，以楚国之众也。今十步之内，王不得恃楚国之众也！王之命悬于遂手。吾君在前。叱者何也？且遂闻汤以七十里之地王天下，文王以百里之壤而臣诸侯，岂其士卒多哉？诚能据其势而奋其威也。今楚地方五千里，持戟百万，此霸王之资也。以楚之强，天下弗能当。白起，小竖子耳，率数万之众，兴师以与楚战，一战而举鄢、郢，再战而烧夷陵，三战而辱王之先人，此百世之怨而赵之所羞，而王弗知恶焉。合从者为楚，非为赵也。吾君在前，叱者何也？"楚王曰："唯唯，诚若先生之言，谨奉社稷以从。"毛遂曰："从定乎？"楚王曰："定矣。"毛遂谓楚王之左右曰："取鸡、狗、马之血来！"毛遂奉铜盘而跪进之楚王曰："王当歃血以定从，次者吾君，次者遂。"遂定从于殿上。毛遂左手持盘血则右手招十九人曰："公相与歃此血于堂下！公等录录，所谓因人成事者也。"平原君已定从而归，至于赵，曰："胜不敢复相天下士矣！"遂以毛遂为上客。

于是楚王使春申君将兵救赵，魏王亦使将军晋鄙将兵十万救赵。

——《资治通鉴》卷第五【周纪五】

【解题与点评】

公元前 260 年，秦国攻打赵国，两国在长平展开一场恶战。赵军主将赵括只会纸上谈兵，以致赵军主力全军覆灭。第二年，秦军又包围了赵都邯郸。赵国派平原君求救于楚国。这时，门下一名默默无闻的食客主动请求随行，他就是毛遂。平原君开始不信任他，毛遂以囊锥自喻，说让自己早处于囊中，早已脱颖而出了。后来平原君与楚王谈判没有结果，毛遂主动上前展露才华，陈述利害，恩威并用，使楚王终于答应派兵救赵，毛遂自荐这个成语即由此产生。

毛遂自荐的故事更令人深信：一个人的才能可能被别人忽视，但若自己对自身的得失长短非常了解，并且能够适时、勇敢地表现自己，就一定能找到施展才能的舞台。

唐朝韩愈在《马说》一文中说"世有伯乐，然后有千里马，千里马常有，而伯乐不常有"，认为在伯乐与千里马二者的关系中伯乐起决定作用；但也有人认为，只要是千里马而不是驽马，无论是否有伯乐，它在任何地方都会显示出卓越的才能。其实，在现实社会中，伯乐很重要，王婆卖瓜，自卖自夸这种自荐精神更需要勇气和自信，也很重要，机会有时是靠自己创造和争取来的。

（六）鸿门宴

太祖高皇帝元年（乙未，公元前二〇六年）

冬，十月，沛公至霸上。秦王子婴素车、白马，系颈以组，封皇帝玺、符、节，降轵道旁。诸将或言诛秦王。沛公曰："始怀王遣我，固以能宽容。且人已降，杀之不祥。"乃以属吏。

……

沛公西入咸阳，诸将皆争走金帛财物之府分之。萧何独先入收秦丞相府图籍藏之，以此沛公得具知天下厄塞、户口多少、强弱之处。沛公见秦宫室、帷帐、狗马、重宝、妇女以千数，意欲留居之。樊哙谏曰："沛公欲有天下耶，将为富家翁耶？凡此奢丽之物，皆秦所以亡也，沛公何用焉！愿急还霸上，无留宫中！"沛公不听。张良曰："秦为无道，故沛公得至此。夫为天下除残贼，宜缟素为资。今始入秦，即安其乐，此所谓'助桀为虐'。且忠言逆耳利于行，毒药苦口利于病，愿沛公听樊哙言！"沛公乃还军霸上。

十一月，沛公悉召诸县父老、豪桀，谓曰："父老苦秦苛法久矣！吾与诸侯约，先入关者王之，吾当王关中。与父老约法三章耳：杀人者死，伤人及盗抵罪。余悉除去秦法，诸吏民皆案堵如故。凡吾所以来，为父老除害，非有所侵暴，无恐。且吾所以还军霸上，待诸侯至而定约束耳。"乃使人与秦吏行县、乡、邑，告谕之。秦民大喜。争持牛、羊、酒食献飨军士。沛公又让不受，曰："仓粟多，非乏，不欲费民。"民又益喜，唯恐沛公不为秦王。

项羽既定河北，率诸侯兵欲西入关。先是，诸侯吏卒、繇使、屯戍过秦中者，秦中吏卒遇之多无状。及章邯以秦军降诸侯，诸侯吏卒乘胜多奴虏使之，轻折辱秦吏卒。秦吏卒多怨，窃言曰："章将军等诈吾属降诸侯。今能入关破秦，大善；即不能，诸侯虏吾属而东，秦又尽诛吾父母妻子，奈何？"诸将微闻其计，以告项羽。项羽召黥布、蒲将军计曰："秦吏卒尚众，其心不服，至关不听，事必危。不如击杀之，而独与章邯、长史欣、都尉翳入秦。"于是楚军夜击坑秦卒二十余万人新安城南。

或说沛公曰："秦富十倍天下，地形强。闻项羽号章邯为雍王，王关中，今则来，沛公恐不得有此。可急使兵守函谷关，无内诸侯军；稍征关中兵以自益，距之。"沛公然其计，从之。

已而项羽至关，关门闭。闻沛公已定关中，大怒，使黥布等攻破函谷关。十二月，项羽进至戏。沛公左司马曹无伤使人言项羽曰："沛公欲王关中，令子婴为相，珍宝尽有之。"欲以求封。项羽大怒，飨士卒，期旦日击沛公军。当是时，项羽兵四十万，号百万，在新丰鸿门；沛公兵十万，号二十万，在霸上。

范增说项羽曰："沛公居山东时，贪财好色。今入关，财物无所取，妇女无所幸，此其志不在小。吾令人望其气，皆为龙虎，成五采，此天子气也。急击勿失！"

楚左尹项伯者，项羽季父也，素善张良，乃夜驰之沛公军，私见张良，具告以事，欲呼与俱去，曰："毋俱死也！"张良曰："臣为韩王送沛公。沛公今有急，亡去不义，不可不语。"良乃入，具告沛公。沛公大惊。良曰："料公士卒足以当项羽乎？"沛公默然曰："固不如也。且为之奈何？"张良曰："请往谓项伯，言沛公之不敢叛也。"沛公曰："君安与项伯有故？"张良曰："秦时与臣游，尝杀人，臣活之。今事有急，故幸来告良。"沛公曰："孰与君少长？"良曰："长于臣。"沛公曰："君为我呼入，吾得兄事之。"张良出，固要项伯；项伯即入见沛公。沛公奉卮酒为寿，约为婚姻，曰："吾入关，秋毫不敢有所近，籍吏民，封府库而待将军。所以遣将守关者，备他盗之出入与非常也。日夜望将军至，岂敢反乎！愿伯具言臣之不敢倍德也。"项伯许诺，谓沛公曰："旦日不可不蚤自来谢。"沛公曰："诺。"于是项伯复夜去，至军中，具以沛公言报项羽，因言曰："沛公不先破关中，公岂敢入乎！今人有大功而击之，不义也。不如因善遇之。"项羽许诺。

沛公旦日从百余骑来见项羽鸿门，谢曰："臣与将军戮力而攻秦，将军战河北，臣战河南。不自意能先入关破秦，得复见将军于此。今者有小人之言，令将军与臣有隙。"项羽曰："此沛公左司马曹无伤言之，不然，籍何以生此！"项羽因留沛公与饮。范增数目项羽，举所佩玉玦以示之者三。项羽默然不应。范增起，出，召项庄，谓曰："君王为人不忍。若入前为寿，寿毕，以剑舞，因击沛公于坐，杀之。不者，若属皆且为所虏！"庄则入为寿，寿毕，曰："军中无以为乐，请以剑舞。"项羽曰："诺。"项庄拔剑起舞。项伯亦拔剑起舞，常以身翼蔽沛公，庄不得击。

于是张良至军门见樊哙。哙曰："今日之事何如？"良曰："今项庄拔剑舞，其意常在沛公也。"哙曰："此迫矣，臣请入，与之同命！"哙即带剑拥盾入。军门卫士欲止不内，樊哙侧其盾以撞，卫士仆地。遂入，披帷立，瞋目视项羽，头发上指，目眦尽裂。项羽按剑而跽曰："客何为者？"张良曰：

鸿门宴遗址

"沛公之参乘樊哙也。"项羽曰："壮士！赐之卮酒！"则与斗卮酒。哙拜谢，起，立而饮之。项羽曰："赐之彘肩！"则与一生彘肩。樊哙覆其盾于地，加彘肩其上，拔剑切而啖之。项羽曰："壮士能复饮乎？"樊哙曰："臣死且不避，卮酒安足辞！夫秦有虎狼之心，杀人如不能举，刑人如恐不胜；天下皆叛之。怀王与诸将约曰：'先破秦入咸阳者，王之。'今沛公先破秦入咸阳，豪毛不敢有所近，还军霸上以待将军。劳苦而功高如此，未有封爵之赏，而听细人之说，欲诛有功之人，此亡秦之续耳，窃为将军不取也！"项羽未有以应，曰："坐！"樊哙从良坐。

坐须臾，沛公起如厕，因招樊哙出。公曰："今者出，未辞也，为之奈何？"樊哙曰："如今人方为刀俎，我方为鱼肉，何辞为！"于是遂去。鸿门去霸上四十里，沛公则置车骑，脱身独骑；樊哙、夏侯婴、靳强、纪信等四人持剑、盾步走，从骊山下道芷阳，间行趣霸上。留张良使谢项羽，以白璧献羽，玉斗与亚父。沛公谓良曰："从此道至吾军，不过二十里耳。度我至军中，公乃入。"沛公已去，间至军中，张良入谢曰："沛公不胜杯杓，不能辞，谨使臣良奉白璧一双，再拜献将军足下；玉斗一双，再拜奉亚父足下。"项羽曰："沛公安在？"良曰："闻将军有意督过之，脱身独去，已至军矣。"项羽则受璧，置之坐上。亚父受玉斗，置之地，拔剑撞而破之，曰："唉！竖子不足与谋！夺将军天下者，必沛公也。吾属今为之虏矣！"沛公至军，立诛杀曹无伤。

——《资治通鉴》卷第九【汉纪一】

【解题与点评】

公元前 206 年，刘邦带领起义军率先进入关中后，野心迅速膨胀，不自量力而做出称王关中的姿态。后至的项羽被激怒，一时剑拔弩张，力量弱小得多的刘邦顿时岌岌可危。于是他马上转变态度，主动前往项羽处，一则表白自己无心称王，一则以谦卑打消对方怒气。这种羊入狼群般的做法也使得项羽不得不相信刘邦的诚意。项羽的"妇人之仁"和虚荣心，手下张良、樊哙的勇敢和谋略，使得刘邦虽入虎穴又得以全身而返。

今人读《鸿门宴》，往往抑项扬刘，说项羽有勇无谋，女人心肠，不该放走刘邦，以致后来败走垓下，皇帝没做上，连命也丢了，真是大傻一个，其鄙夷不屑之情，溢于言表。而对刘邦则赞美有加，说他有头脑，会办事，能屈能伸，皇帝本该他做。英雄被视为傻瓜，小人倒成了崇拜的对象，美丑错位，善恶颠倒，实令人匪夷所思，不胜感慨。

项羽本是一个英雄，这是古之定论。但项羽又不是一般的英雄。且不说巨鹿之战破釜沉舟的勇敢，垓下之围以一当百的豪气，自刎乌江笑迎死神的从容，单说他在鸿门宴上的表现，就令人心曳神摇，感佩万分。项羽闻听刘邦欲王关中，勃然大怒，立即发兵击之，这是他的率直而非霸道。二人虽有怀王之约，但刘邦侥幸入关破秦，未建大功而欲私自称王，毫无愧疚之心，实非正人君子所为。刘邦前来道歉，项羽不仅予以原谅，而且当即说出了告密者，这是他的磊落而非卤莽。过能改之，善莫大焉，焉能斤斤计较之？只有以诚相见，才能尽弃前嫌，和好如初。大敌当前，岂容内讧？樊哙私闯军帐，恶言相向，项羽不仅不计较，反而酒肉款待，这是他的大度而非愚钝。樊哙为救其主，敢作敢当，可见其忠；生吃彘肩，可见其勇。忠勇皆备，堪称好汉。项羽壮之，可谓好汉惜好汉。刘邦不辞而别，实属无礼，项羽不仅不在意，还网开一面，这是他的仁义而非不智。刘邦毕竟是义军主将，劳苦而功高，如若杀之，实属不仁不义，与秦始皇的暴虐又有什么两样？

勇敢，豪放，从容，率直，磊落，大度，仁义，这就是历史上项羽，一个集世间伟大人格于一身的人杰。也正因如此，他才成了一个出类拔萃的英雄，一个具有帝王气质、君子风范的英雄。

项羽的人性美还在于他的本真和纯朴。项羽是一个大人格的英雄，但仍然是一个凡夫俗子，具有人之常情。兵败垓下，退守乌江，走投无路之际，一句"无颜见江东父老"，让我们窥见了他心底最真实的一面，这里有他的自责，有他的反省，更有他对江东父老的深深歉疚。他宁死不肯回江东，源于他的自尊，也是他心地善良的诠释。他爱江山更爱美人，而且爱得轰轰烈烈，荡气回肠。他是一个硬汉子，但也有软弱无助孤寂难耐的时候，也需要女人纤纤细手的抚慰，也需要爱情的滋润。一幕"霸王别姬"，把一个男人爱的情怀爱的无奈展露无遗，让人心碎。他一把火烧了阿房宫，大火三月而不灭，虽然有些过分，但我们可以理解。秦的暴政，已经天怒人怨，彻底埋葬这个罪恶的政权，是人心所向。熊熊燃烧的大火，毋宁说是他心中的怒火，他在宣泄对暴秦的愤怒。分封诸侯，他不做王侯，不做皇帝，做了个徒有虚名的"西楚霸王"。别人都忙着抢地盘，而他却衣锦还乡，陶醉在乡亲们赞美的旋涡里。他在乎的不是实惠，而是名声，如同小孩做游戏，要的就是名分。

他敢爱敢恨，心地透亮，活得本真而洒脱。这是项羽的小人格，一个平凡人所具有的善良纯朴的本性。项羽，一个洋溢着人性美的英雄形象！

项羽本来应该创出一番惊天动地的伟业，泽被后世，名垂青史。但他生不逢时。他的优秀品质，没有帮助他成就大业，反而成了他的致命弱点，被他的对手利用，以致功败垂成，遗恨千古。鸿门宴上，除掉刘邦还不容易？一个手势、一个眼神而已，但项羽愣是没这样做，他相信了刘邦的花言巧语。在卑鄙奸诈的小人面前，高尚者鲜有不失败的。这并不值得奇怪，因为这是一场不对称的战斗，如同一个职业拳击手面对一个不守规则的市井无赖，二者的道德水准差距太大，根本无法对决。高尚是高尚者的墓志铭，卑鄙是卑鄙者的通行证！历代的皇帝，多半心狠手辣，奸诈多端，刘邦原本就是一个乡里无赖，我们往往把项羽的悲剧看成其性格的悲剧，这是对英雄的蔑视和侮辱。项羽的失败不是他个人的过错，而是源于社会的黑暗无序、百姓的愚昧无知、道德的粗糙低劣。他的大人格过于美好了，以致不能被那个时代所接受。他的诞生，实是时代的错误。我们不能以成败论英雄。成者为王败者为寇，这是统治者的欺世盗名，是庸俗小人的势利偏见。项羽虽然失败了，但他仍然是一个英雄，一个光彩夺目的英雄。刘邦虽然胜利了，但他仍然是一个小人，一个十足的小人。

（七）韩信拜将

太祖高皇帝元年（乙未，公元前二〇六年）

初，淮阴人韩信，家贫，无行，不得推择为吏，又不能治生商贾，常从人寄食饮，人多厌之。信钓于城下，有漂母见信饥，饭信。信喜，谓漂母曰："吾必有以重报母。"母怒曰："大丈夫不能自食，吾哀王孙而进食，岂望报乎！"淮阴屠中少年有侮信者曰："若虽长大，好带刀剑，中情怯耳。"因众辱之曰："信能死，刺我；不能死，出我袴下！"于是信孰视之，人俛出袴下，蒲伏。一市人皆笑信，以为怯。

及项梁渡淮，信杖剑从之。居麾下，无所知名。项梁败，又属项羽，羽以为郎中。数以策干羽，羽不用。汉王之入蜀，信亡楚归汉，未知名。为连敖，坐当斩。其辈十三人皆已斩，次至信，信乃仰视，适见滕公，曰："上不欲就天下乎？何为斩壮士？"滕公奇其言，壮其貌，释而不斩。与语，大说之，言于王。王拜以为治粟都尉，亦未之奇也。

信数与萧何语，何奇之。汉王至南郑，诸将及士卒皆歌讴思东归，多道亡者。信度何等已数言王，王不我用，即亡去。何闻信亡，不及以闻，自追之。人有言王曰："丞相何亡。"王大怒，如失左右手。居一二日，何来谒王。王且怒且喜，骂何曰："若亡，何也？"何曰："臣不敢亡也，臣追亡者耳。"王曰："若所追者谁？"何曰："韩信也。"王复骂曰："诸将亡者以十数，公无所追。追信，诈也！"何曰："诸将易得耳。至如信者，国士无双。王必欲长王汉中，无所事信，必欲争天下，非信无可与计事者。顾王策安所决耳。"王曰："吾亦欲东耳，安能郁郁久居此乎！"何曰："计必欲东，能用信，信即留；不能用信，终亡耳。"王曰："吾为公以为将。"何曰："虽为将，信

胯下之辱

不留。"王曰："以为大将。"何曰："幸甚！"于是王欲召信拜之。何曰："王素慢无礼。今拜大将，如呼小儿，此乃信所以去也。王必欲拜之，择良日，斋戒，设坛场，具礼，乃可耳。"王许之。诸将皆喜，人人各自以为得大将。至拜大将，乃韩信也，一军皆惊。

信拜礼毕，上坐。王曰："丞相数言将军，将军何以教寡人计策？"信辞谢，因问王曰："今东乡争权天下，岂非项王耶？"汉王曰："然。"曰："大王自料勇悍仁强孰与项王？"汉王默然良久，曰："不如也。"信再拜贺曰："惟信亦以为大王不如也。然臣尝事之，请言项王之为人也。项王暗噁叱咤，千人皆废，然不能任属贤将，此特匹夫之勇耳。项王见人，恭敬慈爱，言语呕呕，人有疾病，涕泣分食饮；至使人，有功当封爵者，印刓敝，忍不能予，此所谓妇人之仁也。项王虽霸天下而臣诸侯，不居关中而都彭城；背义帝之约，而以亲爱王诸侯，不平；逐其故主而王其将相，又迁逐义帝置江南；所过无不残灭，百姓不亲附，特劫于威强耳。名虽为霸，实失天下心，故其强易弱。今大王诚能反其道，任天下武勇，何所不诛！以天下城邑封功臣，何所不服！以义兵从思东归之士，何所不散！且三秦王为秦将，将秦子弟数岁矣，所杀亡不可胜计；又欺其众降诸侯，至新安，项王诈坑秦降卒二十余万，唯独邯、欣、翳得脱。秦父兄怨此三人，痛入骨髓。今楚强以威王此三人，秦民莫爱也。大王之入武关，秋毫无所害；除秦苛法，与秦民约法三章；秦民无不欲得大王王秦者。于诸侯之约，大王当王关中，民咸知之；大王失职入汉中，秦民无不恨者。今大王举而东，三秦可传檄而定也。"于是汉王大喜，自以为得信晚，遂听信计，部署诸将所击。留萧何收巴、蜀租，给军粮食。

【解题与点评】

元代有一曲戏叫《追韩信》，作者是金仁杰，写楚汉相争时韩信因未受刘邦重用愤而出走，后被萧何连夜追回的故事。全剧共四折。剧情是：楚汉相争时，淮阴人韩信空有满腹兵书，却曾受人胯下之辱。韩信后来投奔项羽不成，投汉王刘邦也未受重用，烦闷不已。萧何知道韩信的才干，在韩信愤而出走之际连夜将他追回，再三推荐，刘邦这才拜韩信为大将。垓下之战中，韩信率军包围项羽，大败楚兵，项羽被迫在乌江自尽，从而成就了刘邦的帝业。这曲戏既有历史为依据，又作了适当想象和铺陈。

韩信胸怀大志却生于乱世之中，久不能被人赏识重用。萧何追韩信，向刘邦力荐韩信难得的军事才能，刘邦从善如流，以奇特的拜将过程而使韩信迅速登上施展才能的舞台。而双方第一次晤谈，韩信果然语出惊人，对天下大势分析得头头是道，鞭辟入里。针对刘邦一统天下的雄心和对项羽的畏惧，韩信道出项羽其人性格上的弱点和战略上的短视，以对人心向背的深刻洞察指出项羽"名虽为霸，实失天下心，故其强易弱"，而刘邦则大有可为。此后的历史也大致印证了韩信的独到之见。这个在淮阴市井被众人笑话侮辱、几经反复仍郁郁不得志的才华横溢之士，从此开始其运筹帷幄、叱咤风云的精彩表演。

（八）赵充国平西羌

中宗孝宣皇帝元康四年（己未，公元前六二年）

初，武帝开河西四郡，隔绝羌与匈奴相通之路，斥逐诸羌。不使居湟中地。及帝即位，光禄大夫义渠安国使行诸羌；先零豪言："愿时度湟水北，逐民所不田处畜牧。"安国以闻。后将军赵充国劾安国奉使不敬。是后羌人旁缘前言，抵冒度湟水，郡县不能禁。

——《资治通鉴》卷第二十五【汉纪十七】

中宗孝宣皇帝神爵元年（庚申，公元前六一年）

赵充国至金城，须兵满万骑，欲渡河，恐为虏所遮，即夜遣三校衔枚先渡，渡，辄营陈；会明毕，遂以次尽渡。虏数十百骑来，出入军傍，充国曰："吾士马新倦，不可驰逐，此皆骁骑难制，又恐其为诱兵也。击虏以殄灭为期，小利不足贪！"令军勿击。遣骑候四望峡中无虏，夜，引兵上至落都，召诸校司马谓曰："吾知羌虏不能为兵矣！使虏发数千人守杜四望峡中，兵岂得入哉！"

充国常以远斥候为务，行必为战备，止必坚营壁，尤能持重，爱士卒，先计而后战。遂西至西部都尉府，日飨军士，士皆欲为用。虏数挑战，充国坚守。捕得生口，言羌豪相数责曰："语汝无反，今天子遣赵将军来，年八九十矣，善为兵；今请欲壹斗而死，可得邪！"初，罕、开豪靡当儿使弟雕库来告都尉曰："先零欲反。"后数日，果反。雕库种人颇在先零中，都尉即留雕库为质。充国以为无罪，乃遣归告种豪："大兵诛有罪者，明白自别，毋取并灭。天子告诸羌人：犯法者能相捕斩，除罪，仍以功大小赐钱有差；又以其所捕妻子、财物尽与之。"充国计欲以威信招降罕、开及劫略者，解散虏谋，徼其疲剧，乃击之。

时上已发内郡兵屯边者合六万人矣。酒泉太守辛武贤奏言："郡兵皆屯备南山，北边空虚，势不可久。若至秋冬乃进兵，此虏在境外之册。今虏朝夕为寇，土地寒苦，汉马不耐冬，不如以七月上旬赍三十日粮，分兵出张掖、酒泉，合击罕、开在鲜水上者。虽不能尽诛，但夺其畜产，虏其妻子，复引兵还。冬复击之，大兵仍出，虏必震坏。"天子下其书充国，令议之。充国以为："一马自负三十日食，为米二斛四斗，麦八斛，又有衣装、兵器，难以追逐。虏必商军进退，稍引去，逐水草，入山林。随而深入，虏即据前险，守后厄，以绝粮道，必有伤危之忧，为夷狄笑，千载不可复。而武贤以为可夺其畜产，虏其妻子，此殆空言，非至计也。先零首为畔逆，它种劫略，故臣愚册，欲捐罕、开暗昧之过，隐而勿章，先行先零之诛以震动之，宜悔过反善，因赦其罪，选择良吏知其俗者，拊循和辑。此全师保胜安边之册。"

天子下其书，公卿议者咸以为"先零兵盛而负罕、开之助。不先破罕、开，先零未可图也。"上乃拜侍中许寿为强弩将军，即拜酒泉太守武贤为破羌将军，赐玺书嘉纳其册。以书敕让充国曰："今转输并起，百姓烦扰，将军将万余之众，不早及秋共水草之利，争其畜食，欲至冬，虏皆当畜食，多臧匿山中，依险阻，将军士寒，手足皲瘃，宁有利哉！将军不念中国之费，欲以岁数而胜敌，将军谁不乐此者！今诏破羌将军武贤等将兵，以七月击罕羌。将军其引兵并进，勿复有疑！"

充国上书曰："陛下前幸赐书，欲使人谕罕，以大军当至，汉不诛罕，以解其谋。臣故遣开豪雕库宣天子至德；罕、开之属皆闻知明诏。今先零羌杨玉阻石山木，候便为寇，罕羌未有所犯，乃置先零，先击罕，释有罪，诛无辜，起壹难，就两害，诚非陛下本计也。臣闻兵法：'攻不足者守有余。'又曰：'善战者致人，不致于人。'今罕羌欲为敦煌、酒泉寇，宜饬兵马，练战士，以须其至。坐得致敌之术，以逸击劳，取胜之道也。今恐二郡兵少，不足以守，而发之行攻，释致虏之术而从为虏所致之道，臣愚以为不便。先零羌欲为背畔，故与罕、开解仇结约，然其私心不能无恐汉兵而罕、开背之也。臣愚以为其计常欲先赴罕、开之急以坚其约。先击罕羌，先零必助之。今虏马肥、粮食方饶，击之恐不能伤害，适使先零得施德于罕羌，坚其约，合其党。虏交坚党，合精兵二万余人，迫胁诸小种，附著者稍众，莫须之属不轻得离也。如是，虏兵浸多，诛之用力数倍。臣恐国家忧累，由十年数，不二三岁而已。于臣之计，先诛先零已，则罕、开之属不烦兵而服矣。先零已诛而罕、开不服，涉正月击之，得计之理，又其时也。以今进兵，诚不见其利。"戊申，充国上奏。秋，七月，甲寅，玺书报，从充国计焉。

充国乃引兵至先零在所。虏久屯聚，懈弛，望见大军，弃车重，欲渡湟水，道厄狭；充国徐行驱之。或曰："逐利行迟。"充国曰："此穷寇，不可迫也。缓之则走不顾，急之则还致死。"诸校皆曰："善。"虏赴水溺死者数百。降及斩首五百余人。虏马、牛、羊十万余头，车四千余两。兵至罕地，令军毋燔聚落、刍牧田中。罕羌闻之，喜曰："汉果不击我矣！"豪靡忘使人来言："愿得还复故地。"充国以闻，未报。靡忘来自归，充国赐饮食，遣还谕种人。护军以下皆争之曰："此反虏,不可擅遣!"充国曰："诸君但欲便文自营,非为公家忠计也!"语未卒,玺书报,令靡忘以赎论。后罕竟不烦兵而下。

——《资治通鉴》卷第二十六【汉纪十八】

【解题与点评】

汉宣帝时,西部边境的羌人放言犯边,当时出使羌地的义渠安国未能有力驳斥,于是羌人蠢蠢欲动。当羌人进一步与匈奴和解时,大将赵充国敏锐地预感到羌地将有事发生。果然,不久羌人开始反抗汉朝的治理和管辖。赵充国主动请求西征平羌。

赵充国率兵进入羌地后,行动谨慎,并不急于轻易发兵。他命令军队坚守营垒,并传言安慰众羌,试图招降罕、开、劫略,以瓦解羌人。当时,汉朝有人建议合击罕、开,赵充国反复上书解释集中力量打击先零的意义,得到了汉宣帝的认可。在赵充国的战略部署下,先零果然溃不成军,而罕羌等亦不再骚扰汉人。

打击先零之后,赵充国认为,如果继续以兵相迫,反倒会促使羌人奋身死战。因此,他结合羌人习俗与羌地的情形,又向汉宣帝反复建议罢兵屯田,亦得到支持。借此,赵充国最后平定了西羌之乱。

老将赵充国平定西羌之乱的过程,可以说是中国古代兵法精髓的完美展现。充分展示了其超人的军事才能,他坚信"百闻不如一见",以七十高龄,率军远征河西,以充分了解当地羌人叛乱的具体情况。在了解叛乱情形之后,坚持恩威并施,分化敌人,孤立叛乱羌人中的核心部分。最高明的决策则是以军队屯田于河西,既解决了庞大的军需耗费,又有利于长期驻守、以逸待劳,最终彻底解决问题。在此,赵充国清醒地看到在广袤的河西边地追击并消灭具有骑兵优势的羌人是不可行的,所以坚持不马上出击,所谓"攻不足者守有余""善战者致人,不致于人"的军事思想看似保守,实则体现出老将的老成持重、深谋远虑的用兵风格。在形势复杂微妙的边疆,军事上的任何出师不利都可能引起连锁反应，关乎国家安危。因此，赵充国力求采取万全之策，而不做任何无谓的冒险，他苦心孤诣，不惜屡屡与朝廷争执。经过耐心细致的工作，最终其意见被朝廷采纳。幸运的是，他认为汉宣帝是"明主可为忠言"的判断没有错，选文中流露出的西汉鼎盛时期从皇帝到文武大臣的进取精神和对国家治理的责任感，也令人印象深刻。

（九）唐太宗智退突厥

高祖神尧大圣光孝皇帝武德九年（丙戌，公元六二六年）

己卯，突厥进寇高陵。辛巳，泾州道行军总管尉迟敬德与突厥战于泾阳，大破之，获其俟斥阿史德乌没啜，斩首千余级。

癸未，颉利可汗进至渭水便桥之北，遣其腹心执失思力入见，以观虚实。思力盛称："颉利与突利二可汗将兵百万，今至矣。"上让之曰："吾与汝可汗面结和亲，赠遗金帛，前后无算。汝可汗自负盟约，引兵深入，于我无愧？汝虽戎狄，亦有人心，何得全忘大恩，自夸强盛？我今先斩汝矣！"思力惧而请命。萧瑀、封德彝请礼遣之。上曰："我今遣还，虏谓我畏之，愈肆凭陵。"乃囚思力于门下省。

上自出玄武门，与高士廉、房玄龄等立骑径诣渭水上，与颉利隔水而语，责以负约。突厥大惊，皆下马罗拜。俄而诸军继至，旌甲蔽野，颉利见执失思力不返，而上挺身轻出，军容甚盛，有惧色。上麾诸军使却而布陈，独留与颉利语。萧瑀以上轻敌，叩马固谏，上曰："吾筹之已熟，非卿所知。突厥所以敢倾国而来，直抵郊甸者，以我国内有难，朕新即位，谓我不能抗御故也。我若示之以弱，闭门拒守，虏必放兵大掠，不可复制。故朕轻骑独出，示若轻之；又震曜军容，使之必战；出虏不意，使之失图。虏入我地既深，必有惧心，故与战则克，与和则固矣。制服突厥，在此一举，卿第观之！"是日，颉利来请和，诏许之。上即日还宫。乙酉，又幸城西，斩白马，与颉利盟于便桥之上。突厥引兵退。

萧瑀请于上曰："突厥未和之时，诸将争战，陛下不许，臣等亦以为疑，

唐太宗

既而虏自退，其策安在?"上曰:"吾观突厥之众虽多而不整，君臣之志惟贿是求，当其请和之时，可汗独在水西，达官皆来谒我，我若醉而缚之，因袭击其众，势如拉朽。又命长孙无忌、李靖伏兵于幽州以待之，虏若奔归，仗兵邀其前，大军蹑其后，覆之如反掌耳。所以不战者，吾即位日浅，国家未安，百姓未富，且当静以抚之。一与虏战，所损甚多；虏结怨既深，惧而修备，则吾未可以得志矣。故卷甲韬戈，啖以金帛，彼既得所欲，理当自退，志意骄惰，不复设备，然后养威伺衅，一举可灭也。将欲取之，必固与之，此之谓矣。卿知之乎?"瑀再拜曰:"非所及也。"

——《资治通鉴》卷第一百九十一【唐纪七】

【解题与点评】

　　唐太宗李世民因其杰出的政治功绩而在历代帝王中负有盛名。这里节选的是他在即位之初便展示出的超乎群伦的政治魄力与军事才能。事情发生在唐高祖武德九年。李世民刚刚登上皇帝宝座的时候，突厥颉利万汗率兵进犯，一直逼至渭水北岸，形势十分危险。李世民表现出超人的胆识，他亲自率领房玄龄等六人，前往突厥军前，责备突厥人背信忘义，继而身后是相继赶到的军容威盛的唐朝大军。颉利可汗大吃一惊，自己本来就不占道义，加上唐军部队士气高涨，自己领军已经十分深入，担心作战不利，就要求与李世民讲和。李世民立即答应了他的想法，一场大战化于无形，突厥骑兵很快退出唐朝疆土。手下大臣萧瑀认为应该趁机追击，可是李世民却制止了这一建议，他认为自己继位的时间还不长，与突厥交战的胜算还不是很大，战争虽然有一定的把握，但是不能一劳永逸，采取和解的办法便于自己韬光养晦。刚刚即位的唐太宗胸有成竹，他不听众人劝阻，执意单骑赴敌，果然使突厥退兵。从中可见，唐太宗智勇双全，长于谋略。

在突厥大军压境之际，他沉着应对，胜券在握。他考虑到，新君即位，人心未定，对于解除突厥的威胁，应该从长计议，因此暂不轻启战端。他又识破了突厥军队的心理，因此他即使是意在求和，态度却很强硬，拘留来使，亲临前线，以示军威。突厥被震慑，终于媾和退兵。太宗的举措可谓天衣无缝，因为同时做好了战与和的两手准备，所以能游刃有余，从容应付；为了达到退兵的目的，义正词严而又怀柔有术，表现出一代明君雄才大略、刚柔相济的治国用兵才能。

唐太宗不仅胆识过人，而且总能够找准对自己有利的时机和可以利用的漏洞，同时又善于运用多种手段来达到目标，化风险于无形之中。

（十）裴度计平朱克融

敬宗武昭愍孝皇帝宝历二年（丙午，公元八二六年）

先是，朝廷遣中使赐朱克融时服，克融以为疏恶，执留敕使。又奏"当道今岁将士春衣不足，乞度支给三十万端匹"，又奏"欲将兵马及丁匠五千助修宫阙"。上患之，以问宰相，欲遣重臣宣慰，仍索敕使。裴度对曰："克融无礼已甚，殆将毙矣！譬如猛兽，自于山林中咆哮跳踉，久当自困，必不敢辄离巢穴。愿陛下勿遣宣慰，亦勿索敕使，旬日之后，徐赐诏书云：'闻中官至彼，稍失去就，俟还，朕自有处分。时服，有司制造不谨，朕甚欲知之，已令区处。其将士春衣，从来非朝廷征发，皆本道自备。朕不爱数十万匹物，但素无此例，不可独与范阳。'所称助修宫阙，皆是虚语，若欲直挫其奸，宜云'丁匠宜速遣来，已令所在排比供拟。'彼得此诏，必苍黄失图。若且示含容，则云'修宫阙事在有司，不假丁匠远来。'如是而已，不足劳圣虑也。"上悦，从之。

——《资治通鉴》卷第二百四十三【唐纪五十九】

【解题与点评】

唐敬宗宝历二年（826 年），幽州节度使朱克融借口朝廷所赐春衣粗劣而威胁朝廷。裴度洞察其奸，沉着应对，巧妙地化解了一场即将来临的危机。

裴度是中唐著名的贤相。在这场没有硝烟的战争中，裴度不费一兵一卒便控制了局势，靠的是明察秋毫的心理战术。军阀朱克融找借口羞辱朝廷，勒索财物，并声称要带兵马、工匠到京城帮助修建宫阙，这几乎是明火执仗地威胁朝廷。但是裴度看出朱克融虚张声势，他不为所动，只是建议皇帝以含蓄有理、不卑不亢的措辞来处理此事。看似平淡无奇、不动声色的回应，却包含着对叛军的轻蔑与无畏。这既令朱克融的威胁完全落空，朝廷的尊严得以保全，又将朱克融置于被动处境。裴度的举重若轻、镇定从容，令人佩服。

关于裴度的政治智慧还有一则故事。据说有一天裴度因公务宴请宾客，席间，一名属下突然报告公章失踪了，但装公章的木盒还在。虽然事关重大，但裴度没有慌乱，只是小声叮嘱千万不要声张。宴会结束的时候，部下发现失踪的公章不知被谁送回来了，放在公章盒内。事后属下问裴度说："公章丢了，你怎么不着急呢？"裴度回答说："这一定是衙门里的人私下里书写契券，然后偷拿印信盖上公章，我料想他写完后就会放回原处，如果此时声张起来，他肯定狗急跳墙，为证清白而把印信扔掉，那就再也找不回来了。"属下一听，恍然大悟，非常钦佩。明代冯梦龙在评价裴度处理这件事时赞叹说："不是矫情镇物，真是透顶光明。"冯梦龙的意思说，不是裴度故作安闲以示镇静，而是极端聪明。裴度能够如此从容淡定，就是他有非凡的"智量"。古人说："智不足，量不大"，没有足够的智慧，做事容易冲动，也容易走极端。人生遇到困难，要学会从容淡定，正如先人反复告诫我们的，为别人留出宽宏的度量，也就为自己留出了广阔的空间。

四、金戈铁马、气吞万里

——《资治通鉴》中的战争

德国军事理论家克劳塞维茨所说："战争是政治的继续和终极手段。"战争也是血与火的洗礼。战争让多少人成就了人生辉煌和成就，也让人世间写满了无尽的辛酸和苦难，殷红的鲜血和死亡灵构建了一个个悲惨的故事。

（一）秦赵阏与之战

赧王四十五年（辛卯，公元前二七〇年）

秦伐赵，围阏与。赵王召廉颇、乐乘而问之曰："可救否？"皆曰："道远险狭，难救。"问赵奢，赵奢对曰："道远险狭，譬犹两鼠斗于穴中，将勇者胜。"王乃令赵奢将兵救之。去邯郸三十里而止，令军中曰："有以军事谏者死！"

秦师军武安西，鼓噪勒兵，武安屋瓦尽振。赵军中候有一人言急救武安，赵奢立斩之。坚壁留二十八日不行，复益增垒。秦间入赵军，赵奢善食而遣之。间以报秦将，秦将大喜曰："夫去国三十里而军不行，乃增垒，阏与非赵地也！"赵奢既已遣间，卷甲而趋，二日一夜而至，去阏与五十里而军，军垒成。秦师闻之，悉甲而往。赵军士许历请以军事谏，赵奢进之。许历曰："秦人不意赵至此，其来气盛，将军必厚集其陈以待之；不然，必败。"赵奢曰："请受教！"许历请刑，赵奢曰："胥，后令邯郸。"许历复请谏曰："先据北山上者胜，后至者败。"赵奢许诺，即发万人趋之。秦师后至，争山不得上；赵奢纵兵击秦师，秦师大败，解阏与而还。赵王封奢为马服君，与廉、蔺同位；以许历为国尉。

——《资治通鉴》卷第五【周纪五】

【解题与点评】

公元前 270 年，秦国进攻赵国，并包围了赵国的重镇阏与（今山西和顺）。赵将赵奢率军抗秦救赵，他出奇计，使怪招，终于打赢了一场原本无法取胜的战争，解了阏与之围。而秦国也损兵折将，伤亡数万人，遭遇百年来最惨重的失败。而赵奢因功被封为马服君，成就一生的英名和功业。

阏与之战的过程看上去并不复杂，然而司马光简练的语言却包含着一段出奇制胜的战争谋略。赵奢将军本来是要解阏与之围，他却在仅离开邯郸三十里之处就驻军不前达二十八天，并修筑工事，做出畏惧秦军、无心解阏与之围，仅求保住都城的消极姿态。赵奢在利用敌方间谍迷惑敌军的同时，又以迅雷不及掩耳的行动率军跃进至离阏与五十里之处驻扎下来。此前为了防止部下对看似有悖常理的行军安排提出异议，干扰了军政，赵奢严令不得议论军事，这样就保证了作战意图不被泄露；而在此时则适时地听取了部下的建议，迅速占据有利地形。本来秦军可以以逸待劳，但当赵军行至阏与五十里之外时，秦军又希望在赵军立足未稳之时进攻赵军；但没想到赵军先到一步并占据有利地形，开始变被动为主动，最终得以战胜秦军，阏与之围也就此解除。这真像一幕情节紧张、出乎意外并且极富节奏感的短剧。其精妙之处在于，通过超出常规的行动来调动对方，从而打破原来的格局，别开生面，使敌来就我，而我不必就敌。古代军事家的智慧在此真是表现得淋漓尽致、炉火纯青。

（二）秦赵长平之战

赧王五十五年（辛丑，公元前二六〇年）

秦左庶长王龁攻上党，拔之。上党民走赵。赵廉颇军于长平，以按据上党民。王龁因伐赵。赵军战数不胜，亡一裨将、四尉。赵王与楼昌、虞卿谋，楼昌请发重使为媾。虞卿曰："今制媾者在秦，秦必欲破王之军矣，虽往请媾，秦将不听。不如发使以重宝附楚、魏，楚、魏受之，则秦疑天下之合从，媾乃可成也。"王不听，使郑朱媾于秦，秦受之。王谓虞卿曰："秦内郑朱矣。"对曰："王必不得媾而军破矣。何则？天下之贺战胜者皆在秦矣。夫郑朱，贵人也，秦王、应侯必显重之以示天下。天下见王之媾于秦，必不救王。秦知天下之不救王，则媾不可得成矣。"既而秦果显郑朱而不与赵媾。

秦数败赵兵，廉颇坚壁不出。赵王以颇失亡多而更怯不战，怒，数让之。应侯又使人行千金于赵为反间，曰："秦之所畏，独畏马服君之子赵括为将耳！廉颇易与，且降矣！"赵王遂以赵括代颇将。蔺相如曰："王以名使括，若胶柱鼓瑟耳。括徒能读其父书传，不知合变也。"王不听。初，赵括自少时学兵法，以天下莫能当；尝与其父奢言兵事，奢不能难，然不谓善。括母问其故，奢曰："兵，死地也，而括易言之。使赵不将括则已；若必将之，破赵军者必括也。"及括将行，其母上书，言括不可使。王曰："何以？"对曰："始妾事其父，时为将，身所奉饭而进食者以十数，所友者以百数，王及宗室所赏赐者，尽以与军吏士大夫；受命之日，不问家事。今括一旦为将，东乡而朝，军吏无敢仰视之者；王所赐金帛，归藏于家，而日视便利田宅可买者买之。王以为如其父，父子异心，愿王勿遣！"王曰："母置之，吾已决矣！"母因曰："即如有不称，妾请无随坐。"赵王许之。

秦王闻括已为赵将，乃阴使武安君为上将军，而王龁为裨将，令军中："有敢泄武安君将者斩！"赵括至军，悉更约束，易置军吏，出兵击秦师。武安君佯败而走，张二奇兵以劫之。赵括乘胜追造秦壁，壁坚拒不得入；奇兵二万五千人绝赵军之后，又五千骑绝赵壁间。赵军分而为二，粮道绝。武安君出轻兵击之，赵战不利，因筑壁坚守以待救至。秦王闻赵食道绝，自如河内发民年十五以上悉诣长平，遮绝赵救兵及粮食。齐人、楚人救赵。赵人乏食，请粟于齐，齐王弗许。周子曰："夫赵之于齐、楚，扞蔽也，犹齿之有唇也，唇亡则

长平之战遗址

齿寒；今日亡赵，明日患及齐、楚矣。救赵之务，宜若奉漏瓮沃焦釜然。且救赵，高义也；却秦师，显名也；义救亡国，威却强秦。不务为此而爱粟，为国计者过矣！"齐王弗听。九月，赵军食绝四十六日，皆内阴相杀食。急来攻秦垒，欲出为四队，四、五复之，不能出。赵括自出锐卒搏战，秦人射杀之。赵师大败，卒四十万人皆降。武安君曰："秦已拔上党，上党民不乐为秦而归赵。赵卒反覆，非尽杀之，恐为乱。"乃挟诈而尽坑杀之，遗其小者二百四十人归赵。前后斩首虏四十五万人，赵人大震。

——《资治通鉴》卷第五【周纪五】

【解题与点评】

据说在秦赵长平之战遗址上，今天还不断能发现粒粒箭镞和累累白骨，当年战场上的厮杀仿佛历历在目。

公元前 262 年，秦军进攻韩国的上党郡，上党郡守冯亭将上党献给赵国，赵国派军接受。秦军随即向赵军进攻，迫使赵军退守长平。在形势万分危急之时，赵王偏偏又听信秦人的谣传，改用赵括代替老将廉颇，结果导致赵军在长平之役中惨败。

长平之战是战国末秦统一六国的战争中极其惨烈的战役。强秦与弱赵之间军事实力差别悬殊，所以对赵国来说，要抗拒秦军以自保，更多要运用政治和外交上的巧妙运筹。在当时的形势下，六国尚可以联合起来，共同遏制秦军东进的锋芒，同舟共济。然而识此天下大势者能有几人？即使有识之士屡屡道破机关，怎奈六国之君多胆怯苟且，不识大体。赵王先是不听平阳君之劝而接纳上党之地，自找战祸；继而不听虞卿合纵之谋而不得不独自抵抗强秦；最后又不能慎重对待赵括母亲的坦言相告，因急于取胜而临阵换下老将廉颇，任命毫无战争经验而好高骛远的赵括。而这位"纸上谈兵"、不知天高地厚的青年将军果然"敢作敢为"，主动出击，结果很快就陷于秦军的包围中，导致四十万赵军最终进退不得，粮道断绝，投降秦军后，竟被残暴的武安君白起全部活埋，真是惨绝人寰。此后，仅赖秦国内部谋臣武将的钩心斗角，才使赵国才得以苟延残喘。"兵，死地也"，岂可易言之！

　　长平之战秦国与赵国的战略决战。战争中，赵王在战争指导上，昧于秦强赵弱的基本形势，急于求胜，错误地坚持进攻战略，又中秦国离间之计，弃用名将廉颇，而起用纸上谈兵的赵括。而秦军主帅白起针对赵括骄傲轻敌的弱点，采取了佯败后退、诱敌脱离阵地，进而分割包围、予以歼灭的作战方针，获得战争的胜利。赵国经此一战元气大伤，也加速了秦国统一中国的进程，产生了深远的历史影响。

（三）楚汉垓下决战

太祖高皇帝四年（戊戌，公元前二〇三年）

项羽自知少助；食尽，韩信又进兵击楚，羽患之。汉遣侯公说羽请太公。羽乃与汉约，中分天下，割洪沟以西为汉，以东为楚。九月，楚归太公、吕后，引兵解而东归。汉王欲西归，张良、陈平说曰："汉有天下太半，而诸侯皆附；楚兵疲食尽，此天亡之时也。今释弗击，此所谓养虎自遗患也。"汉王从之。

——《资治通鉴》卷第一十【汉纪二】

太祖高皇帝五年（己亥，公元前二〇二年）

冬，十月，汉王追项羽至固陵，与齐王信、魏相国越期会击楚；信、越不至，楚击汉军，大破之。汉王复坚壁自守，谓张良曰："诸侯不从，奈何？"对曰："楚兵且破，二人未有分地，其不至固宜。君王能与共天下，可立致也。齐王信之立，非君王意，信亦不自坚；彭越本定梁地，始，君王以魏豹故拜越为相国，今豹死，越亦望王，而君王不早定。今能取睢阳以北至穀城皆以王彭越，从陈以东傅海与齐王信。信家在楚，其意欲复得故邑。能出捐此地以许两人，使各自为战，则楚易破也。"汉王从之。于是韩信、彭越皆引兵来。

　　……

　　十二月，项王至垓下，兵少，食尽，与汉战不胜，入壁；汉军及诸侯兵围之数重。项王夜闻汉军四面皆楚歌，乃大惊曰："汉皆已得楚乎？是何楚人之多也？"则夜起，饮帐中，悲歌慷慨，泣数行下；左右皆泣，莫能仰视。于是项王乘其骏马名骓，麾下壮士骑从者八百余人，直夜，溃围南出驰走。平明，汉军乃觉之，令骑将灌婴以五千骑追之。项王渡淮，骑能属者才百余人。至阴陵，迷失道，问一田父，田父绐曰"左"。左，乃陷大泽中，以故汉追及之。

项王乃复引兵而东，至东城，乃有二十八骑。汉骑追者数千人，项王自度不得脱，谓其骑曰："吾起兵至今，八岁矣；身七十余战，未尝败北，遂霸有天下。然今卒困于此，此天之亡我，非战之罪也。今日固决死，愿为诸君快战，必溃围，斩将，刈旗，三胜之，令诸君知天亡我，非战之罪也。"乃分其骑以为四队，四乡。汉军围之数重。项王谓其骑曰："吾为公取彼一将。"令四面骑驰下，期山东为三处。于是项王大呼驰下，汉军皆披靡，遂斩汉一将。是时，郎中骑杨喜追项王，项王瞋目而叱之，喜人马俱惊，辟易数里。项王与其骑会为三处，汉军不知项王所在，乃分军为三，复围之。项王乃驰，复斩汉一都尉，杀数十百人。复聚其骑，亡其两骑耳。乃谓其骑曰："何如？"骑皆伏曰："如大王言！"

于是项王欲东渡乌江，乌江亭长舣船待，谓项王曰："江东虽小，地方千里，众数十万人，亦足王也。愿大王急渡！今独臣有船，汉军至，无以渡。"项王笑曰："天之亡我，我何渡为！且籍与江东子弟八千人渡江而西，今无一人还；纵江东父兄怜而王我，我何面目见之！纵彼不言，籍独不愧于心乎！"乃以所乘骓马赐亭长，令骑皆下马步行，持短兵接战。独籍所杀汉军数百人，身亦被十余创。顾见汉骑司马吕马童，曰："若非吾故人乎？"马童面之，指示中郎骑王翳曰："此项王也！"项王乃曰："吾闻汉购我头千金，邑万户，吾

垓下遗址

为若德。"乃刭而死。王翳取其头，余骑相蹂践争项王，相杀者数十人。最其后，杨喜、吕马童及郎中吕胜、杨武各得其一体；五人共会其体，皆是，故分其户，封五人皆为列侯。

楚地悉定，独鲁不下；汉王引天下兵欲屠之。至其城下，犹闻弦诵之声，为其守礼义之国，为主死节，乃持项王头以示鲁父兄，鲁乃降。汉王以鲁公礼葬项王于穀城，亲为发哀，哭之而去。诸项氏枝属皆不诛。封项伯等四人皆为列侯，赐姓刘氏；诸民略在楚者皆归之。

——《资治通鉴》卷第十一【汉纪三】

【解题与点评】

项羽《垓下歌》是一首英雄末路的挽歌。"力拔山兮气盖世，时不利兮骓不逝。骓不逝兮可奈何，虞兮虞兮奈若何！"

这是楚霸王项羽在进行必死战斗的前夕所作的绝命诗。在这首诗中，既洋溢着与无伦比的豪气，又蕴含着满腔深情；既显示出罕见的自信，却又有为人的渺小而沉重的叹息。短短的四句歌词，表现出如此丰富的内容和复杂的感情，真是千古绝作。

项羽是在秦末与叔父项梁一起举兵反秦的。由于其辉煌的战功、无双的勇力、杰出的才能，实际上成为反秦群雄的领袖，在推翻暴秦的统治中起了主要的作用。但在秦亡以后，项羽和刘邦为争夺天下，展开了残酷的生死搏杀，并以项羽的失败而告终。作这首诗时，项羽被包围在垓下（在今安徽灵璧县南沱河北岸），粮尽援绝，他自知败局已定；诀别虞姬之后，他率部突围，虽曾杀伤敌军多人，终因兵力单薄，自刎于乌江（今安徽和县东北）。

诗歌的第一句，就使读者看到了一个举世无匹的英雄形象。在我国古代，"气"既源于人的先天禀赋，又赖于后天的培养；人的品德、能力、风度等等均取决于"气"。所谓"气盖世"，是说他在这些方面超过了任何一个人。尽管这是一种极其概括的叙述，但"力拔山"三字却给读者一种具体、生动的感受，所以在这一句中，通过虚实结合的手法，把自己叱咤风云的气概生动地显现了出来。

　　然而，在第二、三句里，这位盖世英雄却突然变得极其苍白无力。这两句是说：由于天时不利，他所骑的那匹名马——骓不能向前行进了，这使他陷入了失败的绝境而无法自拔，只好徒唤"奈何"。项羽傲岸的个性，天地间唯我独尊的气概虽然感动千古，但是，无论他如何英勇无敌，举世无双，一旦天时不利，除了灭亡以外，他就没有别的选择。在神秘的"天"的面前，人是多么渺小；即使是人中间的最了不起的英雄，也经不起"天"的轻微的一击。

　　项羽知道自己的灭亡已经无可避免，他的事业就要烟消云散，但他没有留恋，没有悔恨，甚至也没有叹息。他唯一忧虑的，是他所挚爱的，经常陪伴他东征西讨的虞姬的前途。毫无疑问，在他死后，虞姬的命运将会十分悲惨。于是，尖锐的、难以忍受的痛苦深深地啮着他的心，他无限哀伤地唱出了这首歌的最后一句："虞兮虞兮奈若何？"译成白话就是："虞啊，虞啊，我把你怎么办呢？"这简短的七个字，包含着项羽何等深沉的刻骨铭心的爱！相对于永恒的自然界来说，个体的人确实极其脆弱，即使是英雄豪杰，在奔腾不息的历史长河里也不过像一朵小小的浪花，转瞬即逝，令人感伤。但爱却是长存的，它一直是人类使自己奋发和纯净的有力精神支柱之一，纵或是杀人不眨眼的魔头，在爱的面前也不免有匍匐拜倒之举。《垓下歌》虽然篇幅短小，千百年来，它曾经打动过无数读者的心。

　　垓下之战，胜败已成定局。在失败面前，项羽还是那么自负武功，自信"力拔山兮气盖世"，而将失败归因于神秘莫测的天命，所谓"此天之亡我，非战之罪也"。在人马丧失殆尽、汉兵重重围困之下，这位悲剧英雄仍能冲锋陷阵，如入无人之境。但是这又能证明什么呢？只不过证明他的确是一个勇将，但只有"匹夫之勇"，而毫无统帅的政治远见和战略家的品质。所以百战百胜而终有垓下之败、乌江之死。相反，具有战略眼光和政治家才能的刘邦则愈战愈强，历经挫折而成就霸业。即使在最后一幕，项羽也表现出慷慨激烈的英雄气概，在人格上似乎的确比狡猾无赖的刘邦可爱许多，因此古往今来赢得许多同情和赞叹。但是，在复杂激烈的政治军事角逐中，项羽远远逊色于对手刘邦，他表现得短视、狭隘、肤浅、刚愎自用，各方面的决策少有可称道者。所以项羽虽称雄一时，而终究难免一败。执迷不悟，抱怨天命，实在徒然。

（四）官渡之战

（1）绍将攻曹

孝献皇帝建安四年（己卯，公元一九九年）

袁绍既克公孙瓒，心益骄，贡御稀简。主簿耿包密白绍，宜应天人，称尊号。绍以包白事示军府。僚属皆言包妖妄，宜诛。绍不得已，杀包以自解。

绍简精兵十万、骑万匹，欲以攻许。沮授谏曰："近讨公孙瓒，师出历年，百姓疲敝，仓库无积，未可动也。宜务农息民，先遣使献捷天子。若不得通，乃表曹操隔我王路，然后进屯黎阳，渐营河南，益作舟船，缮修器械，分遣精骑抄其边鄙，令彼不得安，我取其逸。如此，可坐定也。"郭图、审配曰："以明公之神武，引河朔之强众，以伐曹操，易如覆手，何必乃尔！"授曰："夫救乱诛暴，谓之义兵；恃众凭强，谓之骄兵。义者无敌，骄者先灭。曹操奉天子以令天下，今举师南向，于义则违。且庙胜之策，不在强弱。曹操法令既行，士卒精练，非公孙瓒坐而受攻者也。今弃万安之术而兴无名之师，窃为公惧之！"图、配曰："武王伐纣，不为不义。况兵加曹操，而云无名？且以公今日之强，将士思奋，不及时以定大业，所谓天与不取，反受其咎，此越之所以霸，吴之所以灭也。监军之计在于持牢，而非见时知机之变也。"绍纳图言，图等因是谮授曰："授监统内外，威震三军，若其浸盛，何以制之！夫臣与主同者亡，此《黄石》之所忌也。且御众于外，不宜知内。"绍乃分授所统为三都督，使授及郭图、淳于琼各典一军。骑都尉清河崔琰谏曰："天子在许，民望助顺，不可攻也！"绍不从。

许下诸将闻绍将攻许，皆惧，曹操曰："吾知绍之为人，志大而智小，

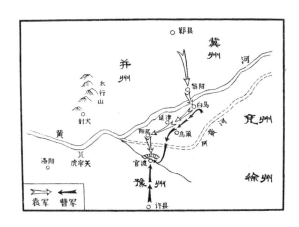

官渡之战形势图

色厉而胆薄，忌克而少威，兵多而分画不明，将骄而政令不一，土地虽广，粮食虽丰，适足以为吾奉也。"孔融谓荀彧曰："绍地广兵强，田丰、许攸智士也，为之谋；审配、逢纪忠臣也，任其事；颜良、文丑勇将也，统其兵。殆难克乎！"彧曰："绍兵虽多而法不整，田丰刚而犯上，许攸贪而不治，审配专而无谋，逢纪果而自用，此数人者，势不相容，必生内变。颜良、文丑，一夫之勇耳，可一战而禽也。"

秋，八月，操进军黎阳，使臧霸等将精兵入青州以扞东方，留于禁屯河上。九月，操还许，分兵守官渡。

——《资治通鉴》卷第六十三【汉纪五十五】

【解题与点评】

汉献帝建安五年（200 年），袁绍兼并公孙瓒后，接着又准备南下攻击驻扎许昌的曹操。幕僚沮授、崔琰等认为此行劳顿疲民，甚为不妥，但遭到了盲目自大的郭图、审配等人的反驳，袁绍也未听取沮授等的正确意见。曹操军中不少人也被袁绍庞大的军队所惊吓，惧怕应战。但曹操、荀彧等人却看到了强大的袁军背后所隐藏的种种虚弱与危机，因此镇定自若。从战前两军统帅与谋将的谈话中看，双方虽然兵力悬殊，但力量较小的曹军却已经在识见与心态上胜出一筹。这对整个战争的走向无疑已经形成了一种预示。

官渡之战是中国历史上著名的以弱胜强的战役之一。曹操以十分之一于袁绍的兵力，与之对峙了一年多后，最终击溃袁绍，统一了北方。《三国志》中记载，诸葛亮对曹操的胜利评价说："非惟天时，抑亦人谋也。"例如：曹操先扫清分散的较弱的割据势力，再集中力量对付正面的强敌；先让一步，后发制人；声东击西，出奇制胜；烧毁敌人粮草，动摇敌方军心；等等。袁绍失败的原因也很明显：政治腐败，骄傲轻敌，只知硬拼硬打，不知用策用计，等等。曹操能够虚心采纳部下建议，袁绍则一意孤行，也是曹胜袁败的重要因素。

（2）友军？抑或敌军？

孝献皇帝建安四年（己卯，公元一九九年）

袁绍遣人招张绣，并与贾诩书结好。绣欲许之，诩于绣坐上，显谓绍使曰："归谢袁本初，兄弟不能相容，而能容天下国士乎！"绣惊惧曰："何至于此！"窃谓诩曰："若此，当何归？"诩曰："不如从曹公。"绣曰："袁强曹弱，又先与曹为仇，从之如何？"诩曰："此乃所以宜从也。夫曹公奉天子以令天下，其宜从一也；绍强盛，我以少众从之，必不以我为重，曹公众弱，其得我必喜，其宜从二也；夫有霸王之志者，固将释私怨以明德于四海，其宜从三也。愿将军无疑！"冬，十一月，绣率众降曹操，操执绣手，与欢宴，为子均取绣女，拜扬武将军；表诩为执金吾，封都亭侯。

关中诸将以袁、曹方争，皆中立顾望。凉州牧韦端使从事天水杨阜诣许，阜还，关右诸将问："袁、曹胜败孰在？"阜曰："袁公宽而不断，好谋而少决；不断则无威，少决则后事，今虽强，终不能成大业。曹公有雄才远略，决机无疑，法一而兵精，能用度外之人，所任各尽其力，必能济大事者也。"曹操使治书侍御史河东卫觊镇抚关中，时四方大有还民，关中诸将多引为部曲。觊书与荀曰："关中膏腴之地，顷遭荒乱，人民流入荆州者十万余家，闻本土安宁，皆企望思归。而归者无以自业，诸将各竞招怀以为部曲，郡县贫弱，不能与争，兵家遂强，一旦变动，必有后忧。夫盐，国之大宝也，乱来放散，宜如旧置使者监卖，以其直益市犁牛，若有归民，以供给之，勤耕积粟以丰殖关中，远民闻之，必日夜竞还。又使司隶校尉留治关中以为之主，则诸将日削，官民日盛，此强本弱敌之利也。"或以白操，操从之。始遣谒者仆射监盐官，司隶校尉治弘农。关中由是服从。

……

初，车骑将军董承称受帝衣带中密诏，与刘备谋诛曹操。操从容谓备曰："今天下英雄，惟使君与操耳，本初之徒，不足数也！"备方食，失匕箸，值天雷震，备因曰："圣人云：'迅雷风烈必变'，良有以也。"遂与承及长水校尉种辑、将军吴子兰、王服等同谋。会操遣备与朱灵邀袁术，程昱、郭嘉、董昭皆谏曰："备不可遣也！"操悔，追之，不及。术既南走，朱灵等还。备遂杀徐州刺史车胄，留关羽守下邳，行太守事，身还小沛。东海贼昌豨及郡县多叛操为备。备众数万人，遣使与袁绍连兵。操遣司空长史沛国刘岱、中郎将扶风王忠击之，不克。备谓岱等曰："使汝百人来，无如我何；曹公自来，未可知耳！"

孝献皇帝建安五年（庚辰，公元二〇〇年）

春，正月，董承谋泄；壬子，曹操杀承及王服、种辑，皆夷三族。

操欲自讨刘备，诸将皆曰："与公争天下者，袁绍也，今绍方来而弃之东，绍乘人后，若何？"操曰："刘备，人杰也，今不击，必为后患。"郭嘉曰："绍性迟而多疑，来必不速。备新起，众心未附，急击之，必败。"操师遂东。冀州别驾田丰说袁绍曰："曹操与刘备连兵，未可卒解。公举军而袭其后，可一往而定。"绍辞以子疾，未得行。丰举杖击地曰："嗟乎！遭难遇之时，而以婴儿病失其会，惜哉，事去矣！"

曹操击刘备，破之，获其妻子；进拔下邳，禽关羽；又击昌豨，破之。备奔青州，因袁谭以归袁绍。绍闻备至，去邺二百里

曹操迎许攸

迎之，驻月余，所亡士卒稍稍归之。

——《资治通鉴》卷第六十三【汉纪五十五】

【解题与点评】

　　生逢乱世的曹操，为了成就霸业，深知人才决定胜负和未来。因此他很尊重人才，提出了唯才是举的政治策略。曹操求贤若渴，爱才、惜才，也会用才。他的《短歌行》这么说："青青子衿，悠悠我心。但为君故，沉吟至今。""山不厌高，海不厌深。周公吐哺，天下归心。"在官渡之战中，曹操之所以能击败袁绍，许攸起了重要作用。许攸（？—204 年），字子远，南阳（治今河南南阳）人。他本来是袁绍帐下的谋士，官渡之战前，家人因犯法而被袁绍收捕，许攸因此背袁投降曹操，并为曹操设下偷袭袁绍军屯粮之所乌巢的计策，袁绍因此而大败于官渡。

　　在战争准备期间，袁、曹两军的力量又发生了一定的变化。由于袁绍个性褊狭，缺乏政治远见，相比之下，曹操更具举大事的魄力，因此关中诸将皆弃袁投曹。而曹军中的刘备本是野心勃勃之人，因担心被曹操识破而借机脱离曹营，暂归袁绍。这样，曹军虽失刘备，却赢得了肥沃的关中以及诸将的支持，声势进一步壮大。而袁绍在战前即丧失一批援军，虽收纳了刘备的军队，却不能真正拥有，因此气势先降三分。

（3）袁军南下攻曹

孝献皇帝建安五年（庚辰，公元二〇〇年）

　　曹操还军官渡，绍乃议攻许，田丰曰："曹操既破刘备；则许下非复空虚。且操善用兵，变化无方，众虽少，未可轻也，今不如以久持之。将军据山河之固，拥四州之众，外结英雄，内修农战，然后简其精锐，分为奇兵，乘虚迭出以扰河南，救右则击其左，救左则击其右，使敌疲于奔命，民不得安业，我未劳而彼已困，不及三年，可坐克也。今释庙胜之策而决成败于一战，若不如志，悔无及也。"绍不从。丰强谏忤绍，绍以为沮众，械系之。于是移檄州郡，数操罪恶。二月，进军黎阳。

沮授临行，会其宗族，散资财以与之曰："势存则威无不加，势亡则不保一身，哀哉！"其弟宗曰："曹操士马不敌，君何惧焉？"授曰："以曹操之明略，又挟天子以为资，我虽克伯珪，众实疲敝，而主骄将忕，军之破败，在此举矣。扬雄有言：'六国蚩蚩，为嬴弱姬。'其今之谓乎！"

振威将军程昱以七百兵守鄄城。曹操欲益昱兵二千，昱不肯，曰："袁绍拥十万众，自以所向无前，今见昱少兵，必轻易，不来攻。若益昱兵，过则不可不攻，攻之必克，徒两损其势，愿公无疑。"绍闻昱兵少，果不往，操谓贾诩曰："程昱之胆，过于贲、育矣！"

袁绍遣其将颜良攻东郡太守刘延于白马，沮授曰："良性促狭，虽骁勇，不可独任。"绍不听。夏，四月，曹操北救刘延。荀攸曰："今兵少不敌，必分其势乃可。公到延津，若将渡兵向其后者，绍必西应之，然后轻兵袭白马，掩其不备，颜良可禽也。"操从之，绍闻兵渡，即分兵西邀之。操乃引军兼行趣白马，未至十余里，良大惊，来逆战。操使张辽、关羽先登击之。羽望见良麾盖，策马刺良于万众之中，斩其首而还，绍军莫能当者。遂解白马之围，徙其民，循河而西。

绍渡河追之，沮授谏曰："胜负变化，不可不详。今宜留屯延津，分兵官渡，若其克获，还迎不晚，设其有难，众弗可还。"绍弗从。授临济叹曰："上盈其志，下务其功，悠悠黄河，吾其济乎！"遂以疾辞。绍不许而意恨之，复省其所部，并属郭图。

绍军至延津南，操勒兵驻营南阪下，使登垒望之，曰："可五六百骑。"有顷，复白："骑稍多，步兵不可胜数。"操曰："勿复白。"令骑解鞍放马。是时，白马辎重就道，诸将以为敌骑多，不如还保营。荀攸曰："此所以饵敌，如何去之！"操顾攸而笑。绍骑将文丑与刘备将五六千骑前后至。诸将复白："可上马。"操曰："未也。"有顷，骑至稍多，或分趣辎重。操曰："可矣！"乃皆上马。时骑不满六百，遂纵兵击，大破之，斩丑。丑与颜良，皆绍名将也，再战，悉禽之，绍军夺气。

初，操壮关羽之为人，而察其心神无久留之意，使张辽以其情问之，羽叹曰："吾极知曹公待我厚；然吾受刘将军恩，誓以共死，不可背之。吾终不留，要当立效以报曹公乃去耳。"辽以羽言报操，操义之，及羽杀颜良，操知其必去，重加赏赐。羽尽封其所赐，拜书告辞，而奔刘备于袁军。左右欲追之，操曰："彼各为其主，勿追也。"

……

汝南黄巾刘辟等叛曹操应袁绍，绍遣刘备将兵助辟，郡县多应之。绍遣使拜阳安都尉李通为征南将军，刘表亦阴招之，通皆拒焉。或劝通从绍，通按剑叱之曰："曹公明哲，必定天下；绍虽强盛，终为之虏耳。吾以死不贰。"即斩绍使，送印绶诣操。

通急录户调，朗陵长赵俨见通曰："方今诸郡并叛，独阳安怀附，复趣收其绵绢，小人乐乱，无乃不可乎？"通曰："公与袁绍相持甚急，左右郡县背叛乃尔，若绵绢不调送，观听者必谓我顾望，有所须待也。"俨曰："诚亦如君虑，然当权其轻重。小缓调，当为君释此患。"乃书与荀彧曰："今阳安郡百姓困穷，邻城并叛，易用倾荡，乃一方安危之机也。且此郡人执守忠节，在险不贰，以为国家宜垂慰抚。而更急敛绵绢，何以劝善！"彧即白操，悉以绵绢还民，上下欢喜，郡内遂安。通击群贼瞿恭等，皆破之。遂定淮、汝之地。

时操制新科，下州郡，颇增严峻，而调绵绢方急。长广太守何夔言于操曰："先王辨九服之赋以殊远近，制三典之刑以平治乱。愚以为此郡宜依远域新邦之典，其民间小事，使长吏临时随宜，上不背正法，下以顺百姓之心。比及三年，民安其业，然后乃可齐之以法也。"操从之。

刘备略汝、颍之间，自许以南，吏民不安，曹操患之。曹仁曰："南方以大军方有目前急，其势不能相救，刘备以强兵临之，其背叛故宜也。备新将绍兵，未能得其用，击之，可破也。"操乃使仁将骑击备，破走之，尽复收诸叛县而还。

备还至绍军，阴欲离绍，乃说绍南连刘表。绍遣备将本兵复至汝南，与贼龚都等合，众数千人。曹操遣将蔡杨击之，为备所杀。

袁绍军阳武，沮授说绍曰："北兵虽众而劲果不及南，南军谷少而资储不如北；南幸于急战，北利在缓师。宜徐持久，旷以日月。"绍不从。八月，绍进营稍前，依沙堆为屯，东西数十里。操亦分营与相当。

——《资治通鉴》卷第六十三【汉纪五十五】

【解题与点评】

袁绍错失良机，等到曹操打败了刘备，返回驻地休整才下令南下进攻许昌。一开始，袁绍就拒绝听取谋士田丰持久作战的战略，轻率进军黎阳。继而又狂妄自大，放弃鄄城；然后又不听沮授之谏，离开延津，轻举妄动，结果在延津南被曹操打败，袁军军势受挫。然而袁绍仍一意孤行，一直驱军来到阳武，与曹军对垒。其间，刘备虽然给曹操带来一定的威胁，但由于未能得到袁绍的重视，心生离意。在此期间，曹操多方听取谋士的谏议，对前线将士给予充分的信任，指挥有方，因此连连获得胜利。由此可见，主帅的识见高下在战争中起着举足轻重的作用。其实，袁绍也有谋士田丰。田丰（？—200年），字元皓，钜鹿（今河北巨鹿一带）人。其为人刚直，曾多次向袁绍进言而不被采纳，曹操部下谋臣荀彧曾评价他"刚而犯上"。官渡之战前，在曹操亲自率兵征讨刘备之际，田丰认为这是击败曹操的大好机会，如果调动全部兵力袭击曹操的后方，就可大获全胜。对此良谋袁绍却借口儿子生病予以拒绝，丧失了大好机会。曹操打败刘备以后，兵威正盛，刘备投奔袁绍，这时袁绍却急躁冒进，进攻曹操，而田丰认为曹操已经打败了刘备，许都就不再空虚。而且曹操擅长用兵，变化无常，人数虽少，不可轻视。现在不如长期坚守，劝阻袁绍不要贸然出兵，应与曹操对峙。但袁绍不仅不听田丰的良言，反而认为他败坏军心，将田丰监禁，举兵南下，与曹操战于官渡，结果遭到惨败。田丰聪慧，可是他太刚毅了，做出的举动或说出来的话常常让袁绍下不了台，缺乏谋士应有的运筹能力和柔性，不仅使自己的良谋善策得不到袁绍的重视，同时也为自己埋下了祸根。

（4）官渡决战

孝献皇帝建安五年（庚辰，公元二○○年）

　　曹操出兵与袁绍战，不胜，复还，坚壁。绍为高橹，起土山，射营中，营中皆蒙楯而行。操乃为霹雳车，发石以击绍楼，皆破，绍复为地道攻操，操辄于内为长堑以拒之。操众少粮尽，士卒疲乏，百姓困于征赋，多叛归绍者，操患之，与荀彧书，议欲还许，以致绍师。彧报曰："绍悉众聚官渡，欲与公决胜败。公以至弱当至强，若不能制，必为所乘，是天下之大机也。且绍，布衣之雄耳，能聚人而不能用。以公之神武明哲而辅以大顺，何向而不济！今谷食虽少，未若楚、汉在荥阳、成皋间也。是时刘、项莫肯先退者，以为先退则势屈也。公以十分居一之众，画地而守之，扼其喉而不得进，已半年矣。情见势竭，必将有变。此用奇之时，不可失也。"操从之，乃坚壁持之。

　　操见运者，抚之曰："却十五日为汝破绍，不复劳汝矣。"绍运谷车数千乘至官渡。荀攸言于操曰："绍运车旦暮至，其将韩猛锐而轻敌。击，可破也！"操曰："谁可使者？"攸曰："徐晃可。"乃遣偏将军河东徐晃与史涣邀击猛，破走之，烧其辎重。

　　冬，十月，绍复遣车运谷，使其将淳于琼等将兵万余人送之，宿绍营北四十里。沮授说绍："可遣蒋奇别为支军于表，以绝曹操之钞。"绍不从。

　　许攸曰："曹操兵少而悉师拒我，许下余守，势必空弱。若分遣轻军，星行掩袭，许可拔也。许拔，则奉迎天子以讨操，操成擒矣。如其未溃，可令首尾奔命，破之必也。"绍不从，曰："吾要当先取操。"会攸家犯法，审配收系之，攸怒，遂奔操。

　　操闻攸来，跣出迎之，抚掌笑曰："子卿远来，吾事济矣！"既入坐，谓操曰："袁氏军盛，何以待之？今有几粮乎？"操曰："尚可支一岁。"攸曰："无是，更言之！"又曰："可支半岁。"攸曰："足下不欲破袁氏邪！何言之不实也！"操曰："向言戏之耳。其实可一月，为之奈何？"攸曰："公孤军独守，外无救援而粮谷已尽，此危急之日也。袁氏辎重万余乘，在故市、乌巢，屯军无严备，若以轻兵袭之，不意而至，燔其积聚，不过三日，袁氏自败也。"操大喜，乃留曹洪、荀攸守营，自将步骑五千人，皆用袁军旗帜，衔枚缚马口，夜从间道出，人抱束薪，所历道有问者，语之曰："袁公恐曹操钞略后军，遣军以益备。"闻者信以为然，皆自若。既至，围屯，大放火，营中惊乱。会明，琼等望见操兵少，出陈门外，操急击之，琼退保营，操遂攻之。

绍闻操击琼，谓其子谭曰："就操破琼，吾拔其营，彼固无所归矣！"乃使其将高览、张郃等攻操营。郃曰："曹公精兵往，必破琼等，琼等破，则事去矣，请先往救之。"郭图固请攻操营。郃曰："曹公营固，攻之必不拔。若琼等见禽，吾属尽为虏矣。"绍但遣轻骑救琼，而以重兵攻操营，不能下。

绍骑至乌巢，操左右或言："贼骑稍近，请分兵拒之。"操怒曰："贼在背后，乃白！"士卒皆殊死战，遂大破之，斩琼等，尽燔其粮谷，杀士卒千余人，皆取其鼻，牛马割唇舌，以示绍军，绍军将士皆恟惧。郭图惭其计之失，复谮张郃于绍曰："郃快军败。"郃忿惧，遂与高览焚攻具，诣操营降。曹洪疑，不敢受，荀攸曰："郃计画不用，怒而来奔，君有何疑！"乃受之。

于是绍军惊扰，大溃，绍及谭等幅巾乘马，与八百骑渡河。操追之不及，尽收其辎重、图书、珍宝。余众降者，操尽坑之，前后所杀七万余人。

沮授不及绍渡，为操军所执，乃大呼曰："授不降也，为所执耳！"操与之有旧，迎谓曰："分野殊异，遂用圮绝，不图今日乃相禽也！"授曰："冀州失策，自取奔北。授知力俱困，宜其见禽。"操曰："本初无谋，不相用计，今丧乱未定，方当与君图之。"授曰："叔父、母弟，县命袁氏，若蒙公灵，速死为福。"操叹曰："孤早相得，天下不足虑也。"遂赦而厚遇焉。授寻谋归袁氏，操乃杀之。

操收绍书中，得许下及军中人书，皆焚之，曰："当绍之强，孤犹不能自保，况众人乎！"

冀州城邑多降于操。袁绍走至黎阳北岸，入其将军蒋义渠营，把其手曰："孤以首领相付矣！"义渠避帐而处之，使宣号令。众闻绍在，稍复归之。

或谓田丰曰："君必见重矣。"丰曰："公貌宽而内忌，不亮吾忠，而吾数以至言迕之，若胜而喜，犹能赦我，今战败而恚，内忌将发，吾不望生。"绍军士皆拊膺泣曰："向令田丰在此，必不至于败。"绍谓逢纪曰："冀州诸人闻吾军败，皆当念吾，惟田别驾前谏止吾，与众不同，吾亦惭之。"纪曰："丰闻将军之退，拊手大笑，喜其言之中也。"绍于是谓僚属曰："吾不用田丰言，果为所笑。"遂杀之。初，曹操闻丰不从戎，喜曰："绍必败矣。"及绍奔遁，复曰："向使绍用其别驾计，尚未可知也。"

审配二子为操所禽，绍将孟岱言于绍曰："配在位专政，族大兵强，且二子在南，必怀反计。"郭图、辛评亦以为然。绍遂以岱为监军，代配守邺。护军逢纪素与配不睦，绍以问之，纪曰："配天性烈直，每慕古人之节，必不以二子在南为不义也。愿公勿疑。"绍曰："君不恶之邪？"纪曰："先所争者，私情也；今所陈者，国事也。"绍曰："善！"乃不废配，配由是更与纪亲。冀州城邑叛绍者，绍稍复击定之。

绍为人宽雅，有局度，喜怒不形于色，而性矜愎自高，短于从善，故至于败。

——《资治通鉴》卷第六十三【汉纪五十五】

【解题与点评】

官渡决战，决于粮草。虽然曹军始终得势，但是曹军毕竟弱小，兵力、粮草都已告急，难以持续，最怕的是战事拖延，最希望的是速战速决。然而天意向着曹操，未断绝曹军的胜利之路。先是荀攸出奇思妙策，在紧急关头又收纳从袁军逃出的谋士许攸，帮助曹军两度成功地抢获和焚毁袁军的粮草。而袁绍在决战期间仍然刚愎自用，连连失利，终至失败。

官渡之战，势力强大的袁绍大败于相对弱小的曹操，原因固然在于其军事指挥能力的低下。但是，综观袁曹相争的始末，袁绍的刚愎自用、优柔寡断、短于从善，与曹操的善于纳谏、容人雅量，实在是天壤之别，这恐怕才是决定战争进程的关键，是战略和战术优劣的分野。二人手下都不乏优秀的谋士，袁绍的也许更多，但是细读《资治通鉴》全文，通篇都是"绍不听"，与同样多的"操许之"相映成趣。在曹操机智灵活、多姿多彩的性格的反衬下，袁绍显得何其呆板、何其固陋。双方统帅的素养比单纯的军力强弱更有决定性，袁绍这样完全不合格的统帅，徒然拥有种种人力物力的优势，在以官渡之战的惨败为结束的长久较量中，有多次机会可以获胜，但是"性迟而多疑"的袁绍始终没有抓住其中一次。手下才能之士，沮授、田丰屡谏不听，许攸、张郃都不得其用投奔曹操。而曹操接纳有杀亲之仇的张绣、投降的许攸和张郃、被俘的关羽，处处都显示其度量和远大的政治眼光。对于战争中的缓急、正奇、主次，袁绍可谓全然懵懂，曹操却能很好地把握，要害也正是在于能否听取建言。官渡之战的最终结局是由这样一些必然性的因素在经过多个环节的较量后决定的，最后则借火烧乌巢这样看似偶然的战术奇谋达到高潮。诚然"庙胜之策，不在强弱"。战前曹操说："吾知绍之为人，志大而智小，色厉而胆薄，忌克而少威，兵多而分画不明，将骄而政令不一，土地虽广，粮食虽丰，适足以为吾奉也"，确实是深知其人本性，入木三分。

（五）赤壁大战

孝献皇帝建安十三年（戊子，公元二〇八年）

初，鲁肃闻刘表卒，言于孙权曰："荆州与国邻接，江山险固，沃野万里，士民殷富，若据而有之，此帝王之资也。今刘表新亡，二子不协，军中诸将，各有彼此。刘备天下枭雄，与操有隙，寄寓于表，表恶其能而不能用也。若备与彼协心，上下齐同，则宜抚安，与结盟好；如有离违，宜别图之，以济大事。肃请得奉命吊表二子，并慰劳其军中用事者，及说备使抚表众，同心一意，共治曹操，备必喜而从命。如其克谐，天下可定也。今不速往，恐为操所先。"权即遣肃行。

到夏口，闻操已向荆州，晨夜兼道，比至南郡，而琮已降，备南走，肃径迎之，与备会于当阳长坂。肃宣权旨，论天下事势，致殷勤之意，且问备曰："豫州今欲何至？"备曰："与苍梧太守吴巨有旧，欲往投之。"肃曰："孙讨虏聪明仁惠，敬贤礼士，江表英豪，咸归附之，已据有六郡，兵精粮多，足以立事。今为君计，莫若遣腹心自结于东，以共济世业。而欲投吴巨，巨是凡人，偏在远郡，行将为人所并，岂足托乎！"备甚悦。肃又谓诸葛亮曰："我，子瑜友也。"即共定交。子瑜者，亮兄瑾也，避乱江东，为孙权长史。备用肃计，进住鄂县之樊口。

　　曹操自江陵将顺江东下。诸葛亮谓刘备曰："事急矣，请奉命求救于孙将军。"遂与鲁肃俱诣孙权。亮见权于柴桑，说权曰："海内大乱，将军起兵江东，刘豫州收众汉南，与曹操并争天下。今操芟夷大难，略已平矣，遂破荆州，威震四海。英雄无用武之地，故豫州遁逃至此，愿将军量力而处之。若能以吴、越之众与中国抗衡，不如早与之绝；若不能，何不按兵束甲，北面而事之！今将军外托服从之名，而内怀犹豫之计，事急而不断，祸至无日矣。"权曰："苟如君言，刘豫州何不遂事之乎！"亮曰："田横，齐之壮士耳，犹守义不辱；况刘豫州王室之胄，英才盖世，众士慕仰，若水之归海！若事之不济，此乃天也，安能复为之下乎！"权勃然曰："吾不能举全吴之地，十万之众，受制于人。吾计决矣！非刘豫州莫可以当曹操者；然豫州新败之后，安能抗此难乎！"亮曰："豫州军虽败于长坂，今战士还者及关羽水军精甲万人，刘琦合江夏战士亦不下万人。曹操之众，远来疲敝，闻追豫州，轻骑一日一夜行三百余里，此所谓'强弩之末势不能穿鲁缟'者也。故《兵法》忌之，曰'必蹶上将军'。且北方之人，不习水战；又，荆州之民附操者，逼近势耳，非心服也。今将军诚能命猛将统兵数万，与豫州协规同力，破操军必矣。操军破，必北还；如此，则荆、吴之势强，鼎足之形成矣。成败之机，在于今日！"权大悦，与其群下谋之。

　　是时，曹操遗权书曰："近者奉辞伐罪，旌麾南指，刘琮束手。今治水军八十万众，方与将军会猎于吴。"权以示群下，莫不响震失色。长史张昭等曰："曹公，豺虎也，挟天子以征四方，动以朝廷为辞；今日拒之，事更不顺。且将军大势可以拒操者，长江也。今操得荆州，奄有其地，刘表治水军，蒙冲斗舰乃以千数，操悉浮以沿江，兼有步兵，水陆俱下，此为长江之险已与我共之矣，而势力众寡又不可论。愚谓大计不如迎之。"鲁肃独不言。权起更衣，肃追于宇下。权知其意，执肃手曰："卿欲何言?"肃曰："向察众人之议，专欲误将军，不足与图大事。今肃可迎操耳，如将军不可。何以言之? 今肃迎操，操当以肃还付乡党，品其名位，犹不失下曹从事，乘犊车，从吏卒，交游士林，累官故不失州郡也。将军迎操，欲安所归乎? 愿早定大计，莫用众人之议也!"权叹息曰："诸人持议，甚失孤望。今卿廓开大计，正与孤同。"

时周瑜受使至番阳，肃劝权召瑜还。瑜至，谓权曰："操虽托名汉相，其实汉贼也。将军以神武雄才，兼仗父兄之烈，割据江东，地方数千里，兵精足用，英雄乐业，当横行天下，为汉家除残去秽; 况操自送死，而可迎之邪? 请为将军筹之: 今北土未平、马超、韩遂尚在关西，为操后患; 而操舍鞍马，杖舟楫，与吴、越争衡; 今又盛寒，马无藁草，驱中国士众远涉江湖之间，不习水土，必生疾病。此数者用兵之患也，而操皆冒行之。将军禽操，宜在今日。瑜请得精兵数万人，进住夏口，保为将军破之!"权曰："老贼欲废汉自立久矣，徒忌二袁、吕布、刘表与孤耳; 今数雄已灭，惟孤尚存。孤与老贼势不两立，君言当击，甚与孤合，此天以君授孤也。"因拔刀斫前奏案曰："诸将吏敢复有言当迎操者，与此案同!"乃罢会。

是夜，瑜复见权曰："诸人徒见操书言水步八十万而各恐慑，不复料其虚实，便开此议，甚无谓也。今以实校之: 彼所将中国人不过十五六万，且已久疲; 所得表众亦极七八万耳，尚怀狐疑。夫以疲病之卒御狐疑之众，众数虽多，甚未足畏。瑜得精兵五万，自足制之，愿将军勿虑!"权抚其背曰："公瑾，卿言至此，甚合孤心。子布、元表诸人，各顾妻子，挟持私虑，深失所望; 独卿与子敬与孤同耳，此天以卿二人赞孤也。五万兵难卒合，已选三万人，船粮战具俱办。卿与子敬、程公便在前发，孤当续发人众，多载资粮，为卿后援。卿能办之者诚决，邂逅不如意，便还就孤，孤当与孟德决

之。"遂以周瑜、程普为
左右督，将兵与备并力逆
操；以鲁肃为赞军校尉，
助画方略。

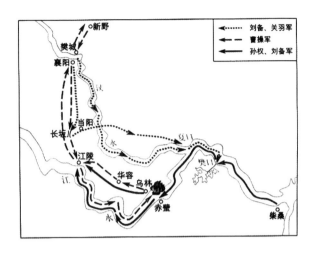

赤壁之战形势图

刘备在樊口，日遣逻
吏于水次候望权军。吏望
见瑜船，驰往白备，备遣
人慰劳之。瑜曰："有军
任，不可得委署；傥能屈
威，诚副其所望。"备乃
乘单舸往见瑜问曰："今拒曹公，深为得计。战卒有几?"瑜曰："三万人。"
备曰："恨少。"瑜曰："此自足用，豫州但观瑜破之。"备欲呼鲁肃等共会语，
瑜曰："受命不得妄委署。若欲见子敬，可别过之。"备深愧喜。

进，与操遇于赤壁。

时操军众已有疾疫，初一交战，操军不利，引次江北。瑜等在南岸，瑜
部将黄盖曰："今寇众我寡，难与持久。操军方连船舰，首尾相接，可烧而
走也。"乃取蒙冲斗舰十艘，载燥荻、枯柴、灌油其中，裹以帷幕，上建旌
旗，预备走舸，系于其尾。先以书遗操，诈云欲降。时东南风急，盖以十舰
最著前，中江举帆，余船以次俱进。操军吏士皆出营立观，指言盖降。去北
军二里余，同时发火，火烈风猛，船往如箭，烧尽北船，延及岸上营落。顷
之，烟炎张天，人马烧溺死者甚众。瑜等率轻锐继其后，雷鼓大进，北军大
坏。操引军从华容道步走，遇泥泞，道不通，天又大风，悉使羸兵负草填
之，骑乃得过。羸兵为人马所蹈藉，陷泥中，死者甚众。刘备、周瑜水陆并
进，追操至南郡。时操军兼以饥疫，死者太半。操乃留征南将军曹仁、横野
将军徐晃守江陵，折冲将军乐进守襄阳，引军北还。

——《资治通鉴》卷第六十五【汉纪五十七】

【解题与点评】

公元 208 年，曹操乘割据荆州的刘表新丧，出兵南伐，降伏了继主刘琮，紧着又击败依附于刘表的刘备于当阳长坂（今湖北当阳东），占领了荆州北部。于是曹操准备乘胜顺江东下，攻取孙权割据的江东。迫于危急的形势，孙权、刘备结成联盟，共同抵御曹军。双方在赤壁（今湖北嘉鱼境）展开了激烈的战斗。

赤壁之战是中国历史上以少胜多的著名战役之一。后来魏蜀吴三足鼎立的局面形成，即以赤壁之战为重要的标志。战争一方的统帅是深谋远虑、精于用兵之道的曹操。他当时已经初步统一中原，此次更挟在荆州大破刘表、刘备军队的余威，大兵压境，势不可挡。另一方一个是割据江东、胸怀大志但初出茅庐的孙权，兵力有限，在曹军"破荆州，下江陵，顺流而东，轴舻千里，旌旗蔽空"的气势逼迫下，东吴人心惶惶；一个是新败于曹军的刘备，更是无所依托、陷于末路。然而刘备、孙权都不甘心屈服于曹操，又有诸葛亮、鲁肃这样富于远见卓识的杰出谋士，以及周瑜这样豪气凌云、胜算在胸的优秀将领。他们能够在极其不利的局势下识破曹军被胜利冲昏头脑的危机和败象，并在共同的强敌面前结盟以壮大力量。的确，不轻易屈服、不惑于声威的弱者总会找到自己的机会；而表面的强大却往往利令智昏，一时得手更会使人错误判断形势。冒称有八十万众、要与对方"会猎于吴"的曹操看不到自己率领的军队不过是"疲敝之卒御狐疑之众"，且不习水战；而愿意相信吓破胆的孙权军队投降是理所当然。于是，这一次，战争的戏剧性大大捉弄了他一回，孙刘联军的火攻奇谋借东风之便而成，火烧曹军连营，在官渡之战中也是妙用火攻而以出奇制胜的曹操只落得仓皇北遁。而孙、刘联盟则借此奠定基业，并成为战争史上的传奇英雄。

宋代苏轼被贬黄州期间，泛舟长江之上，览古追怀，写下了著名的《念奴娇·赤壁怀古》，词曰：大江东去，浪淘尽，千古风流人物。故垒西边，人道是，三国周郎赤壁。乱石穿空，惊涛拍岸，卷起千堆雪。江山如画，一时多少豪杰。遥想公瑾当年，小乔初嫁了，雄姿英发。羽扇纶巾，谈笑间，樯橹灰飞烟灭。故国神游，多情应笑我，早生华发。人生如梦，一樽还酹江月。

（六）玉壁之战

高祖武皇帝大同元年（丙寅，公元五四六年）

（秋，七月）魏徙并州刺史王思政为荆州刺史，使之举诸将可代镇玉壁者。思政举晋州刺史韦孝宽，丞相泰从之。东魏丞相欢悉举山东之众，将伐魏；癸巳，自邺会兵于晋阳；九月，至玉壁，围之。以挑西师，西师不出。

冬，十月，东魏丞相欢攻玉壁，昼夜不息，魏韦孝宽随机拒之。城中无水，汲于汾，欢使移汾，一夕而毕。欢于城南起土山，欲乘之以入。城上先有二楼，孝宽缚木接之，令常高于土山以御之。欢使告之曰："虽尔缚楼至天，我当穿地取尔。"乃凿地为十道，又用术士李业兴"孤虚法"，聚攻其北。北，天险也。孝宽掘长堑，邀其地道，选战士屯堑上。每穿至堑，战士辄擒杀之。又于堑外积柴贮火，敌有在地道内者，塞柴投火，以皮排吹之，一鼓皆焦烂。敌以攻车撞城，车之所及，莫不摧毁，无能御者。孝宽缝布为幔，随其所向张之，布既悬空，车不能坏。敌又缚松、麻于竿，灌油加火以烧布，并欲焚楼。孝宽作长钩，利其刃，火竿将至，以钩遥割之，松、麻俱落。敌又于城四面穿地为二十道，其中施梁柱，纵火烧之。柱折，城崩。孝宽随崩处竖木栅以扞之，敌不得入。城外尽攻击之术，而城中守御有余。孝宽又夺据其土山。欢无如之何，乃使仓曹参军祖珽说之曰："君独守孤城，而西方无救，恐终不能全，何不降也？"孝宽报曰："我城池严固，兵食有余。攻者自劳，守者常逸，岂有旬朔之间已须救援！适忧尔众有不返之危。孝宽关西男子，必不为降将军也！"珽复谓城中人曰："韦城主受彼荣禄，或复可尔；自外军民，何事相随入汤火中！"乃射募格于城中云："能斩城主降者，拜太尉，封开国郡公，赏帛万匹。"孝宽手题书背，返射城外云："能斩高欢者准此。"珽，莹之子也。东魏苦攻凡五十日，士卒战及病死者七万人，共为一冢。欢智力皆困，因而发疾。有星坠欢营中，士卒惊惧。十一月，庚子，解围去。

——《资治通鉴》卷第一百五十九【梁纪十五】

【解题与点评】

公元 546 年，东魏丞相高欢发动了生前最后一次讨伐西魏的战争，第二次攻打其要塞玉壁。西魏晋州刺史韦孝宽进行了顽强而机智的抵抗。双方激战两个月，最终东魏被迫撤兵。

西魏守卫玉壁取得胜利，主要得益于二人：王思政与韦孝宽。王思政举荐韦孝宽镇守玉壁，可谓识人。而韦孝宽在守城战中的足智多谋，更是最终取胜的关键。东魏必欲攻取，手段用尽，"黑云压城城欲摧"。而韦孝宽于危城之中，始终镇定应对，表现极为顽强。东魏强攻不下，转而威逼利诱，韦孝宽不为所动，针锋相对。对阵旷日持久，攻方陷于疲敝，乱生于内，终于无功而返。玉壁之战是古代城邑保卫战中以少胜多、以弱制强的一个典型战例。韦孝宽足智多谋，因敌设防，指挥果断，纵使高欢精疲力竭，也未能攻克玉壁。在整个战役中，东魏采取了围城打援、围城困敌、四面攻城、火助军攻、分化瓦解等丰富的攻城战术战法。而作为守方的西魏军队在韦孝宽的率领下，采取了避其锐气，击其惰归的积极防御之法。可以说，东魏攻得漂亮，西魏也守得出色。西魏大统十二年（546 年）十一月，东魏将战死玉壁城下的七万将士合葬为一冢之后，即宣布放弃对玉壁城的进攻，于当月庚子班师东归。至此玉壁之战以东魏军的退败而宣告结束。玉壁之战在北朝历史的发展中具有十分重要的意义。它使东、西魏的双方军事对峙发生转折，东魏的战争优势和战略进攻态势被打破，西魏则开始由战略防御转入战略进攻，扭转了原有的东强西弱的局势。

玉壁之战在南北朝的历史上具有十分重要的影响，它在一定程度上左右了南北朝后期中国历史的走向。玉壁之战使东魏（北齐）在日后的近二十年里未能再次对西魏（北周）发动大规模的战略进攻。而西魏（北周）亦以玉壁之战为契机，不断地发展和壮大自己的力量，从而促使北方地区的战略天平开始向西部一方逐渐倾斜，为日后中国的重新统一，以及隋、唐盛世的打下了基础。

五、留得清气在人间

——《资治通鉴》中的正气

文天祥在元朝大都昏暗的囚室里，写下了千古传诵的《正气歌》："天地有正气，杂然赋流形。下则为河岳，上则为日星。于人曰浩然，沛然塞苍冥。皇路当清夷，含和吐明庭。时穷节乃见（同"现"字），一一垂丹青。"这种正气，撼天地，泣鬼神，与天地同在，与日月齐辉。

（一）蔺相如怒斥秦王

赧王三十二年（戊寅，公元前二八三年）

赵王得楚和氏璧，秦昭王欲之，请易以十五城。赵王欲勿与，畏秦强，欲与之，恐见欺。以问蔺相如，对曰："秦以城求璧而王不许，曲在我矣；我与之璧而秦不与我城，则曲在秦。均之二策，宁许以负秦。臣愿奉璧而往；使秦城不入，臣请完璧而归之。"赵王遣之。相如至秦，秦王无意偿赵城。相如乃以诈绐秦王，复取璧，遣从者怀之，间行归赵，而以身待命于秦。秦王以为贤而弗诛，礼而归之。赵王以相如为上大夫。

赧王三十六年（壬午，公元前二七九年）

秦王使使者告赵王，愿为好会于河外渑池。赵王欲毋行，廉颇、蔺相如计曰："王不行，示赵弱且怯也。"赵王遂行，相如从。廉颇送至境，与王诀曰："王行，度道里会遇之礼毕，还，不过三十日。三十日不还，则请立太子，以绝秦望。"王许之。

会于渑池。王与赵王饮，酒酣，秦王请赵王鼓瑟，赵王鼓之。蔺相如复

负荆请罪

请秦王击缶，秦王不肯。相如曰："五步之内，臣请得以颈血溅大王矣！"左右欲刃相如，相如张目叱之，左右皆靡。王不怿，为一击缶。罢酒，秦终不能有加于赵。赵人亦盛为之备，秦不敢动。

赵王归国，以蔺相如为上卿，位在廉颇之右。廉颇曰："我为赵将，有攻城野战之功。蔺相如素贱人，徒以口舌而位居我上。吾羞，不忍为之下！"宣言曰："我见相如，必辱之！"相如闻之，不肯与会；每朝，常称病，不欲争列。出而望见，辄引车避匿。其舍人皆以为耻。相如曰："子视廉将军孰与秦王？"曰："不若。"相如曰："夫以秦王之威而相如廷叱之，辱其群臣。相如虽驽，独畏廉将军哉！顾吾念之，强秦之所以不敢加兵于赵者，徒以吾两人在也。今两虎共斗，其势不俱生。吾所以为此者，先国家之急而后私仇也。"廉颇闻之，肉袒负荆至门射罪，遂为刎颈之交。

——《资治通鉴》卷第四【周纪四】

【解题与点评】

公元前283年，秦昭王欺骗赵国说，愿用十五座城池换取赵国的和氏璧。赵惠文王不敢拒绝，但又怕上秦国的当，不知如何是好。这时赵国大臣蔺相如自愿请命带宝玉到秦国完成换城任务。临行时他对赵王说："城入赵而璧留秦；城不入，臣请完璧归赵。"随后蔺相如到秦国献了和氏璧，但见秦王没有换城之意，就凭自己的机智和勇敢，把和氏璧从秦王手里要回，并派人送回赵国，又入宫指责秦王不讲信义，秦王知和氏璧已经送回赵国，便无可奈何，只好送蔺相如回国。公元前279年，秦国与赵国会盟于渑池，秦王欲欺凌赵王，蔺相如当面怒斥，维护了赵王的尊严。蔺相如因此位列大将廉颇之上，廉颇不甘居下，而蔺相如为顾全大局，始终容忍谦让，避免将相不和，两虎相斗，这使廉颇深受感动，于是廉颇便光着上身，身背荆条到蔺相如家请罪，从此两人结为生死之交，赵国将相和睦，国势大振。

蔺相如"完璧归赵""将相和"等不畏强权，正气凛然的故事，至今仍被人们津津乐道。这些故事告诉人们，在强者面前如何维护自己的利益与尊严。强者有时表现得很伪善，秦国以城换璧本是在威胁、欺诈赵国，这令赵惠文王左右为难，蔺相如却看到秦国的伪善与其贪婪自相矛盾，于是他利用这一点当廷怒斥秦王，理直词严，终于得胜而归。强者有时表现得盛气凌人，赵王因此不愿参加渑池之会，蔺相如则建议如约赴会，而且在紧急时刻大挫强秦威风。而同一阵营中的强者有时表现出不满与对抗，如老将廉颇不甘地位居下，蔺相如则以国家利益为重，对他忍让回避，终于化解了私怨，赢得了友谊。对于强者，蔺相如因人因事而异，但有一点是最根本的，即不胆怯、不畏缩，如此已赢得大丈夫气节。

（二）田横五百壮士

太祖高皇帝五年（己亥，公元前二〇二年）

彭越既受汉封，田横惧诛，与其徒属五百余人入海，居岛中。帝以田横兄弟本定齐地，齐贤者多附焉；今在海中，不取，后恐为乱。乃使使赦横罪，召之。横谢曰："臣烹陛下之使郦生，今闻其弟商为汉将；臣恐惧，不敢奉诏，请为庶人，守海岛中。"使还报，帝乃诏卫尉郦商曰："齐王田横即至，人马从者敢动摇者，致族夷！"乃复使使持节具告以诏商状，曰："田横来，大者王，小者乃侯耳；不来，且举兵加诛焉！"

横乃与其客二人乘传诣洛阳。未至三十里，至尸乡厩置。横谢使者曰："人臣见天子，当洗沐。"因此留，谓其客曰："横始与汉王俱南面称孤；今汉王为天子，而横乃为亡虏，北面事之，其耻固已甚矣。且吾烹人之兄，与其弟并肩而事主，纵彼畏天子之诏不敢动，我独不愧于心乎！且陛下所以欲见

田横

我者，不过欲一见吾面貌耳。今斩吾头，驰三十里间，形容尚未能败，犹可观也。"遂自刭，令客奉其头，从使者驰奏之。帝曰："嗟乎！起自布衣，兄弟三人更王，岂不贤哉！"为之流涕，而拜其二客为都尉；发卒二千人，以王者礼葬之。既葬，二客穿其冢傍孔，皆自刭，下从之。帝闻之，大惊。以横客皆贤，余五百人尚在海中，使使召之；至，则闻田死，亦皆自杀。

——《资治通鉴》卷第十一【汉纪三】

【解题与点评】

田横（？—前202年），齐国贵族，狄县（今山东高青）人。秦末陈胜、吴广揭竿而起，发动反秦起义，六国旧贵族趁机起兵反秦，田横也跟从兄长田儋起兵反秦，并继田儋、田市、田荣、田广之后，在楚汉战争中自立为王。汉高祖四年（前203年）田横被汉将韩信击败后，率残部五百余人退逃至一海岛求生。汉高祖五年（前202年），刘邦为消除后患，下诏要求田横率部离岛回洛阳投降。田横行至尸乡（今河南偃师西），因不愿向刘邦称臣而自刎。由于田横善抚部属，深得人心，田横自杀后，留居海岛的五百人闻讯后也一齐自尽，史称田横五百士殉义，其所居海岛被后人称为田横岛。

田横及其宾客的悲壮事迹动人心魄，同时，也令人深思。他们当时身临绝境，逃则不得安宁，拒则招致杀戮，归则身处险境。田横及其五百将士处于进退不得的艰难处境之中。田横及其宾客异于他人的是，虽然身处绝境，活要活出尊严，死也死得坦坦荡荡。刘邦诱降诏书发了许多次，田横坚决予以拒绝，表明他仍有自断之明。刘邦对于田横归附以发布军令的方式保证田横及其部属的人身安全，田横才奉诏归附，表明他仍在相机行事，同时把生机留给岛上之人。行近洛阳，田横沐浴后自请斩首，一番言辞表明他不仅知己知彼，而且还有能力来选择自己的命运，没有悲天，没有悯人，从容请死，不失英雄本色。田横是为贤能之道而死，其五百宾客为知遇之恩而死。这样的死，虽死犹生，身临绝境而能捍卫光荣和尊严，这就是正气。

（三）周亚夫整军细柳

太宗孝文皇帝六年（癸未，公元前一五八年）

冬，匈奴三万骑入上郡，三万骑入云中，所杀略甚众，烽火通于甘泉、长安。以中大夫令免为车骑将军，屯飞狐；故楚相苏意为将军，屯句注；将军张武屯北地；河内太守周亚夫为将军，次细柳；宗正刘礼为将军，次霸上，祝兹侯徐厉为将军，次棘门；以备胡。

上自劳军，至霸上及棘门军，直驰入，将以下骑送迎。已而之细柳军，军士吏被甲，锐兵刃，彀弓弩持满，天子先驱至，不得入。先驱曰："天子且至！"军门都尉曰："将军令曰：'军中闻将军令，不闻天子之诏！'"居无何，上至，又不得入。于是上乃使使持节诏将军："吾欲入营劳军。"亚夫乃传言"开壁门"。壁门士请车骑曰："将军约：军中不得驱驰。"于是天子乃按辔徐行。至营，将军亚夫持兵揖曰："介胄之士不拜，请以军礼见。"天子为动，改容，式车，使人称谢："皇帝敬劳将军。"成礼而去。既出军门，群臣皆惊。上曰："嗟乎，此真将军矣！曩者霸上、棘门军若儿戏耳，其将固可袭而虏也。至于亚夫，可得而犯耶！"称善者久之。月余，汉后至边，匈奴亦远塞，汉兵亦罢。乃拜周亚夫为中尉。

——《资治通鉴》卷第十五【汉纪七】

【解题与点评】

周亚夫（？—前143年），西汉时期著名将领，原籍沛（今江苏沛县），汉初大将周勃之子。周亚夫少时喜读兵书，智谋过人。汉后元六年（前158

年），匈奴单于听信汉奸挑拨，与汉朝绝交，并起兵六万，侵犯上郡（治所在今陕西榆林东南）和云中（治所在今内蒙古托克托东北），杀害了不少老百姓，抢掠了众多财物。边境的烽火台都放起烽火来向朝廷报警，远远近近的火光，连长安也望得见。汉文帝连忙派三位将军带领三路人马去抵抗，其中周亚夫驻军细柳（今陕西咸阳市西南），治军谨严，训练有素，军纪凛然。

传说有一天汉文帝亲自前往军营犒劳军士。在视察埇上、棘门这两个营地的时候，汉文帝的车队进出十分自由，而这两个营地的将士也都列队毕恭毕敬地迎送汉文帝。对此，汉文帝感到十分高兴，他给予将士们一番勉励之后，便驱车前往细柳军营。岂料，皇帝车队的先行者到了细柳军营之后，非但没有被恭敬地迎进去，反而被阻挡在门外。

先行官以为守门军士不认识天子的仪仗，于是，十分得意地亮出汉文帝的招牌，高声喊道："天子将至。"他原本以为这么说，守门将士便会对他恭敬起来。不料守门军士依然面不改色，厉声说道："周将军有令，军中只闻将军号令，不奉天子之诏。"依然不打开营门。过了一会儿，汉文帝到了，他了解了事情的前因后果之后并没有勃然大怒，只是纳闷为何在细柳军营和埇上、棘门两座军营所遇不同，同时命使者持天子符节，告谕周亚夫说："我想入营劳军。"周亚夫这才传令打开军门，让汉文帝等人进入细柳军营。汉文帝心中感到疑惑，想要早点儿见到周亚夫弄个明白，于是传令车队快速前行。这时候，军士又禀告说："周将军有令，军营中除非紧急事故发生，否则一律不准纵马驰行。"汉文帝听到此言更感惊讶，心想周亚夫营中为何那么多规矩，同时，吩咐从属军骑依照军令缓慢前行。

在车队缓缓行进的途中，汉文帝仔细观察四周，只见将士们个个身披盔甲、手持兵刃，时刻处于准备战斗的状态中；执弓之士更是将箭搭在弦上，以便随时能够发射。每个人都坚守岗位，并没有因为天子的到来而擅离职守，这种景象与之前埇上、棘门两营所见的列队欢迎的景象真是迥然不同。

　　汉文帝看到如此威严壮观的景象，心中不免觉得震惊，同时，他也忘记了自己乃是君临天下的皇帝，而变得像细柳营中的将士一样，十分谨慎地服从军令，不敢有丝毫的违背。到了帅帐之后，周亚夫手持兵器，向汉文帝作揖道："甲胄之士不拜，请以军礼相见。"汉文帝对此感到十分意外，顿时动容，立刻站起身来，在车上依礼回拜，然后再命人称谢敬劳。礼成之后，汉文帝离去，出了军门时，他才终于松了一口气，不由得赞叹说："似周亚夫这般，才叫做威风凛凛、能够独当一面的将军啊！像周亚夫将军的部队，谁可得而犯之？"

　　一个月后，汉军击退了匈奴，埔上、棘门、细柳三地的驻军也都被裁撤，但是，汉文帝从此对周亚夫卓越的将才念念不忘，即刻就升了他的官职。汉文帝直到临死之前，还特别嘱咐太子："一旦国家陷入危难之中，就任条侯周亚夫为将，他一定能够匡扶社稷，为国家抚平乱事。"

　　文帝至细柳劳军，亦须服从营中规定，周亚夫被誉为真将军。"细柳整军"也成为军事上严于治军的典范，传为美谈。《资治通鉴》所记此则故事十分整肃，不由得令人深信：军队，尤其是前线军队，应该严肃捍卫军队的尊严。有尊严就有军威，就能形成战斗力。周亚夫在汉文帝面前严守军纪，捍卫的就是军队的尊严。这对汉初虚弱的军事来讲，是有力的支持，难怪汉文帝对周亚夫也不断地称赞。

（四）苏武牧羊

世宗孝武皇帝天汉元年（辛巳，公元前一〇〇年）

　　上嘉匈奴单于之义，遣中郎将苏武送匈奴使留在汉者，因厚赂单于，答其善意。武与副中郎将张胜与假吏常惠等俱。既至匈奴，置币遗单于。单于益骄，非汉所望也。

　　会缑王与长水虞常等及卫律所将降者，阴相与谋劫单于母阏氏归汉。卫律者，父故长水胡人。律善协律都尉李延年，延年荐言律使于匈奴，使还。闻延年家收，遂亡降匈奴。单于爱之，与谋国事，立为丁灵王。虞常在汉时素与副张胜相知，私候胜曰："闻汉天子甚怨卫律，常能为汉伏弩射杀之。吾母、弟在汉，幸蒙其赏赐。"张胜许之，以货物与常。后月余，单于出猎，独阏氏、子弟在，虞常等七十余人欲发，其一人夜亡告之。单于子弟发兵与战，缑王等皆死，虞常生得。

单于使卫律治其事。张胜闻之，恐前语发，以状语武。武曰："事如此，此必及我，见犯乃死，重负国。"欲自杀。胜、惠共止之。虞常果引张胜。单于怒，召诸贵人议，欲杀汉使者。左伊秩訾曰："即谋单于，何以复加！宜皆降之。"单于使卫律召武受辞。武谓惠等："屈节辱命，虽生，何面目以归汉！"引佩刀自刺。卫律惊，自抱持武，驰召医，凿地为坎，置煴火，覆武其上，蹈其背以出血。武气绝，半日复息。惠等哭，舆归营。单于壮其节，朝夕遣人候问武，而收系张胜。

武益愈，单于使使晓武，欲降之。会论虞常，欲因此时降武；剑斩虞常已，律曰："汉使张胜谋杀单于近臣，当死，单于募降者赦罪。"举剑欲击之，胜请降。律谓武曰："副有罪，当相坐。"武曰："本无谋，又非亲属，何谓相坐！"复举剑拟之，武不动。律曰："苏君，律前负汉归匈奴，幸蒙大恩赐号称王，拥众数万，马畜弥山，富贵如此！苏君今日降，明日复然；空以身膏草野，谁复知之！"武不应。律曰："君因我降，与君为兄弟；今不听吾计，后虽欲复见我，尚可得乎！"武骂律曰："汝为人臣子，不顾恩义，畔主背亲，为降虏于蛮夷，何以汝为见！且单于信汝，使决人死生，不平心持正，反欲斗两主，观祸败。南越杀汉使者，屠为九郡；宛王杀汉使者，头悬北阙；朝鲜杀汉使者，即时诛灭；独匈奴未耳。若知我不降明，欲令两国相攻，匈奴之祸从我始矣。"律知武终不可胁，白单于，单于愈益欲降之。乃幽武置大窖中，绝不饮食；天雨雪，武卧，啮雪与旃毛并咽之，数日不死。匈奴以为神，乃徙武北海上无人处，使牧羝，曰："羝乳乃得归。"别其官属常惠等，各置他所。

——《资治通鉴》卷二十一《汉纪十三》

孝昭皇帝始元六年（庚子，公元前八一年）

初，苏武既徙北海上，禀食不至，掘野鼠去草实而食之。杖汉节牧羊，卧起操持，节旄尽落。武在汉，与李陵俱为侍中；陵降匈奴，不敢求武。久之，单于使陵至海上，为武置酒设乐，因谓武曰："单于闻陵与子卿素厚，故使来说足下，虚心欲相待，终不得归汉，空自苦；亡人之地，信义安所见乎！足下兄弟二人，前皆坐事自杀；来时，太夫人已不幸；子卿妇年少，闻已更嫁矣；独有女弟二人、两女、一男，今复十余年，存亡不可知。人生如朝露，何久自苦如此！陵始降时，忽忽如狂，自痛负汉，加以老母系保宫。子卿不欲降，何以过陵！且陛下春秋高，法令无常，大臣无罪夷灭者数十家。安危不可知，子卿尚复谁为乎！"武曰："武父子无功德，皆为陛下所成就，位列将，爵通侯，兄弟亲近，常愿肝脑涂地。今得杀身自效，虽斧钺、汤镬，诚甘乐之！臣事君，犹子事父也。子为父死，无所恨。愿勿复再言！"

陵与武饮数日，复曰："子卿壹听陵言！"武曰："自分已死久矣，王必欲降武，请毕今日之欢，效死于前！"陵见其至诚，喟然叹曰："嗟乎，义士！陵与卫律之罪上通于天！"因泣下沾衿，与武决去。赐武牛羊数十头。

后陵复至北海上，语武以武帝崩。武南乡号哭欧血，旦夕临，数月。及壶衍鞮单于立，母阏氏不正，国内乖离，常恐汉兵袭之，于是卫律为单于谋，与汉和亲。汉使至，求苏武等，匈奴诡言武死。后汉使复至匈奴，常惠私见汉使，教使者谓单于，言："天子射上林中，

苏武牧羊图

得雁，足有系帛书，言武等在某泽中。"使者大喜，如惠语以让单于。单于视左右而惊，谢汉使曰："武等实在。"乃归武及马宏等。马宏者，前副光禄大夫王忠使西国，为匈奴所遮；忠战死，马宏生得，亦不肯降。故匈奴归此二人，欲以通善意。于是李陵置酒贺武曰："今足下还归，扬名于匈奴，功显于汉室，虽古竹帛所载，丹青所画，何以过子卿！陵虽驽怯，令汉贳陵罪，全其老母，使得奋大辱之积志，庶几乎曹柯之盟，此陵宿昔之所不忘也。收族陵家，为世大戮，陵尚复何顾乎！已矣，令子卿知吾心耳！"陵泣下数行，因与武决。

单于召会武官属，前已降及物故，凡随武还者九人。既至京师，诏武奉一太牢谒武帝园庙，拜为典属国，秩中二千石，赐钱二百万，公田二顷，宅一区。武留匈奴凡十九岁，始以强壮出，及还，须发尽白。霍光、上官桀与李陵素善，遣陵故人陇西任立政等三人俱至匈奴招之。陵曰："归易耳，丈夫不能再辱！"遂死于匈奴。

——《资治通鉴》卷第二十三【汉纪十五】

【解题与点评】

"苏武牧羊北海边，雪地又冰天。羁留十九年。渴饮血，饥吞毡，野幕夜孤眠。心存汉社稷，梦想旧家山，历尽难中难，节落尽未还。兀坐绝寒，时听胡笳耳声痛酸，群雁却南飞，家书欲寄谁。白发娘，倚柴扉，红妆守空帏。三更徒入梦，未卜安与危，心酸百念灰，大节仍不少亏。羝羊未乳，不道终得生，随汉使归。"

这首《苏武牧羊曲》约产生于辛亥革命后，曾长期流行于20世纪二三十年代，传说作者是北京一位中学教师，内容采自古代苏武牧羊的历史故事：公元前100年，匈奴政权新单于即位，汉朝皇帝为了表示友好，汉武帝时派遣中郎将苏武出使匈奴，不料，就在苏武完成了出使任务，准备返回自己的国家时，匈奴上层发生了内乱，苏武一行受到牵连，被扣留下来，并被要求背叛汉朝，臣服单于。最初，单于派人向苏武游说，许以丰厚的俸禄和高官，苏武严词拒绝了。匈奴见劝说没有用，就决定用酷刑。当时正值严冬，天上下着鹅毛大雪。单于命人把苏武关入一个露天的大地窖，断绝提供食品和水，希望这样可以改变苏武的信念。时间一天天过去，苏武在地窖里受尽了折磨。渴了，他就吃一把雪，饿了，就嚼身上穿的羊皮袄。过了好几天，单于见濒临死亡的苏武仍然没有屈服的表示，只好把苏武放出来了。单于知道无论软的，还是硬的，劝说苏武投降都没有希望，但越发敬重苏武的气节，不忍心杀害苏武，又不想让他返回自己的国家，于是决定把苏武流放到西伯利亚的贝加尔湖一带，让他去牧羊。临行前，单于召见苏武说："既然你不投降，那我就让你去放羊，什么时候公羊生了羊羔，我就让你回到中原去。"苏武被流放到了人迹罕至的贝加尔湖边。在这里，单凭个人的能力是无论如何也逃不掉的。唯一与苏武做伴的，是那根代表汉朝的使节杖和一小群羊。苏武每天拿着这根使节杖放羊，心想总有一天能够拿着回到自己的国家。这样日复一日，年复一年，使节杖上面的装饰都掉光了，苏武的头发和胡须也都变白了。在贝加尔湖，苏武牧羊达十九年之久，但他还一直把代表汉朝出使的节杖握在手上。

歌词为长短句，音乐也仿照词调传统作上下片处理，除第一句引子之外，上下片的曲调完全相同。音调流畅，内容通俗，感情深切，因而流行较广。

苏武牧羊的故事流传千年，妇孺皆知，至今读来仍然婉转回肠，令人思绪起伏，情难自已。汉使被扣匈奴，虽说在情理之中，却也出人意料。情急之时，苏武不欲被匈奴杀死而使汉朝受辱，又不欲接受投降的命运，几次欲自杀。匈奴派先前投降的汉使卫律、降将李陵屡屡劝说苏武投降，均被苏武严词斥绝。在被关押、流放的日子里，苏武饮食无着，带着对汉朝的忠贞与期望，顽强地生存着。作为汉朝使节的尊严，作为人的尊严，被苏武在艰难的环境中、孤苦的心情里坚决地捍卫着，这是气节。因为心中有气节，苏武能够义正词严，能够坚守如一；因为做人有气节，匈奴非但未怒，对苏武还心存敬重，更欲收降他；因为苏武出使有气节，卫律难以下手杀苏武，李陵因此悔悟。气节使人在艰难困苦、一无所有的境遇中竟然具有了坚不可摧的力量。苏武历经艰辛，终于得归汉朝。然而，岁月流转，故土已经物是人非。"回日楼台非甲帐，去时冠剑是丁年。茂陵不见封侯印，空向秋波哭逝川。"面对既亲切又陌生的故国，他的心中曾涌起多少沧桑慨叹，有谁能体会？所幸的是，汉朝尚能褒奖苏武的气节。

（五）强项令董宣

世祖光武皇帝建武十九年（癸卯，公元四三年）

陈留董宣为雒阳令。湖阳公主苍头白日杀人，因匿主家，吏不能得。及主出行，以奴骖乘。宣于夏门亭候之，驻车叩马，以刀画地，大言数主之

强项令董宣

失。叱奴下车，因格杀之。主即还宫诉帝，帝大怒，召宣，欲棰杀之。宣叩头曰："愿乞一言而死。"帝曰："欲何言？"宣曰："陛下圣德中兴，而纵奴杀人，将何以治天下乎？臣不须棰，请得自杀！"即以头击楹，流血被面。帝令小黄门持之，使宣叩头谢主，宣不从。强使顿之，宣两手据地，终不肯俯。主曰："文叔为白衣时，藏亡匿死，吏不敢至门；今为天子，威不能行一令乎？"帝笑曰："天子不与白衣同。"因敕："强项令出。"赐钱三十万，宣悉以班诸吏。由是能搏击豪强，京师莫不震慄。

——《资治通鉴》卷第四十三【汉纪三十五】

【解题与点评】

董宣，陈留（今河南开封南）人，字少平。他学识渊博，刚正不阿，精

明能干，受到大司徒侯霸的器重。侯霸把他推荐给光武帝。汉光武帝以之为洛阳令。光武帝刘秀的姐姐湖阳公主有一家奴杀人，被董宣追杀，由此得罪了湖阳公主，光武帝极为愤怒，召来董宣，要用鞭子打死他。董宣磕头说："希望乞求说一句话再死。"光武帝说："想说什么话？"董宣说："皇上您因德行圣明而中兴复国，却放纵家奴杀害百姓，将来拿什么来治理天下呢？臣下我不需要鞭子打，请求能够自杀。"当即用脑袋去撞击柱子，顿时血流满面。光武帝命令宦官扶着董宣，让他向公主磕头谢罪，董宣不答应，光武帝命宦官强迫他磕头，董宣两手撑地，终究不肯就范。公主说："过去弟弟做百姓的时候，隐藏逃亡犯、死刑犯，使官吏不敢到家门。现在做皇帝，威严不能施加给一个县令吗？"光武帝笑着说："做皇帝和做百姓不一样。"于是下令放了董宣，赏赐了他三十万钱。董宣把它全部分给手下众官吏。从此董宣捕捉打击依仗权势横行不法之人，没有谁不害怕得发抖，京城称之为"卧虎"。乐府歌词里歌颂他说"枹鼓不鸣董少平"，意思是说没人击鼓鸣冤的是董宣。

后汉是光武帝的天下，杀人者是皇亲国戚的家奴。多少当权者仗势欺人，又有多少为政者充耳不闻。光武帝难道不知纵奴的危害，一个小小县令何必多此一举？位低却能以国事为忧，职微却有刚正之气。这也许是对后汉政治的讽喻。史家因尊崇仁、义、信之治，贬抑由商鞅、李斯兴起的刑名之法，而把严格执法的董宣列为推行苛法的酷吏，认为"前有郅都、张汤之徒持其刻，后有董宣、阳球之属肆其猛"，也是有些言过其实了。董宣与一般酷吏有所不同：董宣不因强权而枉法，酷吏却会为了换取权力而矫法。

董宣当了五年洛阳县令。七十四岁时，死在任上。光武帝派遣使者探望，只看见布覆盖着尸体，董宣的妻子和儿子相对而哭，家里只有几斛大麦，一辆破车。光武帝知道后很伤心，说："董宣廉洁，到他死我才知道。"因董宣曾经做过俸禄为二千石的官员，便赏赐系印钮的绿色丝带，并按大夫的礼节安葬。

（六）"党锢"群英

孝桓皇帝延熹九年（丙午，公元一六六年）

初，帝为蠡吾侯，受学于甘陵周福，及即位，擢福为尚书。时同郡河南尹房植有名当朝，乡人为之谣曰："天下规矩，房伯武；因师获印，周仲进。"二家宾客，互相讥揣，遂各树朋徒，渐成尤隙。由是甘陵有南北部，党人之议自此始矣。

汝南太守宗资以范滂为功曹，南阳太守成瑨以岑晊为功曹，皆委心听任，使之褒善纠违，肃清朝府。滂尤刚劲，疾恶如仇。滂甥李颂，素无行，中常侍唐衡以属资，资用为吏；滂寝而不召。资迁怒，捶书佐朱零，零仰曰："范滂清裁，今日宁受笞而死，滂不可违。"资乃止。郡中中人以下，莫不怨之。于是二郡为谣曰："汝南太守范孟博，南阳宗资主画诺；南阳太守岑公孝，弘农成瑨但坐啸。"

太学诸生三万余人，郭泰及颍川贾彪为其冠，与李膺、陈蕃、王畅更相褒重。学中语曰："天下模楷，李元礼；不畏强御，陈仲举；天下俊秀，王叔茂。"于是中外承风，竞以臧否相尚，自公卿以下，莫不畏其贬议，屣履到门。

——《资治通鉴》卷第五十五【汉纪四十七】

孝桓皇帝延熹九年（丙午，公元一六六年）

宛有富贾张汜者，与后宫有亲，又善雕镂玩好之物，颇以赂遗中官，以此得显位，用势纵横。岑晊与贼曹史张牧劝成瑨收捕汜等，既而遇赦；瑨竟诛之，并收其宗族宾客，杀二百余人，后乃奏闻。小黄门晋阳赵津，贪横放恣，为一县巨患。太原太守平原刘瓆使郡吏王允讨捕，亦于赦后杀之。于是中常侍侯览使张泛妻上书讼冤，宦官因缘谮诉瑨、瓆。帝大怒，征瑨、瓆，皆下狱。有司承旨，奏瑨、瓆罪当弃市。

山阳太守翟超以郡人张俭为东部督邮。侯览家在防东，残暴百姓。览丧母还家，大起茔冢。俭举奏览罪，而览伺候遮截，章竟不上。俭遂破览家宅，籍没资财，具奏其状，复不得御。徐璜兄子宣为下邳令，暴虐尤甚。尝求故汝南太守李暠女不能得，遂将吏卒至家，载其女归，戏射杀之。东海相汝南黄浮闻之，收宣家属，无少长，悉考之。掾史以下固争，浮曰："徐宣国贼，今日杀之，明日坐死，足以瞑目矣！"即案宣罪弃市，暴其尸，于是宦官诉冤于帝，帝大怒，超、浮并坐髡钳，输作左校。

太尉陈蕃、司空刘茂共谏，请瑨、瓆、超、浮等罪；帝不悦。有司劾奏之，茂不敢复言。蕃乃独上疏曰："今寇贼在外，四支之疾；内政不理，心腹之患。臣寝不能寐，食不能饱，实忧左右日亲，忠言日疏，内患渐积，外难方深。陛下超从列侯，继承天位，小家畜产百万之资，子孙尚耻愧失其先业，况乃产兼天下，受之先帝，而欲懈怠以自轻忽乎！诚不爱己，不当念先帝得之勤苦邪！前梁氏五侯，毒遍海内，天启圣意，收而戮之。天下之议，冀当小平；明鉴未远，覆车如昨，而近习之权，复相扇结。小黄门赵津、大猾张泛等，肆行贪虐，奸媚左右。前太原太守刘瓆、南阳太守成瑨纠而戮之，虽言赦后不当诛杀，原其诚心，在乎去恶，至于陛下，有何惜惜！而小人道长，营惑圣听，遂使天威为之发怒，必加刑谪，已为过甚，况乃重罚令伏欧刀乎！又，前山阳太守翟超、东海相黄浮，奉公不桡，疾恶如仇，超没侯览财物，浮诛徐宣之罪，并蒙刑坐，不逢赦恕。览之从横，没财已幸；宣犯衅过，死有馀辜。昔丞相申屠嘉召责邓通，雒阳令董宣折辱公主，而文帝从而请之，光武加以重赏，未闻二臣有专命之诛。而今左右群竖，恶伤党类，妄相交构，致此刑谴，闻臣是言，当复啼诉。陛下深宜割塞近习与政之源，引纳尚书朝省之士，简练清高，斥黜佞邪。如是天和于上，地洽于下，休祯符瑞，岂远乎哉！"帝不纳。宦官由此疾蕃弥甚，选举奏议，辄以中诏谴却，长史以下多至抵罪，犹以蕃名臣，不敢加害。

河内张成，善风角，推占当赦，教子杀人。司隶李膺督促收捕，既而逢宥获免；膺愈怀愤疾，竟案杀之。成素以方伎交通宦官，帝亦颇讯其占；宦官教成弟子牢修上书，告"膺等养太学游士，交结诸郡生徒，更相驱驰，共为部党，诽讪朝廷，疑乱风俗。"于是天子震怒，班下郡国，逮捕党人，布告天下，使同忿疾。案经三府，太尉陈蕃却之曰："今所案者，皆海内人誉，忧国忠公之臣，此等犹将十世宥也，岂有罪名不章而致收掠者乎！"不肯平署。帝愈怒，遂下膺等于黄门北寺狱，其辞所连及，太仆颍川杜密、御史中丞陈翔及陈寔、范滂之徒二百馀人。或逃遁不获，皆悬金购募，使者四出相望。陈寔曰："吾不就狱，众无所恃。"乃自往请囚。范滂至狱，狱吏谓曰："凡坐系者，皆祭皋陶。"滂曰："皋陶，古之直臣，知滂无罪，将理之于帝，如其有罪，祭之何益！"众人由此亦止。陈蕃复上书极谏，帝讳其言切，托以蕃辟召非其人，策免之。

——《资治通鉴》卷第五十五【汉纪四十七】

孝桓皇帝永康元年（丁未，公元一六七年）

陈蕃既免，朝臣震栗，莫敢复为党人言者。贾彪曰："吾不西行，大祸不解。"乃入雒阳，说城门校尉窦武、尚书魏郡霍谞等，使讼之。武上疏曰："陛下即位以来，未闻善政，常侍、黄门，竞行谲诈，妄爵非人。伏寻西京，佞臣执政，终丧天下。今不虑前事之失，复循覆车之轨。臣恐二世之难，必将复及，赵高之变，不朝则夕。近者奸臣牢修造设党议，遂收前司隶校尉李膺等逮考，连及数百人。旷年拘录，事无效验。臣惟膺等建忠抗节，志经王室，此诚陛下稷、伊、吕之佐；而虚为奸臣贼子之所诬枉，天下寒心，海内失望。惟陛下留神澄省，时见理出，以厌人鬼喁喁之心。今台阁近臣，尚书硃寓、荀绲、刘祐、魏朗、刘矩、尹勋等，皆国之贞士，朝之良佐；尚书郎张陵、妫皓、苑康、杨乔、边韶、戴恢等，文质彬彬，明达国典，内外之职，群才并列。而陛下委任近习，专树饕餮，外典州郡，内干心膂，宜以次贬黜，案罪纠罚；信任忠良，平决臧否，使邪正毁誉，各得其所，宝爱天官，唯善是授，如此，咎征可消，天应可待。间者有嘉禾、芝草、黄龙之见。夫瑞生必于嘉士，福至实由善人，在德为瑞，无德为灾。陛下所行不合天意，不宜称庆。"书奏，因以病上还城门校尉、槐里侯印绶。霍谞亦为表请。帝意稍解，因中常侍王甫就狱讯党人范滂等，皆三木囊头，暴于阶下，甫以次辨诘曰："卿等更相拔举，迭为唇齿，其意如何？"滂曰："仲尼之言：

'见善如不及，见恶如探汤。'滂欲使善善同其清，恶恶同其污，谓王政之所愿闻，不悟更以为党。古之修善，自求多福。今之修善，身陷大戮。身死之日，愿埋滂于首阳山侧，上不负皇天，下不愧夷、齐。"甫愍然为之改容，乃得并解桎梏。李膺等又多引宦官子弟，宦官惧，请帝以天时宜赦。六月，庚申，赦天下，改元；党人二百馀人皆归田里，书名三府，禁锢终身。范滂往候霍谞而不谢。或让之，滂曰："昔叔向不见祁奚，吾何谢焉！"滂南归汝南，南阳士大夫迎之者，车数千两，乡人殷陶、黄穆侍卫于旁，应对宾客。滂谓陶等曰："今子相随，是重吾祸也！"遂遁还乡里。

——《资治通鉴》卷第五十六【汉纪四十八】

孝灵皇帝建宁二年（己酉，公元一六九年）

初，李膺等虽废锢，天下士大夫皆高尚其道而汙秽朝廷，希之者唯恐不及，更共相标榜，为之称号：以窦武、陈蕃、刘淑为三君，君者，言一世之所宗也；李膺、荀翌、杜密、王畅、刘祐、魏朗、赵典、朱寓为八俊，俊者，言人之英也；郭泰、范滂、尹勋、巴肃及南阳宗慈、陈留夏馥、汝南蔡衍、泰山羊陟为八顾，顾者，言能以德行引人者也；张俭、翟超、岑晊、苑康及山阳刘表、汝南陈翔、鲁国孔昱、山阳檀敷为八及，及者，言其能导人追宗者也；度尚及东平张邈、王孝、东郡刘儒、泰山胡母班、陈留秦周、鲁国蕃向、东莱王章为八厨，厨者，言能以财救人者也。及陈、窦用事，复举拔膺等；陈、窦诛，膺等复废。

宦官疾恶膺等，每下诏书，辄申党人之禁。侯览怨张俭尤甚，览乡人朱禹素佞邪，为俭所弃，承览意指，上书告俭与同乡二十四人别相署号，共为部党，图危社稷，而俭为之魁。诏刊章捕俭等。冬，十月，大长秋曹节因此讽有司奏"诸钩党者故司空虞放及李膺、杜密、朱禹、荀翌、翟超、刘儒、范滂等，请下州郡考治。"是时上年十四，问节等曰："何以为钩党？"对曰："钩党者，即党人也。"上曰："党人何用为恶而欲诛之邪？"对曰："皆相举群辈，欲为不轨。"上曰："不轨欲如何？"对曰："欲图社稷。"上乃可其奏。

或谓李膺曰："可去矣！"对曰："事不辞难，罪不逃刑，臣之节也。吾年已六十，死生有命，去将安之！"乃诣诏狱，考死；门生故吏并被禁锢。侍御史蜀郡景毅子顾为膺门徒，未有录牒，不及于谴，毅慨然曰："本谓膺贤，遣子师之，岂可以漏脱名籍，苟安而已！"遂自表免归。

　　汝南督邮吴导受诏捕范滂，至征羌，抱诏书闭传舍，伏床而泣，一县不知所为。滂闻之曰："必为我也。"即自诣狱。县令郭揖大惊，出，解印绶，引与俱亡，曰："天下大矣，子何为在此！"滂曰："滂死则祸塞，何敢以罪累君。又令老母流离乎！"其母就与之诀，滂白母曰："仲博孝敬，足以供养。滂从龙舒君归黄泉，存亡各得其所。惟大人割不可忍之恩，勿增感戚！"仲博者，滂弟也。龙舒君者，滂父龙舒侯相显也。母曰："汝今得与李、杜齐名，死亦何恨！既有令名，复求寿考，可兼得乎！"滂跪受教，再拜而辞。顾其子曰："吾欲使汝为恶，恶不可为；使汝为善，则我不为恶。"行路闻之，莫不流涕。凡党人死者百馀人，妻子皆徙边，天下豪桀及儒学有行义者，宦官一切指为党人；有怨隙者，因相陷害，睚眦之忿，滥入党中。州郡承旨，或有未尝交关，亦离祸毒，其死、徙、废、禁者又六七百人。

　　……

　　张俭亡命困迫，望门投止，莫不重其名行，破家相容。后流转东莱，止李笃家。外黄令毛钦操兵到门，笃引钦就席曰："张俭负罪亡命，笃岂得藏之！若审在此，此人名士，明廷宁宜执之乎！"钦因起抚笃曰："蘧伯玉耻独为君子，足下如何专取仁义！"笃曰："今欲分之，明廷载半去矣。"钦叹息而去。笃导俭经北海戏子然家，遂入渔阳出塞。其所经历，伏重诛者以十数，连引收考者布遍天下，宗亲并皆殄灭，郡县为之残破。俭与鲁国孔褒有旧，亡抵褒，不遇，褒弟融，年十六，匿之。后事泄，俭得亡走，国相收褒、融送狱，未知所坐。融曰："保纳舍藏者，融也，当坐。"褒曰："彼来求我，非弟之过。"吏问其母，母曰："家事任长，妾当其辜。"一门争死，郡县疑不能决，乃上谳之，诏书竟坐褒。及党禁解，俭乃还乡里，后为卫尉，卒，年八十四。夏馥闻张俭亡命，叹曰："孽自己作，空污良善，一人逃死，祸及万家，何以生为！"乃自翦须变形，入林虑山中，隐姓名，为冶家佣，亲突烟炭，形貌毁瘁，积二三年，人无知者。馥弟静载缣帛追求饷之，馥不受曰："弟奈何载祸相饷乎！"党禁未解而卒。

——《资治通鉴》卷第五十六【汉纪四十八】

【解题与点评】

汉桓帝时，东汉出现了一批在社会上享有清誉的人士。他们有的在地方上从政为官，有的是太学里的学生。太学是光武帝刘秀创办的最高学府，是专门培养官吏的场所。虽然身份、处境各有不同，但他们都同样有着勇敢正直、疾恶如仇的风骨。

汉桓帝刘志登基之后，梁太后临朝执政。她把妹妹梁女莹嫁给他，封为皇后。梁氏兄弟及其妻舅亲戚都在朝中身居要职。七人封侯、三人当皇后，六人做妃子，二人为大将军，三人娶了公主为驸马，七个夫人封君并拥有封地，五十七人为卿尹将校。真是权倾朝野，势焰熏天。尤其是大将军梁冀专横暴虐，为所欲为。汉质帝刘缵，不过是个9岁的孩子，上朝时只说了一句"这人是跋扈将军"。当天，就叫他下毒杀死了。

和平元年（150年），汉桓帝刘志满18岁，梁太后"归政"于他。但身边的皇后梁女莹骄奢刻毒，恣意妄为。汉桓帝外惧权臣，内惮后宫，成天烦闷苦恼，把仇恨深深埋在心里。延熹二年（160年）梁女莹死了，汉桓帝决定出这口恶气。有一天，他进厕所，单独召见宦官唐衡，问道："谁与皇后家不和？"唐衡道："单超、左棺前些日子曾经到河南府尹梁不疑那里去，由于送的礼不多。梁不疑就把他们兄弟关进了监狱。单超、左棺只好向梁不疑赔罪，才放了他们的兄弟。他们两个都对梁家的人不满。另外，徐璜、具瑗两人也常常私下表露对梁家人不满。"

汉桓帝把五个人召集在一起，说道："梁冀兄弟专权祸国，我想杀掉他们，你们意下如何？"单超等人说："他们都是国家的奸贼，早就该杀了。我们只是一些地位卑微的太监，怎么知道陛下的心意呢？"汉桓帝说："既然如此，你们要严守机密，分头联络怨恨梁家的人，再设法除掉他们。"单超等人说："除掉他们并不难，就怕陛下到时候狐疑不决。"汉桓帝正色说："奸臣祸国，应该治罪伏法，有什么可以犹豫的？"单超等人见他态度坚决，分头行事去了。

过了几天，汉桓帝又把五个宦官召集在一起，制订了详细的行动计划。当场，汉桓帝咬破单超的肩膀，把血滴进酒里，一块儿喝了血酒，对天盟誓。随后，汉桓帝进入御前殿，召集宫中的尚书，宣布梁冀等人罪状，部署逮捕梁冀等人的行动，下令宫中郎以下的官员全部操起兵器，守卫皇宫。所有人员集合起来，有一千余人，交给校尉张彪统一指挥。张彪就带领这一千余人包围了梁冀的宅第，又派光禄勋袁旰进府宣诏，收取了梁冀的大将军印绶。

梁冀兵权在握，有恃无恐，万万没有想到汉桓帝敢于孤注一掷，拼凑这些兵力就对他遽然下手。梁冀猝不及防，只得与妻子孙寿双双自尽。

梁家叔侄、兄弟、子孙、妻妾，有一个抓一个，抓一个杀一个。与梁家勾结的公卿、将校、刺史、府尹数十人也被杀，朝廷为之一空，百姓无不拍手称快。

谁知除掉了一条虎，引来了五只狼。因诛梁冀有功，单超等五人都封了侯，把持了朝中大权，时称"五侯专政"。权力从外戚手中转到了宦官手中，出现了宦官统治的局面。单超死得较早，其余四人，有民谣唱道："左回天（左棺权可回天），具独坐（具瑗高高在上），徐卧虎（徐璜张口吃人），唐两堕（唐衡没有定规，为所欲为）。"他们是太监，却姬妾成群；不能生儿子，就买了许多儿子。亲朋故旧都当官做宰，抢男霸女，巧取豪夺比强盗还厉害。

对宦官专政奋起反抗的是京师太学的太学生。汉光武帝刘秀建都洛阳之后，便设立了太学，作为讲授儒家五经的场所，从中培养、选拔官吏。他们慷慨激昂，抨击朝政，并且互相激扬，蔚然成风。当时，人们称他们为"党人"。河南尹李膺、太尉陈蕃为官清正，太学生很尊敬他们，称之为"天下楷模李元礼（李膺），不畏强御陈仲举（陈蕃）。"他们互相结合起来，形成了一股政治势力。

有个方士名叫张成，占卜之后，当众推断不久皇上要大赦天下。他怕人们不信，居然叫他儿子去杀人，以便日后验证。他算得倒挺准，只是没算准会撞到李膺手中。李膺拘捕了他的儿子之后，果然有赦免令下达。李膺更加愤怒，就按律斩杀了张成的儿子。谁也没能料到，就是由于这么一件事，引发了历史上有名的"党锢之祸"。

张成以方术曾经结交了不少宦官，连汉桓帝也很相信他的占卜。他有个弟弟叫牢修，便上书诬告李膺结交太学生，共成一党，诽谤朝廷。汉桓帝自从依靠宦官力量剪灭了外戚梁冀之后，日益荒淫，便下令逮捕李膺，并株连两百多个太学生。李膺等人入狱，并没能钳制朝野众人之口。因为宦官专权，实在不得人心。城门校尉窦武是窦皇后的父亲，与太学生有些交情。太学生贾彪劝说他出面营救，窦武也对宦官擅权不满，便与尚书霍谞联合上书。汉桓帝释放了李膺等"党人"，遣送他们各自回到老家，禁锢终生，不准回到京师。这是第一次"党锢之祸"。李膺等人获释，"党人"声誉更加高涨。不久，汉桓帝病死，他没有儿子。窦太后与窦武商议，立他侄子刘宏为皇帝。刘宏即位时12岁，就是汉灵帝。由窦太后临时掌权，封窦武为大将军，陈蕃为太傅，李膺等人都回到朝中。他们密谋铲除宦官集团。以曹节、王甫为首的宦官集团大为恐慌，双方斗争趋于白热化。

汉灵帝建宁元年（168年），窦武上奏，罗列了曹节、王甫一批宦官的罪状。奏折被宦官朱瑀偷了出来，召集了一些宦官，公布了窦武的奏章。朱瑀大声煽动道："我们宦官犯了罪，应该杀头，难道凡属宦官都该灭族不成？"宦官们一齐大骂窦武、陈蕃，推举曹书为首，歃血为盟。先控制住汉灵帝，接着去抢窦太后的玉玺。假传诏命，逮捕窦武。窦武情知有变，拒不受诏，跑到步兵营，召集北军数千人在都亭下聚集。宦官王甫鼓动宫中的虎贲军、羽林军千余人进行抵抗。两军在皇宫前对阵，结果窦武带领的北军逐渐瓦解，纷纷投降，窦武等人自杀。

宦官集团取胜，一场屠杀太学生的灾祸就开始了。陈蕃被杀，李膺等一百多人也死在狱中。几天工夫，死的、关的、流放的就有六七百人。宦官集团在全国搜捕"党人"，有人为泄愤不惜陷害他人为"党人"，株连甚广。直到嘉平五年（177年），汉灵帝下诏：凡是党人的门生、故吏、父子、兄弟，还在位当官的，一律免职，遣送回家，禁锢终生。这就是第二次"党锢之祸"。

东汉"党锢之祸"，是东汉桓、灵时宦官两次打击士人和太学生的事件，影响深远。东汉和帝时，外戚与宦官开始相继轮流把持朝政，皇帝形同虚设，东汉政治一片昏乱。到汉桓帝时，宦官专政达到了极点。他们一方面大肆搜刮民脂民膏，强敢豪夺；同时又把持官吏选拔大权，滥用亲朋，颠倒是非，混淆黑白，堵塞了一大批有品行、有学识的知识分子的仕途。当时民间流传着这样一首打油诗："举秀才，不知书；察孝廉，父别居；寒素清白浊如泥，高第良将怯如鸡。"可知在外戚宦官把持下选拔出来的官吏都是何等昏庸的人物。政治的黑暗，社会的动荡，国家命运和个人前途的渺茫，促使一部分官僚和知识分子对时政提出议论和尖锐的批评，贬抑篡权窃国的外戚宦官，褒扬不畏权势忧国忧民的清官廉吏，逐渐形成了所谓的"清议"，这种清议发展到后来，便酿成了中国历史上有名的"党锢之祸"。"党锢之祸"，使得东汉政治的正直之气受到严重摧残。

在如此昏暗的统治下，一些正直的士大夫为了挽救大厦将倾的东汉皇朝，他们挺身而出，犯颜直谏，与外戚和宦官展开了艰难的反抗与斗争。他们坚贞不屈，毫不退缩，甚至不惜付出性命，至死仍以国家为忧，显示出正义鲠直的气节。从和帝时杨震倡领抗争开始，到桓帝时各地正直之士纷纷监督朝政，风气所及，同仇敌忾，成为东汉政治中的亮点。在所谓的"党人"之中，如陈蕃、李膺、范滂、张俭等人都表现出刚毅的风骨与高尚的道德品质。

还有一些士人隐而不出，独善其身，表达了对黑暗政治无声的反抗。隐而不出，虽然有些消极，但它的确保护、流传了人间正直的品性，激励人们不去随波逐流，勇敢地抵制不良风气的影响。隐士风气，是从东汉开始的。

古语云："达则兼济天下，穷则独善其身"。每当政治黑暗之时，中国古代的正直之士通常只有这后一种选择。

（七）祖逖北伐

孝愍皇帝建兴元年（癸酉，公元三一三年）

初，范阳祖逖，少有大志，与刘琨俱为司州主簿。同寝，中夜闻鸡鸣，蹴琨觉曰："此非恶声也！"因起舞。及渡江，左丞相睿以为军咨祭酒。逖居京口，纠合骁健，言于睿曰："晋室之乱，非上无道而下怨叛也，由宗室争权，自相鱼肉，遂使戎狄乘隙，毒流中土。今遗民既遭残贼，人思自奋，大王诚能命将出师，使如逖者统之以复中原，郡国豪杰，必有望风响应者矣！"睿素无北伐之志，以逖为奋威将军、豫州刺史，给千人廪，布三千匹，不给铠仗，使自召募。逖将其部曲百馀家渡江，中流，击楫而誓曰："祖逖不能清中原而复济者，有如大江！"遂屯淮阴，起冶铸兵，募得二千馀人而后进。

——《资治通鉴》卷第八十八【晋纪十】

中宗元皇帝建武元年（丁丑，公元三一七年）

初，流民张平、樊雅各聚众数千人在谯，为坞主。王之为丞相也，遣行参军谯国桓宣往说平、雅，平、雅皆请降。及豫州刺史祖逖出屯芦洲，遣参军殷义诣平、雅。义意轻平，视其屋，曰："可作马厩。"见大镬，曰："可铸铁器。"平曰："此乃帝王镬，天下清平方用之，奈何毁之！"义曰："卿未能保其头，而爱镬邪！"平大怒，于坐斩义，勒兵固守。逖攻之，岁馀不下，乃诱其部将谢浮，使杀之；逖进据太丘。樊雅犹据谯城，与逖相拒。逖攻之不克，请兵于南中郎将王舍。桓宣时为舍参军，舍遣宣将兵五百助逖。逖谓宣曰："卿信义已著于彼，今复为我说雅。"宣乃单马从两人诣雅曰："祖豫州方欲平荡刘、石，倚卿为援；前殷义轻薄，非豫州意也。"雅即诣逖降。逖既入谯城，石勒遣石虎围谯，王舍复遣桓宣救之，虎解去。逖表宣为谯国内史。

——《资治通鉴》卷第九十【晋纪十二】

中宗元皇帝太兴三年（庚辰，公元三二〇年）

祖逖将韩潜与后赵将桃豹分据陈川故城，豹居西台，潜居东台，豹由南门，潜由东门，出入相守四旬，逖以布囊盛土如米状，使千馀人运上台，又使数人担米，息于道。豹兵逐之，弃担而走。豹兵久饥，得米，以为逖士众丰饱，益惧。后赵将刘夜堂以驴千头运粮馈豹，逖使韩潜及别将冯铁邀击于汴水，尽获之。豹宵遁，屯东燕城，逖使潜进屯封丘以逼之。冯铁据二台，逖镇雍丘，数遣兵邀击后赵兵，后赵镇戍归逖者甚多，境土渐蹙。

先是，赵固、上官巳、李矩、郭默，互相攻击，逖驰使和解之，示以祸福，遂皆受逖节度。秋，七月，诏加逖镇西将军。逖在军，与将士同甘苦，约己务施，劝课农桑，抚纳新附，虽疏贱者皆结以恩礼。河上诸坞，先有任子在后赵者，皆听两属，时遣游军伪抄之，明其未附。坞主皆感恩，后赵有异谋，辄密以告，由是多所克获，自河以南，多叛后赵归于晋。

逖练兵积谷，为取河北之计。后赵王勒患之，乃下幽州为逖修祖、父墓，置守冢二家，因与逖书，求通使及互市。逖不报书，而听其互市，收利十倍。逖牙门童建杀新蔡内史周密，降于后赵，勒斩之，送首于逖，曰："叛臣逃吏，吾之深仇，将军之恶，犹吾恶也。"逖深德之，自是后赵人叛归逖者，逖皆不纳，禁诸将不使侵暴后赵之民，边境之间，稍得休息。

中宗元皇帝太兴四年（辛巳，公元三二一年）

豫州刺史祖逖，以戴渊吴士，虽有才望，无弘致远识；且己翦荆棘、收河南地，而渊雍容，一旦来统之，意甚怏怏；又闻王敦与刘、刁构隙，将有内难，知大功不遂，感激发病；九月，壬寅，卒于雍丘。豫州士女若丧父母，谯、梁间皆为立祠。王敦久怀异志，闻逖卒，益无所惮。

　　　　　　　　　　　　　——《资治通鉴》卷第九十一【晋纪十三】

【解题与点评】

西晋末年，刘聪带领匈奴军队攻破西晋都城洛阳。其后，司马睿继立的东晋在腐朽的士族统治下偏安建康。范阳人祖逖性情豁达，不修仪容，轻财好侠，慷慨有节尚。他不忘国难，常怀振复之志。祖逖上书司马睿，要求北伐。他说："戎狄乘隙，毒流中原，今遗黎既被残酷，人有奋击之志。"他相信，只要南方的晋兵出师，北方人民必然群起响应，中原可以收复。可是司马睿只想在江南建立他的统治，对北伐并无兴趣。因此，

祖逖北伐

司马睿给了祖逖以奋威将军、豫州刺史的虚名，却不给一兵一卒，也没有给予兵器，要求祖逖北伐军队和粮草要祖逖自行招募和打造，朝廷只拨付给祖逖一千人的口粮和三千匹布。

永嘉七年（313 年），祖逖毅然率领自己招募的部曲百余家渡江北伐。他在长江中流击楫誓要收复失地。祖逖相继北伐，也收复了一些地方，公元321 年（大兴四年），祖逖病死于雍丘（今河南杞县），北伐中途而止，祖逖收复的土地又相继失去。

祖逖北伐是中国战争史上第一次北伐。虽然没有刘裕"金戈铁马，气吞万里如虎"和岳飞"直捣黄龙"的气势，也未能像朱元璋那样一统中华。但祖逖的北伐可以说是比较成功的，由于是白手起家，祖逖以战养战的策略非常正确。祖逖虽未能收复失地，但他的爱国主义精神和宗泽、岳飞、文天祥、于谦等人一样，永远留在人民的心中。

可叹的是，西晋灭亡后，东晋偏安东南，王公贵族沉溺于享乐，只有祖逖挺身而出，欲图光复大业。祖逖少有大志，生活勤勉，"闻鸡起舞"传为美谈。他心系国家命运，认为西晋并非亡于北方少数民族，而是毁于内乱，只要自强便能雪耻。因此，他主动请缨，渡江北上收复失地。他励精图治，在军中以身作则，在驻地注意减轻农民负担，对于前来投靠归顺的人他都能诚心安抚，因此祖逖受到人民爱戴，甚至赢得敌人尊敬，北伐也不断取

得成功。然而不知祖逖孤独与否？他一直独自担负着为国雪耻的大任。军队是自己招募的，其中包括自己的百余家部曲。朝廷的援助时有时无。祖逖死后，再也无人能继承他的大业。回首东晋，长期以来，士人徒知清谈，好为玄学，士家子弟养尊处优，生活尚不能自理，哪知国耻为何物？只任凭，裂土分疆随它去，尚有建业一地可偏安。

（八）直臣高允

太祖文皇帝元嘉二十七年（庚寅，公元四五〇年）

魏主以浩监秘书事，使与高允等共撰《国记》，曰："务从实录。"著作令史闵湛、郗标，性巧佞，为浩所宠信。浩尝注《易》及《论语》、《诗》、《书》，湛、标上疏言："马、郑、王、贾不如浩之精微，乞收境内诸书，班浩所注，令天下习业。并求敕浩注《礼传》，令后生得观正义。"浩亦荐湛、标有著述才。湛、标又劝浩刊所撰《国史》于石，以彰直笔。高允闻之，谓著作郎宗钦曰："湛、标所营，分寸之间，恐为崔门万世之祸，吾徒亦无噍类矣！"浩竟用湛、标议，刊石立于郊坛东，方百步，用功三百万。浩书魏之先世，事皆详实，列于衢路，往来见者咸以为言。北人无不忿恚，相与谮浩于帝，以为暴扬国恶。帝大怒，使有司案浩及秘书郎吏等罪状。

初，辽东公翟黑子有宠于帝，奉使并州，受布千匹。事觉，黑子谋于高允曰："主上问我，当以实告，为当讳之？"允曰："公帷幄宠臣，有罪首实，庶或见原，不可重为欺罔也。"中书侍郎崔览、公孙质曰："若首实，罪不可测，不如讳之"黑子怨允曰："君奈何诱人就死地！"入见帝，不以实对，帝怒，杀之。帝使允授太子经。

及崔浩被收，太子召允至东宫，因留宿。明旦，与俱入朝，至宫门，谓允曰："入见至尊，吾自导卿；脱至尊有问，但依吾语。"允曰："为何等事也？"太子曰："入自知之。"太子见帝言"高允小心真密且微贱；制由崔浩，请赦其死。"帝召允，问曰："《国书》皆浩所为乎？"对曰："《太祖记》，前著作郎邓渊所为；《先帝记》及《今记》，臣与浩共为之。然浩所领事多，总裁而已；至于著述，臣多于浩。"帝怒曰："允罪甚于浩，何以得生！"太子惧，曰："天威严重，允小臣，迷乱失次耳。臣向问，皆云浩所为。"帝问允："信如东官所言乎？"对曰："臣罪当灭族，不敢虚妄。殿下以臣侍讲日久，哀臣，欲匄其生耳，实不问臣，臣亦无此言，不敢迷乱。"帝顾谓太子曰："直哉！此人情所难，而允能为之！临死不易辞，信也；为臣不欺君，贞也。宜特除其罪以旌之。"遂赦之。

高允像

于是召浩前，临诘之。浩惶惑不能对。允事事申明，皆有条理。帝命允为诏，诛浩及僚属宗钦、段承根等，下至僮吏，凡百二十八人，皆夷五族；允持疑不为。帝频使催切，允乞更一见，然后为诏。帝引使前，允曰："浩之所坐，若更有馀衅，非臣敢知；若直以触犯，罪不至死。"帝怒，命武士执允。太子为之拜请，帝意解，乃曰："无斯人，当更有数千口死矣。"

六月，己亥，诏诛清河崔氏与浩同宗者无远近，及浩姻家范阳卢氏、太原郭氏、河东柳氏，并夷其族，馀皆止诛其身。执浩置槛内，送城南，卫士数十人溲其上，呼声嗷嗷，闻于行路。宗钦临刑叹曰："高允其殆圣乎！"

它日，太子让允曰："人亦当知机。吾欲为卿脱死，既闻端绪，而卿终不从，激怒帝如此。每念之，使人心悸。"允曰："夫史者，所以记人主善恶，为将来劝戒，故人主有所畏忌，慎其举措。崔浩孤负圣恩，以私欲没其廉洁，爱憎蔽其公直，此浩之责也。至于书朝廷起居，言国家得失，此为史之大体，未为多违。臣与浩实同其事，死生荣辱，义无独殊。诚荷殿下再造之慈，违心苟免，非臣所愿也。"太子动容称叹。允退，谓人曰："我不奉东宫指导者，恐负翟黑子故也。"

——《资治通鉴》卷第一百二十五【宋纪七】

【解题与点评】

高允，字伯恭，渤海蓨（今河北景县东）人。北魏孝文帝、孝武帝时任中书侍郎兼著作郎，以正直著称于世。公元 450 年，高允因与司徒崔浩共修国史，书写成了，但有人向太武帝举报说这本国史曝了拓跋家族的家丑。魏武帝十分恼怒，命令把写国史的人统统抓起来查办。参加编写的著作郎高允是太子的老师。太子得到这个消息，很是着急，把高允找到东宫（太子居住的宫），对他说："明天我陪你朝见皇上，如果皇上问你，你只能照我的意思答话，别的什么也别说。"高允不知道是怎么回事。第二天就跟随太子一起上朝。太子先上殿见了太武帝，说："高允这个人向来小心谨慎，而且地位比较低。国史案件全是崔浩的事，请陛下免了高允的罪吧。"太武帝召高允进去，问他说："国史都是崔浩写的吗？"高允老老实实地回答说："不，崔浩管的事多，只抓个纲要。具体内容，都是我和别的著作郎写的。"太武帝转过头对太子说："你看，高允的罪比崔浩还严重，怎么能饶恕呢？"太子又对太武帝说："高允见了陛下，心里害怕，就胡言乱语。我刚刚还问他，他说是崔浩干的。"太武帝又问高允："是这样的吗？"高允说："我犯了罪，怎么还敢欺骗陛下。太子刚才这样说，不过是为了想救我的命。其实太子并没问过我，我也没跟他说起过这些话。"太武帝看到高允这样忠厚直率，心里也有点感动，对太子说："高允死到临头，还不说假话，这确是难能可贵的。我赦免他的罪就是了。"太武帝又派人把崔浩抓来审问。崔浩已经吓得面无人色，什么也答不上来。太武帝大怒，要高允起草一道诏书，把崔浩满门抄斩。高允回到官署，犹豫了半天，也没有写出半个字来。太武帝派人一再催问，高允说："我要求再向皇上面奏一次。"高允进宫对太武帝说："我不知道崔浩还犯了什么罪。如果仅仅是为了写国史，触犯朝廷，也不该判死罪。"魏太武帝认为高允太不识好歹，吆喝一声，叫武士把他捆绑起来。后来太子再三恳求，太武帝气消了，才把他放了。事后，太子埋怨高允说："一个人应该见机行事。我替你求饶，你怎么反而去触怒皇上。我想起这件事，真有点害怕。"高允说："崔浩做这件事私心重，是有错误的，但是，编写历史，记载帝王活动，朝政得失，这并没有错。再说，国史是我和崔浩一起编写的，出了事，怎能全推给他呢。殿下救我之心，我是十分感激的。但是要我为了活命说违背良心的话，我是不干的。"太武帝到底没有饶过崔浩，把崔浩和他的几家亲戚满门抄斩。但是由于高允的直谏，没有株连到更多的人。据太武帝自己说：要不是高允，他还会杀几千个人呢。

趋利避害是人的本性，但高允虽然明知大祸临头，但还是不推卸责任，勇于担责，据实直言，因而获得赦免。事后，高允又实事求是，请求魏武帝降低对崔浩等国史案犯的惩罚，因此更受敬重。高允从来都是当面直谏，深得孝武帝的倚重。更为可贵的是，他安于贫贱、从不言苦。

有一种气节，叫正直。它也许并非铮铮铁骨，慷慨激昂，气干霄云，但它同样那么动人肺腑、震撼心灵、感人至深。

高允是个"不倒翁"，他经历过北魏五代君王，也是个老寿星，活到98岁。原因是什么？清廉、正直、节俭。有一次孝文帝要到高允家察看，进了高允家的大门，只见院落荒疏，仅有草屋数间。屋里炕上的被褥都是用麻布做成。家人穿的都是用旧棉絮做的棉袍。厨房里只有一点食盐和青菜。文成帝看过，不住叹息："古人的清贫也不至于到这步田地啊！"他招手让高允过来，询问原因。原来北魏的官吏都没有工资，他们的生活主要靠皇帝的赏赐，或者经营些田产取得收入。高允当年随太武帝南征北战，立下不少功劳，得到的赏赐无数，但都被他分给手下的士兵了，他自己则过得非常窘迫，以致有时无米下锅，只好经常让儿子们上山打柴采菜，以补贴家用，维持生活。

（九）高演直谏

高祖武皇帝永定二年（戊寅，公元五五八年）

常山王演以帝沉湎，忧愤形于颜色。帝觉之，谓曰："但令汝在，我何为不纵乐！"演唯啼泣拜伏，竟无所言。帝亦大悲，抵杯于地曰："汝似嫌我如是，自今敢进酒者斩之！"因取所御杯尽坏弃。未几，沉湎益甚，或于诸贵戚家角力批拉，不限贵贱。唯演至，则内外肃然。演又密撰事条，将谏，其友王晞以为不可。演不从，因间极言，遂逢大怒。演性颇严，尚书郎中剖断有失，辄加捶楚，令史奸蠹即考竟。帝乃立演于前，以刀镮拟胁，召被演罚者，临以白刃，求演之短；或无所陈，乃释之。晞，昕之弟也。

帝疑演假辞于晞以谏，欲杀之。王私谓晞曰："王博士，明日当作一条事，为欲相活，亦图自全，宜深体勿怪。"乃于众中杖晞二十。帝寻发怒，闻晞得杖，以故不杀，髡鞭配甲坊。居三年，演又因谏争，大被欧挞，闭口不食。太后日夜涕泣，帝不知所为，曰："倘小儿死，奈我老母何！"于是数往问演疾，谓曰："努力强食，当以王晞还汝。"乃释晞，令诣演。演抱晞曰："吾气息惙然，恐不复相见！"晞流涕曰："天道神明，岂令殿下遂毙此舍！至尊亲为人兄，尊为人主，安可与计！殿下不食，太后亦不食。殿下纵不自惜，独不念太后乎！"言未卒，演强坐而饭。晞由是得免徙，还为王友。及演录尚书事，除官者皆诣演谢，去必辞。晞言于演曰："受爵天朝，拜恩私第，自古以为不可，宜一切约绝。"演从之。久之，演从容谓晞曰："主上起居不恒，卿宜耳目所具，吾岂可以前逢一怒，遂尔结舌。卿宜为撰谏草，吾当伺便极谏。"晞遂条十馀事以呈，因谓演曰："今朝廷所恃者惟殿下，乃欲学匹夫耿介，轻一朝之命！狂药令人不自觉，刀箭岂复识亲疏。一旦祸出理外，将奈殿下家业何！奈皇太后何！"演欷歔不自胜，曰："乃至是乎！"明日，见晞曰："吾长夜久思，今遂息意。"即命火，对晞焚之。后复承间苦谏，帝使力士反接，拔白刃注颈，骂曰："小子何知，是谁教汝？"演曰："天下噤口，非臣谁敢有言！"帝趣杖，乱捶之数十；会醉卧，得解。帝褒黩之游，遍于宗戚，所往留连；唯至常山第，多无适而去。尚书左仆射崔暹屡谏，演谓暹曰："今太后不敢致言，吾兄弟杜口，仆射独能犯颜，内外深相愧感。"

　　　　　　　　　　　　——《资治通鉴》卷第一百六十七【陈纪一】

【解题与点评】

高演，高欢第六子，曾封为常山王。公元560年即位，在位仅一年，就因病去世，年仅27岁，谥号孝昭皇帝。高演即位后，进行改革，注意民生问题，释放奴隶，大力屯田，广设粮仓，有效解决北齐粮食危机，同时依法量刑，大力宣传汉文化。政治清明，广收人才，礼贤下士，孝敬母亲。

其兄文宣帝高洋是历史上有名的暴君，酗酒嗜杀，大臣们都趋炎附势，只有高演数次犯颜直谏，也几乎招来杀身之祸。比如文宣帝高洋沉溺于游乐宴饮，高演忧伤气愤，文宣帝对高演说："有你在处理国事，我为什么不放纵行乐？"高演只是哭泣拜倒在地上，始终不说话。文宣帝也十分悲伤，把酒杯推到地下说："你这样嫌弃我，自今以后再有敢进酒的人，我就斩了他！"于是取来所用的酒杯全都砸坏丢弃，但是后来高洋更加沉湎于游乐宴饮，有时到各皇亲国戚家比武搏击，不分贵贱。只是高演一到，里里外外都静了下来。高演又秘密撰写条例，将要进谏，他的朋友王晞认为不可。高演没有听从，借机会竭力劝说，惹得文宣帝大怒。

《资治通鉴》通过叙述高演的几件事，既记录了北齐朝廷当时的政治状况，又传神地反映了高演这个历史人物的精神风貌。高演忧心国事，看到其兄文宣帝不自重而无人敢谏，冒着触怒龙颜的危险，毅然担起重任。他身贵为王，忠心耿耿，一谏而引起文宣帝的怀疑与怨言；二谏而连累好友王晞被流放；三谏而大被殴挞、绝食数日；四谏而白刃加颈，却从未因此而畏惧退缩，寻求自保。只是一身正气令他一如既往，无所顾虑。奈何其兄文宣帝竟不能容忍一句忠言！既已对谏者大发淫威，复又自甘堕落、一意孤行、为所欲为。纳谏有何难，甚至于难过犯颜直谏？只是直谏的高名从来都是由拒纳的淫威来造就的，因而对于直谏的艰辛、危险，被谏之人难辞其咎。

（十）赵绰苦谏

高祖文皇帝开皇十七年（丁巳，公元五九七年）

帝以所在属官不敬惮其上，事难克举，三月，丙辰，诏"诸司论属官罪，有律轻情重者，听于律外斟酌决杖。"于是上下相驱，迭行捶楚，以残暴为干能，以守法为懦弱。

……

大理掌固来旷上言大理官司太宽，帝以旷为忠直，遣每旦于五品行中参见。旷又告少卿赵绰滥免徒囚，帝使信臣推验，初无阿曲，帝怒，命斩之。绰固争，以为旷不合死，帝拂衣入阁。绰矫言，"臣更不理旷，自有它事，未及奏闻。"帝命引入阁，绰再拜请曰："臣有死罪三，臣为大理少卿，不能制驭掌固，使旷触挂天刑，一也。囚不合死，而臣不能死争，二也。臣本无它事，而妄言求入，三也。"帝解颜。会独孤后在坐，命赐绰二金杯酒，并杯赐之。旷因免死，徙广州。

萧摩诃子世略在江南作乱，摩诃当从坐，上曰："世略年未二十，亦何能为？以其名将之子，为人所逼耳。"因赦摩诃。绰固谏不可，上不能夺，欲绰去而赦之，因命绰退食。绰曰："臣奏狱未决，不敢退。"上曰："大理其为朕特舍摩诃也。"因命左右释之。

刑部侍郎辛亶尝衣绯裈，俗云利官；上以为厌蛊，将斩之。绰曰："法不当死，臣不敢奉诏。"上怒甚，曰："卿惜辛亶而不自惜也！"命引绰斩之。绰曰："陛下宁杀臣，不可杀辛亶。"至朝堂，解衣当斩，上使人谓绰曰："竟何如？"对曰："执法一心，不敢惜死！"上拂衣而入，良久，乃释之。明日谢绰，劳勉之，赐物三百段。

时上禁行恶钱，有二人在市，以恶钱易好者，武候执以闻，上令悉斩之，绰进谏曰："此人所坐当杖，杀之非法。"上曰："不关卿事。"绰曰："陛下不以臣愚暗，置在法司，欲妄杀人，岂得不关臣

赵绰苦谏图

事!"上曰:"撼大木,不动者当退。"对曰:"臣望感天心,何论动木。"上复曰:"啜羹者热则置之,天子之威,欲相挫邪!"绰拜而益前,诃之,不肯退,上遂入。治书侍御史柳或复上奏切谏,上乃止。

上以绰有诚直之心,每引入阁中,或遇上与皇后同榻,即呼绰坐,评论得失,前后赏赐万计。与大理卿薛胄同时,俱名平恕;然胄断狱以情而绰守法,俱为称职。胄,端之子也。

——《资治通鉴》卷第一百七十八【隋纪二】

【解题与点评】

隋文帝统一全国后,采取了各种巩固统治的措施,如改革吏制、建立科举制度、修订法律等。为提高官吏的办事效率,隋文帝曾下诏允许各部门对属官法外用刑,隋文帝本人在用刑时也几次依违于情。这让大理寺(管理司法的部门)官员十分为难。大理寺少卿赵绰觉得维护刑律是他的责任,于是不顾一切,多次苦苦劝谏,要求依法断案,甚至与隋文帝顶撞起来,他最终还是得到了隋文帝的认可与赏识。

隋文帝虽然修订刑律,废除了一些残酷的刑罚,但是他有时不按刑律办事,往往一时气愤,随意杀人。隋文帝曾经下令禁止使用不合标准的钱币。有一次大街上有人拿次币换好币,被人扭送到官衙。隋文帝听说有人竟敢违反他下的禁令,一气之下,就下令把换钱的两个人统统处死。赵绰接到命令,赶忙进宫求见隋文帝。他对隋文帝说:"这两个人犯了禁令,按刑律只能打板子,不该处死。"隋文帝不耐烦地说:"这是我下的命令,不干你的事。"赵绰说:"陛下不嫌我愚笨,叫我充当大理寺官员。现在遇到不依刑律杀人的情况,怎么能说跟我没关系呢?"隋文帝气冲冲地说:"你想撼动大树吗?撼不动你就走开吧!"赵绰说:"我只是想劝说陛下改变主意,谈不上想撼动大树。"隋文帝又说:"你想触犯天子的威严吗?"赵绰不管隋文帝怎样威吓,还是坚持自己的意见。隋文帝怎样骂他赶他,他也不走。隋文帝没法,很不高兴地进内宫去了。后来,由于别的官员也上奏章谏阻,隋文帝终于取消了杀人的命令。

这是一场情与法、权与法的论争，在赵绰的冒死坚持下，法取得了最终胜利。通过选文可见，赵绰苦谏隋帝，其中的情形另有可推敲之处。隋文帝尚是一位图治之主，不会昏暗无能到排斥谏言的地步；而赵绰的苦心仍然难达上听，还因此备经惊险。这是为什么？君臣临事不同，所虑有异。隋文帝用心天下事，常遇吏属办事不力之苦，急于鞭策属吏，难以兼顾国法。赵绰专司刑狱，职当监督国法的实行，规引君主依法治国，避免君主将自己的意志当作国法。君臣当职而殊虑，冲突就难以避免。如果君信臣，有言必听；臣念君，为之解忧，那么君臣和谐，其乐融融。然而事情往往不这么巧合，各种品性便随之而来。隋文帝动情之下忘记了国法，赵绰于是屡屡上谏，谏而不听便不离去，谏而将斩便视死如归，毫不退缩，誓死维护国法的尊严。可幸的是，虽然君臣多次争辩、不欢而散，可是赵绰的诚直终究还是得到了隋文帝的信赖。

（十一）段秀实不畏强暴

代宗睿文孝武皇帝广德二年（甲辰，公元七六四年）

十一月，丁未，郭子仪自行营入朝。郭晞在邠州，纵士卒为暴，节度使白孝德患之，以子仪故，不敢言；泾州刺史段秀实自请补都虞候，孝德从之。既署一月，晞军士十七人入市取酒，以刃刺酒翁，坏酿器，秀实列卒取十七人首注槊上，植市门。晞一营大噪，尽甲。孝德震恐，召秀实曰："奈何？"秀实曰："无伤也，请往解之。"孝德使数十人从行，秀实尽辞去，选老躄者一人持马至晞门下。甲者出，秀实笑且入，曰："杀一老卒，何甲也！吾戴吾头来矣。"甲者愕。因谕曰："尚书负若属邪，副元帅负若属邪？奈何欲以乱败郭氏！"晞出，秀实让之曰："副元帅勋塞天地，当念始终。今尚书恣卒为暴，行且致乱，乱则罪及副元帅；乱由尚书出，然则郭氏功名，其存者几何！"言未毕，晞再拜曰："公幸教晞以道，恩甚大，敢不从命！"顾叱左右："皆解甲，散还火伍中，敢哗者死！"秀实因留宿军中。晞通夕不解衣，戒候卒击柝卫秀实。且，俱至孝德所，谢不能，请改。邠州由是无患。

——《资治通鉴》卷第二百二十三【唐纪三十九】

德宗神武孝文皇帝建中四年（癸亥，公元七八三年）

朱泚以司农卿段秀实久失兵柄，意其必怏怏，遣数十骑召之。秀实闭门拒之，骑士逾垣入，劫之以兵。秀实自度不免，乃谓子弟曰："国家有患，吾于何避之，当以死徇社稷；汝曹宜人自求生。"乃往见泚。泚喜曰："段公来，吾事济矣。"延坐问计。秀实说之曰："公本以忠义著闻天下，今泾军以犒赐不丰，遽有披猖，使乘舆播越。夫犒赐不丰，有司之过也，天子安得知之！公宜以此开谕将士，示以祸福，奉迎乘舆，复归宫阙，此莫大之功也！"泚默然不悦，然以秀实与己皆为朝廷所废，遂推心委之。左骁卫将军刘海滨、泾原都虞候何明礼、孔目官岐灵岳，皆秀实素所厚也，秀实密与之谋诛泚，迎乘舆。

是日，泚召李忠臣、源休、姚令言及秀实等议称帝事。秀实勃然起，夺休象笏，前唾泚面，大骂曰："狂贼！吾恨不斩汝万段，岂从汝反邪！"因以笏击泚，泚举手扞之，才中其额，溅血洒地。泚与秀实相搏怓怓，左右猝愕，不知所为。海宾不敢进，乘乱而逸。忠臣前助泚，泚得匍匐脱走。秀实知事不成，谓泚党曰："我不同汝反，何不杀我！"众争前杀之。泚一手承血，一手止其众曰："义士也，勿杀。"秀实已死，泚哭之甚哀，以三品礼葬之，海宾缞服而逃，后二日，捕得，杀之。亦不引何明礼。明礼从泚攻奉天，复谋杀泚，亦死。上闻秀实死，恨委用不至，涕泗久之。

——《资治通鉴》卷第二百二十四【唐纪四十四】

【解题与点评】

文天祥《正气歌》中有这样几句："或为击贼笏，逆竖头破裂。是气所磅礴，凛烈万古存。"这个击贼笏的主人就是唐朝的段秀实。段秀实（719—783年），字成公，唐朝大将。他为人和悦善良，言行总是温文尔雅，被称为"儒者"。然而就是这样一位"儒者"，在危难关头却总是能挺身而出。

安史之乱后，吐蕃、回纥又乘虚进犯，唐朝长安发生兵变。邠州（今陕西邠县）、泾原一带是防护长安的军事重地。在这里，被贬谪到此的段秀实协助邠州白孝德制服恃父骄纵的郭晞，正言规谏，辅佐节度使马璘，怒斥乘乱称王的朱泚。尤其是在唐德宗建中四年（783 年）泾原兵变时，段秀实乘间用象笏猛击朱泚，企图杀死准备称帝的朱泚，致使朱泚破头而逃，也使得他的"击贼笏"在正气史上留下美名。段秀实虽然没有用笏板击杀朱泚，自己当场惨遭杀害，德宗知道后，对于不重用他且不听其谏言，十分后悔。追封段秀实为太尉，谥号忠烈。

所谓邪不压正，段秀实的事迹正昭示了这一点。他当时正处于政治上的低谷，因为反对激怒吐蕃而得罪了宰相杨炎，被剥夺了兵权。但挫折并不能摧折他的正气。他不畏权势，为邠州城扫除不法之兵；他有胆有识，唤醒了名将之子的荣誉意识；他敢于当面批评为政者，辅助他抑恶行善；他不惧强暴，勇敢地与篡权者展开了周旋与斗争，这些都体现出他沉着机智、不骄不馁、正气凛然、爱护人民的坦荡人格。正义的力量是震撼人心的，它使仇者惧、亲者敬。

（十二）遇险不惊严可求

太祖神武元圣孝皇帝开平二年（戊辰，公元九〇八年）

淮南左牙指挥使张颢、右牙指挥使徐温专制军政，弘农威王心不能平，欲去之而未能。二人不自安，共谋弑王，分其地以臣于梁。戊寅，颢遣其党纪祥等弑王于寝室，诈云暴薨。

己卯，颢集将吏于府廷，夹道及庭中堂上皆列白刃，令诸将悉去卫从然后入。颢厉声问曰："嗣王已薨，军府谁当主之？"三问，莫应，颢气色益怒。幕僚严可求前密启曰："军府至大，四境多虞，非公主之不可。然今日则恐太速。"颢曰："何谓速也？"可求曰："刘威、陶雅、李遇、李简皆先王之等夷，公今自立，此曹肯为公下乎？不若立幼主辅之，诸将孰敢不从！"颢默然久之。

可求因屏左右，急书一纸置袖中，麾同列诣使宅贺，众莫测其所为，既至，可求跪读之，乃太夫人史氏教也。大要言："先王创业艰难，嗣王不幸早世，隆演次当立，诸将宜无负杨氏，善辅导之。"辞旨明切。颢气色皆沮，以其义正，不敢夺，遂奉威王弟隆演称淮南留后、东面诸道行营都统。

既罢，副都统硃瑾诣可求所居，曰："瑾年十六七即横戈跃马，冲犯大敌，未尝畏慑，今日对颢，不觉流汗，公面折之如无人。乃知瑾匹夫之勇，不及公远矣。"因以兄事之。

颢以徐温为浙西观察使，镇润州。严可求说温曰："公舍牙兵而出外籓，颢必以弑君之罪归公。"温惊曰："然则奈何？"可求曰："颢刚愎而暗于事，公能见听，请为公图之。"时副使李承嗣参预军府之政，可求又说承嗣曰："颢凶威如此，今出徐于外，意不徒然，恐亦非公之利。"承嗣深然之。可求往见颢曰："右牙欲之，非吾意也。业已行矣，奈何？"可求曰："止之易耳。"明日，可求邀颢及承嗣俱诣温，可求瞋目责温曰："古人不忘一饭之恩，况公杨氏宿将！今幼嗣初立，多事之时，乃求自安于外，可乎？"温谢曰："苟诸公见容，温何敢自专！"由是不行。

颢知可求阴附温，夜，遣盗刺之，可求知不免，请为书辞府主。盗执刀临之，可求操笔无惧色。盗能辨字，见其辞旨忠壮，曰："公长者，吾不忍杀。"掠其财以复命，曰："捕之不获。"颢怒曰："吾欲得可求首，何用财为！"

温与可求谋诛颢，可求曰："非钟泰章不可。"泰章者，合肥人，时为左监门卫将军。温使亲将彭城翟虔告之。泰章闻之喜，密结壮士三十人，夜，刺血相饮为誓。丁亥旦，直入斩颢于牙堂，并其亲近。温始暴颢弑君之罪，轘纪祥等于市。诣西宫白太夫人。太夫人恐惧，大泣曰："吾儿冲幼，祸难如此，愿保百口归庐州，公之惠也。"温曰："张颢弑逆，不可不诛，夫人宜自安。"

初，颢与温谋弑威王，温曰："参用左、右牙兵，心必不一，不若独用吾兵。"颢不可，温曰："然则独用公兵。"颢从之。至是，穷治逆党，皆左牙兵，也由是人以温为实不知谋也。隆演以温为左、右牙都指挥使，军府事咸取决焉。以严可求为扬州司马。温性沉毅，自奉简俭，虽不知书，使人读狱讼之辞而决之，皆中情理。先是，张颢用事，刑戮酷滥，给亲兵剽夺市里。温谓严可求曰："大事已定，吾与公辈当力行善政，使人解衣而寝耳。"乃立法度，禁强暴，举大纲，军民安之。温以军旅委可求，以财赋委支计官骆知祥，皆称其职，淮南谓之"严、骆"。

——《资治通鉴》卷第二百六十六【后梁纪一】

【解题与点评】

五代十国初，杨行密割据淮南，建立"南吴"，或称"杨吴"政权。随后，其子杨渥继承父位。杨渥荒淫无能，对属下还妄加猜疑。南吴国中有两只"大老虎"，一个是张颢，一个是徐温。杨渥本来嫌徐温和张颢权势太大，想除掉他们，结果反被徐温和张颢谋杀。张颢和徐温计议合伙杀害杨渥以后，平分南吴国土，共同向北方的梁朝称臣。可是成功之后，张颢改变了主意，欲自篡立，却遭到了徐温等人的反对，其中杨行密的幕僚严可求临危不惧，斗智斗勇，终于挫败了张颢的企图。

从《资治通鉴》的记载中我们可以详细了解当时的情形，一睹严可求义正词严的精神风貌。严可求面临的是骄兵悍将的夺权行动。张颢陈兵威吓，欲逼迫众人拥立他为王。众人皆噤口不言，此时严可求神态自若地站了出来，表现出非凡的气势。他假意支持张颢的野心，使之放松警惕的同时也缓和了紧张的局面；接着他以其他拥有重兵的将领对张颢施加压力，使之心生犹豫；通过提议拥立幼主，为张颢提供一条有利的出路。严可求在言辞上因势利导，借此以缓和局势，拖延时间。紧接着，他通过伪造诏书的办法，适时地传达了太后的意旨，既压制了夺权者不义的企图，而且顺势给了夺权者一个台阶，张颢的阴谋未能得逞。虽然张颢夺权的险情暂时得到了解除。但斗争还未结束，为了避免被动与不测之事，严可求先下手为强。他利用诸将与张颢之间不同的利害关系，逐个攻心，联合他们共同谋划对策，终于消灭了这一危险势力。这一事件反映出严可求心存公正、不畏强暴、胆识过人的品质。他能取得胜利，也离不开人们对他的尊敬与支持。

六、本是同根生，相煎何太急

——《资治通鉴》中的宗室之乱

曹植是曹操的小儿子，从小就很聪明，诗也写得很好。曹操死后，曹植的哥哥曹丕建了国，自己当上了皇上。曹丕很不喜欢曹植，一心要害死他。相传有一次他命令曹植做一首七步诗（就是走七步路做一首诗），要是做不出，就要杀头。曹植边走边思考，结果，七步没走完，诗就做出来了，这就是名传千古的《七步诗》："煮豆燃豆萁，豆在釜中泣。本是同根生，相煎何太急"。这种同室操戈，也曾把中国历史染得猩红。

（一）胡亥矫诏篡帝位

始皇帝三十七年（辛卯，公元前二一〇年）

始皇恶言死，群臣莫敢言死事。病益甚，乃令中军府令行符玺事赵高为书赐扶苏曰："与丧，会咸阳而葬。"书已封，在赵高所，未付使者。秋，七月，丙寅，始皇崩于沙丘平台。丞相斯为上崩在外，恐诸公子及天下有变，乃秘之不发丧，棺载辒凉车中，故幸宦者骖乘。所至，上食、百官奏事如故，宦者辄从车中可其奏事。独胡亥、赵高及幸宦者五六人知之。

初，始皇尊宠蒙氏，信任之。蒙恬任在外将，蒙毅常居中参谋议，名为忠信，故虽诸将相莫敢与之争。赵高者，生而隐宫，始皇闻其强力，通于狱法，举以为中车府令，使教胡亥决狱，胡亥幸之。赵高有罪，始皇使蒙毅治之；毅当高法应死。始皇以高敏于事，赦之，复其官。赵高既雅得幸于胡亥，又怨蒙氏，乃说胡亥，请诈以始皇命诛扶苏而立胡亥为太子。胡亥然其计。赵高曰："不与丞相谋，恐事不能成。"乃见丞相斯曰："上赐长子书及符玺，皆在胡亥所。定太子，在君侯与高之口耳。事将何如？"斯曰："安得亡国之言！此非人臣所当议也！"高曰："君侯材能、谋虑、功高、无怨、长子信之，此五者皆孰与蒙恬？"斯曰："不及也。"高曰："然则长子即位，必用蒙恬为丞相，君侯终不怀通侯之印归乡里明矣！胡亥慈仁笃厚，可以为嗣。愿君审计而定之！"丞相斯以为然，乃相与谋，诈为受始皇诏，立胡亥为太子。更为书赐扶苏，数以不能辟地立功，士卒多耗，反数上书，直言诽谤，日夜怨望不得罢归为太子，将军恬不矫正，知其谋，皆赐死，以兵属裨将王离。

扶苏发书，泣，入内舍，欲自杀。蒙恬曰："陛下居外，未立太子；使臣将三十万众守边，公子为监，此天下重任也。今一使者来，即自杀，安知其非诈！复请而后死，未暮也。"使者数趣之。扶苏谓蒙恬曰："父赐子死，尚安复请！"即自杀。蒙恬不肯死，使者以属吏，系诸阳周。更置李斯舍人为护军，还报。胡亥已闻扶苏死，即欲释蒙恬。会蒙毅为始皇出祷山川，还至。赵高言于胡亥曰："先帝欲举贤立太子久矣，而毅谏以为不可，不若诛之！"乃系诸代。遂从井陉抵九原。会暑，辒车臭，乃诏从官令车载一石鲍鱼以乱之。从直道至咸阳，发丧。太子胡亥袭位。

二世皇帝元年（壬辰，公元前二○九年）

夏，四月，二世至咸阳，谓赵高曰："夫人生居世间也，譬犹骋六骥过决隙也。吾既已临天下矣，欲悉耳目之所好，穷心志之所乐，以终吾年寿，可乎？"高曰："此贤主之所能行，而昏乱主之所禁也。虽然，有所未可。臣请言之：夫沙丘之谋，诸公子及大臣皆疑焉；而诸公子尽帝兄，大臣又先帝之所置也。今陛下初立，此其属意怏怏皆不服，恐为变。臣战战栗栗，唯恐不终，陛下安得为此乐乎！"二世曰："为之奈何？"赵高曰："陛下严法而刻刑，令有罪者相坐，诛灭大臣及宗室；然后收举遗民，贫者富之，贱者贵之。尽除去先帝之故臣，更置陛下之所亲信者，此则阴德归陛下，害除而奸谋塞，群臣莫不被润泽，蒙厚德，陛下则高枕肆志宠乐矣。计莫出于此。"二世然之。乃更为法律，务益刻深，大臣、诸公子有罪，辄下高令鞫治之。

于是公子十二人僇死咸阳市，十公主矺死于杜，财物入于县官，相连逮者不可胜数。

——《资治通鉴》卷第七【秦纪二】

【解题与点评】

公元前 210 年，秦始皇东巡，途中病死沙丘（今河北广宗西北）。临死时，书诏立长子扶苏为帝。秦王少子胡亥在宦官赵高和丞相李斯的阴谋策划下，矫诏杀死扶苏，篡夺了帝位。

一纸伪造的诏书，使得少子胡亥反客为主，长子扶苏等人不蒙其恩，反受其祸，大臣与诸公子等突然陷入无妄之灾，秦国局势一夜之间面貌全非。秦始皇明白公子之间会争权夺利，因此事先派遣扶苏镇守边疆以建军功，直到临死才拟下遗诏，但他未能想到诏书会被劫持、篡改；丞相李斯起初只能想到始皇出巡时死亡会引发诸公子骚乱，却未料到变乱正萌生于身边的公子；蒙恬能够分辨出遗诏出自朝内人的伪造，却不能预料对方的行动。王位继承制的隐患，朝廷与边将的矛盾，留守都城者与陪同出巡者的矛盾，此时交织在一起。不幸的是，奸臣赵高对这些矛盾更为敏感些。他看到扶苏执政后带来的威胁，明白胡亥继位后面临的国内压力，采取阴险狠毒的手段维护自己的私利，造成了宫闱相戮这一幕。

胡亥矫诏承袭帝位看似是种种偶然的契机造就的，其实却是一些必然的因素偶然地汇聚在一起的结果。秦朝二世而亡，这是秦始皇埋下的亡国祸根。秦始皇不思朝政，贸然远游，是其骄奢迷信、夸耀武功所致，此为秦国命运的第一险；秦始皇任用集阴险、奸诈、权术与恐怖于一身的宦官赵高，此是秦国命运第二险；秦始皇长年闭目塞听，断绝了众大臣的联系，以至于无人能在危难之际操持政务，此为秦国命运第三险；胡亥追求享乐，昏庸无能，此为秦国命运第四险。有此四险，一旦时机巧合，便会出现险情。胡亥袭位的变故归根究底在于秦始皇。明人李贽评得巧，他说此事是"祖龙种毒，久暂必发"。可怜秦始皇所挣得的伟业仅仅过了十五年就灰飞烟灭。

（二）吕后专政

（1）废立太子的风波

太祖高皇帝十年（甲辰，公元前一九七年）

定陶戚姬有宠于上，生赵王如意。上以太子仁弱，谓如意类己；虽封为赵王，常留之长安。上之关东，戚姬常从，日夜啼泣，欲立其子。吕后年长，常留守，益疏。上欲废太子而立赵王，大臣争之，皆莫能得。御史大夫周昌廷争之强，上问其说。昌为人吃，又盛怒，曰："臣口不能言，然臣期期知其不可！陛下欲废太子，臣期期不奉诏！"上欣然而笑。吕后侧耳于东厢听，既罢，见昌，为跪谢，曰："微君，太子几废！"

时赵王年十岁，上忧万岁之后不全也；符玺御史赵尧请为赵王置贵强相，及吕后、太子、群臣素所敬惮者。

太祖高皇帝十二年（丙午，公元前一九五年）

上从破黥布归，疾益甚，愈欲易太子。张良谏不听，因疾不视事。叔孙通谏曰："昔者晋献公以骊姬之故，废太子，立奚齐，晋国乱者数十年，为天下笑。秦以不蚤定扶苏，令赵高得以诈立胡亥，自使灭祀，此陛下所亲见。今太子仁孝，天下皆闻之。吕后与陛下攻苦食淡，其可背哉！陛下必欲废适而立少，臣愿先伏诛，以颈血污地！"帝曰："公罢矣，吾直戏耳！"叔孙通曰："太子，天下本，本一摇，天下振动；奈何以天下为戏乎！"时大臣固争者多；上知群臣心皆不附赵王，乃止不立。

太后令永巷囚戚夫人，髡钳，衣赭衣，令舂。遣使召赵王如意。使者三反，赵相周昌谓使者曰："高帝属臣赵王，赵王年少，窃闻太后怨戚夫人，欲召赵王并诛之，臣不敢遣王。王且亦病，不能奉诏。"太后怒，先使人召昌。昌至长安，乃使人复召赵王。王来，未到；帝知太后怒，自迎赵王霸上，与入宫，自挟与起居饮食。太后欲杀之，不得间。

孝惠皇帝元年（丁未，公元前一九四年）

冬，十二月，帝晨出射。赵王少，不能蚤起；太后使人持鸩饮之。犁明，帝还，赵王已死。太后遂断戚夫人手足，去眼，煇耳，饮喑药，使居厕中，命曰"人彘"。居数日，乃召帝观人彘。帝见，问知其戚夫人，乃大哭，因病，岁馀不能起。使人请太后曰："此非人所为。臣为太后子，终不能治天下。"帝以此日饮为淫乐，不听政。

孝惠高皇帝七年（癸丑，公元前一八八年）

初，吕太后命张皇后取他人子养之，而杀其母，以为太子。既葬，太子即皇帝位，年幼；太后临朝称制。

——《资治通鉴》卷第十二【汉纪四】

汉高祖皇后陵

【解题与点评】

汉高祖刘邦的结发妻子吕雉，在刘邦称帝后被封为皇后。吕后在刘邦生前就已露出野心，在刘邦死后更是大权独揽，为所欲为，为扫除异己做了许多令人发指的事。

刘邦死了，吕后秘不发丧，传说她事先在宫中伏下武士，需要清除的大臣们来一个杀一个，这样机密的大事，她就叫她的哥哥吕释之帮着亲信审食其一起来办。四天后，吕后见机密已经泄露，大臣们难以降伏，只得给汉高祖发丧，立太子刘盈为帝，这就是汉惠帝，她被惠帝尊为太后，由于惠帝年幼和懦弱，朝政仍掌握在吕雉手中。

吕雉对大臣们一时难以下手，但在宫中，她可以为所欲为。她一向忌妒刘邦宠爱的戚夫人和她的儿子赵王刘如意，她把戚夫人罚为奴隶，手下人就把戚夫人头发削去，宫装剥去，换上奴隶的衣服，叫她在黑屋子里舂米。戚夫人虽然出身民间，但从 18 岁嫁了逃难中的汉王刘邦，一向受到宠爱和娇惯，哪儿过得了奴隶的生活，她在舂米时，伤心地唱着一首舂米歌，思念她的儿子赵王如意。《舂米歌》是这样唱的："子为王，母为虏。终日舂薄暮，常与死为伍。相隔三千里，当使谁告汝！"意思是说：儿子为王，母亲却成了囚徒。整天舂米从早晨一直到日落，常常和死神为伍。母子分离相隔三千里，母亲的冤仇没办法派人告诉你！

吕雉知道了，恶狠狠地说："哼，难道还想依靠你的那个儿子吗？"她派人把赵王如意召到长安来，找机会害死了。

吕雉害死了赵王，又叫人把戚夫人的手足斩断，双眼弄瞎，耳朵熏聋，喉咙搞哑，把人搞成了猪的样子，取名"人彘"，丢到一个土坑里。她还特地叫惠帝去看"人彘"。惠帝开始认不出是什么物事，一问才知道是戚夫人，猛地吓了一大跳，不禁失声痛哭起来。回去后，他得了一场大病，派人告诉吕雉说："这不是人干得出来的事，往后你凡事请便吧！这个天下我无心治理了。"从此他过着混混沌沌的日子。

在吕雉临朝的八年里，吕姓子弟封王的就有一大批。吕后的所作所为，引起了朝野的不满，连她一手提拔出来的人中也有不满意的，这个人就是朱虚侯刘章。刘章在吕后死后联合其兄刘襄（刘邦的长孙）及大臣周勃和陈平铲除了吕后的亲信，拥戴刘邦的另一个儿子刘恒当了皇帝，他就是后来为汉朝的发展和繁荣作出很大贡献的汉文帝。戚夫人唱了一首《舂米歌》，而被折磨成人彘，但这首如泣如诉的《舂米歌》却流传下来，载入光辉的文学史册；而史书上吕太后除留下"残暴"恶名外，什么也没留下什么好名声。鲁迅曾经在一次演说中很直白地说：文学其实是最不中用的东西，是没有力量的人讲的话。有实力的人并不开口，就杀人，被压迫的人讲几句话，写几个字，就要被杀。并随手举了几个很生动的例子，说自然界老鹰捕雀，猫捉老鼠，不声不响的是老鹰和猫，吱吱叫喊的是雀和老鼠，结局是什么呢，就是会叫的被不会叫的吃掉。

（2）诸吕封王

高皇后元年（甲寅，公元前一八七年）

冬，太后议欲立诸吕为王，问右丞相陵。陵曰："高帝刑白马盟曰：'非刘氏而王，天下共击之。'今王吕氏，非约也。"太后不说，问左丞相平、太尉勃，对曰："高帝定天下，王子弟；今太后称制，王诸吕，无所不可。"太后喜，罢朝。王陵让陈平、绛侯曰："始与高帝喋血盟，诸君不在邪？今高帝崩，太后女主，欲王吕氏；诸君纵欲阿意背约，何面目见高帝于地下乎？"陈平、降侯曰："于今，面折廷争，臣不如君；全社稷，定刘氏之后，君亦不如臣。"陵无以应之。十一月，甲子，太后以王陵为帝太傅，实夺之相权。陵遂病免归。

乃以左丞相平为右丞相，以辟阳侯审食其为左丞相，不治事，令监宫中，如郎中令。食其故得幸于太后，公卿皆因而决事。

太后怨赵尧为赵隐王谋，乃抵尧罪。上党守任敖尝为沛狱吏，有德于太后，乃以为御史大夫。太后又追尊其父临泗侯吕公为宣王，兄周吕令武侯泽为悼武王，欲以王诸吕为渐。

高皇后四年（丁巳，公元前一八四年）

少帝浸长，自知非皇后子，乃出言曰："后安能杀吾母而名我！我壮，即为变！"太后闻之，幽之永巷中，言帝病，左右莫得见。太后语群臣曰："今皇帝病久不已，失惑昏乱，不能继嗣治天下；其代之。"群臣皆顿首言："皇太后为天下齐民计，所以安宗庙、社稷甚深。群臣顿首奉诏。"遂废帝，幽杀之。五月，丙辰，立恒山王义为帝，更名曰弘，不称元年，以太后制天下事故也。以轵侯朝为恒山王。

高皇后七年（庚申，公元前一八一年）

是时，诸吕擅权用事。硃虚侯章，年二十，有气力，忿刘氏不得职。尝入侍太后燕饮，太后令章为酒吏。章自请曰："臣将种也，请得以军法行酒。"太后曰："可。"酒酣，章请为《耕田歌》，太后许之。章曰："深耕穊种，立苗欲疏；非其种者，锄而去之！"太后默然。顷之，诸吕有一人醉，亡酒，章追，拔剑斩之而还，报曰："有亡酒一人，臣谨行法斩之！"太后左右皆大惊，业已许其军法，无以罪也，因罢。自是之后，诸吕惮硃虚侯，虽大臣皆依硃虚侯，刘氏为益强。

陈平患诸吕，力不能制，恐祸及己。尝燕居深念，陆贾往，直入坐，而陈丞相不见。陆生曰："何念之深也！"陈平曰："生揣我何念？"陆生曰："足下极富贵，无欲矣；然有忧念，不过患诸吕、少主耳。"陈平曰："然！为之奈何？"陆生曰："天下安，注意相；天下危，注意将。将相和调，则士豫附；天下虽有变，权不分。为社稷计，在两君掌握耳。臣常欲谓太尉绛侯，绛侯与我戏，易吾言。君何不交欢太尉，深相结？"因为陈平画吕氏数事。陈平用其计，乃以五百金为绛侯寿，厚具乐饮；太尉报亦如之。两人深相结，吕氏诸益衰。陈平以奴婢百人、车马五十乘、钱五百万遗陆生为饮食费。

高皇后八年（辛酉，公元前一八零年）

秋，七月，太后病甚，乃令赵王禄为上将军，居北军；吕王产居南军。太后诫产、禄曰："吕氏之王，大臣弗平。我即崩，帝年少，大臣恐为变。必据兵卫宫，慎毋送丧，为人所制！"辛巳，太后崩，遗诏：大赦天下，以吕王产为相国，以吕禄女为帝后。高后已葬，以左丞相审食其为帝太傅。

——《资治通鉴》卷第十三【汉纪五】

【解题与点评】

汉惠帝为人仁柔，不满吕后所作所为，弃理朝政，这正合吕后心意，吕后乘机执掌大权。惠帝七年（前188年），汉惠帝刘盈忧郁病死后，吕后"临朝称制"，掌握朝政大权八年，成为中国皇朝历史上第一个独揽国家大权的女人。公元前180年，吕后去世，享年62岁。她死后，太尉周勃和丞相陈平联合刘邦的旧臣，杀掉相国吕产、上将军吕禄，灭吕氏家族，恢复了刘氏政权。吕氏临朝称制后，大封吕氏家族许多人为王，又极力打压刘氏家族，并放任诸吕擅权用事。吕后为人虽然残忍，但在她专权期间，继续执行汉高祖以来与民休息的政策，奖励农耕，废除夷三族罪和妖言令等苛法；对外通过和亲保持和匈奴的和平，因此人民生活比较安定，残破的社会经济也得以恢复，为汉初经济社会的发展作出了一定贡献。

（3）铲除吕氏

高皇后八年（辛酉，公元前一八〇年）

诸吕欲为乱，畏大臣绛、灌等，未敢发。朱虚侯以吕禄女为妇，故知其谋，乃阴令人告其兄齐王，欲令发兵西，朱虚侯、东牟侯为内应，以诛诸吕，立齐王为帝。齐王乃与其舅驷钧、郎中令祝午、中尉魏勃阴谋发兵。齐相召平弗听。八月，丙午，齐王欲使人诛相。相闻之，乃发卒卫王宫。魏勃绐召平曰："王欲发兵，非有汉虎符验也。而相君围王固善，勃请为君将兵卫王。"召平信之。勃既将兵，遂围相府，召平自杀。于是齐王以驷钧为相，魏勃为将军，祝午为内史，悉发国中兵。

使祝午东诈琅邪王曰："吕氏作乱，齐王发兵欲西诛之。齐王自以年少，不习兵革之事，愿举国委大王。大王，自高帝将也。请大王幸之临菑，见齐王计事。"琅邪王信之，西驰见齐王。齐王因留琅邪王，而使祝午尽发琅邪国兵，并将之。琅邪王说齐王曰："大王，高皇帝適长孙也，当立。今诸大臣狐疑未有所定，而泽于刘氏最为长年，大臣固待泽决计。今大王留臣，无为也，不如使我入关计事。"齐王以为然，乃益具车送琅邪王。琅邪王既行，齐遂举兵西攻济南。遗诸侯王书，陈诸吕之罪，欲举兵诛之。

相国吕产等闻之，乃遣颍阴侯灌婴将兵击之。灌婴至荥阳，谋曰："诸吕拥兵关中，欲危刘氏而自立。今我破齐还报，此益吕氏之资也。"乃留屯荣阳，使使谕齐王及诸侯与连和，以待吕氏变，共诛之。齐王闻之，乃还兵西界待约。

吕禄、吕产欲作乱，内惮绛侯、硃虚等，外畏齐、楚兵，又恐灌婴畔之。欲待灌婴兵与齐合而发，犹豫未决。

当是时，济川王太、淮阳王武、常山王朝及鲁王张偃皆年少，未之国，居长安；赵王禄、梁王产各将兵居南、北军。皆吕氏之人也。列侯群臣莫自坚其命。

太尉绛侯勃不得主兵。曲周侯郦商老病，其子寄与吕禄善。绛侯乃与丞相陈平谋，使人劫郦商，令其子寄往绐说吕禄曰："高帝与吕后共定天下，刘氏所立九王，吕氏所立三王，皆大臣之议，事已布告诸侯，皆以为宜。今太后崩，帝少，而足下佩赵王印，不急之国守藩，乃为上将，将兵留此，为大臣诸侯所疑。足下何不归将印，以兵属太尉，请梁王归相国印，与大臣盟而之国。齐兵必罢，大臣得安，足下高枕而王千里，此万世之利也。"吕禄信然其计，欲以兵属太尉。使人报吕产及诸吕老人，或以为便，或曰不便，计犹豫未有所决。

吕禄信郦寄，时与出游猎，过其姑吕嬃。嬃大怒曰："若为将而弃军，吕氏今无处矣！"乃悉出珠玉、宝器散堂下，曰："毋为他人守也！"

九月，庚申旦，平阳侯窋行御史大夫事，见相国产计事。郎中令贾寿使从齐来，因数产曰："王不早之国，今虽欲行，尚可得邪！"具以灌婴与齐、楚合从欲诛诸吕告产，且趣产急入宫。平阳侯颇闻其语，驰告丞相、太尉。

太尉欲入北军，不得入。襄平侯纪通尚符节，乃令持节矫内太尉北军。太尉复令郦寄与典客刘揭先说吕禄曰："帝使太尉守北军，欲足下之国。急归将印辞去。不然，祸且起。"吕禄以为郦况不欺己，遂解印属典客，而以兵授太尉。太尉至军，吕禄已去。太尉入军门，行令军中曰："为吕氏右袒，为刘氏左袒！"军中皆左袒，太尉遂将北军。然尚有南军。丞相平乃召硃虚侯章佐太尉，太尉令硃虚侯监军门，令平阳侯告卫尉："毋入相国产殿门。"

吕产不知吕禄已去北军，乃入未央宫，欲为乱。至殿门，弗得入，徘徊往来。平阳侯恐弗胜，驰语太尉。太尉尚恐不胜诸吕，未敢公言诛之，乃谓朱虚侯曰："急入宫卫帝！"朱虚侯请卒，太尉予卒千馀人。入未央宫门，见产廷中。日餔时，遂击产，产走。天风大起，以故其从官乱，莫敢斗，逐产，杀之郎中府吏厕中。朱虚侯已杀产，帝命谒者持节劳朱虚侯。朱虚侯欲夺其节，谒者不肯。朱虚侯则从与载，因节信驰走，斩长乐卫尉吕更始。还，驰入北军报太尉。太尉起，拜贺朱虚侯曰："所患独吕产。今已诛，天下定矣！"遂遣人分部悉捕诸吕男女，无少长皆斩之。辛酉，捕斩吕禄而笞杀吕嬃，使人诛燕王吕通而废鲁王张偃。戊辰，徙济川王王梁。遣朱虚侯章以诛诸吕事告齐王，令罢兵。灌婴在荥阳，闻魏勃本教齐王举兵，使使召魏勃至，责问之。勃曰："失火之家，岂暇先言丈人而后救火乎！"因退立，股战而栗，恐不能言者，终无他语。灌将军熟视笑曰："人谓魏勃勇，妄庸人耳，何能为乎！"乃罢魏勃。灌婴兵亦罢荥阳归。

——《资治通鉴》卷第十三【汉纪五】

【解题与点评】

公元前 180 年，吕后病死，陈平、周勃借机发难，铲除吕氏，扶助汉室。吕后多谋而果断，是汉高祖刘邦的得力内助。汉朝建立后，吕后曾经协助刘邦剪除异姓诸侯王，她处死了韩信，力促刘邦夷灭彭越宗族。汉惠帝死后，吕后临朝称制八年，分封诸吕，纵容诸吕用事。吕后病死后，诸吕势力才被瓦解。

吕后与刘邦同甘共苦，创建天下，为防止遭受被抛弃的威胁，她怎能不起意谋杀戚姬和她的儿子赵王如意？吕后有一太子过于仁厚懦弱，不知宫内斗争险恶，令人担忧，她又怎能不心狠手辣、铲除后患？丈夫离世，儿子不堪依靠，在排斥女性的封建社会里，她只有求助于国戚，而周围臣属对于既已形成的吕氏政权又寻机颠覆，她怎能不赋予诸吕特权？何况吕后十分懂得政治斗争中的利害，自己也并非柔弱无能，怎能不奋力一拼？但她实际上注定要失败。当时封建社会早期，还是军功地主的天下，这些军功地主与刘氏、吕氏共同夺得天下，怎甘心俯首一个女性政权。吕后不像武则天那样幸运，找不到一个可以联合的官僚阶层。而且，吕后并不善于经营政治，而武则天要成熟得多。

吕后专政虽然迫于一定的情势，但她却为西汉乃至两汉留下了"母党专政""权在外家"的恶例。两汉政治的一大顽症，即外戚擅权。在西汉之初，即有吕氏临朝称制及诸吕乱政，景帝时有窦婴，武帝时的田蚡、卫青、霍去病，昭帝时的霍光，均是外戚而位隆权重。霍光执政近二十年，飞扬跋扈，使得汉宣帝常常觉得"如芒在背"。霍光死后，汉宣帝借祖母家史氏、皇后家许氏除掉了霍氏家族势力，但又倚重史氏、许氏两家以及母后王家、继后王家，开始了外戚持续干政之祸。后来元帝皇后王家，哀帝祖母傅家、母丁家，均为西汉末期炙手可热的势力，西汉终亡于外戚之手。而到了东汉时期，多女主临朝，更是用其父兄子弟，以寄腹心，外戚权势更盛。

（三）萁豆相煎

孝献皇帝建安二十二年（丁酉，公元二一七年）

初，魏王操娶丁夫人，无子；妾刘氏，生子昂；卞氏生四子：丕、彰、植、熊。王使丁夫人母养昂。昂死于穰，丁夫人哭泣无节，操怒而出之，以卞氏为继室。植性机警，多艺能，才藻敏赡，操爱之。操欲以女妻丁仪，丕以仪目眇，谏止之。仪由是怨丕，与弟黄门侍郎廙及丞相主簿杨修，数称临菑侯植之才，劝操立以为嗣。修，彪之子也。操以函密访于外，尚书崔琰露板答曰："《春秋》之义，立子以长。加五官将仁孝聪明，宜承正统，琰以死守之。"植，琰之兄女婿也。尚书仆射毛玠曰："近者袁绍以嫡庶不分，覆宗灭国。废立大事，非所宜闻。"东曹掾邢颙曰："以庶代宗，先世之戒也，愿殿下深察之。"

丕使人问太中大夫贾诩以自固之术。诩曰："愿将军恢崇德度，躬素士之业，朝夕孜孜，不违子道，如此而已。"丕从之，深自砥砺。它日，操屏人问诩，诩嘿然不对。操曰："与卿言，而不答，何也？"诩曰："属有所思，故不即对耳。"操曰："何思?"诩曰："思袁本初、刘景升父子也。"操大笑。

操尝出征，丕、植并送路侧，植称述功德，发言有章，左右属目，操亦悦焉。丕怅然自失，济阴吴质耳语曰："王当行，流涕可也。"及辞，丕涕泣而拜，操及左右咸欷歔，于是皆以植多华辞而诚心不及也。植既任性而行，不自雕饰，五官将御之以术，矫情自饰，宫人左右并为之称说，故遂定为太子。左右长御贺卞夫人曰："将军拜太子，天下莫不喜，夫人当倾府藏以赏赐。"夫人曰："王自以丕年大，故用为嗣。我但当以免无教导之过为幸耳，亦何为当重赐遗乎?"长御还，具以语操，操悦，曰："怒不变容，喜不失节，故最为难。"

太子抱议郎辛毗颈而言曰："辛君知我喜不?"毗以告其女宪英，宪英叹曰："太子，代君主宗庙、社稷者也。代君，不可以不戚；主国，不可以不惧。宜戚宜惧，而反以为喜，何以能久！魏其不昌乎！"

久之，临菑侯植乘车行驰道中，开司马门出。操大怒，公车令坐死。由是重诸侯科禁，而植宠日衰。植妻衣绣，操登台见之，以违制命，还家赐死。

孝献皇帝癸建安二十四年（己亥，公元二一九年）

初，丞相主簿杨修与丁仪兄弟谋立曹植为魏嗣。五官将丕患之，以车载废簏内朝歌长吴质，与之谋。修以白魏王操，操未及推验。丕惧，告质，质曰："无害也。"明日，复以簏载绢以入，修复白之，推验，无人；操由是疑焉。其后植以骄纵见疏，而植故连缀修不止，修亦不敢自绝。每当就植，虑事有阙，忖度操意，豫作答教十馀条，敕门下，"教出，随所问答之"，于是教裁出，答已入；操怪其捷，推问，始泄。操亦以修袁术之甥，恶之，乃发修前后漏泄言教，交关诸侯，收杀之。

——《资治通鉴》卷第六十八【汉纪六十】

世祖文皇帝黄初元年（庚子，公元二二〇年）

王弟鄢陵侯彰等皆就国。临菑临国谒者灌均，希指奏："临菑侯植醉酒悖慢，劫胁使者。"王贬植为安乡侯，诛右刺奸掾沛国丁仪及弟黄门侍郎廙并其男口，皆植之党也。

——《资治通鉴》卷第六十九【魏纪一】

【解题与点评】

曹植是建安文学史上的重要人物，谢灵运就极为佩服他，说："天下才有一石，曹子建独得八斗，我得一斗，天下共分一斗。"

曹植一生，作为一个文人，是成功了。但他在政治上始终郁郁不得志，兄长文帝曹丕、侄儿明帝曹叡都很猜忌他。他只好在诗词中发泄不满，终日过着郁闷、困顿的生活。

曹植的名篇《洛神赋》，对后世影响很大。有人说是借与洛神恋爱的故事，来寄寓报国无门的心情。也有人说是思念兄长曹丕之妻——甄氏。当时曹植受迫害甚深，应该早已心灰意冷，更多的是悲愤和无奈。太子的位置被兄长占了，自己的亲信好友丁氏兄弟被杀了，连自己所爱的人也已嫁作他人妇。这种情况下，苏东坡也会吟"人生如梦"的，更何况曹植呢？

魏武帝曹操共有五子，其中曹丕与曹植最为出众，因此成为立嗣的主要人选。曹丕工于心计，曹植才华出众，二人各有所长，并各自拥有自己的势力，彼此展开了一场无所不在的竞争。最后，由于曹植行为放荡，且不谙政治之道，而被曹操放弃。曹丕继位后，仍对曹植十分猜忌，想找个机会杀害他。于是命令曹植在七步之内作诗一首，曹植七步未走完便吟出："煮豆燃豆萁，豆在釜中泣。本是同根生，相煎何太急。"这便是著名的《七步诗》。曹植才艺惊人，曹丕只好作罢。曹植曾屡次上书皇帝，盼望骨肉和谐团圆，并表示"愿为西南风，长逝入君怀"，希望能

曹植七步成诗

在他们的身边效力。可是终曹植一生，只能长年淹留外藩，郁郁而终。

　　曹氏父子三人因在文学上的成就而享有盛名。论文学，曹丕不如曹植；但论政治，曹植逊于曹丕。曹操起初喜爱文思敏捷的曹植，并一度想立其为世子；后见他率性不拘礼节，反倒是曹丕更能体会为政之道，终立曹丕，曹操不愧是一位杰出的政治家。

（四）玄武门之变

高祖神尧大圣光孝皇帝武德九年（丙戌，公元六二六年）

　　建成、元吉与后宫日夜谮诉世民于上，上信之，将罪世民。陈叔达谏曰："秦王有大功于天下，不可黜也。且性刚烈，若加挫抑，恐不胜忧愤，或有不测之疾，陛下悔之何及！"上乃止。元吉密请杀秦王，上曰："彼有定天下之功，罪状未著，何以为辞！"元吉曰："秦王初平东都，顾望不还，散钱帛以树私恩，又违敕命，非反而何！但应速杀，何患无辞！"上不应。

　　……

　　会突厥郁射设将数万骑屯河南，入塞，围乌城，建成荐元吉代世民督诸军北征；上从之，命元吉督右武卫大将军李艺、天纪将军张瑾等救乌城。元吉请尉迟敬德、程知节、段志玄及秦府右三统军秦叔宝等与之偕行，简阅秦王帐下精锐之士以益元吉军。率更丞王晊密告世民曰："太子语齐王：'今汝得秦王骁将精兵，拥数万之众，吾与秦王饯汝于昆明池，使壮士拉杀之于幕下，奏云暴卒，主上宜无不信。吾当使人进说，令授吾国事。敬德等既入汝手，宜悉坑之，孰敢不服！'"世民以晊言告长孙无忌等，无忌等劝世民先事图之。世民叹曰："骨肉相残，古今大恶。吾诚知祸在朝夕，欲俟其发，然后以义讨之，不亦可乎！"敬德曰："人情谁不爱其死！今众人以死奉王，乃天授也。祸机垂发，而王犹晏然不以为忧，大王纵自轻，如宗庙社稷何！大王不用敬德之言，敬德将窜身草泽，不能留居大王左右，交手受戮也！"无忌曰："不从敬德之言，事今败矣。敬德等必不为王有，无忌亦当相随而去，不能复事大王矣！"世民曰："吾所言亦未可全弃，公更图之。"敬德曰："王今处事有疑，非智也；临难不决，非勇也。且大王素所畜养勇士八百馀人，在外者今已入宫，擐甲执兵，事势已成，大王安得已乎！"

世民访之府僚，皆曰："齐王凶戾，终不肯事其兄。比闻护军薛实尝谓齐王曰：'大王之名，合之成"唐"字，大王终主唐祀。'齐王喜曰：'但除秦王，取东宫如反掌耳。'彼与太子谋乱未成，已有取太子之心。乱心无厌，何所不为！若使二人得志，恐天下非复唐有。以大王之贤，取二人如拾地芥耳，奈何徇匹夫之节，忘社稷之计乎！"世民犹未决，众曰："大王以舜为何如人？"曰："圣人也。"众曰："使舜浚井不出，则为井中之泥；涂廪不下，则为廪上之灰，安能泽被天下，法施后世乎！是以小杖则受，大杖则走，盖所存者大故也。"世民命卜之，幕僚张公谨自外来，取龟投地，曰："卜以决疑；今事在不疑，尚何卜乎！卜而不吉，庸得已乎！"于是定计。

世民令无忌密召房玄龄等，曰："敕旨不听复事王；今若私谒，必坐死，不敢奉教。"世民怒，谓敬德曰："玄龄、如晦岂叛我邪！"取所佩刀授敬德曰："公往观之，若无来心，可断其首以来。"敬德往，与无忌共谕之曰："王已决计，公宜速入共谋之。吾属四人，不可群行道中。"乃令玄龄、如晦著道士服，与无忌俱入，敬德自它道亦至。

己未，太白复经天。傅奕密奏："太白见秦分，秦王当有天下。"上以其状授世民。于是世民密奏建成、元吉淫乱后宫，且曰："臣于兄弟无丝毫负，今欲杀臣，似为世充、建德报仇。臣今枉死，永违君亲，魂归地下，实耻见诸贼！"上省之，愕然，报曰："明当鞫问，汝宜早参。"

庚申，世民帅长孙无忌等入，伏兵于玄武门。张婕妤窃知世民表意，驰语建成。建成召元吉谋之，元吉曰："宜勒宫府兵，托疾不朝，以观形势。"建成曰："兵备已严，当与弟入参，自问消息。"乃俱入，趣玄武门。上时已召裴寂、萧瑀、陈叔达等，欲按其事。

建成、元吉至临湖殿，觉变，即跋马东归宫府。世民从而呼之，元吉张弓射世民，再三不彀，世民射建成，杀之。尉迟敬德将七十骑继至，左右射元吉坠马。世民马逸入林下，为木枝所絓，坠不能起。元吉遽至，夺弓将扼之，敬德跃马叱之。元吉步欲趣武德殿，敬德追射，杀之。翊卫车骑将军冯翊冯立闻建成死，叹曰："岂有生受其恩，而死逃其难乎！"乃与副护军薛万彻、屈咥直府左车骑万年谢叔方帅东宫、齐府精兵二千驰趣玄武门。张公谨多力，独闭关以拒之，不得入。云麾将军敬君弘掌宿卫后，屯玄武门，挺身出战，所亲止之曰："事未可知，且徐观变，俟兵集，成列而战，未晚也。"君弘不从，与中郎将吕世衡大呼而进，皆死之。君弘，显俊之曾孙也。守门兵与万彻等力战良久，万彻鼓噪欲攻秦府，将士大惧；尉迟敬德持建成、元吉首示之，宫府兵遂溃，万彻与数十骑亡入终南山。冯立既杀敬君弘，谓其徒曰："亦足以少报太子矣！"遂解兵，逃于野。

上方泛舟海池，世民使尉迟敬德入宿卫，敬德擐甲持矛，直至上所。上大惊，问曰："今日乱者谁邪？卿来此何为？"对曰："秦王以太子、齐王作乱，举兵诛之，恐惊动陛下，遣臣宿卫。"上谓裴寂等曰："不图今日乃见此事，当如之何？"萧瑀、陈叔达曰："建成、元吉本不预义谋，又无功于天下，疾秦王功高望重，共为奸谋。今秦王已讨而诛之，秦王功盖宇宙，率土归心，陛下若处以元良，委之国务，无复事矣。"上曰："善！此吾之夙心也。"时宿卫及秦府兵与二宫左右战犹未已，敬德请降手敕，令诸军并受秦王处分，上从之。天策府司马宇文士及自东上阁门出宣敕，众然后定。上又使黄门侍郎裴矩至东宫晓谕诸将卒，皆罢散。上乃召世民，抚之曰："近日以来，几有投杼之惑。"世民跪而吮上乳，号恸久之。

……

癸亥，立世民为皇太子。又诏："自今军国庶事，无大小悉委太子处决，然后闻奏。"

——《资治通鉴》卷第一百九十一【唐纪七】

玄武门

【解题与点评】

唐朝建立后，唐高祖李渊的几个儿子为争夺皇位而明争暗斗。李世民是李渊的次子，他不仅骁勇善战，而且深谙兵书，长于谋略，为唐朝的建立立下了卓越战功。但李世民与日俱增的声望和实力对其兄皇太子李建成造成了威胁，李建成为此十分不满。李渊的四子齐王李元吉对皇位也生觊觎之心，他虽身处劣势，但很狡猾。李建成和李元吉结成了暂时的同盟，在李元吉的策划下，曾几次试图谋杀害李世民，均未得逞。李渊对儿子们之间的争斗未能及时作出妥善处理，以致发生了玄武门的流血政变。公元626年，屡遭太子建成和齐王元吉陷害的秦王李世民，先发制人，在玄武门设下伏兵射杀二人，逼迫李渊退位，继承了大统。

玄武门之变看似骨肉相残，却无法以此来指责发动兵变的李世民。李世民的处境就是不是人图我，便须我图人。他的人气蒸蒸日上，不容得他退避三舍。因此只能主动出击，反客为主。历史不能假设，我们无法预料假如李建成等赢得这场兵变，唐朝历史会是什么样子。但我们看到，幸而李世民玄武兵变成功，唐朝出现了这样一位英明的皇帝，唐朝因此避免了更多的骨肉残杀，中国也迎来一个圣明之世——贞观之治。

（五）政归武氏

（1）夺取皇后之位
高宗天皇大圣大弘孝皇帝永徽五年（甲寅，公元六五四年）

初，王皇后无子，萧淑妃有宠，王后疾之。上之为太子也，入侍太宗，见才人武氏而悦之。太宗崩，武氏随众感业寺为尼。忌日，上诣寺行香，见之，武氏泣，上亦泣。王后闻之，阴令武氏长发，劝上内之后宫，欲以间淑妃之宠。武氏巧慧，多权数，初入宫，卑辞屈体以事后。后爱之，数称其美于上。未几大幸，拜为昭仪，后及淑妃宠皆衰，更相与共谮之，上皆不纳。昭仪欲追赠其父而无名，故托以褒赏功臣，遍赠屈突通等，而武士彟预焉。

　　……

后宠虽衰，然上未有意废也。会昭仪生女，后怜而弄之，后出，昭仪潜扼杀之，覆之以被。上至，昭仪阳欢笑，发被观之，女已死矣，即惊啼。问左右，左右皆曰："皇后适来此。"上大怒曰："后杀吾女！"昭仪因泣诉其罪。后无以自明，上由是有废立之志。又畏大臣不从，乃与昭仪幸太尉长孙无忌第，酣饮极欢，席上拜无忌宠姬子三人皆为朝散大夫，仍载金宝缯锦十车以赐无忌。上因从容言皇后无子以讽无忌，无忌对以他语，竟不顺旨，上及昭仪皆不悦而罢。昭仪又令母杨氏诣无忌第，屡有祈请，无忌终不许。礼部尚书许敬宗亦数劝无忌，无忌厉色折之。

高宗天皇大圣大弘孝皇帝永徽六年（乙卯，公元六五五年）

上一日退朝，召长孙无忌、李𪟝、于志宁、褚遂良入内殿。遂良曰："今日之召，多为中宫，上意既决，逆之必死。太尉元舅，司空功臣，不可使上有杀元舅及功臣之名。遂良起于草茅，无汗马之劳，致位至此，且受顾托，不以死争之，何以下见先帝！"𪟝称疾不入。无忌等至内殿，上顾谓无忌曰："皇后无子，武昭仪有子，今欲立昭仪为后，何如？"遂良对曰："皇后名家，先帝为陛下所娶。先帝临崩，执陛下手谓臣曰：'朕佳儿佳妇，今以付卿。'此陛下所闻，言犹在耳。皇后未闻有过，岂可轻废！臣不敢曲从陛下，上违先帝之命！"上不悦而罢。明日又言之，遂良曰："陛下必欲易皇后，伏请妙择天下令族，何必武氏！武氏经事先帝，众所共知，天下耳目，安可蔽也。万代之后，谓陛下为如何！愿留三思！臣今忤陛下，罪当死！"因置笏于殿阶，解巾叩头流血曰："还陛下笏，乞放归田里。"上大怒，命引出。昭仪在帘中大言曰："何不扑杀此獠！"无忌曰："遂良受先朝顾命，有罪不可加刑！"于志宁不敢言。

韩瑗因间奏事，涕泣极谏，上不纳。明日又谏，悲不自胜，上命引出。瑗又上疏谏曰："匹夫匹妇，犹相选择，况天子乎！皇后母仪万国，善恶由之，故嫫母辅佐黄帝，妲己倾覆殷王，《诗》云：'赫赫宗周，褒姒灭之。'每览前古，常兴叹息，不谓今日尘黩圣代。作而不法，后嗣何观！愿陛下详之，无为后人所笑！使臣有以益国，菹醢之戮，臣之分也！昔吴王不用子胥之言而麋鹿游于姑苏。臣恐海内失望，棘荆生于阙庭，宗庙不血食，期有日矣！"来济上表谏曰："王者立后，上法乾坤，必择礼教名家，幽闲令淑，副四海之望，称神祇之意。是故周文造舟以迎太姒，而兴《关雎》之化，百姓蒙祉；孝成纵欲，以婢为后，使皇统亡绝，社稷倾沦。有周之隆既如彼，大汉之祸又如此，惟陛下详察！"上皆不纳。

它日，李勣入见，上问之曰："朕欲立武昭仪为后，遂良固执以为不可。遂良既顾命大臣，事当且已乎？"对曰："此陛下家事，何必更问外人！"上意遂决。许敬宗宣言于朝曰："田舍翁多收十斛麦，尚欲易妇；况天子欲立一后，何豫诸人事而妄生异议乎！"昭仪令左右以闻。庚午，贬遂良为潭州都督。

——《资治通鉴》卷第一百九十九【唐纪十五】

高宗天皇大圣大弘孝皇帝永徽六年（乙卯，公元六五五年）

十一月，丁卯朔，临轩命司空李勣赍玺绶册皇后武氏。是日，百官朝皇后于肃义门。

故后王氏、故淑妃萧氏，并囚于别院，上尝念之，间行至其所，见其室封闭极密，惟窍壁以通食器，恻然伤之，呼曰："皇后、淑妃安在？"王氏泣对曰："妾等得罪为宫婢，何得更有尊称！"又曰："至尊若念畴昔，使妾等再见日月，乞名此院为回心院。"上曰："朕即有处置。"武后闻之，大怒，遣人杖王氏及萧氏各一百，断去手足，捉酒甕中，曰："令二妪骨醉！"数日而死，又斩之。王氏初闻宣敕，再拜曰："愿大家万岁！昭仪承恩，死自吾分。"淑妃骂曰："阿武妖猾，乃至于此！愿他生我为猫，阿武为鼠，生生扼其喉。"由是宫中不畜猫。寻又改王氏姓为蟒氏，萧氏为枭氏。武后数见王、萧为祟，被发沥血如死时状。后徙居蓬莱宫，复见之，故多在洛阳，终身不归长安。

——《资治通鉴》卷第二百【唐纪十六】

唐高宗与武则天合葬陵——乾陵

【解题与点评】

　　至今中国有两块著名的无字碑，一块是汉武帝在泰山立的，他到泰山封禅，登上山顶，认为泰山太伟大了，置于齐鲁平原中，是"蔑矣！尽矣！无以加矣！"怎么说都无法形容了，于是立一块无字碑。另一块就是武则天在自己的陵墓前立的，是一块完整的高达七米的大石头，关于她立这碑的目的她自己没有说明，后人猜测，一者认为是她觉得自己功劳太大，难以表达；一种认为是她知道自己死后一定会引起沸沸扬扬的议论，她任由你们评说。

　　武则天（624—705 年），并州文水（今山西文水县）人，唐初工部尚书武士彟的女儿。武士彟先是经营木材运销致富，后来做了隋朝的鹰扬府队正，唐高祖李渊在汾、晋一带行军的时候，经常到武家落脚，后来唐朝统一天下，到李世民继位后，武士彟累官已至工部尚书、荆州都督，封应国公。其生母是陇右大士族、隋朝宰相、遂宁公杨达之女。武则天是中国历史上唯一的女皇帝，是中国历史上杰出的女人，她的工谗善媚手段罕有其匹，诚如骆宾王在《讨武曌檄》中所说："入门见妒，蛾眉不肯让人；掩袖工谗，狐媚偏能惑主。"而她宰制天下的魄力和气概更是前无古人，后无来者。史家本着"不没其实"的原则，为她撰写只有皇帝才能享受的本纪，对她的一生作出客观的评价："坐制群生之命，肆行不义之威，振喉绝襁褓之儿，菹醢醉椒涂之骨，其不道也盛矣！然犹泛延谠论，时礼正人，遵时宪而抑幸臣，听忠言而诛酷吏，有旨哉！有旨哉！"

唐太宗辉煌的"贞观之治"笼罩着武则天幸福的童年，她属于那种早熟的女孩，年方 14 岁便已呈现出女性"花解语、玉生香"的艳丽风情。就在这一年，她成了唐太宗的"才人"。

唐太宗的贤妻长孙皇后在武则天 14 岁这一年谢世。唐太宗十分怀念她，曾在宫中筑一土台，天天站到上面眺望她的坟墓，连朝政都有些不理，著名的敢讲直话的大臣魏征来到宫中，唐太宗请他也到台上去看一看亡妻的坟墓，魏征告诉唐太宗，他只看见了唐高祖李渊的坟墓。魏征的话使唐太宗不再去望亡妻的坟墓了，但并没有排解心中的愁苦，看到过去的六宫粉黛，兴味索然，于是就有拍马屁的大臣建议唐太宗在天下再一次选美。历朝皇帝的选美都把天下闹得鸡飞狗跳，这一次虽然也不例外，因郑仁基的女儿闹得风大、雨大，迫使唐太宗停止了这次选美活动，但武则天却由此而选入后宫。

（2）剪除旧臣

高宗天皇大圣大弘孝皇帝显庆元年（丙辰，公元六五六年）

春，正月，辛未，以皇太子忠为梁王、梁州刺史，立皇后子代王弘为皇太子，生四年矣。忠既废，官属皆惧罪亡匿，无敢见者；右庶子李安仁独候忠，泣涕拜辞而去。安仁，纲之孙也。

高宗天皇大圣大弘孝皇帝显庆二年（丁巳，公元六五七年）

许敬宗、李义府希皇后旨，诬奏侍中韩瑗、中书令来济与褚遂良潜谋不轨，以桂州用武之地，授遂良桂州都督，欲以为外援。八月，丁卯，瑗坐贬振州刺史，济贬台州刺史，终身不听朝觐。又贬褚遂良为爱州刺史，荣州刺史柳奭为象州刺史。

遂良至爱州，上表自陈："往者濮王、承乾交争之际，臣不顾死亡，归心陛下。时岑文本、刘洎奏称'承乾恶状已彰，身在别所，其于东宫，不可少时虚旷，请且遣濮王往居东宫。'臣又抗言固争，皆陛下所见。卒与无忌等四人共定大策。及先朝大渐，独臣与无忌同受遗诏。陛下在草土之辰，不胜哀恸，臣以社稷宽譬，陛下手抱臣颈。臣与无忌区处众事，咸无废阙，数日之间，内外宁谧。力小任重，动罹愆过，蝼蚁馀齿，乞陛下哀怜。"表奏，不省。

高宗天皇大圣大弘孝皇帝显庆四年（己未，公元六五九年）

武后以太尉赵公长孙无忌受重赐而不助己，深怨之。及议废王后，燕公于志宁中立不言，武后亦不悦。许敬宗屡以利害说无忌，无忌每面折之，敬宗亦怨。武后既立，无忌内不自安，后令敬宗伺其隙而陷之。

会洛阳人李奉节告太子洗马韦季方、监察御史李巢朋党事，敕敬宗与辛茂将鞫之。敬宗按之急，季方自刺，不死，敬宗因诬奏季方欲与无忌构陷忠臣近戚，使权归无忌，伺隙谋反，今事觉，故自杀。上惊曰："岂有此邪！舅为小人所间，小生疑阻则有之，何至于反！"敬宗曰："臣始末推究，反状已露，陛下犹以为疑，恐非社稷之福。"上泣曰："我家不幸，亲戚间屡有异志，往年高阳公主与房遗爱谋反，今元舅复然，使朕惭见天下之人。兹事若实，如之何？"对曰："遗爱乳臭儿，与一女子谋反，势何所成！无忌与先帝谋取天下，天下服其智；为宰相三十年，天下畏其威；若一旦窃发，陛下遣谁当之？今赖宗庙之灵，皇天疾恶，因按小事，乃得大奸，实天下之庆也。臣窃恐无忌知季方自刺，窘急发谋，攘袂一呼，同恶云集，必为宗庙之忧。臣昔见宇文化及父述为炀帝所亲任，结以昏姻，委以朝政；述卒，化及复典禁兵，一夕于江都作乱，先杀不附己者，臣家亦豫其祸，于是大臣苏威、裴矩之徒，皆舞蹈马首，唯恐不及，黎明遂倾隋室。前事不远，愿陛下速决之！"上命敬宗更加审察。明日，敬宗复奏曰："去夜季方已承与无忌同反，臣又问季方：'无忌与国至亲，累朝宠任，何恨而反？'季方答云：'韩瑗尝语无忌云："柳奭、褚遂良劝公立梁王为太子，今梁王既废，上亦疑公，故出高履行于外。"自此无忌忧恐，渐为自安之计。后见长孙祥又出，韩瑗得罪，日夜与季方等谋反。'臣参验辞状，咸相符合，请收捕准法。"上又泣曰:"舅若果尔,朕决不忍杀之;若果杀之,天下将谓朕何!后世将谓朕何!"敬宗对曰:"薄昭,汉文帝之舅也,文帝从代来,昭亦有功,所坐止于杀人,文帝遣百官素服哭而杀之,至今天下以文帝为明主。今无忌忘两朝之大恩,谋移社稷,其罪与薄昭不可同年而语也。幸而奸状自发,逆徒引服,陛下何疑,犹不早决!古人有言:'当断不断,反受其乱。'安危之机,间不容发。无忌今之奸雄,王莽、司马懿之流也;陛下少更迁延,臣恐变生肘腋,悔无及矣!"上以为然,竟不引问无忌。戊辰,下诏削无忌太尉及封邑,以为扬州都督,于黔州安置,准一品供给。祥,无忌之从父兄子也,前此自工部尚书出为荆州长史,故敬宗以此诬之。

乙卯,长孙氏、柳氏缘无忌、奭贬降者十三人。高履行贬永州刺史。于志宁贬荣州刺史,于氏贬者九人。自是政归中宫矣。

——《资治通鉴》卷第二百【唐纪十六】

【解题与点评】

武则天成为皇后以后,开始着力铲除朝廷中排斥武氏的势力。她废除太子,借口贬斥韩瑗、褚遂良,陷害长孙无忌等,原李氏重臣受到严重打击。一批普通官员如许敬宗等得到武则天的重用,而成为武氏政权的支柱。

对待反对她的人,武则天首选的法宝就是鞭子、锤子、锋利的刀子。像徐敬业这样公开反叛的,就是大军镇压;对朝廷中胸怀异志、妄图图谋不轨的人就委任索元礼、周兴、来俊臣、王弘义、丘神勣等酷吏,屡次兴起大狱。当时武则天在景丽门设立推事院,令来俊臣任院主,掌管重大案情。百姓称这推事院为新开门,凡是被告入新开门的,一百人中难得一二人保全的。来俊臣每次审问囚犯,不论轻重,都拿醋灌进犯人的鼻子里,或拿犯人的身体,装在大瓮中,审问的时候,拿炭火在瓮的四周烧炙起来。又断绝囚犯的粮食,犯人到十分饥饿的时候,拿秽恶的棉絮给犯人吃下。来俊臣造了十号大枷,一名定百脉,二名喘不得,三名突地吼,四名著即承,五名失魂胆,六名实同反,七名反是实,八名死猪愁,九名求即死,十名求破家。十号大枷另配上铁笼头，犯人被枷压着，被铁笼闷着，立刻便死。每有罪犯捉到，先让他在刑具前走一遭，便魂胆飞越，没有不含冤屈招的。武则天在位期间共杀李唐宗室数百人，大臣数百家，刺史郎将以下更是不可胜数。

武则天一方面动用极刑诛除异己，黜逐褚遂良，逼死长孙无忌，把一批反对她的元老重臣赶尽杀绝，另一方面更注意收揽民心，比如当酷吏滥杀无辜，到了群情过度紧张的时候，她也陆续杀一些酷吏来缓和形势，她称帝的第二年就杀索元礼，流放周兴到岭南，表示滥杀之罪在别人。679年杀来俊臣，来俊臣的仇家争咬其尸体的肉，立刻咬尽，挖出眼珠，剥去面皮，剖腹取心，踏成泥浆。武则天看到群情激愤，即下制书，历举来俊臣的罪恶，并且加以灭族罪，说是"以雪苍生之愤"。

武则天一面贬杀异己，一面培植自己的势力，在选拔人才方面武则是非常有眼光的，著名的大臣狄仁杰，后来"开元盛世"时的一代名相姚崇、宋璟都是她一手栽培的。当时各州、郡、府、县举荐的文武之士到洛阳受封的不绝于途，在用人方面武则天胸怀博大，就连把她骂得一塌糊涂的骆宾王她也坚持认为人才难得。有一个叫沈全交的人作了这样一首打油诗：

补阙连车载，拾遗平斗量。

杷推侍御史，碗脱校书郎。

糊心存抚使，眯目圣神皇。

沈全交不仅公开诽谤朝政，连武则天本人也被骂，这可是杀头的罪名，有人把状告到武则天那里，不料武则天却笑眯眯地说："这算不了什么。"

总体来说，唐高宗时期，在长孙无忌和褚遂良等前朝遗臣辅佐之下，尚能有贞观遗风。然而不久，因为内宫争斗，武氏被迎入宫廷，她从此开始一步步夺取政权，唐朝政治面临着一场巨大变故。

废后事件缘起于后宫争宠，被卷入争夺旋涡而又胜出的武则天最终得到高宗宠爱，开始进逼中宫，迫使高宗不得不提出废后事宜。武则天出身寒微，王皇后世代簪缨，武氏对王氏的威胁触动了以长孙无忌为首的勋臣贵族等实权派的既得利益，因此遭到了巨大的阻力。武则天转而与李勣、许敬宗、李义府等庶族官僚联合起来，在统治集团内部展开了更为广阔深入的斗争。在高宗的支持下，武氏及其势力先是贬黜了顾命大臣褚遂良，接着废掉了王皇后，然后清除了长孙无忌的外围势力，逼迫长孙无忌自杀。前后不过四年，于是"政归中宫"，为后来武氏临朝称制，以至改朝换代打下了基础。

武则天是历史上一个充满魅力的名字，对其政权的争议如同她传奇的一生一样引人注目。在歧视女性的封建时代，武则天以一个微不足道的小女子一旦而跃为统驭整个国家的皇帝，这样的政权不免受到"牝鸡鸣晨"或者后宫乱政的恶意诅咒与强烈抵触。再加上武氏政权自始至终确实存在后宫淫乱、酷吏横行、严刑峻法、冤狱丛生等可诟病之处，历史上对其不乏苛刻的批评。但是，从另外的角度来看，这个政权又是非常值得肯定的。首先，武则天虽为女人却展现出了封建社会中的女子们少有的、杰出的政治才能。她在后宫深似海的斗争中能够处处化险为夷、绝处逢生，从未经历过政治角逐却能与久经沙场的宿臣勋将周旋斗争并步步获胜，她能辅佐高宗处理军国大事长达三十余年，这之中包含了种种矛盾，能经历这些考验的为政者实属不易。更重要的是，武则天执政期间，政绩斐然。在她统治长达半个世纪的时间里，唐朝形成了强有力的中央集权，社会安定，经济发展，不拘一格任用人才。武氏政权上承"贞观之治"，下启"开元盛世"，促进了历史发展的潮流。历史功绩，亦垂留青史。

是非功过，自是任人评说。值得注意的是，政归武氏的这场斗争实际上却牵涉到中国古代封建制度下政权结构的重大变化，唐初以来掌握中央政权的世家地主在这个过程中遭到了严重的打击，庶族地主在政治上逐渐形成重要势力。

"牝鸡司晨，惟家是索！"中国历来就反对女人干预政治，武则天不止是干预了政治，而且明目张胆地把李氏政权夺了过来，唐室旧臣纷纷起兵，勤王之师风起云涌，四海沸腾。

武则天死了，她前后掌政四十六年，以皇后身份预政二十四年，以太后身份称制七年，称帝十五年。临终遗命除去帝号，仍以高宗皇后的名义和高宗埋在一起，即乾陵，但由于武则天的影响远远大于高宗，人们多称之为武则天墓。对于武则天，后人评说不一，功过是非众说纷纭。比较公平的论断还是这样说的："然则区区帷薄不修，固其末节。而知人善任，权不下移。不可谓非女中英主也。"

七、黄钟毁弃，瓦釜雷鸣

——《资治通鉴》中的奸佞祸国

翻一翻《二十四史》，上面记载着形形色色的奸臣巨贪，从中不难看出他们之间的共通之性：厚颜无耻，心黑手辣。"党同伐异，便己肥家"正是历代奸臣巨贪们的处世原则。当然，奸臣们也有自知之明的，比如有一则明代小令，借一白脸奸臣之口唱道："别人骂我是奸臣，我做奸臣笑别人；你在生前早丧命，我到死后留骂名。"慢慢琢磨，细细品味，此语不啻为一种自我嘲讽，更是肮脏心灵和阴暗灵魂的大袒露。司马光笔下的奸佞是怎样祸国殃民的呢？

（一）李园献妹

始皇帝九年（癸亥，公元前二三八年）

楚考烈王无子，春申君患之，求妇人宜子者甚众，进之，卒无子。赵人李园持其妹欲进诸楚王，闻其不宜子，恐久无宠，乃求为春申君舍人。已而谒归，故失期而还。春申君问之，李园曰："齐王使人求臣之妹，与其使者饮，故失期。"春申君曰："聘入乎？"曰："未也。"春申君遂纳之。既而有娠，李园使其妹说春申君曰："楚王贵幸君，虽兄弟不如也。今君相楚二十余年而王无子，即百岁后将更立兄弟，彼亦各贵其故所亲，君又安得常保此宠乎！非徒然也，君贵，用事久，多失礼于王之兄弟，兄弟立，祸且及身矣。今妾有娠而人莫知，妾幸君未久，诚以君之重，进妾于王，王必幸之。

妾赖天而有男，则是君之子为王也。楚国尽可得，孰与身临不测之祸哉！"春申君大然之。乃出李园妹，谨舍而言诸楚王。王召入，幸之，遂生男，立为太子。

李园妹为王后，李园亦贵用事，而恐春申君泄其语，阴养死士，欲杀春申君以灭口；国人颇有知之者。楚王病，朱英谓春申君曰："世有无望之福，亦有无望之祸。今君处无望之世，事无望之主，安可以无无望之人乎！"春申君曰："何谓无望之福？"曰："君相楚二十馀年矣，虽名相国，其实王也。王今病，且暮薨，薨而君相幼主，因而当国，王长而反政，不即遂南面称孤，此所谓无望之福也。""何谓无望之祸？"曰："李园不治国而君之仇也，不为兵而养死士之日久矣。王薨，李园必先入，据权而杀君以灭口，此所谓无望之祸也。""何谓无望之人？"曰："君置臣郎中，王薨，李园先入，臣为君杀之，此所谓无望之人也。"春申君曰："足下置之。李园，弱人也，仆又善之。且何至此！"朱英知言不用，惧而亡去。后十七日，楚王薨，李园果先入，伏死士于棘门之内。春申君入，死士侠刺之，投其首于棘门之外；于是使吏尽捕诛春申君之家。太子立，是为幽王。

——《资治通鉴》卷第六【秦纪一】

【解题与点评】

黄歇，楚国令尹，号春申君，与齐国孟尝君、魏国信陵君、赵国平原君并称战国四公子。公元前238年，黄歇门下一舍人李园自愿将其妹献与春申君为妾。其妹怀孕后，李园又撺掇春申君将其献给多年无子的楚国国君考烈王。其妹生子而成为王后，李园因此位高权重，借机杀掉春申君以灭口。公元前238年，黄歇在李园阴谋策划的宫廷内讧中被刺杀。

借用女色谋取权势，一向是心怀不轨之人惯用的手段，而且似乎屡试不爽，长盛不衰。相传秦国出名的丞相吕不韦就曾把他已有身孕的赵姬送给秦王，后来诞生了嬴政。史书对此记载不详。李园献妹也是此计。李园其人卑劣无耻自不用言，他的阴谋之所以能够得逞，是借助了其妹之口。

有孕再嫁，大概也是其妹之意。只可惜，荣列四公子的春申君不仅英名蒙受侮辱，而且为此命丧黄泉。一世英雄，暮年竟灭族于竖子之手，可怜！可叹！

其实，春申君的人品也值得怀疑。第一，对于献妾的好处，他是知晓的。一言以蔽之，是对楚王之权的算计。这暴露了春申君黄歇在楚国政治中的真实立场。联想大名鼎鼎的荀子来到楚国受到冷遇，而楚国人，也是荀子的学生李斯则离楚去秦效力，可知黄歇养士，绝非招揽人才，用于国难，而是私蓄势力，包藏祸心。第二，其幕僚朱英多次提醒他提防李园，但春申君不以为然。因此，司马迁评价春申君说：当断不断，反受其乱。第三，作为楚国政要，黄歇先是好女色，然后又贪权势，并且亲小人远贤能，在短时间内将一女二嫁，不仅王者的威严扫尽，而且暴露出其浅薄无能、优柔寡断的性格。因此，荀子曾预测春申君将为乱臣贼子所害。果然，考烈王一死，李园就派人刺杀了春申君。

（二）赵高窃权祸秦

二世皇帝二年（癸巳，公元前二〇八年）

郎中令赵高恃恩专恣，以私怨诛杀人众多，恐大臣入朝奏事言之，乃说二世曰："天子之所以贵者，但以闻声，群臣莫得见其面故也。且陛下富于春秋，未必尽通诸事。今坐朝廷，谴举有不当者，则见短于大臣，非所以示神明于天下也。陛下不如深拱禁中，与臣及侍中习法者待事，事来有以揆之。如此，则大臣不敢奏疑事，天下称圣主矣。"二世用其计，乃不坐朝廷见大臣，常居禁中。赵高侍中用事，事皆决于赵高。

高闻李斯以为言，乃见丞相曰："关东群盗多，今上急，益发繇，治阿房宫，聚狗马无用之物。臣欲谏，为位贱，此真君侯之事。君何不谏？"李斯曰："固也，吾欲言之久矣。今时上不坐朝廷，常居深宫。吾所言者，不可传也。欲见，无闲。"赵高曰："君诚能谏，请为君侯上闲，语君。"于是赵高待二世方燕乐，妇女居前，使人告丞相："上方闲，可奏事。"丞相至宫门上谒。如此者三。二世怒曰："吾常多闲日，丞相不来；吾方燕私，丞相辄来请事！丞相岂少我哉，且固我哉？"赵高因曰："夫沙丘之谋，丞相与焉。今陛下已立为帝，而丞贵不益，此其意亦望裂地而王矣。且陛下不问臣，臣不敢言。丞相长男李由为三川守，楚盗陈胜等皆丞相傍县之子，以故楚盗公行，过三川城，守不肯击。高闻其文书相往来，未得其审，故未敢以闻。且丞相居外，权重于陛下。"二世以为然，欲案丞相，恐其不审，乃先使人按验三川守与盗通状。

李斯闻之，因上书言赵高之短曰："高擅利擅害，与陛下无异。昔田常相齐简公，窃其恩威，下得百姓，上得群臣，卒弑齐简公而取齐国，此天下所明知也。今高有邪佚之志，危反之行，私家之富，若田氏之于齐矣，而又贪欲无厌，求利不止，列势次主，其欲无穷，劫陛下之威信，其志若韩玘为韩安相也。陛下不图，臣恐其必为变也。"二世曰："何哉！夫高，故宦人也，然不为安肆志，不以危易心，洁行修善，自使至此，以忠得进，以信守位，朕实贤之。而君疑之，何也？且朕非属赵君，当谁任哉！且赵君为人，精廉强力，下知人情，上能适朕，君其勿疑！"二世雅爱信高，恐李斯杀之，乃私告赵高。高曰："丞相所患者独高，高已死，丞相即欲为田常所为。"

是时，盗贼益多，而关中卒发东击盗者无已。右丞相冯去疾、左丞相李斯、将军冯劫进谏曰："关东群盗并起，秦发兵追击，所杀亡甚众，然犹不止。盗多，皆以戍、漕、转、作事苦，税赋大也。请且止阿房宫作者，减省四边戍、转。"二世曰："凡所为贵有天下者，得肆意极欲，主重明法，下不敢为非，以制御海内矣。夫虞、夏之主，贵为天子，亲处穷苦之实以徇百姓，尚何于法！且先帝起诸侯，兼天下，天下已定，外攘四夷以安边境，作宫室以章得意，而君观先帝功业有绪。今朕即位，二年之间，群盗并起，君不能禁，又欲罢先帝之所为，是上无以报先帝，次不为朕尽忠力，何以在位！"下去疾、斯、劫吏，案责他罪。去疾、劫自杀，独李斯就狱。二世以属赵高治之，责斯与子由谋反状，皆收捕宗族、宾客。赵高治斯，榜掠千馀，不胜痛，自诬服。

斯所以不死者，自负其辩，有功，实无反心，欲上书自陈，幸二世寤而赦之。乃从狱中上书曰："臣为丞相治民，三十馀年矣。逮秦地之狭隘，不过千里，兵数十万。臣尽薄材，阴行谋臣，资之金玉，使游说诸侯；阴修甲兵，饬政教，官斗士，尊功臣；故终以胁韩，弱魏，破燕、赵，夷齐、楚，卒兼六国，虏其王，立秦为天子。又北逐胡、貉，南定北越，以见秦之强。更克画，平斗斛、度量，文章布之天下，以树秦之名。此皆臣之罪也，臣当死久矣！上幸尽其能力，乃得至今。愿陛下察之！"书上，赵高使吏弃去不奏，曰："囚安得上书！"

赵高使其客十馀辈诈为御史、谒者、侍中，更往覆讯斯，斯更以其实对，辄使人复榜之。后二世使人验斯，斯以为如前，终不更言。辞服，奏当上。二世喜曰："微赵君，几为丞相所卖！"及二世所使案三川守由者至，则楚兵已击杀之。使者来，会职责相下吏，高皆妄为反辞以相傅会，遂具斯五刑，论腰斩咸阳市。斯出狱，与其中子俱执。顾谓其中子曰："吾欲与若复牵黄犬，俱出上蔡东门逐狡兔，岂可得乎！"遂父子相哭，而夷三族。二世乃以赵高为丞相，事无大小皆决焉。

——《资治通鉴》卷第八【秦纪三】

【解题与点评】

赵高之祸起发于宦官之位。赵高因何沦为宦官，史书记载不详，倒衍生出一些附会与传说。抛开其身世不论，赵高在秦国政治中的种种祸害行为足

阿房宫图

堪为戒。

一是赵高能投秦始皇所好。秦始皇喜用刑名之术，赵高投其所好，用心刑法，成为秦始皇的近侍之人。身为近侍，赵高善于察言观色，让自己表现得忠诚、信实、自修，赢得秦始皇的信任。身为宦官，赵高善于伺机而动，巧妙、隐蔽地参与并干涉政治。

其二，赵高干政最根本的手段就是离间，割断君臣联系，在皇帝与宦官之间建立政治联系。一旦权势成熟以后，赵高作为近侍不再俯首帖耳，宦官不再限于内宫，朝中生出一个声严色厉、势倾朝野而身份尴尬的权霸。

其三，赵高奸智过人，善于经营。李斯死后，赵高名正言顺地当上了丞相，事无大小，都完全由他决断，几乎成了太上皇。羽翼已丰的他，渐渐不把胡亥放在眼中了。一天，赵高趁群臣朝贺之时，命人牵来一头鹿献给胡亥，说："臣进献一马供陛下赏玩。"胡亥虽然糊涂，但是鹿是马还是分得清。他失声笑道："丞相错了，这明明是头鹿，怎么说是马呢？"

赵高板起脸，一本正经地问左右大臣："你们说这是鹿还是马？"朝堂上的大臣们，有的慑于赵高的淫威，缄默不语；有的惯于奉承，忙说是马；有的弄不清赵高的意图，说了真话，说是一头鹿。胡亥见众口不一，以为自己是冲撞了神灵，才会认马为鹿，遂召太卜算卦，太卜道："陛下祭祀时没有斋戒沐浴，故至于此。"胡亥信以为真，便在赵高的安排下，打着斋戒的幌子，躲进上林苑游猎去了。二世一走，赵高便将那些敢于说实话和真话的人杀害。

那么，赵高为什么要导演这场"指鹿为马"的丑剧呢？这是有其险恶用心的。他考虑到，虽然自己铲除了一批朝中重臣，但不能保证人人都服从自己。借此正好检验一下人心向背，进一步清除异己分子，巩固自己的势力，为篡位扫清道路。此外，赵高还可以从中了解到胡亥对自己的信任程度，以便伺机而动。果然，这件事以后，朝廷上下莫不噤声，都看赵高的眼色行事，任其为所欲为。

可怜李斯毕生经营权术，治国严峻，待人刻薄，却难敌奸人，也因不愿做个厕中鼠，要做仓中鼠，被赵高玩于股掌之上，腰斩于市。更令人可惜和哀叹的是，曾经如秋风扫落叶般平定六国、扫平天下的大秦帝国在赵高等人的祸害下，土崩瓦解。

（三）和士开弄权

世祖文皇帝天嘉四年（癸未，公元五六三年）

齐侍中、开府仪同三司和士开有宠于齐主，齐主外朝视事，或在内宴赏，须臾之间，不得不与士开相见，或累日不归，一日数入；或放还之后，俄顷即追，未至之间，连骑督趣，奸谄百端，宠爱日隆，前后赏赐，不可胜纪。每侍左右，言辞容止，极诸鄙亵；以夜继昼，无复君臣之礼。尝谓帝曰："自古帝王，尽为灰土，尧舜、桀纣，竟复何异！陛下宜及少壮，极意为乐，纵横行之，一日取快，可敌千年。国事尽付大臣，何虑不办，无为自勤约也！"帝大悦。于是委赵彦深掌官爵，元文遥掌财用，唐邕掌外、骑兵，信都冯子琮、胡长粲常东宫。帝三四日一视朝，书数字而已，略无所言，须臾罢入。长粲，僧敬之子也。

——《资治通鉴》卷第一百六十九【陈纪三】

高宗宣皇帝太建元年（己丑，公元五六九年）

初，侍中、尚书右仆射和士开，为世祖所亲狎，出入卧内，无复期度，遂得幸于胡后。及世祖殂，齐主以士开受顾托，深委任之，威权益盛；与娄定远及录尚书事赵彦深、侍中尚书左仆射元文遥、开府仪同三司唐邕、领军綦连猛、高阿那肱、度支尚书胡长粲俱用事，时号"八贵"。太尉赵郡王睿、大司马冯翊王润、安德王延宗与娄定远、元文遥皆言开齐主，请出士开为外任。会胡太后觞朝贵于前殿，睿面陈士开罪失云："士开先帝弄臣，城狐社鼠，受纳货赂，秽乱宫掖。臣等义无杜口，冒死陈之。"太后曰："先帝在时，王等何不言！今欲欺孤寡邪？且饮酒，勿多言！"睿等词色愈厉。仪同三司安吐根曰："臣本商胡，得在诸贵行末，既受厚恩，岂敢惜死！不出士开，朝野不定。"太后曰："异日论之，王等且散！"睿等或投冠于地，或拂衣而起。明日，睿等复诣云龙门，令文遥入奏之，三返，太后不听。左丞相段韶使胡长粲传太后言曰："梓宫在殡，事太忽忽，欲王等更思之！"睿等遂皆拜谢。长粲复命，太后曰："成妹母子家者，兄之力也。"厚赐睿等，罢之。

太后及齐主召问士开，对曰："先帝于群臣之中，待臣最厚。陛下谅暗始尔，大臣皆有觊觎。今若出臣，正是剪陛下羽翼。宜谓睿等云：'文遥与臣，俱受先帝任用，岂可一去一留！并可用为州，且出纳如日。待过山陵，然后遣之。'睿等谓臣真出，心必喜之。"帝及太后然之，告睿等如其言。乃以士开为兖州刺史，文遥为西兖州刺史。葬毕，等睿促士开就路。太后欲留士开过百日，睿不许；数日之内，太后数以为言。有中人知太后密旨者。谓睿曰："太后意既如此，殿下何宜苦违！"睿曰："吾受委不轻。今嗣主幼冲，岂可使邪臣在侧！不守之以死，何面戴天！"遂更见太后，苦言之。太后令酌酒赐睿，睿正色曰："今论国家大事，非为卮酒！"言讫，遽出。

士开载美女珠帘诣娄定远，谢曰："诸贵欲杀士开，蒙王力，特全其命，用为方伯。今当奉别，谨上二女子、一珠帘。"定远喜，谓士开曰："欲还入不？"士开曰："在内久不自安，今得出，实遂本志，不愿更入。但乞王保护，长为大州刺史足矣。"定远信之。送至门，士开曰："今当远出，愿得一辞觐二宫。"定远许之。士开由是得见太后及帝，进说曰："先帝一旦登遐，臣愧不能自死。观朝贵意势，欲以陛下为乾明。臣出之后，必有大变，臣何面目见先帝于地下！"因恸哭。帝、太后皆泣，问："计安出？"士开曰："臣已得入，复何所虑，正须数行诏书耳。"于是诏出定远为青州刺史，责赵郡王琏以不臣之罪。

旦日，睿将复入谏，妻子咸止之，睿曰："社稷事重，吾宁死事先皇，不忍见朝廷颠沛。"至殿门，又有人谓曰："殿下勿入，恐有变。"睿曰："吾上不负天，死亦无恨。"入，见太后，太后复以为言，睿执之弥固。出，至永巷，遇兵，执送华林园雀离佛院，令刘桃枝拉杀之。睿久典朝廷，清正自守，朝野冤惜之。复以士开为侍中、尚书左仆射。定远归士开所遗，加以馀珍赂之。

——《资治通鉴》卷第一百七十【陈纪四】

【解题与点评】

北齐后主高纬 10 岁即位，以奢靡昏暴出名，政权已危如累卵，他还是只知一味玩乐。他封宫女为郡官，封奶妈为女侍中，战败被俘后还为胜利者跳舞，人送外号"无愁天子"。他在位时，非常宠爱擅长使槊和弹琵琶的和士开。和士开却是一个奸佞小人，他滥用这种私情，巧言令色，不仅攫取一个个重要的官职，而且蛊惑皇帝纵情淫逸，玩弄朝政，祸乱国家。武平初年曾流传有这样一首童谣："狐截尾，你欲除我我除你"。说的就是和士开在朝廷中玩弄手段、陷害政治对手的狡诈与得意。

看来奸臣各有缘起，总是有一二过人之处，甚为人所倚重。和士开靠的是出色的技艺。一是擅长武帝皇帝高湛喜欢的握槊游戏，二是会弹胡琵琶，三是生性乖巧，善于谄媚。艺高自然会受到人们的青睐，钻研日久，或可成就一番功绩，和士开却落得千秋骂名。因为他把技艺当作筹码，来满足自己贪婪污秽的私欲。齐武成帝喜好技艺，已经沉沦，以至于扭曲帝王的责任，剥夺了他人的权利。他们把技艺的丑陋潜质放纵得无以复加，令人憎恶。

（四）来俊臣用事

则天顺圣皇后神功元年（丁酉，公元六九七年）

司仆少卿来俊臣倚势贪淫，士民妻妾有美者，百方取之；或使人罗告其罪，矫称敕以取其妻，前后罗织诛人，不可胜计。自宰相以下，籍其姓名而取之。自言才比石勒。监察御史李昭德素恶俊臣，又尝庭辱秋官侍郎皇甫文备，二人共诬昭德谋反，下狱。

俊臣欲罗告武氏诸王及太平公主，又欲诬皇嗣及庐陵王与南北牙同反，冀因此盗国权，河东人卫遂忠告之。诸武及太平公主恐惧，共发其罪，系狱，有司处以极刑。太后欲赦之，奏上三日，不出。王及善曰："俊臣凶狡贪暴，国之元恶，不去之，必动摇朝廷。"太后游苑中，吉顼执辔，太后问以外事，对曰："外人唯怪来俊臣奏不下。"太后曰："俊臣有功于国，朕方思之。"顼曰："于安远告虺贞反，既而果反，今止为成州司马。俊臣聚结不逞，诬构良善，赃贿如山，冤魂塞路，国之贼也，何足惜哉！"太后乃下其奏。

丁卯，昭德、俊臣同弃市，时人无不痛昭德而快俊臣。仇家争啖俊臣之肉，斯须而尽，抉眼剥面，披腹出心，腾蹋成泥。太后知天下恶之，乃下制数其罪恶，且曰："宜加赤族之诛，以雪苍生之愤，可准法籍没其家。"士民皆相贺于路曰："自今眠者背始帖席矣！"

——《资治通鉴》卷第二百六【唐纪二十二】

【解题与点评】

武则天执政时，为了镇压反对她的人，曾设"告密之门"，鼓励密告，同时她招揽了一批生性残暴的人施行酷政，这是众所皆知的事。在那些被称为"酷吏"的凶残之辈中以来俊臣为最。来俊臣为人生性残忍，一向不务正业。他得到武则天的赏识后，设立推事院，大兴刑狱，并编有《告密罗织经》，严刑逼供，在他手上含冤惨死的不下千家。周兴是来俊臣的前任，也是一个整人能手，但是，有人密告周兴谋反，武则天就派来俊臣去审问周兴。他们都是酷吏，都是喜欢告密的人，都是本质邪恶的人，来俊臣和周兴本来就是沆瀣一气的朋友。带着使命的来俊臣就去找周兴喝酒，酒酣耳热之际，来俊臣问周兴："如果有犯人坚强得像石头一样不肯招供，我该怎么办？"不知是计的周兴竟然得意地给来俊臣出主意，说："那好办，把犯人放到一大瓮里，然后四周架上柴火烘烤，没有不招的。"说完，来俊臣带领周兴来到刑讯室，按周兴所说，抬来一口大瓮，四周点燃柴火。然后对周兴说，你去瓮里吧。周兴脸色煞白，至此才明白自己挖坑要埋葬自己。"请君入瓮"让来俊臣一举成名成了中国妇孺皆知的大人物。这个故事可以看出来俊臣的阴狠、狡诈和残忍。来俊臣还试图借助冤案一手遮天，玩弄阴谋，他甚至敢于在皇亲国戚身上制造大案。公元 697 年，来俊臣因诬陷武氏诸王和太平公主谋反，终于得到制裁。

从来俊臣被重用及其遭诛杀来看，忠和奸有时似孪生兄弟。来俊臣采用严刑酷法，本是武氏政权所需。因为武氏树敌太众，新政权险象环生，需要通过强权来保护政权。来俊臣遍设密探，严刑逼供，宁可造成冤案也不能遗留叛乱隐患，这的确体现了对武氏政权的忠心耿耿。难怪武则天屡屡姑息，迟迟不收治他。可历史记载下来的来俊臣偏偏是这样一个奸人，而不是功臣。因为来俊臣超出了法的范围，践踏了法的尊严。他执法却违背了法律的公正，大量制造冤案；刑法本是治国所需，他却用来窃取国家权力。更何况来俊臣无比贪婪淫暴，视国法于不顾。作奸犯科与效忠王朝，只是一步之遥。

据说，在处死来俊臣时，整个洛阳万人空巷来观看这个刽子手的下场。当刽子手的屠刀刚刚落下，来俊臣人头落地时，人们一拥而上，都要来咬一口来俊臣的肉，来俊臣的尸体瞬间就被大家撕扯得只剩下骨头。就是这样，人们还不解气，又用马车将来俊臣残存的尸骨踩到泥土和尘埃里。

多行不义，必自毙！

（五）口蜜腹剑李林甫

玄宗至道大圣大明孝皇帝开元二十四年（丙子，公元七三六年）

朔方节度使牛仙客，前在河西，能节用度，勤职业，仓库充实，器械精利；上闻而嘉之，欲加尚书。张九龄曰："不可。尚书，古之纳言，唐兴以来，惟旧相及扬历中外有德望者乃为之。仙客本河湟使典，今骤居清要，恐羞朝廷。"上曰："然则但加实封可乎？"对曰："不可。封爵所以劝有功也。边将实仓库，修器械，乃常务耳，不足为功。陛下赏其勤，赐之金帛可也；裂土封之，恐非其宜。"上默然。李林甫言于上曰："仙客，宰相才也，何有于尚书！九龄书生，不达大体。"上悦。明日，复以仙客实封为言，九龄固执如初。上怒，变色曰："事皆由卿邪？"九龄顿首谢曰："陛下不知臣愚，使待罪宰相，事有未允，臣不敢不尽言。"上曰："卿嫌仙客寒微，如卿有何阀阅！"九龄曰："臣岭海孤贱，不如仙客生于中华；然臣出入台阁，典司诰命有年矣。仙客边隅小吏，目不知书，若大任之，恐不惬众望。"林甫退而言曰："苟有才识，何必辞学！天子用人，有何不可！"十一月，戊戌，赐仙客爵陇西县公，食实封三百户。

初，上欲以李林甫为相，问于中书令张九龄，九龄对曰："宰相系国安危，陛下相林甫，臣恐异日为庙社之忧。"上不从。时九龄方以文学为上所重，林甫虽恨，犹曲意事之。侍中裴耀卿与九龄善，林甫并疾之。是时，上在位岁久，渐肆奢欲，怠于政事。而九龄遇事无细大皆力争；林甫巧伺上意，日思所以中伤之。

上之为临淄王也，赵丽妃、皇甫德仪、刘才人皆有宠。丽妃生太子瑛，德仪生鄂王瑶，才人生光王琚。及即位，幸武惠妃，丽妃等爱皆驰；惠妃生寿王瑁，宠冠诸子。太子与瑶、琚会于内第，各以母失职有怨望语。驸马都尉杨洄尚咸宜公主，常伺三子过失以告惠妃。惠妃泣诉于上曰："太子阴结党与，将害妾母子，亦指斥至尊。"上大怒，以语宰相，欲皆废之。九龄曰："陛下践祚垂三十年，太子诸王不离深宫，日受圣训，天下之人皆庆陛下享国久长，子孙蕃昌。今三子皆已成人，不闻大过，陛下奈何一旦以无根之语，喜怒之际，尽废之乎！且太子天下本，不可轻摇。昔晋献公听骊姬之谗杀申生，三世大乱。汉武帝信江充之诬罪戾太子，京城流血。晋惠帝用贾后之谮废愍怀太子，中原涂炭。隋文帝纳独孤后之言黜太子勇，立炀帝，遂失天下。由此观之，不可不慎。陛下必欲为此，臣不敢奉诏。"上不悦。林甫初无所言，退而私谓宦官之贵幸者曰："此主上家事，何必问外人！"上犹豫未决。惠妃密使官奴牛贵儿谓九龄曰："有废必有兴，公为之援，宰相可长处。"九龄叱之，以其语白上；上为之动色，故讫九龄罢相，太子得无动。林甫日夜短九龄于上，上浸疏之。

林甫引萧炅为户部侍郎。炅素不学，尝对中书侍郎严挺之读"腊"为"伏猎"。挺之言于九龄曰："省中岂容有'伏猎侍郎'！"由是出炅为岐州刺史，故林甫怨挺之。九龄与挺之善，欲引以为相，尝谓之曰："李尚书方承恩，足下宜一造门，与之款昵。"挺之素负气，薄林甫为人，竟不之诣；林甫恨之益深。挺之先娶妻，出之，更嫁蔚州刺史王元琰，元琰坐赃罪下三司按鞫，挺之为之营解。林甫因左右使于禁中白上。上谓宰相曰："挺之为罪人请属所由。"九龄曰："此乃挺之出妻，不宜有情。"上曰："虽离乃复有私。"

于是上积前事，以耀卿、九龄为阿党；壬寅，以耀为左丞相，九龄为右丞相，并罢政事。以林甫兼中书令；仙客为工部尚书、同中书门下三品，邻朔方节度如故。严挺之贬洺州刺史，王元琰流岭南。

上即位以来，所用之相，姚崇尚通，宋璟尚法，张嘉贞尚吏，张说尚文，李元纮、杜暹尚俭，韩休、张九龄尚直，各其所长也。九龄既得罪，自是朝廷之士，皆容身保位，无复直言。

李林甫欲蔽塞人主视听，自专大权，明召诸谏官谓曰："今明主在上，群臣将顺之不暇，乌用多言！诸君不见立仗马乎？食三品料，一鸣辄斥去，悔之何及！"

补阙杜琎尝上书言事，明日，黜为下邽令。自是谏争路绝矣。

牛仙客既为林甫所引进，专给唯诺而已。然二人皆谨守格式，百官迁除，各有常度，虽奇才异行，不免终老常调；其以巧谄邪险自进者，则超腾不次，自有它蹊矣。林甫城府深密，人莫窥其际。好以甘言啖人，而阴中伤之，不露辞色。凡为上所厚者，始则亲结之，及位势稍逼，辄以计去之。虽老奸巨猾，无能逃其术者。

——《资治通鉴》卷第二百一十四【唐纪三十】

【解题与点评】

唐玄宗后期不思朝政，忠言逆耳，使得奸臣有机可乘。时任礼部尚书的晋国公李林甫善于暗中窥伺玄宗心思，怂恿玄宗为所欲为。公元736年，李林甫借助玄宗有意奖赏朔方节度使牛仙客的时机，开始排挤和图谋陷害中书侍郎张九龄，打击和压制朝廷中的谠言正论，并网罗党羽制造刑堂，唐玄宗朝政日益衰乱。排除异己与杜塞言论，正是李林甫为宰相时的主要恶迹。

李林甫小字哥奴，是李唐王朝宗室后裔。他的舅舅曾任玄宗朝的秘书监，因此得以接近唐朝的权力中心。李林甫依靠奸佞谄媚，投机钻营之术，在他从政为官的四十年里，仅连任宰辅就长达十九年。他深受唐玄宗的宠信，独揽大权，左右朝政，对开元、天宝时期的政局产生了重要的影响。

李林甫本身没有什么才能，素质低下，不学无术。为庆贺别人生子，"弄璋之喜"都会错写成"弄麞（獐）之喜"，从此留下了"弄麞宰相"的诨号，以至于数百年后还受到宋代大文豪苏东坡"甚欲去为汤饼客，唯愁错写弄麞书"的奚落。但他生性狡猾阴险，善于把玩政治权术，玩弄阴谋诡计远近闻名。他喜怒无常，表面上他给人以谦虚恭顺的样子，好像容易接近，实际上犹如悬崖陷阱，深浅难以得知。世人因称李林甫"口有蜜，腹有剑"，成语"口蜜腹剑"即从此典故中来。

唐玄宗早年励精图治，人才皆能为国家所用，朝政呈现欣欣向荣之象。但后来他贪图安逸，走向堕落，奸臣李林甫受到重用，结果为朝中奸邪当道，不正之风盛行。君昏必有奸臣，奸人当道，则国家不幸，这一切皆根源于独裁专断的封建君主制度。

（六）李辅国擅权

肃宗文明武德大圣大宣孝皇帝上元元年（庚子，公元七六○年）

李辅国素微贱，虽暴贵用事，上皇左右皆轻之。辅国意恨，且欲立奇功以固其宠，乃言于上曰："上皇居兴庆宫，日与外人交通，陈玄礼、高力士谋不利于陛下。今六军将士尽灵武勋臣，皆反仄不安，臣晓谕不能解，不敢不以闻。"上泣曰："圣皇慈仁，岂容有此！"对曰："上皇固无此意，其如群小何！陛下为天下主，当为社稷大计，消乱于未萌，岂得徇匹夫之孝！且兴庆宫与闾阎相参，垣墉浅露，非至尊所宜居。大内深严，奉迎居之，与彼何殊，又得杜绝小人荧惑圣听。如此，上皇享万岁之安，陛下有三朝之乐，庸何伤乎！"上不听。兴庆宫先有马三百匹，辅国矫敕取之，才留十四。上皇谓高力士曰："吾儿为辅国所惑，不得终孝矣。"

辅国又令六军将士，号哭叩头，请迎上皇居西内。上泣不应。辅国惧。会上不豫，秋，七月，丁未，辅国矫称上语，迎上皇游西内，至睿武门，辅国将射生五百骑，露刃遮道奏曰："皇帝以兴庆宫湫隘，迎上皇迁居大内。"上皇惊，几坠。高力士曰："李辅国何得无礼！"叱令下马。辅国不得已而下。力士因宣上皇诰曰："诸将士各好在！"将士皆纳刃，再拜，呼万岁。力士又叱辅国与己共执上皇马鞚，侍卫如西内，居甘露殿。辅国帅众而退。所留侍卫兵，才尪老数人。陈玄礼、高力士及旧宫人皆不能留左右。上皇曰："兴庆宫，吾之王地，吾数以让皇帝，皇帝不受。今日之徙，亦吾志也。"是日，辅国与六军大将素服见上，请罪。上又迫于诸将，乃劳之曰："南宫、西内，亦复何殊！卿等恐小人荧惑，防微杜渐，以安社稷，何所惧也！"刑部尚书颜真卿首帅百寮上表，请问上皇起居。辅国恶之，奏贬蓬州长史。

——《资治通鉴》卷第二百二十一【唐纪三十七】

肃宗文明武德大圣大宣孝皇帝宝应元年（壬寅，公元七六二年）

初，张后与李辅国相表里，专权用事，晚年，更有隙。内射生使三原程元振党于辅国。上疾笃，后召太子谓曰："李辅国久典禁兵，制敕皆从之出，擅逼迁圣皇，其罪甚大，所忌者吾与太子。今主上弥留，辅国阴与程元振谋作乱，不可不诛。"太子泣曰："陛下疾甚危，二人皆陛下勋旧之臣，一日不告而诛之，必致震惊，恐不能堪也。"后曰："然则太子姑归，吾更徐思之。"太子出，后召越王系谓曰："太子仁弱，不能诛贼臣，汝能之乎？"对曰："能。"系乃命内谒者监段恒俊选宦官有勇力者二百馀人，授甲于长生殿后。乙丑，后以上命召太子。元振知其谋，密告辅国，伏兵于陵霄门以俟之，太子至，以难告。太子曰："必无是事。主上疾，亟召我，我岂可畏死而不赴乎！"元振曰："社稷事大，太子必不可入。"乃以兵送太子于飞龙厩，且以甲卒守之。是夜，辅国、元振勒兵三殿，收捕越王系、段恒俊及知内侍省事硃光辉等百馀人，系之。以太子之命迁后于别殿。时上在长生殿，使者逼后下殿，并左右数十人幽于后宫，宦官宫人皆惊骇逃散。丁卯，上崩。辅国等杀后并系及兖王僴。是日，辅国始引太子素服于九仙门与宰相相见，叙上皇晏驾，拜哭，始行监国之令。戊辰，发大行皇帝丧于两仪殿，宣遗诏。己巳，代宗即位。

......

李辅国恃功益横，明谓上曰："大家但居禁中，外事听老奴处分。"上内不能平，以其方握禁兵，外尊礼之。乙亥，号辅国为尚父而不名，事无大小皆咨之，群臣出入皆先诣，辅国亦晏然处之。以内飞龙厩副使程元振为左监门卫将军。知内侍省事硃光辉及内常侍啖庭瑶、山人李唐等二十馀人皆流黔中。

——《资治通鉴》卷第二百二十二【唐纪三十八】

【解题与点评】

宦官李辅国原名静忠，自肃宗返京后他掌握禁内兵权，始改名辅国。这是继李林甫后唐朝的又一大奸臣。

李辅国最初入宫之时，不过是玄宗身边一名小小的太监。后来，唐玄宗让他去侍奉皇太子，由于他善于见风使舵，因而深得太子喜爱。唐代安史之乱时，唐玄宗入蜀避难，太子李亨北逃朔方节度使驻地灵武。宦官李辅国与太子妃张良娣趁机劝李亨即位（是为肃宗），李辅国自己则乘机包揽各种行政事务，钻营皇权。至德二年（757年），郭子仪收复长安、洛阳，肃宗回到京师长安，太上皇李隆基也从四川返回。肃宗宠爱李辅国，由他专掌禁兵，后来发展到监管皇命，代为制敕，并且监视全国，权势炽炎。当时宰相李岘、萧华等要求限制李辅国的权力，肃宗慑于他掌握军权，犹豫不决。于是李辅国更加紧了对皇权的控制。他暗自谋划，试图铲除唐玄宗，并向肃宗进逼宰相之职，乃至发展到诛杀张皇后，擅立太子李豫（代宗）为帝的地步。唐玄宗因此郁闷而死，肃宗也因受到惊吓而一病不起。李辅国自此更加骄横无礼，不可一世，使得唐代宗有意除掉他，李辅国最终死在自己提拔的小宦官之手。

透过李辅国的发迹经历可以看到，正是唐朝所遭遇的史无前例的严重内乱，给他提供了施展奸道的好机会。在内乱的逼迫下，唐玄宗仓皇远逃偏僻的四川山区，对国家政事已是鞭长莫及；太子李亨流落北地，一切事务也需要有所倚赖，而宦侍李辅国就是最贴心的人选。因此，他得以把持太子的事务，逐渐将自己置于权力的重要位置。安史之乱平定后，两位皇帝同时出现在都城中，这虽然给李辅国的既得利益造成了极大的威胁和压力，也正是这个尖锐的矛盾把李辅国推向了权力巅峰。事实上正是这样，李辅国运用诡计，树立了新皇的权威，自己也成为新朝廷的重臣。可以说，多事之秋，亦是奸人横行之时。

（七）吕用之装神弄鬼

僖宗惠圣恭定孝皇帝中和二年（壬寅，公元八八二年）

初，高骈好神仙，有方士吕用之坐妖党，亡命归骈，骈厚待之，补以军职。用之，鄱阳茶商之子也，久客广陵，熟其人情，炉鼎之暇，颇言公私利病，骈愈奇之，稍加信任。骈旧将梁缵、陈珙、冯绶、董瑾、俞公楚、姚归礼素为骈所厚，用之欲专权，浸以计去之。骈遂夺缵兵，族珙家，绶、瑾、公楚、归礼咸见疏。

用之又引其党张守一、诸葛殷共蛊惑骈。守一本沧、景村民，以术干骈，无所遇，穷困甚，用之谓曰：“但与吾同心，勿忧不富贵。”遂荐于骈，骈宠待埒于用之。

殷始自鄱阳来，用之先言于骈曰：“玉皇以公职事繁重，辍左右尊神一人佐公为理，公善遇之。欲其久留，亦可縻以人间重职。”明日，殷谒见，诡辩风生，骈以为神，补盐铁剧职。骈严洁，甥侄辈未尝得接坐。殷病风疽，搔扒不替手，脓血满爪，骈独与之同席促膝，传杯器而食。左右以为言，骈曰：“神仙以此试人耳！”骈有畜犬，闻其腥秽，多来近之。骈怪之，殷笑曰：“殷尝于玉皇前见之，别来数百年，犹相识。”

骈与郑畋有隙，用之谓骈曰：“宰相有遣剑客来刺公者，今夕至矣！”骈大惧，问计安出。用之曰："张先生尝学斯术，可以御之。"骈请于守一，守一许诺。乃使骈衣妇人之服，潜于它室，而守一代居骈寝榻中，夜掷铜器于阶，令铿然有声。又密以囊盛彘血，洒于庭宇，如格斗之状。及旦，笑谓骈曰："几落奴手！"骈泣谢曰："先生于骈，乃更生之惠也！"厚酬以金宝。

有萧胜者，赂用之，求盐城监，骈有难色，用之曰："用之非为胜也，近得上仙书云，有宝剑在盐城井中，须一灵官取之。以胜上仙左右之人，欲使取剑耳。"骈乃许之。胜至监数月，函一铜匕首以献，用之见，稽首曰："此北帝所佩，得之，则百里之内五兵不能犯。"骈乃饰以珠玉，常置坐隅。用之自谓磻溪真君，谓守一乃赤松子，殷乃葛将军，胜乃秦穆公之婿也。

用之又刻青石为奇字云："玉皇授白云先生高骈。"密令左右置道院香案。骈得之，惊喜。用之曰："玉皇以公焚修功著，将补真官，计鸾鹤不日当降此际。用之等谪限亦满，必得陪幢节，同归上清耳！"是后，骈于道院庭中刻木鹤，时着羽服跨之，日夕斋醮，炼金烧丹，费以巨万计。

用之微时，依止江阳后土庙，举动祈祷。及得志，白骈崇大其庙，极江南工材之选，每军旅大事，以少牢祷之。用之又言神仙好楼居，说骈作迎仙楼，费十五万缗。又作延和阁，高八丈。

用之每对骈呵叱风雨，仰揖空际，云有神仙过云表。骈辄随而拜之。然常厚赂骈左右，使伺骈动静，共为欺罔，骈不之寤。左右小有异议者，辄为用之陷死不旋踵，但潜抚膺鸣指，口不敢言。骈倚用之如左右手，公私大小之事皆决于用之，退贤进不肖，淫刑滥赏，骈之政事于是大坏矣！用之知上下怨愤，恐有窃发，请置巡察使。骈即以用之领之，募险狯者百馀人，纵横闾巷间，谓之"察子"，民间呵妻詈子，靡不知之。用之欲夺人货财，掠人妇女，辄诬以叛逆，搒掠取服，杀其人而取之，所破灭者数百家，道路以目，将吏士民虽家居，皆重足屏气。

用之又欲以兵威胁制诸将，请选募诸军骁勇之士二万人，号左、右莫邪都。骈即以张守一及用之为左、右莫邪军使，署置将吏如帅府，器械精利，衣装华洁，每出入，导从近千人。

用之侍妾百馀人，自奉奢靡，用度不足，辄留三司纲输其家。用之犹虑人泄其奸谋，乃言于骈曰："神仙不难致，但恨学道者不能绝俗累，故不肯降临耳！"骈乃悉去姬妾，谢绝人事，宾客、将吏皆不得见。有不得已见之者，皆先令沐浴赍袚，然后见，拜起才毕，已复引出。由是用之得专行威福，无所忌惮，境内不复知有骈矣。

——《资治通鉴》卷第二百五十四【唐纪七十】

【解题与点评】

唐僖宗中和年间（881—885 年），招讨黄巢起义军的大将高骈仍领扬州节度使、盐铁转运使。高骈，字千里，渤海人。他不仅很有军事才能，而且在当时还享有一定的诗名。如他写有《山亭夏日》一诗："绿树阴浓夏日长，楼台倒影入池塘。水晶帘动微风起，满架蔷薇一院香。"意境细腻、宁静、恬淡，夏日清和之景如在眼前，这不由得使人对这位武将心生几分敬意。但谁知他却对神仙妖术崇拜得一塌糊涂，并被一些用心险恶的装神弄鬼之人捉弄得神魂颠倒，愚顽痴昧，令人瞠目结舌。高骈对方士吕用之极其信任，而吕用之却以一些简单拙劣、荒诞不经的骗术与谎言来蒙蔽高骈，借以安插同党，收罗财宝，杀人越货，养蓄兵力，控制高骈，从而一步一步盗取了高骈的权力，成为扬州一大祸害，高骈最终因此而葬送了自己。光启三年，牙将毕师铎因惧怕受到吕用之的谮毁而投奔宣州秦彦，扬州于是为秦彦所据，高骈也被毕师铎和秦彦杀害。方士吕用之当然也好运不长，扬州城失陷后，吕用之出奔庐州刺史杨行密，为杨行密所杀，一场骗局至此告终。吕用之的行为虽说荒诞可笑，然而历史上类似的事情并不少，因此倒也值得玩味。高骈一事，一言以蔽之：高骈虔诚事"神仙"，"神仙"贪婪诈高骈。

人啊，有时昏昏，有时昭昭。是什么让人昏昏呢？要么是名的诱惑，要么是利的勾引。任何人都有趋利避害的本性，这就为江湖骗子们提供了机会和用武之地。

清朝著名文学家袁枚的笔记小品《子不语》里有一篇《奇骗》，说的是一个骗局，故事说了这样一件事：金陵有个老头，来到北门桥边的一家钱铺换钱，老头故意在银子的成色上斤斤计较，拖延时间。一个少年来了，自称是老头儿子的同事，把一封信和银子递给老头。老头装作老眼昏花看不清，让店主来看信。

店主一看，"老头的儿子"在信里说，随信带来纹银十两。老头让店主称那锭银子，店主发现这锭银却是十一两三钱，店主心生贪念，就没有说实话。而是把那锭银按照当天的牌价，换了铜钱 9000 文给老头。

老头走后，另外一个客人才告诉店主，这老头是个老骗子，也是自己的邻居。自己知道他的伎俩，只是当面不方便拆穿。店主赶紧拿来剪刀，把银锭剪断，果然只是包着银外皮的铅芯而已。店主一再请求，又答应付给客人三两银子做酬谢，客人才勉强同意带他去找老骗子。客人带店主找到老骗子喝酒的地方，自己就离开了。店主一看到老骗子，就气不打一处来，冲动地上前直接动手打老骗子。

周围不明真相的群众，以为店主在欺负老年人，气愤地问店主打人的原因。店主告诉周围人，老头骗了他 9000 文钱。老骗子却面不改色，让店主拿银子出来看看。

店主把假银子拿出来，老骗子哈哈大笑："我儿子是寄给我十两纹银，你这银子明显超重，不是我那一锭。"

周围的人找来酒店的秤，称了假银子是十一两三钱，马上对老骗子深信不疑，一起把店主群殴了一顿。店主无奈，只得带着伤回去了。

（八）安重诲自食其果

明宗圣德和武钦孝皇帝长兴元年（庚寅，公元九三〇年）

安重诲久专大权，中外恶之者众；王德妃及武德使孟汉琼浸用事，数短重诲于上。重诲内忧惧，表解机务。上曰："朕无间于卿，诬罔者朕既诛之矣，卿何为尔？"甲戌，重诲复面奏曰："臣以寒贱，致位至此，忽为人诬以反，非陛下至明，臣无种矣。由臣才薄任重，恐终不能镇浮言，愿赐一镇以全馀生。"上不许；重诲求之不已，上怒曰："听卿去，朕不患无人！"前成德节度使范延光劝上留重诲，且曰："重诲去，谁能代之？"上曰："卿岂不可？"延光曰："臣受驱策日浅，且才不逮重诲，何敢当此？"上遣孟汉琼诣中书议重诲事，冯道曰："诸公果爱安令，宜解其枢务为便。"赵凤曰："公失言。"乃奏大臣不可轻动。

……

石敬瑭征蜀未有功，使者自军前来，多言道险狭，进兵甚难，关右之人疲于转饷，往往窜匿山谷，聚为盗贼。上忧之，壬子，谓近臣曰："谁能办吾事者！吾当自行耳。"安重诲曰："臣职忝机密，军威不振，臣之罪也，臣请自往督战。"上许之。重诲即拜辞，癸丑，遂行，日驰数百里。西方藩镇闻之，无不惶骇。钱帛、刍粮昼夜辇运赴利州，人畜毙踣于山谷者不可胜纪。时上已疏重诲，石敬瑭本不欲西征，及重诲离上侧，乃敢累表奏论，以为蜀不可伐，上颇然之。

明宗圣德和武钦孝皇帝长兴二年（辛卯，公元九三一年）

初，凤翔节度使硃弘昭谄事安重诲，连得大镇。重诲过凤翔，弘昭迎拜马首，馆于府舍，延入寝室，妻子罗拜，奉进酒食，礼甚谨。重诲为弘昭泣言："谗人交构，几不免，赖主上明察，得保宗族。"重诲既去，弘昭即奏"重诲怨望，有恶言，不可令至行营，恐夺石敬瑭兵柄。"又遗敬瑭书，言"重诲举措孟浪，若至军前，恐将士疑骇，不战自溃，宜逆止之。"敬瑭大惧，即上言：重诲至，恐人情有变，宜急征还。宣徽使孟汉琼自西方还，亦言重诲过恶，有诏召重诲还。

……

辛丑，以枢密使兼中书令安重诲为护国节度使。赵凤言于上曰："重诲陛下家臣，其心终不叛主，但以不能周防，为人所谗；陛下不察其心，重诲死无日矣。"上以为朋党，不悦。

……

护国节度使兼中书令安重诲内不自安，表请致仕；闰月，庚寅，制以太子太师致仕。是日，其子崇赞、崇绪逃奔河中。

壬辰，以保义节度使李从璋为护国节度使；甲午，遣步军指挥使药彦稠将兵趣河中。

安崇赞等至河中，重诲惊曰："汝安得来？"既而曰："吾知之矣，此非渠意，为人所使耳。吾以死徇国，夫复何言！"乃执二子表送诣阙。

明日，有中使至，见重诲，恸哭久之；重诲问其故，中使曰："人言令公有异志，朝廷已遣药彦稠将兵至矣。"重诲曰："吾受国怨，死不足报，敢有异志，更烦国家发兵，贻主上之忧，罪益重矣。"崇赞等至陕，有诏系狱。皇城使翟光邺素恶重诲，帝遣诣河中察之，曰："重诲果有异志则诛之。"光邺至河中，李从璋以甲士围其第，自入见重诲，拜于庭下。重诲惊，降阶答拜，从璋奋挝击其首；妻张氏惊救，亦挝杀之。

奏至，己亥，下诏，以重诲离间孟知祥、董璋、钱镠为重诲罪，又诬其欲自击淮南以图兵柄，遣元随窃二子归本道；并二子诛之。

——《资治通鉴》卷第二百七十七【后唐纪六】

【解题与点评】

安重诲原是李嗣源手下的一名谋士。公元 926 年，安重诲协助李嗣源在魏州发动兵变，夺取其义父李克用的皇位，因此成为后唐的功臣。后唐明宗李嗣源曾先后任命安重诲为中门使、左领军卫大将军、枢密使、兼领山南东道节度使，不久又升其为兵部尚书，累加侍中兼中书令。安重诲身处机要，事无巨细，均参与过问，渐渐地居功自傲、作威作福起来，成为后唐权倾天下的一位重臣。他阻断了皇帝与大臣间的联系，四方奏事皆要先禀告他，并经他决定是否转奏后，才可能到达皇帝的手中。安重诲还恣意干预政治，因私怨而气走前来修好的吴越王钱镠，为报怨而逐走明宗的儿子李从珂，甚至滥杀无辜、陷害忠良，安重诲因此树敌无数。

安重诲心胸狭隘，为公报私仇，常常诬陷他人，屡兴事端。由是怨者甚众，最后亦被人构陷而死，安重诲自然是自食其果。

　　一些人自恃在某方面比他人拥有更多的资本（如权、势、金钱、地位、名望），因而飞扬跋扈，蛮不讲理，仗势欺人。大凡骄横者，一般都与他人关系很糟糕。究其原因，骄横者总是以自我为中心。他想说什么就说什么，想干啥就干啥，也不管对方能不能理解和接受。这是因为骄横者总是以"一贯正确"的姿态出现，似乎真理总是在他手里。这种人常将他人视为"阿斗"。这些骄横者总是一些惯于使用权力者。他们非常看重自己掌握的权力，也很善于运用自己的权力。他们可以用权力整人、压人，甚至将对方整得透不过气来，置人死地而后快。这是因为骄横者的情绪总是多变的，很难让人捉摸。而且他们还有一个特点是不仅对他人缺乏感情，也容易将自己遭受到的不幸迁怒到他人身上。这种骄横狂傲者，结果会让自己走上一条不归路。

第三篇

司马光评论历史上的人和事

　　历史有时要"倒"着看，要"近视"；现实有时却要"顺"着读，要"远视"。登高才能望远，探幽必临深渊。现实中的一切，总能找到它们的历史影子；历史书卷里的众生百态，喜怒哀乐，也总能在现实中寻找到它们的现代版本和演绎注释。

　　司马光站在历史的峰巅，纵横捭阖，评古论今，一路谈笑风生。是非功过，得失成败，尽在这些朴实无华的文字中。

一、为君之道

显王十年（壬戌，公元前三五九年）

　　臣光曰：夫信者，人君之大宝也。国保于民，民保于信。非信无以使民，非民无以守国。是故古之王者不欺四海，霸者不欺四邻，善为国者不欺其民，善为家者不欺其亲。不善者反之：欺其邻国，欺其百姓，甚者欺其兄弟，欺其父子。上不信下，下不信上，上下离心，以至于败。所利不能药其所伤，所获不能补其所亡，岂不哀哉！昔齐桓公不背曹沫之盟，晋文公不贪伐原之利，魏文侯不弃虞人之期，秦孝公不废徙木之赏。此四君者，道非粹白，而商君尤称刻薄，又处战攻之世，天下趋于诈力，犹且不敢忘信以畜其民，况为四海治平之政者哉！

——《资治通鉴》卷二【周纪二】

【解题与点评】

周幽王为博褒姒一笑，屡举烽火，失信于诸侯，终致亡国丧家；商鞅以百金徙木，示信于民，变法成功，弱秦变强，终于扫平六国，一统天下。诚信，为人之道，为政之本。

显王三十三年（乙酉，公元前三三六年）

臣光曰：子思、孟子之言，一也。夫唯仁者为知仁义之利，不仁者不知也。故孟子对梁王直以仁义而不及利者，所与言之人异故也。

——《资治通鉴》卷二【周纪二】

【解题与点评】

孔子的学生樊迟问"仁"，孔老夫子曰：仁者，爱人。又有学生问：如何才能实践"仁"，孔子回答说：能近取譬，即关注身边的人和事，并能设身处地为别人想一想，做个角色换位，就能实践仁。有句歌词说得好：只有人人都献出一点爱，世界将变成美好的人间。

孔子讲学图

显王四十八年（庚子，公元前三二一年）

臣光曰：君子之养士，以为民也。《易》曰："圣人养贤，以及万民。"夫贤者，其德足以敦化正俗，其才足以顿纲振纪，其明足以烛微虑远，其强足以结仁固义。大则利天下，小则利一国。是以君子丰禄以富之，隆爵以尊之。养一人而及万人者，养贤之道也。今孟尝君之养士也，不恤智愚，不择臧否，盗其君之禄，以立私党，张虚誉，上以侮其君，下以蠹其民，是奸人之雄也，乌足尚哉！《书》曰："受为天下逋逃主、萃渊薮。"此之谓也。

——《资治通鉴》卷二【周纪二】

【解题与点评】

何为君子？要有德、有才、智明、坚强，而且言行一致，知行合一。君子当以德为首，否则容易产生"伪君子"。

赧王二十三年（己巳，公元前二九二年）

臣光曰：甚哉秦之无道也，杀其父而劫其子；楚之不竞也，忍其父而婚其仇！呜呼！楚之君诚得其道，臣诚得其人，秦虽强，乌得陵之哉！善乎荀卿论之曰："夫道，善用之则百里之地可以独立，不善用之则楚六千里而为仇人役。"故人主不务得道而广有其势，是其所以危也。

——《资治通鉴》卷四【周纪四】

【解题与点评】

天若有情天亦老，人间正道是沧桑。国力的竞争，实际上是人才的竞争，这是千古不易之理。

太祖高皇帝七年（辛丑，公元前二〇〇年）

臣光曰：王者以仁义为丽，道德为威，未闻其以宫室填服天下也。天下未定，当克己节用以趋民之急；而顾以宫室为先，岂可谓之知所务哉！昔禹卑宫室而桀为倾宫。创业垂统之君，躬行节俭以示子孙，其末流犹入于淫靡，况示之以侈乎！乃云"无令后世有以加"，岂不谬哉！至于孝武，卒以宫室罢敝天下，未必不由萧侯启之也！

——《资治通鉴》卷十一【汉纪三】

【解题与点评】

生于忧患，死于安乐。俭以兴国，奢以亡身。试看世事沧桑变化，人间离合悲欢，无时不在印证着这个规律。

太祖高皇帝八年（辛丑，公元前一九八年）

臣光曰：高祖骄以失臣，贯高狠以亡君。使贯高谋逆者，高祖之过也；使张敖亡国者，贯高之罪也。

——《资治通鉴》卷十二【汉纪四】

【解题与点评】

诚才能生威，公方可取信。任何事情的发生，都有其合理性，冤有头，债有主。

孝惠皇帝四年（庚戌，公元前一九一年）

臣光曰：过者，人之所必不免也，惟圣贤为能知而改之。古之圣王，患其有

廉生威碑

过而不自知也，故设诽谤之木，置敢谏之鼓，岂畏百姓之闻其过哉！是以仲虺美成汤曰："改过不吝。"傅说戒高宗曰："无耻过作非。"由是观之，则为人君者，固不以无过为贤，而以改过为美也。今叔孙通谏孝惠，乃云"人主无过举"，是教人君以文过遂非也，岂不缪哉！

——《资治通鉴》卷十二【汉纪四】

【解题与点评】

毛泽东曾说过一句很有哲理的话：人不犯错误是猪，犯了错误不改也是猪。人非生而知之，孰能无过。重要的是知错、改错。在司马光看来，能知

错者是圣王，最可怕的是不能知错，不能改错。

如何才能知错？其中一个重要的方面就是允许和提倡人们说实话，讲真话，多批评，要有听取不同见的自觉性，还要有雅量。但现实中人们往往只爱听颂词、谀词，忠言逆耳。

一个女人，长得很丑很丑，有个男人对她说："你长得漂亮"，虽然没有说"很漂亮"，但也明显是假话，正是这种假话，人们总爱听。因而能把长着的疮，点绘成一朵桃花，把溃烂流出的脓，调成乳酪，这才是升官发财之道，然而这是邪道。

太宗孝文皇帝十年（辛未，公元前一七〇年）

臣光曰：李德裕以为："汉文帝诛薄昭，断则明矣，于义则未安也。秦康送晋文，兴如存之感；况太后尚存，唯一弟薄昭，断之不疑，非所以慰母氏之心也。"臣愚以为法者天下之公器，惟善持法者，亲疏如一，无所不行，则人莫敢有所恃而犯之也。夫薄昭虽素称长者，文帝不为置贤师傅而用之典兵；骄而犯上，至于杀汉使者，非有恃而然乎！若又从而赦之，则与成、哀之世何异哉！魏文帝尝称汉文帝之美，而不取其杀薄昭，曰："舅后之家，但当养育以恩而不当假借以权，既触罪法，又不得不害。"讥文帝之始不防闲昭也，斯言得之矣。然则欲慰母心者，将慎之于始乎！

——《资治通鉴》卷十四【汉纪六】

【解题与点评】

司马光认为法是天下之公器。但不同的人操持"法"的目的、方法和结果是不同的。明君贤吏内举不避亲，外举不避仇。一切以公正廉明为准的。这样就可民安国泰。但是在中国历史上，徇私、徇赃枉法者代不乏人。法，这个天下之公器，在它睁开一双法眼，看到杨三姐告状的情景时，不知作何感想。在它竖起顺风耳，在听到窦娥的喊冤声，也不知能否流下几滴泪水。

世宗孝武皇帝太初元年（丁丑，公元前一〇四年）

臣光曰：武帝欲侯宠姬李氏，而使广利将兵伐宛，其意以为非有功不侯，不欲负高帝之约也。夫军旅大事，国之安危、民之死生系焉。苟为不择贤愚而授之，欲徼幸咫尺之功，藉以为名而私其所爱，不若无功而侯之为愈也。然则武帝有见于封国，无见于置将；谓之能守先帝之约，臣曰过矣。

——《资治通鉴》卷二十一【汉纪十三】

【解题与点评】

司马光认为汉武帝在解决汉初分封王侯方面富有创造性的贡献，但在任将用兵上却并不高明。如果汉武帝以先帝"非有功不侯"之约为借口，为邀名利而贸然兴兵，其危害倒不如无功而封侯。

名不正则言不顺。汉武帝为了找到为宠姬李氏之兄封侯的理由，竟令李氏之兄李广利兴兵伐宛。这些将士和大宛人的鲜血和生命，能绘成汉武帝和李氏的扇底桃花吗？

汉武帝以李广利为将伐宛，最根本的问题在于他是为了私爱而不是从国家的利益出发，动机不正。

世宗孝武皇帝太始二年（丙戌，公元前九五年）

臣光曰：为人君者，动静举措不可不慎，发于中必形于外，天下无不知之。当是时也，皇后、太子皆无恙，而命钩弋之门曰尧母，非名也。是以奸臣逆探上意，知其奇爱少子，欲以为嗣，遂有危皇后、太子之心，卒成巫蛊之祸，悲夫！

——《资治通鉴》卷二十二【汉纪十四】

【解题与点评】

纵观历朝历代，宫廷内刀光剑影，烛影斧声，这一桩桩、一件件，哪一个不是为了那身龙袍？哪一个不是为了那把龙椅？

世宗孝武皇帝征和二年（庚寅，公元前九一年）

臣光曰：古之明王教养太子，为之择方正敦良之士，以为保傅、师友，使朝夕与之游处。左右前后无非正人，出入起居无非正道，然犹有淫放邪僻而陷于祸败者焉，今乃使太子自通宾客，从其所好。夫正直难亲，谄谀易合，此固中人之常情，宜太子之不终也！

——《资治通鉴》卷二十二【汉纪十四】

孟母三迁图

【解题与点评】

《三字经》开篇就说：人之初，性本善，性相近，习相远，苟不教，性乃迁。教育的重要性，已提到关乎人性善恶的高度，能不重视吗？难怪自古就有天、地、君、亲、师的称呼，师与天、地、君、亲齐等。

世宗孝武皇帝后元二年（甲午，公元前八七年）

臣光曰：孝武穷奢极欲，繁刑重敛，内侈宫室，外事四夷，信惑神怪，巡游无度，使百姓疲敝，起为盗贼，其所以异于秦始皇者无几矣。然秦以之亡，汉以之兴者，孝武能尊先王之道，知所统守，受忠直之言，恶人欺蔽，好贤不倦，诛赏严明，晚而改过，顾托得人，此其所以有亡秦之失而免亡秦之祸乎！

——《资治通鉴》卷二十二【汉纪十四】

汉武帝茂陵

【解题与点评】

司马光认为汉武帝与秦始皇在严刑重敛、滥用民力等方面有很多相似的地方，但秦二世而亡，而汉却走向极盛，二人的统治结果判然有别，其中最根本的原因在于汉武帝能尊先王之道，知所统守，受忠直之言，好贤不倦，诛赏严明，晚年能认错改错，顾托得人。司马光的看法非常独到精辟。

孝元皇帝下建昭二年（甲申，公元前三七年）

臣光曰：人君之德不明，则臣下虽欲竭忠，何自而入乎！观京房之所以晓孝元，可谓明白切至矣，而终不能寤，悲夫！《诗》曰："匪面命之，言提其耳。匪手携之，言示之事。"又曰："诲尔谆谆，听我藐藐。"孝元之谓矣！

——《资治通鉴》卷二十九【汉纪二十一】

【解题与点评】

君与臣的关系，历来认为君为臣纲，君要臣死，臣不得不死。但是，忠臣遇上昏君，要么是对牛弹琴，要么是死了都不明白是为了什么而死。当然，君明臣忠，则政治清晏，国泰民安，这是人人都盼望的好政治。

孝成皇帝绥和二年（甲寅，公元前七年）

臣光曰：晏婴有言："天命不慆，不贰其命。"祸福之至，安可移乎！昔楚昭王、宋景公不忍移灾于卿佐，曰："移腹心之疾，寘诸股肱，何益也！"藉其灾可移，仁君犹不肯为，况不可乎！使方进罪不至死而诛之，以当大变，是诬天也；方进有罪当刑，隐其诛而厚其葬，是诬人也；孝成欲诬天、人而卒无所益，可谓不知命矣。

——《资治通鉴》卷三十三【汉纪二十五】

【解题与点评】

司马光认为汉成帝诛翟方进是诬天、诬人之举。这种诛杀一个罪不当诛之人以阻挡王朝衰败，是自欺欺人。统治者不从改革弊政，励精图治入手，而只揣摸所谓天意，这是徒劳无益的。

从孝成皇帝来说，他惯用的手法就是掴人一个响亮耳光，然后伸出手去摸一摸，问声："痛吗？请多保重！"

孝顺皇帝永和六年（辛巳，公元一四一年）

臣光曰：成帝不能选任贤俊，委政舅家，可谓暗矣；犹知王立之不材，弃而不用。顺帝援大柄，授之后族，梁冀顽嚚凶暴，著于平昔，而使之继父之位，终于悖逆，荡覆汉室；校于成帝，暗又甚焉！

——《资治通鉴》卷五十二【汉纪四十四】

【解题与点评】

高明者得天下英才而用之，昏懦者寄附于裙带之下而成一蚁蝼。古往今来，君明则臣贤，君昏则臣佞，君暴则臣残。鲁迅说过，暴君的臣民比暴君更暴，要真正理解这句话，得经历过风雨，领略过人性之恶。

世祖文皇帝黄初二年（辛丑，公元二二一年）

臣光曰：于禁将数万众，败不能死，生降于敌，既而复归。文帝废之可也，杀之可也，乃画陵屋以辱之，斯为不君矣！

——《资治通鉴》卷六十八【汉纪六十】

【解题与点评】

司马光认为魏文帝应该有雅量，应该尊重于禁的人格。于禁战败，可以依军法从事，而不应该对于禁进行人格侮辱。

对魏文帝来说，这是好狠毒的招！砍头只是风吹帽。羞辱却是慢火煮心。一个人为了事业，可以屈辱地活着；没有了希望，可以勇敢地死去！

孝怀皇帝永嘉三年（己巳，公元三〇九年）

臣光曰：何曾讥武帝偷惰，取过目前，不为远虑；知天下将乱，子孙必与其忧，何其明也！然身为僭侈，使子孙承流，卒以骄奢亡族，其明安在哉！且身为宰相，知其君之过，不以告而私语于家，非忠臣也。

——《资治通鉴》卷八十七【晋纪九】

【解题与点评】

司马光认为何曾对当时的统治及其可能导致的恶果应该有清醒的认识，何曾也应该从国家利益出发，直言相谏，指陈得失。但何曾没有这样做，这是一种失职行为。但是，在中国古代君主专制制度下，犯颜直谏，容易招来祸端，以致有"言多必失，事多必败"之说。《增广贤文》上有句话"人人学得乌龟法，得缩头时且缩头"，说的就是人们有想法，有自己的思考而不敢表达这种不正常现象。

烈宗孝武皇帝太元五年（庚辰，公元三八〇年）

臣光曰：夫有功不赏，有罪不诛，虽尧、舜不能为治，况他人乎！秦王坚每得反者辄宥之，使其臣狃于为逆，行险徼幸，虽力屈被擒，犹不忧死，乱何自而息哉！

——《资治通鉴》卷一百零四【晋纪二十六】

【解题与点评】

有功则赏，是为扶持正气，功劳和贡献得到社会承认。有罪则罚，是为去除歪风邪气。赏功罚罪，向世人表明什么可为，什么不可为。否则，赏罚不分，只能是一个是非颠倒的世界。

安皇帝义熙十三年（丁巳，公元四一七年）

臣光曰：古人有言："疑则勿任，任则勿疑。"裕既委镇恶以关中，而复与田子有后言，是斗之使为乱也。惜乎！百年之寇，千里之士，得之艰难，失之造次，使丰、鄗之都复输寇手。荀子曰："兼并易能也，坚凝之难。"信哉！

——《资治通鉴》卷一百一十八【晋纪四十】

【解题与点评】

人们常说：疑人不用，用人不疑。但是在识人与用人的问题上，有人总是疑而用之，用而疑之，双方都不快活，还会闹出许多是非来。

高祖武皇帝天监十七年（戊戌，公元五一八年）

臣光曰：宏为将则覆三军，为臣则涉大逆，高祖贷其死罪可矣。数旬之间，还为三公，于兄弟之恩诚厚矣，王者之法果安在哉！

——《资治通鉴》卷一百四十八【梁纪四】

【解题与点评】

司马光认为梁高祖应该有功则赏，有罪则罚，赏有劳而禄有功，这才是为君之道。但梁高祖赏败军之将，徇私枉法，怎么能当君主，治理天下呢！

高祖武皇帝大同十一年（乙丑，公元五四五年）

臣光曰：梁高祖之不终也，宜哉！夫人主听纳之失，在于丛脞；人臣献替之病，在于烦碎。是以明主守要道以御万机之本，忠臣陈大体以格君心之非。故身不劳而收功远，言至约而为益大也。观夫贺琛之谏亦未至于切直，而高祖已赫然震怒，护其所短，矜其所长；诘贪暴之主名，问劳费之条目，困以难对之状，责以必穷之辞。自以蔬食之俭为盛德，日昃之勤为至治，君道已备，无复可加，群臣箴规，举不足听。如此，则自馀切直之言过于琛者，谁敢进哉！由是奸佞居前而不见，大谋颠错而不知，名辱身危，覆邦绝祀，为千古所闵笑，岂不哀哉！

——《资治通鉴》卷一百五十九【梁纪十五】

【解题与点评】

防民之口，甚于防川。说真话者倒霉，说假话者得利，其结果必然是空话、假话满天飞，国家变成一个谎言的世界。趋利避祸，人之常情也！

高宗宣皇帝太建八年（丙申，公元五七六年）

臣光曰：赏有功，诛有罪，此人君之任也。高遵奉使异国，漏泄大谋，斯叛臣也。周高祖不自行戮，乃以赐谦，使之复怨，失政刑矣！孔子谓以德报怨者，何以报德？为谦者，宜辞而不受，归诸有司，以正典刑。乃请而赦之以成其私名，美则美矣，亦非公义也。

——《资治通鉴》卷一百七十二【陈纪六】

【解题与点评】

司马光认为在德与怨关系上，应以德报怨，不能仇仇相报，冤冤相报，这是处理人与人之间关系的一般原则。但是，作为陈宣帝应该赏有功，诛有罪；作为高遵则应该无功不受禄。陈宣帝与高遵在这件事情上，实际上是以私害公。

高祖神尧大圣光孝皇帝武德九年（丙戌，公元六二六年）

臣光曰：古人有言：君明臣直。裴矩佞于隋而忠于唐，非其性之有变也；君恶闻其过，则忠化为佞，君乐闻直言，则佞化为忠。是知君者表也，臣者景也，表动则景随矣。

——《资治通鉴》卷一百九十二【唐纪八】

【解题与点评】

司马光认为裴矩在隋、唐两朝判若两人的表现，其本质上不在于裴矩的性格改变了，而在于他所处环境的变化。人们常说"明君多忠臣"，道理也在于此。

但在实际中，既然有披着羊皮的狼，也应该有披着狼皮的羊。被某个人说成是坏蛋，并视为眼中钉、肉中刺的人说不定还是个真君子；某个被捧成一朵花的人，说不定罪大恶极的大奸人。

玄宗至道大圣大明孝皇帝开元二年（甲寅，公元七一四年）

臣光曰：明皇之始欲为治，能自刻厉节俭如此，晚节犹以奢败。甚哉，奢靡之易以溺人也！《诗》云："靡不有初，鲜克有终。"可不慎哉！

——《资治通鉴》卷二百一十一【唐纪二十七】

【解题与点评】

司马光认为唐玄宗早期平定内乱，稳定政局，励精图治，终成开元盛世，但是他鲜克有终，中晚年宠爱杨贵妃，沉迷奢靡享乐之中。俭以兴国，奢以亡家。唐玄宗晚节不保，不仅是他个人的悲剧，也是唐朝的悲剧，再一次证明了腐败必然导致人亡政息的道理。

唐玄宗和杨贵妃

唐玄宗是个前后判若两人的人物。如果给唐玄宗塑像，应该左边半个脸是明亮的，右边半个脸是灰暗的。

肃宗文明武德大圣大宣孝皇帝至德元载（丙申，公元七五六年）

臣光曰：圣人以道德为丽，仁义为乐；故虽茅茨土阶，恶衣菲食，不耻其陋，惟恐奉养之过以劳民费财。明皇恃其承平，不思后患，殚耳目之玩，穷声技之巧，自谓帝王富贵皆不我如，欲使前莫能及，后无以逾，非徒娱己，亦以夸人。岂知大盗在旁，已有窥窬之心，卒致銮舆播越，生民涂炭。乃知人君崇华靡以示人，适足为大盗之招也。

《孟子》书影

——《资治通鉴》卷二百一十八【唐纪三十四】

【解题与点评】

唐玄宗的悲剧再一次证明了孟子所言"生于忧患，死于安乐"这句话的正确性。科学家将青蛙投入已经煮沸的开水中时，青蛙因受不了突如其来的高温刺激立即奋力从开水中跳出来得以成功逃生。当科研人员把青蛙先放入装着冷水的容器中，然后再慢慢加热，结果就不一样了。青蛙反倒因为开始时水温的舒适而在水中悠然自得。当青蛙发现无法忍受高温时，已经心有余而力不足了，不知不觉被煮死在热水中。可怜的青蛙，因为少了一份看似多余的担心，结果，悲剧了！

德宗神武圣文皇帝贞元三年（丁卯，公元七八七年）

臣光曰：甚矣，唐德宗之难寤也！自古所患者，人君之泽壅而不下达，小民之情郁而不上通；故君勤恤于上而民不怀，民愁怨于下而君不知，以至于离叛危亡，凡以此也。德宗幸以游猎得至民家，值光奇敢言而知民疾苦，此乃千载之遇也。固当按有司之废格诏书，残虐下民，横增赋敛，盗匿公财，及左右谄谀曰称民间丰乐者而诛之。然后洗心易虑，一新其政，屏浮饰，废虚文，谨号令，敦诚信，察真伪，辨忠邪，矜困穷，伸冤滞，则太平之业可致矣。释此不为，乃复光奇之家。夫以四海之广，兆民之众，又安得人人自言于天子而户户复其徭赋乎！

—— 《资治通鉴》卷二百三十三【唐纪四十九】

【解题与点评】

古人说，谎言说十遍，就可能变成"真"的了！

唐德宗游猎而至民家，从而知道民生疾苦的实情以至难以安寝。司马光得到启发和认识。他认为治理国家，民情应该得以上达，政令能够通下。治国安邦者不仅要了解国情民情，而且了解的是全面、真实的国情民情，这样才能正确决策，树立官府威信，解决实际问题。治国安邦最可怕的一是不去了解实际情况，做具体的调查研究；二是听听汇报，看看材料，即使了解情况，得到的是也虚假、片面的情况。

中国古代有个成语"三人成虎"，成语里的故事是说魏国大臣庞葱将要陪魏太子到赵国去做人质，临行前对魏王说："现在有个一人来说街市上出现了老虎，大王相信吗？"魏王说："我不相信。"庞葱说："如果有第二个人说街市上出现了老虎，大王相信吗？"魏王说："我有些将信将疑了。"庞葱又说："如果有第三个人说街市上出现了老虎，大王相信吗？"魏王说："我当然会相信。"庞葱就说："街市上不会有老虎，这是很明显的事，可是经过三个人一说，好像真的有了老虎了。现在赵国国都邯郸离魏国国都大梁很远，比这里的街市远了许多，议论我的人又不止三个，希望大王明察才好。"魏王说："一切我自己知道。"庞葱陪太子回国，魏王果然没有再召见他了。市是人口集中的地方，当然不会有老虎。说市上有虎，显然是造谣、欺骗，但许多人这样说了，如果不是从事物真相上看问题，也往往会信以为真的。

街市上究竟有没有老虎，魏王自己出去看看，就清楚了。只听听汇报，走走过场，不三人成虎才怪呢！

德宗神武圣文皇帝贞元三年（丁卯，公元七八七年）

臣光曰：王者以天下为家，天下之财皆其有也。阜天下之财以养天下之民，己必豫焉。或乃更为私藏，此匹夫之鄙志也。古人有言曰：贫不学俭。夫多财者，奢欲之所自来也。李泌欲弭德宗之欲而丰其私财，财丰则欲滋矣。财不称欲，能无求乎！是犹启其门而禁其出也！虽德宗之多僻，亦泌所以相之者非其道故也。

——《资治通鉴》卷二百三十三【唐纪四十九】

【解题与点评】

在司马光看来，人的欲望并不因财富增多而受到抑制，反而会刺激欲望的膨胀。李泌为了阻止唐德宗私欲的膨胀，采取了"丰其私财"的方法。结果不仅没有使唐德宗私欲得到抑制，反而更为刺激了其享乐奢侈的欲望。

人的欲望是无限的，只有靠道德伦理的内在约束和法律的外在规范。但是，在古代中国，"普天之下，莫非王土；率土之滨，莫非王臣"。翻遍史书，也没有找到这是谁规定的。只是君王们这样说，大臣们、学者们跟着说，说多了，也就成为事实了。就像没有路的地方，走的人多了，就有一条路一样。在这种情况下，要从根本上抑制君主的奢侈，其实是很难做到的。

世宗睿武孝文皇帝显德六年（己未，公元九五九年）

臣光曰：或问臣：五代帝王，唐庄宗、周世宗皆称英武，二主孰贤？臣应之曰：夫天子所以统治万国，讨其不服，抚其微弱，行其号令，壹其法度，敦明信义，以兼爱兆民者也。庄宗既灭梁，海内震动，湖南马氏遣子希范入贡，庄宗曰："比闻马氏之业，终为高郁所夺。今有儿如此，郁岂能得之哉？"郁，马氏之良佐也。希范兄希声闻庄宗言，卒矫其父命而杀之，此乃市道商贾之所为，岂帝王之体哉！盖庄宗善战者也，故能以弱晋胜强梁，既得之，曾不数年，外内离叛，置身无所。诚由知用兵之术，不知为天下之道故也。世宗以信令御群臣，以正义责诸国，王环以不降受赏，刘仁赡以坚守蒙褒，严续以尽忠获存，蜀兵以反覆就诛，冯道以失节被弃，张美以私恩见疏。江南未服，则亲犯矢石，期于必克，既服，则爱之如子，推诚尽言，为之远虑。其宏规大度，岂得与庄宗同日语哉！《书》曰："无偏无党，王道荡荡。"又曰："大邦畏其力，小邦怀其德。"世宗近之矣！

——《资治通鉴》卷二百九十四【后周纪五】

【解题与点评】

在司马光眼里，号称英武之君的唐庄宗和周世宗各有所长，不能一概而论。庄宗善战，世宗仁爱严明。但是作为君王有一个基本标准，这就是行号令，壹法度，敦信义，爱兆民。

评价人物，如用镜照物。用不同的镜子照，结果是不一样的。显微镜可以放大，倒着看，又可缩小，哈哈镜照出的是奇形怪状。所以，很多人，盖了棺，还不能有定论。有些虽定了论，说不能哪年又要开棺，就这么反复地折腾着。

司马光用一把尺子即国君的应该具有的标准对唐庄宗和周世宗的评价，基本上做到了客观和公正。

二、为人之道

始皇帝二十五年（己卯，公元前二二二年）

臣光曰：夫其膝行、蒲伏，非恭也；复言、重诺，非信也；糜金、散玉，非惠也；刿首、决腹，非勇也。要之，谋不远而动不义，其楚白公胜之流乎！

《资治通鉴》卷七【唐纪七十】秦纪二

【解题与点评】

大奸似忠，大贪敝履。古往今来，奸恶都善于伪装，贪腐者最会唱高调。因此，人们在好言、金钱、美女、铁哥们儿面前，可要小心，说不定笑声里突然飞出一把刀子，不偏不斜地扎向你的心。

太祖高皇帝五年（己亥，公元前二〇二年）

臣光曰：夫生之有死，譬犹夜旦之必然；自古及今，固未尝有超然而独存者也。以子房之明辨达理，足以知神仙之为虚诡矣；然其欲从赤松子游者，其智可知也。夫功名之际，人臣之所难处。如高帝所称者，三杰而已。淮阳诛夷，萧何系狱，非以履盛满而不止耶！故子房托于神仙，遗弃人间，等功名于外物，置荣利而不顾，所谓明哲保身者，子房有焉。

《资治通鉴》卷十一【汉纪三】

【解题与点评】

司马光认为一个人应该正确对待功名利禄。汉初三杰，人生结果完全不同，韩信被杀，萧何下狱，只有张良隐居南山，淡出官场，明哲保身。其中既有君臣之间的矛盾，也有不能正确对待功名的原因。

老子说过一句话："功成而弗居，是以不去"，在中国古代君主专制体制下是有一定道理的。但是究竟如何看待人生，有积极的态度，也有消极的态度，《红楼梦》第一回《甄士隐梦幻识通灵，贾雨村风尘怀闺秀》中有一首《好了歌》就是看破红尘，消极对待人生的代表性说法。歌词云：

世人都晓神仙好，惟有功名忘不了！古今将相在何方？荒冢一堆草没了。世人都晓神仙好，只有金银忘不了！终朝只恨聚无多，及到多时眼闭了。世人都晓神仙好，只有娇妻忘不了！君生日日说恩情，君死又随人去了。世人都晓神仙好，只有儿孙忘不了！痴心父母古来多，孝顺儿孙谁见了？

太祖高皇帝十一年（乙巳，公元前一九六年）

臣光曰：世或以韩信为首建大策，与高祖起汉中，定三秦，遂分兵以北，禽魏，取代，仆赵，胁燕，东击齐而有之，南灭楚垓下，汉之所以得天下者，大抵皆信之功也。观其距蒯彻之说，迎高祖于陈，岂有反心哉！良由失职怏怏，遂陷悖逆。夫以卢绾里闬旧恩，犹南面王燕，信乃以列侯奉朝请，岂非高祖亦有负于信哉！臣以为高祖用诈谋禽信于陈，言负则有之；虽然，信亦有以取之也。始，汉与楚相距荥阳，信灭齐，不还报而自王；其后汉追楚至固陵，与信期共攻楚而信不至。当是之时，高祖固有取信之心矣，顾力不能耳。及天下已定，则信复何恃哉！夫乘时以徼利者，市井之志也；酬功而报德者，士君子之心也。信以市井之志利其身，而以君子之心望于人，不亦难哉！是故太史公论之曰："假令韩信学道谦让，不伐己功，不矜其能，则庶几哉！于汉家勋，可以比周、召、太公之徒，后世血食矣！不务出此，而天下已集，乃谋畔逆；夷灭宗族，不亦宜乎！"

　　　　　　　　　　　　　　　　——《资治通鉴》卷十二【汉纪四】

【解题与点评】

受胯下之辱，终成大业者是韩信，战必胜，攻必取者，也是韩信。最后囚于钟室，面壁悲歌，"走兔死，狡狗烹，飞鸟尽，良弓藏，敌国破，谋臣亡"的也是韩信。功劳是什么？有时是金钱、地位、美色，有时也是大牢，是地狱，其中的奥妙，深着呢！

太祖高皇帝九年（癸卯，公元前一九八年）

臣光曰：为人子者，父母有过则谏；谏而不听，则号泣而随之。安有守高祖之业，为天下之主，不忍母之残酷，遂弃国家而不恤，纵酒色以伤生！若孝惠者，可谓笃于小仁而未知大谊也。

——《资治通鉴》卷十二【汉纪四】

【解题与点评】

司马光认为汉惠帝没有处理母亲亲情与国家大事的关系。在仁孝与国家大事发生矛盾的时候应该以仁孝服从于国家大事。惠帝对自己母亲的行为不是劝谏而是消极逃避，"遂弃国家而不恤，纵酒色以伤生"，这是不可取的。

当然，在现实生活中逃避也是一种解脱，只不过是一种痛苦的解脱。在自己力量已不可能改变局面的情况下，如果不染点道骨仙风，摆在眼前的路只有两条：一是跳楼割腕，二是做个疯子。相较之下，还是逍遥的好。

中宗孝宣皇帝地节四年（乙卯，公元前六六年）

臣光曰：霍光之辅汉室，可谓忠矣；然卒不能庇其宗，何也？夫威福者，人君之器也。人臣执之，久而不归，鲜不及矣。以孝昭之明，十四而知上官桀之诈，固可以亲政矣，况孝宣十九即位，聪明刚毅，知民疾苦，而光久专大柄，不知避去，多置亲党，充塞朝廷，使人主蓄愤于上，吏民积怨于下，切齿侧目，待时而发，其得免于身幸矣，况子孙以骄侈趣之哉！虽然，向使孝宣专以禄秩赏赐富其子孙，使之食大县，奉朝请，亦足以报盛德矣；乃复任之以政，授之以兵，及事丛衅积，更加裁夺，遂至怨惧以生邪谋，岂徒霍氏之自祸哉？亦孝宣酝酿以成之也。昔椒作乱于楚，庄王灭其族而赦箴尹克黄，以为子文无后，何以劝善。夫以显、禹、云、山之罪，虽应夷灭，而光之忠勋不可不祀；遂使家无噍类，孝宣亦少恩哉！

——《资治通鉴》卷二十五【汉纪十七】

【解题与点评】

福兮，祸之所伏；祸兮，福之所倚。威福、权势、金钱、地位，人人趋之若骛。殊不知，在得到的时候，说不定会失去，甚至会失去更多。张良运筹帷幄，决胜千里，功成而身退，得全其身，得福其家，可以为鉴矣！

郑板桥既留下了"难得糊涂"，也留下了"吃亏是福"，遗憾的是，大家都知道难得糊涂，却忘了吃亏是福！

孝元皇帝初元元年（癸酉，公元前四八年）

臣光曰：忠臣之事君也，责其所难，则其易者不劳而正；补其所短，则其长者不劝而遂。孝元践位之初，虚心以问禹，禹宜先其所急，后其所缓。然则优游不断，逸佞用权，当时之大患也，而禹不以为言；恭谨节俭，孝元之素志也，而禹孜孜而言之，何哉！使禹之智足不以知，乌得为贤！知而不言，为罪愈大矣！

——《资治通鉴》卷二十八【汉纪二十】

【解题与点评】

司马光认为贡禹知而不言是其大罪。人们常言居其官者谋其政，而贡禹对皇帝游猎无度，奸臣用权这些皇帝应该认识到而没有引起警惕的现象视而不见，不发一言；而对皇帝本来就很重视的问题反复陈说，虽然可能有贡禹个人的动机，但这也是一种严重失职行为。

不过，从贡禹为官之道上有一点是值得注意的，这就是凡是忠言，听起来都有些逆耳，凡是良药，都有些苦口。说得不好听，未必不是忠贞；说得让人爱听，未必就是真朋友！

孝元皇帝永光元元年（戊寅，公元前四八年）

臣光曰：君子以正攻邪，犹惧不克。况捐之以邪攻邪，其能免乎！

——《资治通鉴》卷二十八【汉纪二十】

【解题与点评】

司马光的意思是以正才能压邪，要树正气，行正道。如果正气不立，则邪气猖獗。

但是，在正常情况下正和邪是黑白分明的。但在一个是非颠倒的环境下，情况却会发生变化。譬如：影子歪邪于地上，影子便对树桩说，你为何不正？树桩看了看自己，我是正的，是你歪了。树桩和影子都在辩说自己正。双方相争论不休，相持良久，只好一起去问远处的一盏灯。灯不紧不慢地说：你们说的都对，都不对。是正是歪，一要看我怎么样照射，二是你们都是从各自立场出发。

肃宗孝章皇帝建初八年（癸未，公元八三年）

臣光曰：人臣之罪，莫大于欺罔，是以明君疾之。孝章谓窦宪何异指鹿为马，善矣；然卒不能罪宪，则奸臣安所惩哉！夫人主之于臣下，患在不知其奸，苟或知之而复赦之，则不若不知之为愈也。何以言之？彼或为奸而上不之知，犹有所畏；既知而不能讨，彼知其不足畏也，则放纵而无所顾矣！是故知善而不能用，知恶而不能去，人主之深戒也。

——《资治通鉴》卷四十六【汉纪三十八】

【解题与点评】

司马光认为作为人君不仅应该有判断是非曲直的认识能力，而且还应该有赏善罚恶的政治处理能力。如果知善不用，知恶不罚，很容易导致正气不伸，邪气猖獗的恶果。

孝顺皇帝永建二年（丁卯，公元一二七年）

臣光曰：古之君子，邦有道则仕，邦无道则隐。隐非君子之所欲也。人莫己知而道不得行，群邪共处而害将及身，故深藏以避之。王者举逸民，扬仄陋，固为其有益于国家，非以徇世俗之耳目也。是故有道德足以尊主，智能足以庇民，被褐怀玉，深藏不市，则王者当尽礼以致之，屈体以下之，虚心以访之，克己以从之，然后能利泽施于四表，功烈格于上下。盖取其道不取其人，务其实不务其名也。

——《资治通鉴》卷五十一【汉纪四十三】

【解题与点评】

司马光认为隐士之所以退隐山林，并不是他们不想为国家为人民做事，而是一种在世无道的情况下明哲保身的措施。作为君主，应该修明政治，弘扬王道，征举逸民隐士，让那些隐士有发挥自己才能的条件和机会。当然，隐士中也不排除有以退为进，以隐图显，韬光养晦，见机而起的势利客，如东晋时期高卧东山的谢安。

孝灵皇帝建宁二年（己酉，公元一六九年）

臣光曰：天下有道，君子扬于王庭以正小人之罪，而莫敢不服；天下无道，君子囊括不言以避小人之祸，而犹或不免。党人生昏乱之世，不在其位，四海横流，而欲以口舌救之，臧否人物，激浊扬清，撩虺蛇之头，践虎狼之属，以至身被淫刑，祸及朋友，士类歼灭而国随以亡，不亦悲乎！夫唯郭泰既明且哲，以保其身，申屠蟠见几而作，不俟终日，卓乎其不可及已！

——《资治通鉴》卷五十六【汉纪四十八】

【解题与点评】

在云谲波诡的政治舞台上，有时要难得糊涂，有时要众人皆醉而我独醒，方可万全。宋朝有个宰相叫吕端，凡小事糊涂，大事不糊涂，官做得很娴熟。不倒翁冯道（882—954 年）是五代乱世中的奇葩，一生历仕四个政权、九个皇帝，拜相二十多年，人称官场不倒翁。冯道自称"长乐老"，在乱世之中，冯道日子过得安安稳稳，官做得大，寿命活得长，做官的情商很高！

营阳王景平元年（癸亥，公元四二三年）

臣光曰：老、庄之书，大指欲同死生，轻去就。而为神仙者，服饵修炼以求轻举，炼草石为金银，其为术正相戾矣。是以刘歆《七略》叙道家为诸子，神仙为方技。其后复有符水、禁咒之术，至谦之遂合而为一；至今循之，其讹甚矣！崔浩不喜佛、老之书而信谦之之言，其故何哉！昔臧文仲祀爰居，孔子以为不智；如谦之者，其为爰居亦大矣。《诗》三百，一言以蔽之，曰思无邪。"君子之于择术，可不慎哉！

　　　　　　　　　　　——《资治通鉴》卷一百一十九【宋纪一】

【解题与点评】

司马光认为不同的思想对人有不同的影响。"思无邪"就是思想情感表达适中，无"过"与"不及"之弊，思想情感表达适中，行为笃守正道。

当然，人处在不同的环境下，对学术思想的接受是有差别的。如在得意之时，学点佛，参参禅，以免显现忘形之态；在失意时，读点《老子》《庄子》，染些道骨仙风，就可活下去了。

高宗明皇帝建武元年（甲戌，公元四九四年）

臣光曰：孔子称"鄙夫不可与事君，未得之，患得之；既得之，患失之。苟患失之，无所不至。"王融乘危徼幸，谋易嗣君。子良当时贤王，虽素以忠慎自居，不免忧死。迹其所以然，正由融速求富贵而已。轻躁之士，乌可近哉！

——《资治通鉴》卷一百三十九【齐纪五】

【解题与点评】

这里引用一句很流行的歌词："该出手时就出手啊！"凡济大事，成大业者，说话做事都是干净利落，果断坚决。患得又患失，有机会时抓不住，机会来了，又不知所措，这样的人只能看着别人吃肉，自己在一旁咽口水。有人说，幸运都是给予有准备的人。

高宗明皇帝建武元年（甲戌，公元四九四年）

臣光曰：臣闻"衣人之衣者怀人之忧，食人之食者死人之事。"二谢兄弟，比肩贵近，安享荣禄，危不预知；为臣如此，可谓忠乎！

——《资治通鉴》卷一百三十九【齐纪五】

【解题与点评】

忠于事业，为国谋利者是敬业；忠于一个人者是尽忠。衣人之衣者怀人之忧，食人之食者死人之事，虽然是以德报恩，但也容易生出许多奴才来。

高祖武皇帝大通元年（丁未，公元五二七年）

臣光曰：湛僧智可谓君子矣！忘其积时攻战之劳，以授一朝新至之将，知己之短，不掩人之长，功成不取，以济国事，忠且无私，可谓君子矣！

——《资治通鉴》卷一百五十一【梁纪七】

【解题与点评】

寸有所长，尺有所短。每个人活着自有每个人的道理；看到别人的长处，反思自己的短处，才是客观、理性的态度。但是人们往往患有"近视病"，总看人之短，说自己之长，看来配戴眼镜是必要的。

高祖武皇帝中大通三年（辛亥，公元五三一年）

臣光曰：君子之于正道，不可少顷离也，不可跬步失也。以昭明太子之仁孝，武帝之慈爱，一染嫌疑之迹，身以忧死，罪及后昆，求吉得凶，不可湔涤，可不戒哉！是以诡诞之士，奇邪之术，君子远之。

——《资治通鉴》卷一百五十五【梁纪十一】

【解题与点评】

司马光说的是如何做人的问题。笃守正道是君子应该具有的品格。但是笃守正道是一件很困难的事，一定要抵御歪门邪道的诱惑。

走正道者是君子，从旁门左道入者是小人。但中国历史上钻狗洞、探旁门者络绎于路。看来还是小人多而君子少。其实在这小人队伍中有些曾是君子，因为封建专制制度逼良为娼，才使他们从君子异化为小人，或做个"临时"小人。

肃宗文明武德大圣大宣孝皇帝至德二载（丁酉，公元七五七年）

臣光曰：为人臣者，策名委质，有死无贰。希烈等或贵为卿相，或亲连肺腑，于承平之日，无一言以规人主之失，救社稷之危，迎合取容以窃富贵；及四海横溃，乘舆播越，偷生苟免，顾恋妻子，媚贼称臣，为之陈力，此乃屠酤之所羞，犬马之不如。

——《资治通鉴》卷二百二十【唐纪十六】

【解题与点评】

这是一幅画，小人的嘴脸，势利之徒的百态，尽在其中。势利二字如何理解？简言之，善于观势看利也。有势必有利，附势必得利，有势者巴结之，有利处趋之，善于见风使舵也。势利者没有是非观念，也不讲人情，是小人中的一种。他们心目中只有个人的利害关系，骨子里是自私冷漠，当然谈不到讲原则。总而言之，势利眼者唯利是图，跟他谈道义说是非是浪费口舌。

太祖圣神恭肃文孝皇帝显德元年（甲寅，公元九五四年）

臣光曰：天地设位，圣人则之，以制礼立法，内有夫妇，外有君臣。妇之从夫，终身不改；臣之事君，有死无贰。此人道之大伦也。苟或废之，乱莫大焉！范质称冯道厚德稽古，宏才伟量，虽朝代迁贸，人无间言，屹若巨山，不可转也。臣愚以为正女不从二夫，忠臣不事二君。为女不正，虽复华色之美，织纴之巧，不足贤矣；为臣不忠，虽复材智之多，治行之优，不足贵矣。何则？大节已亏故也。道之为相，历五朝、八姓，若逆旅之视过客，朝为仇敌，暮为君臣，易面变辞，曾无愧怍，大节如此，虽有小善，庸足称乎！

或以为自唐室之亡，群雄力争，帝王兴废，远者十馀年，近者四三年，虽有忠智，将若之何！当是之时，失臣节者非道一人，岂得独罪道哉！臣愚以为忠臣忧公如家，见危致命，君有过则强谏力争，国败亡则竭节致死。智士邦有道则见，邦无道则隐，或灭迹山林，或优游下僚。今道尊宠则冠三师，权任则首诸相，国存则依违拱嘿，窃位素餐，国亡则图全苟免，迎谒劝进。君则兴亡接踵，道则富贵自如，兹乃奸臣之尤，安得与他人为比哉！或谓道能全身远害于乱世，斯亦贤已。臣谓君子有杀身成仁，无求生害仁，岂专以全身远害为贤哉！然则盗跖病终而子路醢。果谁贤乎？

抑此非特道之愆也，时君亦有责焉，何则？不正之女，中士羞以为家；不忠之人，中君羞以为臣。彼相前朝，语其忠则反君事仇，语其智则社稷为墟。后来之君，不诛不弃，乃复用以为相，彼又安肯尽忠于我而能获其用乎！故曰：非特道之愆，亦时君之责也！

——《资治通鉴》卷二百九十一【后周纪二】

【解题与点评】

司马光认为冯道是个不倒翁，历五朝八姓，始终能够左右逢源，但是，冯道已亏大节。不过司马光对冯道处世之术进行了客观分析，认为冯道能全身于乱世，这是他的一个特别的处事才能。而且，当时五朝八姓的统治者也为冯道提供了左右逢源的机会。

这里有必要对冯道这个政治上的不倒翁做些简要介绍。历史上的五代，不过五六十年的光景，却是王朝频繁更迭，一共换了五个朝代，出了五姓皇帝。所谓"一朝天子一朝臣"，自然短命的皇帝统领的也都是一批短命的大臣，他们往往做不了几年官，就随着王朝的倾颓而荣华转眼成烟。在这不断的变换更迭中泰然自若从未倒下一次的人，冯道便是其中的一个。他先后事四姓十位皇帝，均能进退得当，久居禄位。那么是不是冯道怀抱经天纬地之才，安邦治国之志，历代君主都缺不了他呢？不是，冯道既无政治建树，又乏民族气节，一旦国难临头，就另攀高枝一走了之。他从不以国家大业为己任，只是追求高官厚禄，弃国背君对他来讲如奴易主一般容易。

冯道，字可道，河北瀛州景城（今河北河间地区）人。相传他年少未成名时，就曾赋诗一首以表心志："莫为危时便怆神，前程往往有期因。终因海岳归明主，未省乾坤陷吉人。道德几时曾去世，舟车何处不通津。但教方寸无诸恶，虎狼丛中也立身。"他认为吉人自有天相，那么任凭乾坤转换，只要识时务不乱方寸，便可以处处是通津坦途，冯道的一生确确实实是按着这一座右铭去做的。

唐末时，他曾作为幽州刘守光的参军幕僚。刘守光败后，他又转事大宦官、监河东军张承业。张承业任用他为巡官，以其颇通文学推荐给晋王，任河东节度使掌书记。后唐建立时，拜户部侍郎，充翰林学士。明宗时，拜端明殿学士，后来又做了宰相。

冯道不同于以往或以后大多数奸臣，他从不表现得盛气凌人，不可一世，相反却仿佛是一个节俭、刻苦、自励的忠厚长者和谦谦君子。当后晋与后梁隔河而战时，冯道在军中，住在一茅庵之中，不设床席，就卧于一束枯草之上。有一位将士从别人那里抢来一个美女送给冯道为妾，冯道却之不过，便将她安置在别的房间里，慢慢访求她的主人，最后将她送还，一时美名远扬。

在皇帝面前，冯道也显得正直、忠义。后唐天成、长兴年间（926—933年），由于自然情况比较好，农民收成颇丰。冯道常劝诫明宗："臣做河东掌书记的时候，有一次奉使去中山，途经井陉，地势险峻，臣害怕马失前蹄，紧握衔辔，不敢稍有怠慢。及至过了井陉来到平地，臣以为前面即是坦途，哪知思想一放松反倒跌伤皮肉。大凡身蹈危地时思虑周到反获保全，而居安忘危却反遭不测，仁主应引以为戒。"还有一次，水运军将在临河县得到一个玉环，玉环玲珑剔透，上刻"传国宝万岁杯"六个字，于是他们把玉杯献给明宗。明宗爱不释手，常把它示与众臣赏玩。一天，明宗给冯道展示，冯道却故作深沉地说："这是前世遗留下的有形之宝，不足为奇；陛下身怀无形之宝，才是旷世罕见。"明宗不解地问冯道："何谓无形之宝？"冯道说："仁义者，帝王之宝也。所以人说：大宝曰皇位，何以守位则曰仁。"明宗虽贵为皇帝，却是个武将出身，这些大道理他一时转不过弯儿来，待要再问，冯道已神秘兮兮地飘然远去。明宗只好唤侍臣为他讲说，好半天才弄明白，觉得冯道马屁拍得实在是高，心里甜滋滋的。

后来，明宗死了，他再相愍帝。不久，潞王李从珂在凤翔反叛，愍帝领兵奔卫州。愍帝前脚一走，冯道就率百官将潞王迎入，李从珂继续用他为相。

公元936年，石敬瑭灭了后唐，建立后晋。冯道毫不畏惧，又投奔了后晋，一番巧言游说，石敬瑭任他为司空，同中书门下平章事，加司徒，兼侍中，封鲁国公。石敬瑭死后，出帝石重贵继位。冯道仍然为相，并且加太尉、封燕国公。后晋仅仅存在了十一年，不久契丹大军压境，攻入开封，擒获出帝。大臣们或死节或出逃，冯道依然方寸不乱，他从从容容地到京师朝拜契丹耶律德光。耶律德光斥责冯道："你在唐曾事四帝，可谓开国守业之臣。唐亡则事晋，也历二帝。如今又要改换门庭，如此不忠不义，本王怎么信你？"冯道并不羞愧，心平气和地立在一边听耶律德光责骂。许久，耶律德光骂完了，又问冯道："你为什么来朝？"冯道大言不惭地说："无城无兵，安敢不来？"耶律德光又讽刺他："你是何等的老儿？"冯道装疯卖傻地说："我是无才无德的痴顽老儿。"耶律德光听罢哈哈大笑："倒也乖巧。我再问你，天下百姓如何救得？"冯道用俳语答道："此时佛出救不得，惟皇帝救得。"耶律德光大喜，遂封冯道为太傅。

后来刘知远建立后汉，冯道又归附后汉，被封为太师。四年以后，即公元951年，郭威灭了后汉建立后周，冯道依然面不变色心不跳地站到郭威的麾下，凭其三寸不烂之舌，伶牙俐齿、一张厚脸皮在后周求得太师兼中书令之职。

三年以后，后周世宗柴荣即位，柴荣是郭威的养子，文治武功为五代各帝之冠。冯道以为柴荣年幼，定无主见，经常出言不敬，被罢去太师之职。冯道这些年闯过了大风大浪，而今在柴荣这儿翻了船，又羞又恼，不久就病死了。

冯道生活的几十年，天下纷纷扰扰，戎夷交侵，民如倒悬，冯道却怡然自得地做他政治上的不倒翁，不以为耻，反以为荣，还著书数百言，津津乐道地讲自己更事四姓及契丹所得的官阶封爵，自号为"长乐老"，自谓"孝于家、忠于国，为子、为弟、为人臣、为师长、为夫、为父，有子、有孙，时饮一杯，食味、别声、被色，老安于当代，老而自乐，何乐如之？"真是厚颜无耻，令人作呕。

三、治国之术

始皇帝二十五年（己卯，公元前二二二年）

臣光曰：夫为国家者，任官以才，立政以礼，怀民以仁，交邻以信。是以官得其人，政得其节，百姓怀其德，四邻亲其义。夫如是，则国家安如磐石，炽如焱火。触之者碎，犯之者焦，虽有强暴之国，尚何足畏哉！

——《资治通鉴》卷七【秦纪二】

【解题与点评】

司马光提出立国的几项原则，即任官以才，立政以礼，怀民以仁，交邻以信。这几项原则对治国安邦有着普遍的借鉴意义，但明显是典型的人治观念。治国安邦应该有人治，也应该有法治，既发挥人的主观能动性，又用制度和法律牢笼人性之恶，这样的国家才能长治久安。

中宗孝宣皇帝五凤四年（丁卯，公元前五四年）

臣光曰：王霸无异道。昔三代之隆，礼乐、征伐自天子出，则谓之王。天子微弱不能治诸侯，诸侯有能率其与国同讨不庭以尊王室者，则谓之霸。其所以行之也，皆本仁祖义，任贤使能，赏善罚恶，禁暴诛乱。顾名位有尊卑，德泽有深浅，功业有巨细，政令有广狭耳，非若白黑、甘苦之相反也。汉之所以不能复三代之治者，由人主之不为，非先王之道不可复行于后世也。夫儒有君子，有小人。彼俗儒者，诚不足与为治也，独不可求真儒而用之乎？稷、契、皋陶、伯益、伊尹、周公、孔子，皆大儒也，使汉得而用之，功烈岂若是而止邪！孝宣谓太子懦而不立，暗于治体，必乱我家，则可矣；乃曰王道不可行，儒者不可用，岂不过甚矣哉！殆非所以训示子孙，垂法将来者也。

——《资治通鉴》卷二十七【汉纪十九】

【解题与点评】

司马光说的是王道，主张以儒家思想治国平天下。古有"半部《论语》治天下"之说，亦有空谈误国之例。儒家治国之术，术非不善，要看谁持而用之。它如一把双刃剑，善持者可以人克敌制胜，斩棘开路；不善持者，自毁自伤。

世祖光武皇帝建武元年（乙酉，公元二五年）

臣光曰：孔子称"举善而教，不能则劝"，是以舜举皋陶，汤举伊尹，而不仁者远，有德故也。光武即位之初，群雄竞逐，四海鼎沸，彼摧坚陷敌之人，权略诡辩之士，方见重于世，而独能取忠厚之臣，旌循良之吏，拔于草莱之中，实诸群公之首，宜其光复旧物，享祚久长，盖由知所先务而得其本原故也。

——《资治通鉴》卷四十【汉纪三十二】

【解题与点评】

得人心者得天下，得人才者济大业。古人云："善用人者能成事，能成事者善用人。"刘邦在 48 岁以前只是一个村野亭长，百无一能。然而，后来他却能将英雄盖世的西楚霸王项羽逼得乌江自刎，成为大汉王朝的开国之君。对于成功的原因，刘邦自己说："夫运筹帷幄之中，决胜千里之外，吾不如子房；镇国家，抚百姓，给饷馈，不绝粮道，吾不如萧何；连百分之众，战必胜，攻必取，吾不如韩信。三者皆人杰，吾能用之，此吾所以取天下者也。项羽有一范增而不能用，此所以为我擒也。"由此可见，刘邦之所以能成为帝王，并不在于他有过人的勇气和才能，而是他能够用别人的长处来弥补自己的不足。刘邦因为善用韩信、萧何和张良，而成就了一番霸业。唐太宗李世民的用人之道最为感人至深。他说："君子小人，各安其位。"意思是说，君子与小人各得其用。"智者取其谋，愚者取其力；勇者取其威，怯者取其慎，无智、愚、勇、怯，兼而用之。"

孝桓皇帝元嘉元年（辛卯，公元一五一年）

臣光曰：汉家之法已严矣，而崔寔犹病其宽，何哉？盖衰世之君，率多柔懦，凡愚之佐，唯知姑息，是以权幸之臣有罪不坐，豪猾之民犯法不诛；仁恩所施，止于目前；奸宄得志，纪纲不立。故崔寔之论，以矫一时之枉，非百世之通义也。孔子曰："政宽则民慢，慢则纠之以猛；猛则民残，残则施之以宽。宽以济猛，猛以济宽，政是以和。"斯不易之常道矣。

——《资治通鉴》卷五十三【汉纪四十五】

【解题与点评】

司马光这里说的是统治术。他认为王道与霸道要交替和平衡使用，宽猛相济。在民不畏死的情况下，按司马光的主张应该施以猛政，但是，老子说过："民不畏死，奈何以死惧之！"这个时候单纯用猛政可能无济于事，教化可能也是治国安邦不可忽视的重要方法。

孝灵皇帝熹平四年（乙卯，公元一七五年）

叔向有言："国将亡，必多制。"明王之政，谨择忠贤而任之，凡中外之臣，有功则赏，有罪则诛，无所阿私，法制不烦而天下大治。所以然者何哉？执其本故也。及其衰也，百官之任不能择人，而禁令益多，防闲益密，有功者以阂文不赏，为奸者以巧法免诛，上下劳扰而天下大乱。所以然者何哉？逐其末故也。孝灵之时，刺史、二千石贪如豺虎，暴殄烝民，而朝廷方守三互之禁。以令视之，岂不适足为笑而深可为戒哉！

——《资治通鉴》卷五十七【汉纪四十九】

【解题与点评】

这里司马光还是说治国统治之术。他的意思是单纯用法治是治理不好国家的。法不在多，而在于如何执法。有功则赏，有罪则诛，无所阿私，法制不烦而天下大治。因为网再大，如果总是网开一面，总会有漏网之鱼。而且逃走的往往是大鱼。结网固然重要，堵漏也不可少。

孝献皇帝癸建安二十四年（己亥，公元二一九年）

臣光曰：教化，国家之急务也，而俗吏慢之；风俗，天下之大事也，而庸君忽之。夫惟明智君子，深识长虑，然后知其为益之大而收功之远也。光武遭汉中衰，群雄麋沸，奋起布衣，绍恢前绪，征伐四方，日不暇给，乃能敦尚经术，宾延儒雅，开广学校，修明礼乐。武功既成，文德亦洽。继以孝明、孝章，遹追先志，临雍拜老，横经问道。自公卿、大夫至于郡县之吏，咸选用经明行修之人，虎贲卫士皆习《孝经》，匈奴子弟亦游太学，是以教立于上，俗成于下。其忠厚清修之士，岂唯取重于搢绅，亦见慕于众庶。愚鄙污秽之人，岂唯不容于朝廷，亦见弃于乡里。自三代既亡，风化之美，未有若东汉之盛者也。及孝和以降，贵戚擅权，嬖倖用事，赏罚无章，贿赂公行，贤愚浑殽，是非颠倒，可谓乱矣。然犹绵绵不至于亡者，上则有公卿、大夫袁安、杨震、李固、杜乔、陈蕃、李膺之徒面引廷争，用公义以扶其危，下则有布衣之士苻融、郭泰、范滂、许劭之流，立私论以救其败。是以政治虽浊而风俗不衰，至有触冒斧钺，僵仆于前，而忠义奋发，继起于后，随踵就戮，视死如归。夫岂特数子之贤哉，亦光武、明、章之遗化也！当是之时，苟有明君作而振之，则汉氏之祚犹未可量也。不幸承陵夷颓敝之余，重以桓、灵之昏虐：保养奸回，过于骨肉；殄灭忠良，甚于寇雠；积多士之愤，蓄四海之怒。于是何进召戎，董卓乘衅，袁绍之徒从而构难，遂使乘舆播越，宗庙丘墟，王室荡覆，烝民涂炭，大命陨绝，不可复救。然州郡拥兵专地者，虽互相吞噬，犹未尝不以尊汉为辞。以魏武之暴戾强亢，加有大功于天下，其蓄无君之心久矣，乃至没身不敢废汉而自立，岂其志之不欲哉？犹畏名义而自抑也。由是观之，教化安可慢，风俗安可忽哉！

——《资治通鉴》卷六十八【汉纪六十】

【解题与点评】

司马光在论述教化、风俗与治国安邦的关系。孔子也说："道之以政，齐之以刑，民免而无耻；道之以德，齐之以礼，有耻且格。"孔子的话实际上说明了教化的意义。

另外，民情风俗与国家治乱兴衰也有着重要关系。有一则寓言说，从前，楚灵王喜欢细腰。所以灵王的臣子们，都节食吃一碗饭，屏住呼吸系腰带，站起时扶着墙壁。这则故事就说明了统治者的喜好直接影响到民风。

烈祖明皇帝景初元年（丁巳，公元二三七年）

臣光曰：为治之要，莫先于用人，而知人之道，圣贤所难也。是故求之于毁誉，则爱憎竞进而善恶浑殽；考之于功状，则巧诈横生而真伪相冒。要之，其本在于至公至明而已矣。为人上者至公至明，则群下之能否焯然形于目中，无所复逃矣。苟为不公不明，则考课之法，适足以为曲私欺罔之资也。

何以言之？公明者，心也；功状者，迹也。己之心不能治，而以考人之迹，不亦难乎！为人上者，诚能不以亲疏贵贱异其心，喜怒好恶乱其志，欲知治经之士，则视其记览博洽，讲论精通，斯为善治经矣；欲知治狱之士，则视其曲尽情伪，无所冤抑，斯为善治狱矣；欲知治财之士，则视其仓库盈产，百姓富给，斯为善治财矣；欲知治兵之士，则视其战胜攻取，敌人畏服，斯为善治兵矣。至于百官，莫不皆然。虽询谋于人而决之在己，虽考求于迹而察之在心，研核其实而斟酌其宜，至精至微，不可以口述，不可以书传也，安得豫为之法而悉委有司哉！

或者亲贵虽不能而任职，疏贱虽贤才而见遗；所喜所好者败官而不去，所怒所恶者有功而不录，询谋于人，则毁誉相半而不能决；考求于迹，则文具实亡而不能察。虽复为之善法，繁其条目，谨其簿书，安能得其真哉！

——《资治通鉴》卷七十三【魏纪五】

【解题与点评】

司马光认为察人、知人、举人、用人是治国安邦的关键所在。但是用人又是一个极为复杂的问题。要做到野无遗贤，贤得其用，必须做到至公至明。而且，心术的正邪，是能否达到至公至明的基础。

烈祖明皇帝景初元年（丁巳，公元二三七年）

或曰：人君之治，大者天下，小者一国，内外之官以千万数，考察黜陟，安得不委有司而独任其事哉？曰：非谓其然也。凡为人上者，不特人君而已。太守居一郡之上，刺史居一州之上，九卿居属官之上，三公居百执事之上，皆用此道以考察黜陟在下之人，为人君者亦用此道以考察黜陟公卿、刺史、太守，奚烦劳之有哉！

或曰：考绩之法，唐、虞所为，京房、刘劭述而修之耳，乌可废哉？曰：唐、虞之官，其居位也久，其受任也专，其立法也宽，其责成也远。是故鲧之治水，九载绩用弗成，然后治其罪；禹之治水，九州攸同，四隩既宅，然后赏其功；非若京房、刘劭之法，校其米盐之课，责其旦夕之效也。事固有名同而实异者，不可不察也。考绩非可行于唐、虞而不可行于汉、魏，由京房、刘劭不得其本而奔趋其末故也。

——《资治通鉴》卷七十三【魏纪五】

【解题与点评】

对官吏的考核、监督是一个由来已久的难题。司马光的主张是在设立专门机构对官吏考课的同时，应该更加重视上级官吏对下级官吏进行考核、监督。

不过，从中国历史上来说，有意思的是很多大贪官、大坏蛋，在揪出来的时候，头上都顶着几顶、十几顶荣誉，笼罩着眩丽、耀眼、诱人的光环，红色的外衣下，怎么总是包裹烂疮和污浊，这似乎是不可理喻的悖论。

世祖武皇帝泰始二年（丙戌，公元二六六年）

臣光曰：政之大本，在于刑赏，刑赏不明，政何以成！晋武帝赦山涛而褒李憙，其于刑、赏两失之。使憙所言为是，则涛不可赦；所言为非，则憙不足褒。褒之使言，言而不用，怨结于下，威玩于上，将安用之！且四臣同罪，刘友伏诛而涛等不问，避贵施贱，可谓政乎！创业之初，而政本不立，将以垂统后世，不亦难乎！

——《资治通鉴》卷七十九【晋纪一】

【解题与点评】

司马光认为为政之本在于赏罚分明，最忌讳的是在施政执法时避贵施贱。如果"刑不上大夫"，既有违法的公平，也会削弱官府的威信，导致政治腐败。

古人有一句话："公生明，廉生威"，说的就是公正执法，公平施政。

世祖武皇帝泰始十年（甲午，公元二七四年）

臣光曰：规矩主于方圆，然庸工无规矩，则方圆不可得而制也；衰麻主于哀戚，然庸人无衰麻，则哀戚不可得而勉也。《素冠》之诗，正为是矣。杜预巧饰《经》、《传》以附人情，辩则辩矣，臣谓不若陈逵之言质略而敦实也。

　　　　　　　　　　　　　——《资治通鉴》卷八十【晋纪二】

【解题与点评】

每个人应该只服从制度，而不应该服从封建皇帝的权威。制度是什么？它就是一把尺子，对所有人和所有事都是一个标准。如果人人都遵守规矩，社会就秩序井然了。

海西公太和五年（庚午，公元三七〇年）

臣光曰：昔周得微子而革商命，秦得由余而霸西戎，吴得伍员而克强楚，汉得陈平而诛项籍，魏得许攸而破袁绍。彼敌国之材臣，来为己用，进取之良资也。王猛知慕容垂之心久而难信，独不念燕尚未灭，垂以材高功盛，无罪见疑，穷困归秦，未有异心，遽以猜忌杀之，是助燕为无道而塞来者之门也，如何其可哉！故秦王坚礼以收燕望，亲之以尽燕情，宠之以倾燕众，信之以结燕心，未为过矣。猛何汲汲于杀垂，至乃为市井鬻卖之行，有如嫉其宠而谗之者，岂雅德君子所宜为哉！

　　　　　　　　　——《资治通鉴》卷一百零二【晋纪二十四】

【解题与点评】

　　司马光从正反两个方面的例子来说明了善于用人与不善于用人带来的两种不同政治结果。要得到人才，一要有包容万芳的雅量；二要有辨别是非的本领；三要疑人不用，用人不疑；四要做到扬长避短，人尽其才，充分发挥人才的长处。

高宗明皇帝建武三年（丙子，公元四九六年）

　　臣光曰："选举之法，先门地而后贤才，此魏、晋之深弊，而历代相因，莫之能改也。夫君子、小人，不在于世禄与侧微。以今日视之，愚智所同知也。当是之时，虽魏孝文之贤，犹不免斯蔽。故夫明辨是非而不惑于世俗者，诚鲜矣！

——《资治通鉴》卷一百四十【齐纪六】

【解题与点评】

　　中国有句俗语：龙生龙，凤生凤，老鼠生儿打地洞，这是当官者垄断权势的借口，也是老百姓被糊弄后自卑、自弃的灰暗心理。扼杀了希望，还有什么可奋斗和追求的。早在两千多年前，陈胜和吴广发动反对秦朝的起义，不就喊出了"王侯将相，宁有种乎"的口号吗？

高宗明皇帝建武四年（丁丑，公元四九七年）

　　臣光曰：夫爵禄废置，杀生予夺，人君所以驭臣之大柄也。是故先王之制，虽有亲、故、贤、能、功、贵、勤、宾，苟有其罪，不直赦也，必议于槐棘之下，可赦则赦，可宥则宥，可刑则刑，可杀则杀。轻重视情，宽猛随时。故君得以施恩而不失其威，臣得以免罪而不敢自恃。及魏则不然，勋贵之臣，往往豫许之以不死；使彼骄而触罪，又从而杀之。是以不信之令诱之使陷于死地也。刑政之失，无此为大焉！

——《资治通鉴》卷一百四十一【齐纪七】

【解题与点评】

司马光认为君主操持着生杀予夺的大权。但是这种权力不能乱用、滥用，否则会导致政刑失序，国家混乱，甚至亡国败家。

中国有句俗语"王子犯法，与庶民同罪"。但翻开中国的史书，刑不上大夫的事例太多了。法，不仅要写在条文里，更要在人的心中。

代宗睿文孝武皇帝大历十四年（己未，公元七七九年）

臣光曰：臣闻用人者，无亲疏、新故之殊，惟贤、不肖之为察。其人未必贤也，以亲故而取之，固非公也；苟贤矣，以亲故而舍之，亦非公也。夫天下之贤，固非一人所能尽也，若必待素识熟其才行而用之，所遗亦多矣。古之为相者则不然，举之以众，取之以公。众曰贤矣，己虽不知其详，姑用之，待其无功，然后退之，有功则进之；所举得其人则赏之，非其人则罚之。进退赏罚，皆众人所共然也，己不置豪发之私于其间。苟推是心以行之，又何遗贤旷官之足病哉！

——《资治通鉴》卷二百二十五【唐纪四十一】

【解题与点评】

举贤不避亲，固然好。好的前提是"贤"，是社会承认的真贤，"举"要用公心。如果少了这两个前提，举贤不避亲，实际上就是裙带关系，如果是这样，还是"举贤要避亲"的为好。老百姓可以少受些罪，国家少受些损失。

文宗元圣昭献孝皇帝太和五年（辛亥，公元八三一年）

臣光曰：君明臣忠，上令下从，俊良在位，佞邪黜远，礼修乐举，刑清政平，奸宄消伏，兵革偃戢，诸侯顺附，四夷怀服，时和年丰，家给人足，此太平之象也。

——《资治通鉴》卷二百四十四【唐纪六十】

【解题与点评】

　　表率的作用是无穷的。上梁不正下梁歪，中梁不正倒下来，关键在于梁的正与邪！有一天，鲁哀公请教孔子："人道中最重要的是什么？"孔子闻听此言，面色变得十分严肃。在孔子看来，这个问题太重要了。所谓人道，无非是指社会中要求人们遵循的道德规范。作为一个国家的君主，哀公能够思考并且谈到这个问题，那当然真是百姓的恩惠了。所以孔子才"愀然作色"，说自己怎能不认真地回答呢？那么，孔子怎样回答呢？孔子说："人道，政为大。夫政者，正也。君为正，则百姓从而正矣。君之所为，百姓之所从。君不为正，百姓何所从乎？"孔子一语破的，直接明了，简直说到问题的根本上了。人道的关键在于政，人道由政而得正。人道最重要的就是"政"，"为政"就是"为正"，人不见"正"，何以端正？政治，首先要讲"正"，君主"正"则百姓跟从而"正"。百姓效法学习君主的作为，君主不能做到"正"，百姓就走歪门邪道。

文宗元圣昭献孝皇帝太和八年（甲寅，公元八三四年）

　　臣光曰：夫君子小人之不相容，犹冰炭之不可同器而处也。故君子得位则斥小人，小人得势则排君子，此自然之理也。然君子进贤退不肖，其处心也公，其指事也实；小人誉其所好，毁其所恶，其处心也私，其指事也诬。公且实者谓之正直，私且诬者谓之朋党，在人主所以辨之耳。是以明主在上，度德而叙位，量能而授官；有功者赏，有罪者刑；奸不能惑，佞不能移。夫如是，则朋党何自而生哉！彼昏主则不然，明不能烛，强不能断；邪正并进，毁誉交至；取舍不在于己，威福潜移于人。于是谗慝得志，而朋党之议兴矣。

　　　　　　　　　　——《资治通鉴》卷二百四十五【唐纪六十一】

【解题与点评】

　　历史上君子与小人的斗争从来没有停止过，朋党之争也时有发生。司马光认为君子之所以打击小人，是出于公心，是以事实说话；而小人排斥君子则不同，是出于私心私利，是靠歪曲事实，或无中生有来构陷。作为君主，在君子与小人的斗争中，应该明辨是非，赏罚分明，亲君子而远小人，这样才能最大限度地避免朋党之争。

当然，不是东风压倒西风，就是西风压倒东风。虽然总体来说，邪不压正，历史上虽然也有正气不伸的时期，但这不是历史主流。正与邪较量，谁占上风，这要看是什么天气了。

责任编辑：汪　逸

封面设计：曹　春

图书在版编目（CIP）数据

《资治通鉴》为政智慧／李传印 编著 . —北京：人民出版社，2019.11

（2023.3 重印）

ISBN 978 － 7 － 01 － 021032 － 2

I. ①资…　II. ①李…　III. ①中国历史－古代史－编年体②《资治通鉴》－

研究　IV. ① K204.3

中国版本图书馆 CIP 数据核字（2019）第 138265 号

《资治通鉴》为政智慧

ZIZHI TONGJIAN WEIZHENG ZHIHUI

李传印　编著

人民出版社 出版发行

（100706　北京市东城区隆福寺街 99 号）

中煤（北京）印务有限公司印刷　新华书店经销

2019 年 11 月第 1 版　2023 年 3 月北京第 2 次印刷

开本：710 毫米 ×1000 毫米 1/16　印张：25.25

字数：373 千字

ISBN 978 － 7 － 01 － 021032 － 2　定价：80.00 元

邮购地址 100706　北京市东城区隆福寺街 99 号

人民东方图书销售中心　电话（010）65250042　65289539